재일조선인 운동사

- 8·15 해방 전 -

청암대학교 재일코리안 총서 012

재일조선인 운동사
- 8·15 해방 전 -

초판 1쇄 발행 2024년 3월 8일

지은이 | 박경식
옮긴이 | 최가진
펴낸이 | 윤관백
펴낸곳 | 선인

등 록 | 제5 - 77호(1998. 11. 4)
주 소 | 서울시 양천구 남부순환로 48길 1
전 화 | 02)718 - 6252 / 6257
팩 스 | 02)718 - 6253
E-mail | suninbook@naver.com

정 가   40,000원
ISBN   979-11-6068-881-8 93910

청암대학교 재일코리안 총서 012

재일조선인 운동사
- 8·15 해방 전 -

박경식 저·최가진 역

선인

| 머리말 |

　재일조선인이 일본에서 어떠한 주체성을 가지고 살아야하는가. 이것은 조선인 자신에게 있어서 중요한 문제이다.

　재일조선인이 민족의 긍지를 지닌 주체적 입장을 견지하고 살아가기 위해서는 남북통일의 민족적 과제를 목표로 삼고 일본의 식민지 지배를 받았던 시기부터 해방 후 현재에 이르기까지 민족적 억압과 차별 혹은 전쟁과 재해에 의한 생활의 파탄 등 여러 가지 곤란한 조건 아래에서 민족과 인권, 생활권을 지키기 위해 싸워왔던 선배들의 투쟁의 역사부터 향후 살아가야할 방향, 교훈을 스스로 배워 익혀야만 한다.

　일본에서 재일조선인의 존재는 결코 그들 자신만의 문제가 아니며 실로 일본 및 일본인에게 있어서 중요한 정치·사회 문제로 이에 대한 올바른 인식·이해가 없이는 일본인의 올바른 역사인식, 국제이해는 생각할 수 없을 것이다.

　현재, 재일조선인(조선 국적, 한국 국적을 따지지 않고 일본에서 생활하는 조선인을 총칭한다)은 대략 65만 명이다. 이는 재일외국인 중에서 가장 많으며 약 90%를 차지하고 있다. 그러나 재일조선인은 단지 많을 뿐만 아니라 그 역사적 형성과정이 다른 외국인과는 완전히 다르다는 사실에 주목해야만 한다(약 수만 명의 중국인을 제외하고). 또한 재일조선인에게는 조국이 남북으로 분단되어 있는 현상이 반영되어 있고 여기에 일본과의 관계도 뒤얽힌 복잡함을 지니고 있는데 그 사상·신조를 묻지 않고 조국과 긴밀한 관계를 갖고 민족통일이라는 과제를 짊어지고 통일사업을 추진하고 있다. 하지만 조국통일 운동은 정치적 이데올로기가 우선되어 효율적으로 진행되고 있지 않은 현상이다.

재일조선인은 1945년 8월 15일 이전, 일본제국주의의 조선식민지 지배의 수행과정에서 또 침략전쟁의 강제연행 정책에 의해 형성됐다. 8·15 이후 대부분은 귀국했지만 그 일부는 조국의 남북분단, 특히 미국의 조선점령 정책과 조선전쟁(6·25 전쟁)에 의해 고향으로 귀국하지 못하고 어쩔 수 없이 일본에서 생활하게 된 사람이 대부분이다.

재일조선인은 8·15 해방 이전, 식민지의 인간으로서 일본인에게 일반적 차별과는 무척 다른 민족적 차별과 박해를 받아 왔으며 많은 희생을 강요당해 왔다. 8·15 해방 이후 일본에서의 생활 속에서도 아직 다양한 차별이 존재했고 당연히 인정받아야 할 민주적 권리와 기본적 인권을 침해당하고 있다. 이러한 점들은 재일조선인의 형성과정에서 봐도 또 세계인권선언의 정신에서 봐도 완전히 부당하며 신속히 시정되지 않으면 안 된다.

물론 재일조선인은 이러한 억압과 차별에 맞서 싸워왔다.

재일조선인을 올바르게 파악·이해하기 위해서는 일본 속의 차별과 억압 속에서 8·15 이전, 이후의 60여 년간에 걸친 인권과 민주주의, 민족독립, 민족통일을 위해 싸워 왔던 역사적 과정을 알아야만 하며 또 이에 대한 정당한 평가가 이루어져야만 한다. 그러나 일본 사회에서 지금까지 이러한 점은 대부분 등한시되어 온 감이 있다. 이러한 문제는 또한 재일조선인 운동 자체에서도 재검토해야 하는 중요한 과제이다.

재일조선인은 그 투쟁 과정에서 일본 인민과의 공동투쟁의 경험을 축적하고 국제적 연대를 강화해 왔다. 현재 및 장래의 일본과 조선 사이에는 과거의 지배·피지배 관계와는 다른 평등하고 평화우호적인 국가관계, 양국 인민의 관계가 수립되어야만 하는데 이를 위해서는 과거의 투쟁과 역사적 관계를 충분히 파악한 후에 보다 발전적이고 올바른 국제관계·국제연대의 양상을 구명해야만 한다.

재일조선인은 어떻게 살아가야 하는가, 여러 가지 복잡한 고민을 안고 있다. 남북의 상이한 국적을 지닌 외국인으로서 살아갈 것인가, 혹은 가까운 장래, 혹은 통일된 조국에 귀국할 생각으로 잠정적으로 있을 것인가. 또는 일본에 영주한다면 시민권은 어떻게 싸워 쟁취할 것인가. 국적을 어떻게 할 것인가. 국적을 그대로 보지할 것인가 아니면 귀화할 것인가 등등 수많은 문제를 안고 있는 것이다.

현재 재일조선인은 일본에서 태어난 소위 2, 3세가 80% 이상을 차지하게 된 형편이므로 그들 중에는 일본제국주의의 식민지 지배의 결과에 의해 형성된 '재일조선인'과는 다른 일본 속의 소수민족적 존재로서의 '재일조선인'을 지향하는 사고방식도 있는 듯하다. 그런데 현시점에서 필자는 그러한 사고방식에 찬성하기 어렵다. 또 재일조선인 중에는 민족적 니힐리즘에 빠져 민족과 조국에 대한 거부반응을 일으키거나 또는 일본에 동화, 귀화 현상도 일어나고 있는데 이에 어떻게 대처하고 어떻게 이해해야 할 것인가는 향후의 중요한 과제이다.

현재 국내외를 둘러싼 정치적 제조건은 변화하고 있는데 재일조선인은 실로 과거의 역사적 관련의 연장선상에 위치해 있어서 재일조선인을 어떻게 해야 하는가, 또 그들을 어떻게 파악하고 어떻게 대처할 것인가는 민족통일의 과업 달성 및 조선과 일본 양국가·양국 인민의 우호관계 수립의 시금석試金石이기도 하다.

| 차례 |

제1장

재일조선인의 생활과 역사

1. 재일조선인 운동사 연구의 필요성

현재 재일조선인 운동에 관한 연구는 그 실천적 과제에 응할 만큼은 진행되지 않았다. 이에 당면하여 필자도 연구가 불충분하지만 8·15 해방 이전의 재일조선인 운동에 대해 서술해 보고자 한다.

먼저, 재일조선인 운동 연구의 필요성에 대해 기술해보겠다.

첫 번째, 재일조선인 운동에서의 실천적 과제에 응하기 위한 이론적 구축을 탐색하기 위해서다. 즉 재일조선인이 당면한 과제인 민족통일과 일본에서의 민주적 민족권리보호운동 방침에 대한 이론적, 실천적 파악을 역사적으로 또 체계적으로 탐색해야 한다.

민족통일은 재일조선인에게 있어서 그 사상·신조의 여하를 막론하고 긴급하고도 절실한 최대 과제이며, 이를 완수하기 위해서는 재일조선인 운동의 지도성 확립과 함께 민족적 통일 행동을 거듭해 민족통일전선의 확대 강화가 이루어져야만 한다. 그리고 그 기초적 작업으로서 재일조선인에 대한 과학적 현상분석과 역사적 연구 위에 선 이론적 무장이 필요하다.

재일조선인 운동에서 지금까지의 운동방침과 그 지도성은 어떠했는지, 민족통일전선 사업은 어떻게 진행되어 왔는지, 또 그 성과와 결함은 무엇인지, 그리고 어떠한 모순과 문제점을 지니고 있는지 등의 부분들이 대중적으로 명확해지지 않으면 운동의 발전을 기대하기 어렵다.

그리고 또 운동의 성과와 결함에 대해서는 주관주의, 교조주의, 형식주의에 빠지지 않고 대중적 기반 위에 서서 과학적이며 구체적으로 총점검하여 극복해야 하는 과제 및 문제점을 대담하게 밝혀야만 한다. 이는 또한 당면한 과제에 한정된 것이 아니라 8·15 해방 이전, 이후를 따지지 않고 재일조선인 운동 전반에 걸친 역사적이며 체계적인 재검토가 이루어져 야 한다.

이 경우 특히 지적해 두고 싶은 점은 역사주의적 원칙 위에 서서 그 소여 시기에서의 운동의 구체적 분석과 평가가 이루어져야 한다. 현재의 시점을 기준으로 하여 역사적·사회적 제조건을 무시한 비역사적 비판·평판을 내리면 과거의 모든 것은 부정적인 것이 되며 사물을 변증법적으로 파악하지 못하고 긍정과 부정, 모순과 대립, 발전의 계기성繼起性을 파악하지 못한다. 또한 이것은 어디까지나 대중(민족)에게 어떻게 의거하고 어떻게 대중(민족)에게 봉사했는가 하는 민족적·대중노선의 관점에서의 분석과 평가여야만 한다.

요컨대 재일조선인 운동은 그 지도방침 및 결정이 어떻게 대중에 의거하여 대중을 위해 만들어졌는지, 그리고 그것이 어떻게 대중 속에 들어와 대중의 것으로 활용되어 전민족적인 힘이 될 수 있었는지를 종합적, 체계적으로 파악해야만 하는 것이다.

두 번째, 재일조선인 운동이 민족해방운동 및 사회발전상 달성했던 역할을 정당하게 평가하고 그 의의를 올바르게 파악할 필요가 있다.

재일조선인 대부분은 농민 출신이지만 전시중의 집단적 강제연행 (1939~45)을 제외하면 그 태반이 지주에게 토지를 빌려서 농업을 하는 소작농조차도 제대로 해보지 못했던 자들이다. 또 도시에 나와서도 일할 공장조차 없어 결국 다양한 억압을 받으면서 일본에 도항, 유망했던 프롤레타리아·반半프롤레타리아였다. 그 출신성분으로 보면 다소 프티 부르주아적인 면이 있던 것도 사실이지만, 일본의 노동자 계급과는 비교할 수 없을 정도로 일본제국주의 지배자에 대한 적대의식이 철저했다. 그런 까닭에 조선 민족으로서의 의식이 강해 대부분이 민족주의사상을 지녔고 선진적인 자는 마르크스주의로 무장했다. 약간의 아나키스트도 있었지만 그 사상 및 주의 여하를 막론하고 설령 마르쿠스·레닌주의 이론에 정통하지 않아도 일본제국주의의 가혹한 탄압과 착취를 당한 체험으로 인해 민족과 계급의 적에 대한 저항의식이 날카로워 철저하게 투쟁했다.

한편, 재일조선인 중에는 '황민화皇民化' 정책이 진행됨에 따라 특히 전시중에 일본제국주의에 굴복해 그 앞잡이가 된 자도 있었지만 그것은 소수이며 비협력, 무관심, 비판적 입장에 선 사람들이 많았다.

재일조선인은 빈곤과 억압과 차별 속에서 다양한 형태의 반일투쟁에 나서고 있다.

또한 재일조선인 운동에서 재일유학생 및 지식인의 역할은 크며 그 지도적 역할과 긍정적 의의를 높이 평가해야 한다. 식민지 시기의 재일조선인 학생·지식인은 일본제국주의 지배국의 일본인 학생·지식인과는 본질적으로 다른 민족해방운동에서의 선진적 역할을 수행하고 있다.

이러한 재일조선인의 투쟁은 일본제국주의 지배자에게 부단한 위협을 주어 민족해방에 크게 기여했으며 특히 침략전쟁 수행에는 브레이크적 존재였다. 또한 일본 노동자 계급·일본 인민에 대해 반전·반권력·민주화 투쟁에의 선진적, 고무적 역할을 했다. 하지만 지금까지 재일조선인 운동 연구가 적은 탓인지 민족해방운동사에서의 재일조선인 운동의 역할이나 평가가 정당하게 이루어지지 않고 있다고 생각한다.

여기에서 재일조선인 운동에 대해 특히 강조하고 싶은 사실은 과거·현재를 막론하고 어디까지나 전全조선 민족운동의 일환으로 파악해야 한다는 점과 조국 조선에서의 운동과 분리된 재일조선인 운동 등은 있을 수 없다는 점이다. 재일조선인은 조국의 동포와 호흡을 함께 하며 민족적 결합을 강화함과 동시에 그 운동에 있어서는 공통의 목표 아래 일본에서의 제조건 및 주체적 역량에 적합한 창조적인 운동방침에 따라 무엇보다도 민족적 주체성의 확립에 주안을 두고 민족과 조국의 발전에 기여할 수 있도록 해야 한다. 현재 '재일'이라는 조건을 효과적으로 활용해 민족통일전선의 방침 아래 재일조선인이 일치단결해 민족통일사업에 나선다면 조국의 남북에서는 할 수 없는 다른 측면에서의 긍정적 역할을 달성할 수 있을 것이다. 이상과 같은 관점에서 재일조선인 운동의 과학적 분석과 정당한 평가가 요구되는 것이다.

세 번째로는 일본에서의 노동운동, 반제反帝·반전反戰·민주화 투쟁에서 재일조선인의 역할, 일본 인민과의 국제적 연대를 강화하는데 있어서의 역할 및 그 의의를 정당하게 평가해야 한다. 일본에서의 노동 운동사에 관한 저작으로 와타나베 토루渡部徹의『일본 노동조합 운동사日本勞動組合運動史』, 이와무라 토시오岩村登志夫의『재일조선인과 일본 노동자 계급在日朝鮮人と日本勞動者階級』등의 대부분이 재일조선인 운동의 역할을 무시 혹은 경시하고 있다고 생각한다.

여기에서 명확하게 파악해야 하는 사실은 8·15 해방 이전에도 이후에도 재일조선인과 일본 인민의 투쟁 목표는 공통된 부분도 있었지만, 각각 독자의 목표를 가지고 있었고 전면적으로 일치하지는 않았다는 점이다. 즉, 재일조선인에게는 식민지 조선을 일본제국주의의 지배에서 해방시키고 민주주의적인 독립국을 수립하는 것이 투쟁 목표였지만, 일본 인민에게 있어서는 침략전쟁에 반대하고 반동적 권력을 타도해 민주주의적 정권을 수립하는 것이 주요한 목표였다. 양 인민은 일본제국주의에 반대하는 공동 투쟁을 전개함과 동시에 각각 독자의 투쟁을 전개해나가는 중에 양 민족 간의 연대성이 높아져 갔다.

하지만 1930년 이후, 일본 파시즘 권력의 폭압에 의해 각 독자의 투쟁이 곤란하게 되어 민족해방 투쟁이나 반파쇼 민주화 투쟁에 있어서 재일조선인 운동을 일본 인민의 투쟁과 동일시하는 일부 잘못된 방침을 취하게 되었다. 또한 일본 인민 사이에 침투해 있던 민족차별 의식이 양 민족

간의 참된 국제연대를 방해하는 측면을 노정했다. 말할 것도 없이 참된 국제연대는 일거에 쉽게 성립된 것이 아니라 소여 시기에서의 통일 행동·공동 투쟁의 축적에 의해 질적인 고조를 얻을 수 있는 것이며 그것은 또한 양자의 주체적 역량 여하와 관련된 것이다.

산신ㄹ信 철도 노동쟁의로 검속된 노동자의 가족(1930. 7~8.)

지금까지 일본제국주의와 재일조선인과의 관계, 일본제국주의 연구에서의 재일조선인 문제를 일본제국주의의 구조적 관련 속에서 파악하는 관점이 결여되어 단지 재일조선인을 일본제국주의의 조선식민지 정책의 귀결로서만 이해하는 견지가 많았다는 이와무라 토시오 씨의 지적은 타당하다(『재일조선인과 일본 노동자 계급』).

많은 결함이나 약점을 지니고 있으면서도 일본제국주의에 타격을 줌에 있어서 재일조선인과 일본 노동자 계급과의 국제적 연대성의 강화라고 하는 선진적인 경험, 일본 노동자 계급의 성장과 투쟁에 재일조선인이 끼쳤던 다면적인 영향은 높이 평가해야 한다. 이러한 평가가 무시 내지는 경시되는 것은 조선인 멸시 사상이 반영되어 있기 때문이 아닐까.

2. 재일조선인에 관한 연구

이어서 재일조선인에 관한 연구, 현상 소개, 평론 등에 대해 살펴보면 도항사, 생활사, 현상 소개, 평론 등은 최근 상당수의 논문 혹은 단행본이 간행되고 있지만 재일조선인에 관한 역사적 연구 특히 재일조선인 운동에 관해서는 조금밖에 발표되고 있지 않다. 그 이유는 무엇 때문일까?

이는 운동에 관한 자료적 제약에 의한 것일까. 혹은 전술했듯이 재일조선인을 일본제국주의의 조선식민지 정책의 귀결로서만 이해하는 견해가 강하기 때문에서일까. 혹은 자신들이 걸어온 길을 선하든 악하든 귀중한 역사적 교훈으로 삼아 더 발전해나가고자 하는 주체적인 마음가짐이 없고 타력 의존적인 사고가 강하기 때문에서일까. 이러한 점들은 향후의 연구 과제로서 여기에서는 논하지 않고 문제제기로만 그치겠다.

최근 일본에서 간행된 재일조선인에 관한 도항사, 생활사, 현상 소개, 평론 등의 주요한 것들을 기술하면 다음과 같다.

① 박광철朴光澈, 「재일조선인 문제在日朝鮮人問題」(『역사학연구』 특집 「조선사의 제문제」 수록, 1953)
② 강재언姜在彦, 『재일조선인 도항사在日朝鮮人渡航史』(조선연구소, 「연구자료 제1집」, 1957)
③ 박재일朴在一, 『재일조선인에 관한 종합적 연구在日朝鮮人に関する綜合的研究』(1957)
④ 노동자 르포르타주 집단, 『일본인이 본 재일조선인日本人のみた在日朝鮮人』(1959)
⑤ 이유환李瑜煥, 『재일한국인 50년사在日韓國人五十年史』(1960)
⑥ 박경식朴慶植, 『조선인 강제연행의 기록朝鮮人强制連行の記録』(1965)

이에 관해 간단하게 소개하자면 다음과 같다.

①은 재일조선인 문제에 대해 정리한 최초의 주목할만한 논문으로 '재

일조선인'은 제국주의 침략전쟁의 희생으로부터 그 생명과 자유를 지키는 일이 초미의 과제라고 기술하고 있다. 일본 내에서 일본의 독립과 평화와 민주주의를 위한 투쟁 대열 속에 차지하고 있는 위치와 역할에 대해서 지금까지 어떠했는지, 어떻게 해야 하는지, 제2차대전 이후 세계사의 새로운 발전으로서 제기된 새로운 '민족 문제' 속에서 가장 복잡하고 게다가 특수적인 사례라는 점 등의 중요성을 제기하며, 8·15 해방 이전과 이후를 통해 재일조선인의 생활 상황과 운동사에 대해 개괄하고 있다.

8·15 해방 이후, 재일조선인 문제는 "단순히 제국주의에 반대하는 식민지 민족의 해방 문제와는 달리 서로 대립하는 두 개의 진영 속에서 소련 동맹을 선두로 하는 사회주의와 인민민주주의 진영에 속한 조국을 지닌 국민의, 조국의 방위와 강화 발전을 위한 투쟁으로 발전한 문제이다." 라고 기술하며, 결론적으로는 오늘의 재일조선인 문제는 "일본의 국내적 요인에 의해서만 결정되지 않으며 뿐만 아니라, 오히려 국제적 특히 조선민주주의인민공화국의 통일, 독립을 위한 제투쟁의 정세에 의해 좌우되는 경우가 많다. 이는 서로 대립하는 세계 두 개 진영의 전쟁과 평화가 가장 주요한 초점이 되어 있다는 점과 관련하여 재일조선인은 자신의 '조국 방위'를 위한 애국주의 투쟁이 세계의 평화, 세계의 노동자 계급 및 식민지 피압박민족의 해방을 위한 국제주의 투쟁이라고 생각한다. 그리고 공화국의 발전과 강화가 자신의 생활과 자유를 보장한다는 것을 확신하고 있다."라고 논하고 있다.

이에 관해서는 약간의 이론異論도 있겠으나 박광철의 논문은 재일조선인 운동사에 대해 뛰어난 견해를 기술하고 있다. 이에 관해서는 후술하도록 하겠다.

②에서는 재일조선인 문제는 역사적, 국제적 성격을 띠고 있으며 일본에서의 주요한 사회 문제의 하나로 그 역사적 근원을 밝혀나가면서 합리

적인 해결을 위해 보다 광범한 일본 국민에게 올바른 이해를 호소할 목적으로 도항의 연혁, 빈곤 나락의 생활을 기술하고 있다. 여기에는 8·15 이전으로 한정되어 있긴 하지만 생활사가 잘 정리되어 있다.

③은 "초미의 급무로 간주되고 있는 재일조선인 생활 제문제의 해결에 기여"하고자 하는 의도로 재일조선인의 생활실태를 역사적으로 구명한 좋은 저서이다. 재일조선인의 역사, 재일조선인의 생활, 재일조선인의 장래, 결론으로 구성되어 있다. 통계를 풍부하게 이용하여 분석을 진행하고 있으며, 특히 8·15 해방 이후의 생활 상황을 일부이지만 실태 조사에 의해 밝히고 있다. 또한 본서에서 주목되는 점은 재일조선인의 장래와 결론 부분이다.

「재일조선인의 장래」에서는 "빈궁화와 동화 경향 이 두 가지가 재일조선인이 현재 지니고 있는 제조건으로부터 산출되는 장래 생활의 2대 방향이다."라고 하면서 "재일조선인은 가까운 장래에 실업과 빈궁화로부터 결과된 생활불능 상태로 보아 전반적으로 인양 문제에 당면하지 않을 수 없다."라고 기술하고 있다.

「결론」 부분에서는 "재일조선인의 금일적 상태는 전후戰後 조국의 정세에 기인한 것으로, 그 비운과 고난은 분단된 조국 조선에 있는 민중의 일대 고난과 서로 공통하는 성질의 것이다. 이 인식은 재일조선인이 자신의 문제를 생각함에 있어서 극히 중요하다. 재일조선인 문제 해결의 근본은 일본 정부의 정책이나 일본의 현실에 있는 것이 아니라 실로 조국의 현실에 있으며 주체적으로는 조선 민족 자체에 있는 것이다. 현재 이미 조선 문제의 해결은 조선 민족 자체에 달려 있으며 국제 정세에 있는 것이 아니다.", "재일조선인 문제 해결은 조선 문제의 해결을 전제로 하지 않고서는 해결되지 않는다. 조선에서의 대중생활의 고난이 제거되지 않는 이상 재일조선인의 고난도 절대적으로 제거될 수 없다.", "단순한 통일만으로는 재일조선인 문제의 근본 해결은 초래되지 않는다. 남조선에서의 경자유전耕者有田 토지개혁만이 재일조선인 문제를 근본적으로 해결할 수 있을 것이라 생각된다."라는 것을 제2의 결론으로 삼고 있다.

본서는 약 20년 전의 것으로 당시 처해 있던 정치 정세를 기초로 저술한 것이므로 오늘날 보면 난점도 많지만 중요한 문제제기를 하고 있다는 점은 확실하다.

④는 재일조선인의 북조선 귀국 실현을 앞에 두고 일본의 노동조합기관지 편집자의 르포르타주 집단이 편집했던 것으로 「강 씨의 반생」, 「조일朝日 우호운동을 생각하다」, 「편견의 정체를 좇아서」, 「민족교육과 아이들」, 「조선인 상공업자」, 「진료소의 창문에서」, 「고뇌하는 조선 문화인」, 「조선인 노동자와 일본의 노동 운동」, 「조선과 나」 등이 수록되어 있다. 당시 재일조선인을 둘러싼 상황을 생생하게 알려주는 뛰어난 르포이다. 또한 재일조선인의 역사, 노동 운동에 대한 글 중에는 눈에 띄는 귀중한 기술이 있다. 이에 관해서는 후술하도록 하겠다.

⑤는 「재일한국인의 역사적 배경」, 「몰락 농민의 국외 이주」, 「해방 후 재일한국인의 동향」 등에 관해 서술하고 있는데 마지막 문제에 주안을 두고 있다. 그중에서도 마지막 1절인 「재일한국인의 민족성과 동화 경향」은 저자가 심리학적 견지에 서서 실시한 조사 연구로 그 결론에서는 "2세의 시대에서 3세의 시대, 즉 1980~90년 이후의 재일한국인은 근본적인 대책을 논하지 않는 이상─특히 정치적으로 민족교육적으로 강력한 대책을 구축하지 않는 한─완전히 동화해 한국인으로서의 면영을 남기지 않게 될 것이다."라고 중요한 문제제기를 하고 있다.

⑥은 재일조선인에 대한 일본 당국의 정책, 재일조선인의 생활 상황을 개괄하고 있다. 특히 태평양전쟁 시기의 '강제연행'에 초점을 맞춰 기술한 것으로, 자료와 현지조사를 종합해 일본제국주의의 죄악을 고발하고 있

다. 권말의 「재일조선인에 관한 문헌목록」은 연구자에게 도움이 된다고 생각한다.

이 외에 8·15 해방 후의 「일본 반동의 변천」, 「조일 양국 인민」의 우호 등을 내용으로 하는 마미야 모스케間宮茂輔의 『민족으로서의 재일조선인民族としての在日朝鮮人』(1965), 재일조선인의 인권 문제·법적 지위·민족교육 등에 관해 '내적 조선의 문제'로 파악한 나카조노 에이스케中薗英助의 『재일조선인』(1971), 재일조선인의 역사나 체험 등의 자료들로 일제의 죄악을 고발하고 '우리들 내적 일본'의 변천과 궤적을 쓴 오임준吳林俊의 『재일조선인』(1971), 출입국 관리령 등에 의한 재일조선인의 인권침해 문제를 중심으로 다룬 '재일조선인의 인권을 지키는 모임'이 펴낸 『재일조선인의 법적 지위在日朝鮮人の法的地位』(1964)와 『재일조선인의 재류권을 둘러싼 재판 판례집在日朝鮮人の在留權をめぐる裁判判例集』(1968), 『재일조선인의 기본적 인권在日朝鮮人の基本的人權』(1977), '오사카大阪 재일조선인의 인권을 지키는 모임'이 펴낸 『재일조선인의 재류권在日朝鮮人の在留權』(1978), 재일한국 청년동맹 편 『재일한국인의 역사와 현실在日韓國人の歷史と現實』(1970), 재일본대한민국거류민단 편 『무엇이 문제인가何が問題なのか』(1977), 『권익 운동의 장려權益運動のすすめ』(1978) 등이 있다. 사회보장문제를 거론한 것으로는 요시오카 마스오吉岡增雄 편저의 『재일조선인과 사회보장在日朝鮮人と社會保障』(1978)이 간행되었다.

8·15 이후의 재일조선인 단체의 변천·현상을 서술한 것으로 정철鄭哲의 『민단民團』(1971), 이유환의 『재일한국인 60만在日韓國人六十萬』(1971), 재일조선인의 여러 가지 문제를 제기하고 있는 D·W·콘데의 「재일조선인」(『해방 조선의 역사解放朝鮮の歷史』 상권 수록, 1967), 김시종金時鐘의 『드러내지는 것과 드러내는 것さらされるものとさらすものと』(1975), 미야타 히로토宮田浩人 편저 『65만인−재일조선인六五萬人−在日朝鮮人』(1977) 등이 있다.

단체사와 관련해서는 재일본대한민국거류민단 편『민단 20년사民團二十年史』(1967)와『민단 30년사民團三十年史』(1977), 김부환金府煥의『재일한국인 사회 소사-오사카 편在日韓國人社會小史-大阪編』(1977) 등이 있다. 재일본조선인총연합회에서는 출간되지 않고 있다.

재일조선인 교육문제에 관해서는 8·15 이전의「동화교육체제의 형성」을 역사적으로 논하고 또 해방 후의「동화체제교육의 전후적 상황」에 대해 다수의 자료를 구사한 역작이라 할 수 있는 오자와 유사쿠小沢有作의『재일조선인 교육론在日朝鮮人敎育論』(1973)이 있다. 해방 후의 민족교육에 대해서는 이동준李東準의『일본에 있는 조선의 아이日本にいる朝鮮の子ども』(1956), 가지이 노보루梶井陟의『조선인 학교의 일본인 교사朝鮮人學校の日本人敎師』(1966), 아마가사키尼ヶ崎공업고교 교사집단 편『교사를 태우는 불꽃敎師をやく炎』(1973) 등이 있다. 간토關東 대지진 때에 발생한 재일조선인 학대·학살에 관해서는 조선대학교의『관동 대지진 때의 조선인 학살의 진상과 실태』(1963), 강덕상姜德相·금병동琴秉洞 편『관동대지진과 조선인』(1963)이 있으며, 최근 지진 체험자의 청취 조사를 중심으로 한 한일협회 도요시마豊島 지부 편『민족의 가시民族の棘』(1973), 간토 대지진 50주년 조선인 희생자 조사·추모사업실행위원회 편『감춰져 있던 역사かくされていた歷史』(1974), 간토 대지진 50주년 조선인 희생자 추모행사 실행위원회 편『간토 대지진과 조선인 학살關東大震災と朝鮮人虐殺』(1975), 강덕상의『간토 대지진關東大震災』(1975)이 출간됐다. 또한 히로시마廣島, 나가사키長崎 원폭 재일조선인 피해희생자를 중심으로 실태를 조사한 박수남朴寿南의『조선·히로시마·반일본인朝鮮·ヒロシマ·半日本人』(1972), 후카가와 무네토시深川宗俊의『진혼의 해협鎭魂の海峽』(1974)이 있다.

재일조선인의 생활사와 투쟁에 관해서는 그 체험 기록을 다루는 것이 중요하다는 사실은 논할 필요도 없는데 그 자전적 기록으로서 장두식張

斗植의『어느 재일조선인의 기록ある在日朝鮮人の記録』(1966)과『일본 속의 조선인日本のなかの朝鮮人』(1969), 이상의 두 저서를 합친 정본판『어느 재일조선인의 기록』(1976), 김상태金相泰의『피억압자의 수기被抑壓者の手記』(1971), 고준석高峻石의『조선인·나의 기록朝鮮人·私の記錄』(1971)과『월경越境』(1977, 앞 저서의 개정판), 김달수金達寿의『나의 아리랑 노래わがアリランの歌』(1977), 김태생金泰生의『나의 일본 지도私の日本地図』(1978), 김종술金鐘述의『도일 한국인 일대渡日韓國人一代』(1978) 등이 있다. 김희로金嬉老에 대해서는 오카무라 아키히코岡村昭彦 편『겁쟁이·울보·응석받이弱虫·泣虫·甘ったれ』(1968), 김희로 공판대책위원회 편『김희로의 법정 진술金嬉老の法廷陳述』(1970)이 있다.

재일조선여성의 생활사 청취조사를 정리한 무궁화의 모임むくげの會 편『신세타령─재일조선여성의 반생身世打鈴─在日朝鮮女性の半生』(1972), 방적여공으로서의 생활을 다룬 김찬정贊汀·방선희方鮮姬『바람의 통곡風の慟哭』(1977)이 있다.

또한 조선인 강제연행 진상조사단에 의해 오키나와沖繩, 홋카이도, 규슈, 도호쿠東北 등에서 조선인 강제연행에 관한 실태조사가 이루어졌는데 홋카이도, 지시마千島, 사할린樺太편으로『조선인 강제연행·강제노동의 기록朝鮮人强制連行·强制勞動の記錄』(1974)이 출간됐다. 이 책에는 강제적으로 연행되어 강제노동에 종사했던 다수의 귀중한 체험담이 수록되어 있다. 그리고 증언과 자료로 구성된 김찬정金贊汀『증언 조선인 강제연행證言朝鮮人强制連行』(1975)이 출간됐다.

이어서 8·15 이전의 재일조선인 운동사에 관한 지금까지의 논저에 대해 언급해보고자 한다.

전술한 임광철의 「재일조선인 문제」는 8·15 이전, 이후에 걸쳐 있는데 여기에서는 8·15 이전으로 한정하도록 하겠다. 이 논문에서 우선 마음에 걸리는 부분은 1919년 2월 8일 도쿄東京 유학생들의 독립선언에 대해 "하등의 대중적 움직임이 이루어지지 않은 소수 학생들만의 문서 활동이며 결과적으로 그들 자신의 입신출세가 주된 목적이었다."라고 하는 비역사적인 부정적 평론인데 "재일조선인 운동의 올바른 출발은 역시 10월 사회주의 혁명 후, 연이은 일본 및 조선에서의 혁명운동의 발전과 결부되어 그 일환으로서 이루어졌을 때부터이다."라고 기술하고 있다.

이어서 1920년대의 재일학생·지식인들에 의한 사상 결사와 선전계몽운동의 역할, 재일본조선노동총동맹과 조선공산당일본총국의 조직을 언급하며 "이러한 혁명적 정당과 대중단체와의 유기적인 연결에 의해 재일조선인 운동은 지도되었던 것인데, 이 시기의 운동은 모두 조직적으로는 조선 본국의 공산당 및 신간회新幹會의 지도하에 있었다."라고 서술하고 있다. 그리고 재일조선인의 일본제국주의에 대한 투쟁은 "계급적 투쟁의 입장에서의 민족독립운동으로서 '무산' 계급을 주축으로 하는 대중적 기초 위에 조직되어 있었으나 자칫하면 일본 노동자 계급과의 연대가 약해지는 결함을 지니고 있었다."라고 논하고 있다.

여기에서 말하는 "계급적 투쟁의 입장에서의 민족독립운동"은 민족주의자의 독립운동을 고려에 넣지 않았으며 또 이에 대한 평가도 하지 않은 것이다.

또한 임광철은 1931년 코민테른Comintern의 방침에 따라 조선공산당 일본총국이 해체되고 "재일조선인의 계급적 혁명운동은 일본공산당이 지도하는 일본 혁명운동의 일부로서 그 조직적·전술적 지도 밑으로 들어감에 따라 일본 노동자 계급과 혁명적으로 연결되었다. 그것은 식민지였던 조선의 독립을 위해 일본제국주의에 반대하는 투쟁과 일본 노동자 계급의 투쟁은 완전히 동일한 목표를 향해 나아가야만 한다는 사실을 보여주며 두 민족의 제휴를 위해 실행되었던 것이었다."라고 기술했다.

여기에 기술된 재일조선인의 혁명운동이 일본의 혁명운동의 일부가 되었다고 하는 부분이 이론적으로 또 실천적으로도 올바른 것이었는지의 여부는 검토해야만 하는 문제이다. 그리고 조선 인민의 반일 독립운동과 일본 노동자 계급의 투쟁이 "완전히 동일한 목표"를 향해 나아가는 것이 어떤 것이었는지는 중요한 연구과제이다. 이것이 완전히 동일한 것이 아니라 다른 측면이 있어야만 한다는 점은 이미 언급한 바 있다. 임광철의 논문은 태평양전쟁 중에 재일조선인의 대다수가 민족적 억압과 차별, 침략전쟁에 대한 반대를 그치지 않고 각종 저항을 행했다는 사실도 기술하고 있다.

와타나베 토루의 『일본 노동조합 운동사』(1954)는 일본 노동조합전국협의회(전협)의 운동사를 서술하고 있는데, 재일조선인 운동에 관해서 민족해방투쟁의 측면은 거의 주의를 기울이고 있지 않지만 일본 노동운동사 속에서 조선인 노동자의 투쟁에 대해 구체적으로 다루고 있는 유일한 저서라고 할 수 있는 중요한 역작이다.

강재언의 「조선인 운동」(『사회주의 강좌社會主義講座』 제8권 수록, 1957)은 8·15 이전, 이후에 걸쳐 서술한 소론이다. "일본에서의 조선인 운동의 조직적인 발아는 1922년 여름, 조선인 노동자의 실태를 조사할 목적으로 도쿄에서 조직됐던 '조선인 노동자 조사회'로부터 시작되었다"라고 기술하고 있는데 이 조사회의 실태에 관해서는 쓰고 있지 않기 때문에 잘 알지 못한다. 필자는 노동조합의 결성, 운동의 조직적 전개를 그 발단으로 삼고 싶다. 또한 강재언은 1931년의 운동 전환에 대해 기술하고 있지만 이에 관한 평론은 없으므로 어떻게 생각하고 있는지는 알 수가 없다. 1935년 이후의 재일조선인 운동에 대해서는 "질식 상태에 빠져 분산적, 부분적인 저항에 그칠 수 밖에 없었다."라며 약간 과소평가하고 있는 점이 아쉬운 부분이다.

박경식의 「일본제국주의 하에서의 재일조선인 운동」(『조선월보朝鮮月報』
4~8연재, 1957)에서는 우선 재일조선인 운동사에 있어서 약간의 문제점으
로서 (1) 재일조선인의 계급 구성에서 생각해보면 그 운동의 "제일의적 목
표를 광범한 민족해방을 위한 애국투쟁이라는 점"에 두어야만 한다는 필
연성, (2) 계급 의식보다 민족의식이 농후해 "민족주의적인 성격이 강하
게 반영되어 지식인·학생이 운동의 선두에 섰다는 특징"을 지니고 있으며
재일조선인 운동이 "일부 첨예 분자만이 극좌적인 투쟁에 독주하고" "폭
넓은 민족해방 통일전선으로 결집할 수 없는 결함"이 존재하는 점, (3) 일
본제국주의의 억압과 코민테른의 민족 부르주아지에 대한 과소평가 등 지
도 상의 결함을 지적했다. 하지만 (4) 재일조선인은 "일본 노동자 계급의
강력한 동맹군으로서 일본제국주의를 타도하고 민족해방을 위한 투쟁에
적극적으로 참가했다."면서 "조선 민족 해방투쟁사의 일환으로 올바르게
평가되어야만 한다."는 사실을 제기하고 있다.

　박경식의 논문은 1910~45년을 3기로 나누어 조선과 일본에서의 운동
을 결부시켜 구체적인 운동에 관해 서술하고 있다. 그중 1929~31년의 재
일조선인 운동의 전환에 대해 당시 불리한 객관적 정세, 주체적·객관적
조건에 비추어 보아 "발전적 해소를 불가피적으로 했다"고 말하지 않을
수 없다. 이는 "보다 치열한 투쟁을 위한 발전적 형태라고 할 수 있다"라
고 기술했다. 하지만 당시 '발전적 해방론'의 이론적 근거로 거론하고 있
는 점에 관해서 몇 가지 의문을 제기하고 있다.

　1931~45년의 운동에 대해서는 (1) 1934년까지의 일본공산당, 전협, 반제
동맹 등을 중심으로 했던 일본 인민과의 치열한 공동투쟁 시기, (2) 1935년
이후 1937년까지 일본제국주의의 혹독한 탄압에 의해 공산당, 전협 등의
조직이 파괴되면서도 반파쇼 인민전선의 방침에 따라 광범한 통일 행동을
전개했던 시기, (3) 1937년 이후 1945년까지 중일전쟁과 태평양전쟁의 개

시에 따라 가혹한 탄압 속에서 민족주의자의 투쟁이 격렬하게 일어났던 시기로 구분하여 그 구체적인 투쟁사례를 들며 이 운동이 독립·분산적이었지만 일본제국주의에 타격을 주어 민족해방에 기여했던 점을 높이 평가하고자 했다.

이 논문은 관헌 자료를 중심으로 약간의 잡지 등의 문헌을 이용한 것으로, 직접 운동에 참가했던 활동가의 체험 청취나 현지조사를 실시하지 않은 결함을 지니고 있지만 일단 체계적인 서술을 시도한 글이었다.

다나카 토루田中徹의 「조선인 노동자와 일본의 노동운동朝鮮人労働者と日本の労働運動」(전출 『일본인이 본 재일조선인』 수록, 1959)은 "일본의 노동운동사는 과거, 또 다른 의미에서는 현재도 일본인 노동자의 '운명'과 이어지고 있다. 식민지·반식민지와 그 민중-노동자의 일에 대해 극언하자면 오늘날 또한 지배 계급과 동일한 태도에서 결정적으로 빠져나오지 않고 있다. 일본의 노동운동사는 조선, 중국 등 식민지·반식민지의 민중-노동자의 상태와 그 투쟁이 일본 노동운동에 어떤 영향을 미쳤는지에 관해 정당하게 문제를 추구하고 있지 않다."라며 중요한 문제제기를 하고 있다. 또 "재일조선인 노동자의 투쟁" 및 "손을 맞잡은 조일 노동자"에 관해 개설하고 있으며, "일본인 노동자의 조선인 노동자에 대한 연대는 일부 소수의 그것에 그쳤으며, 광범한 프롤레타리아 국제주의의 계양은 결국 오늘날까지 실현되고 있지 않다. 이러한 부분들을 구태여 거론하지 않는 태도를 우리들은 지금 이때, 자기비판할 기회와 맞닥뜨리고 있다."라고 결론짓고 있다. 이와 같은 결론은 중요하다고 생각한다.

일본조선연구소 편 『조일중 삼국 인민의 연대의 역사와 이론日朝中三國人民の連帯の歴史と理論』(1964)에서는 일본·조선 양 인민의 연대 투쟁의 역사를 개관하고 있는데, '조일 공동의 투쟁'을 일본인·조선인의 입장의 상위를 명확히 하지 않고 같은 사례로 취급했으며 또한 '연대'의 역사를 과

대평가하고 있다고 생각된다. 예를 들어 "당시 혁신정당에서는 어떤 개량주의적 색채가 강했던 당파라도 전부 식민지 해방을 언급하고 있다."라며 그 실질적 내용은 검토하지도 않고 슬로건적인 것을 과대평가하고 있는 경향이 있다.

이 책에서 "전전이나 전후를 묻지 않고 식민지 문제의 과소평가, 민족해방투쟁의 과소평가는 반드시 침략의 변호, 제국주의의 미화에 빠지는 것이다."라고 서술하고 있는 부분은 완전히 옳다. 하지만 이는 이 책 자체에도 해당하는 기술이 아닐까 생각된다. 조선 인민·재일조선인의 투쟁이 일본 인민에게 미친 영향이나 그 역할에 대해서는 거의 언급하고 있지 않으며, 오히려 일본 인민의 주도에 따라 연대가 이루어졌다는 식으로 착각하게끔 만드는 부분도 있다.

요시오카 요시노리吉岡吉典의 「조일중 삼국 인민 연대의 전통日朝中三國人民連帶の傳統」(『일본과 조선日本と朝鮮』 수록, 1965)에서는 연대의 개개의 사실에 대해 상세히 기술하고 있는데 그 취지는 전게서와 대체로 동일한 경향이 있다.

오하라大原 사회 문제연구소 편 『태평양전쟁 하의 노동운동太平洋戰爭下の勞動運動』(1965)에서는 다른 책에서는 그다지 언급하지 않은 '전쟁 말기의 노동자 운동'을 거론하며 일본인 노동자와 조선인 노동자의 공동투쟁 사례를 소개함과 동시에 억류 중국인·조선인 노동자의 투쟁으로서 전시 중의 반항, 전쟁 직후의 투쟁 등을 기술하고 있다.

정철鄭澈의 『재일한국인의 민족운동在日韓國人の民族運動』(1970)은 "일제 시대부터 재일한국인의 민족운동에 참가했던 한 사람으로서, 또 해방 후의 새로운 사태에서 조직운동의 제1선에 참가했던 조직인의 한 사람으로서" 다음과 같은 이유에서 이 책을 집필했다고 밝히고 있다.

"한국에서 발행된 많은 독립운동사 중에 재일한국인의 민족운동이 경시되고 있는 듯한 취급방식에 대한 저항감과, 일본의 출판사에서 간행된 민족운동에 관한 자료의 무책임한 편집방식에 반발심을 가지지 않을 수 없었다." "경찰 관계자의 일방적 자료나 중상적인 보고문을 주역도 없이 사실처럼 사용했던 것을 그대로 인용한 수많은 문헌에 의해 민족운동이 훼손되고 있다는 사실은 참을 수가 없다. 그보다 더한층 이러한 저항감과 반감을 자아내는 사실을 해방 후 재일한국인의 새로운 민족운동 양상에 미치는 영향이나 반동적 친일세력의 준동과 관련하여 생각하는 것만으로도 뭔가 할 수 있지 않을까 생각한다. 그리고 가능한 한 빨리 민족운동의 권위와 사실에 입각해 해명해두어야 한다는 생각으로 가득하다."

그리고 현재 '경제 대국' 일본이 "한일회담 체결에 주도권을 행사하고 경제협력이라는 이름 하에 경제침략 체제를 강화"해 "민족분열을 획책하면서 추방정책을 강행"하고 "반동적 친일세력을 길들이는 세력에 대해서는 격노를 참을 수 없다."라면서 "일제시대의 친일파 조성정책과 지금의 반동적 친일세력을 길들이는 정치 자세에 대처하는 일이 새로운 민족운동의 과제가 되어 있다."라고 판단하고 있다. 그리고 "이러한 자료들이나 문헌을 바르게 인용하기 위해 필요한 자세와 의식을 명확하게 하는 노력에 의해 재일한국인의 민족운동을 바르게 인식시킬 뿐만 아니라, 해방 후 새로운 민족운동의 양상을 한국인의 입장에서 확실히 하고 싶다는 사명감 같은 것마저 느꼈다."라며 "연대순에 구애되지 않고 민족운동론으로서 집필해보고 싶었다."라고 기술하고 있다.

저자는 이상과 같이 현재 재일한국인의 민족운동을 올바르게 발전시키자는 관점에서 현재의 '민족진영' 안에 '민단 깡패가 된' 반동적 친일세력을 고발하면서 8·15 이전, 이후의 민족운동에 관해 논급한다.

저자의 반공적 입장에 선 재일조선인 운동의 평가에는 물론 전면적으로 찬성하며 실천적 입장에서의 민족운동의 평가, 반동적 친일세력에 대한 비판 등 많은 점에서 배워야만 하는 점이 있다고 생각한다.

이와무라 토시오의『재일조선인과 일본 노동자 계급』(1972)은 저자가 1962~63년 무렵『역사평론歷史評論』등의 연구지에 게재한 몇 개의 논고를 골조로 하여 새롭게 써내려간 뛰어난 역작이다. 저자는 앞서 인용했듯이 "일본제국주의의 역사를 연구함에 있어서 재일조선인 문제를 부당하게 경시하는 태도가 포착된 것에는 재일조선인을 일본제국주의의 구조적 관련 속에서 파악하는 관점이 수립되어 있지 않은 점에 필시 원인이 있었다." 라고 하면서, 재일조선인의 "이민의 객관적이고 진보적 역할"을 긍정하고 "일본 노동자 계급의 성장과 투쟁에 재일조선인인 미쳤던 다면적인 영향을 무시해서는 안 된다."라고 기술했다. 이는 완전히 정당한 지적이다.

또한 이와무라는 '재일조선인 이민노동자'가 2백만을 훨씬 넘게 된 경과를 밝힘에 따라 "재일조선인이 일본자본주의의 발전에 얼마만큼 불가결했는가, 혹은 그들이 일본 노동자 계급의 성장에 얼마만큼 깊은 영향을 미쳤는가 하는 질문에 답해보고자 한다."라고 기술했다.

그리고 지금까지 이 같은 질문에 답하는 연구는 부족했으며 일본 인민의 국제적 연대가 재일조선인과의 연대를 제외하고서는 발전할 수 없다는 점을 강조하며 "일본제국주의의 배외주의적 데마고기demagogy[1]와 일본 인민의 국제주의적 연대에 대해 말해보자면 그들이 재일조선인의 존재를 매개로 각각 어떠한 사회적 기반 위에 설 수 있었는지에 관해 묻지 않을 수 없다."라고 했다.

이와무라는 다방면의 자료를 구사해 재일조선인의 노동운동, 민족해방운동에 대해 상세히 서술하면서 재일조선인과 일본 인민과의 연대, 그것

---

1) [역주] 대중을 선동하기 위한 근거 없는 정치적 허위 선전, 유언비어, 인신공격을 뜻한다.

을 저해했던 제조건 등에 관해 논하고 있다.

또 프로핀테른Profintern, 코민테른 등의 국제적 노동조합, 공산주의 운동체의 재일조선인 운동에 대한 지도방침과 관련된 이론적 문제 등도 자세하게 논했다. 단, 개별연구의 부족 때문이라 생각되는데 이 책에서 1935~45년의 구체적 투쟁에 대한 서술이 불충분한 것은 아쉬운 점이다.

우메다 토시히데梅田俊英「일본 노동조합 전국협의회와 재일조선인 노동자-야마나시 현 토건노동자 쟁의를 통해日本勞動組合全國協議會と在日朝鮮人勞動者-山梨懸 土建勞動者鬪爭爭議を通じて」(『노동운동사 연구勞動運動史硏究』 55·56호 수록, 1973)는 1930~32년 조선인 노동자가 태반을 차지했던 야마나시 현 국도 8호선 개수공사를 시작으로 하는 야마나시 토건노동조합 쟁의에 대해 언급한 것이다. 쟁의는 재일조선인 노동자의 요구를 조직해서 싸웠으며 그 투쟁 경험을 통해 전협의 지도방침의 약점-재일조선인의 독자적 요구 경시를 실천적으로 극복하는 방향성이 생겨났다며 조일 연대의 실천을 높이 평가하고 있다.

고바야시 스에오小林末夫『재일조선인 노동자와 수평운동在日朝鮮人勞動者と水平運動』(1974)은 1931년 효고 현兵庫懸 히메지 시姬路市의 기타나카北中 피혁공장과 가코가와 시加古川市 다키多木 제비소製肥所의 노동쟁의에 대한 논고이다. 다키 제비소는 조선에도 진출하고 있는 다키 농장과 같은 계열 기업으로 해방 말에 부락 출신 노동자와 조선인 노동자에 대한 억압과 차별에 반대하는 공동투쟁의 노동쟁의로서 일본 노동운동 역사상, 지금까지 그다지 알려지지 않았던 사실을 신문자료와 체험담 등을 모집하여 구명한 노작이다.

최근 한국에서도 재일조선인에 관한 논저가 약간 나오고 있다. 주로 8·15 해방 이후 재일한국인의 사회적 현황·의식구조·집단·민족교육·법적지위 문제 등을 내용으로 하는 김상현金相賢의 『재일한국인』(1969),

8·15 이전의 노동자 이민의 전개 과정·일본 탄광업과 한국 노동자의 역할·한국인 강제동원과 한국 농촌사회의 변모·재일한국인의 이민 생활과 의식구조 등을 논구한 고승제高承濟의 「재일한국 노동자 이민의 전개 과정과 일본군국주의의 말로」(『한국이민사 연구』 수록, 1973)와 전준田駿의 『조총련 연구』(1972)가 있다. 이 책은 현재 2권으로 구성되어 있으며 주요 내용은 8·15 이후의 재일조선인 단체 분석이다. 제1권의 절반은 8·15 이전의 재일조선인 문제를 다루고 있다. 이는 「재일한인의 생성 과정」, 「한인의 일본 정착 과정」, 「계층의 형성 과정」, 「지식층의 활동 과정」, 「공산주의운동」, 「제2차대전 시의 상황」 등 6장에 걸쳐 관청자료를 중심으로 구성되어 있으며 저자의 약간의 코멘트가 들어가 있다.

예를 들면 재일조선인의 생성 과정에 대해 "재일한인의 사례에서는 시기에 따라 농도는 다르지만 여기에는 자발의사와 임의성이 있었다는 증좌를 볼 수 있다."라고 하면서 조총련은 전시의 강제이주에 중점을 두고 여기에 재일한인의 발생요인과 그 생성을 찾고 있다. '강제이주'의 강조는 일본의 반성적 장치→북한 정권 승인, 식민지 착취 강조→반제국주의→공산주의혁명이라는 도식의 이면적 계산이 존재한다는 것이다. 이 책은 제국주의와 식민지 문제를 어떻게 포착하고 있는지 의문이며 다분히 정책적으로 해석하려고 하는 의도가 있다고 보인다. 또한 '재일한국인'에게 있어서 향수심은 강하지만 민족의식은 희박하다, '재일한국인'은 민족의식, 민족감정을 운운하고 있지만 이는 눈속임이며 그것이 향수심이라는 사실을 그들은 이해하고 있지 못하다, 냉엄하게 보면 '재일한국인'처럼 민족의식이 희박한 인간은 달리 없으나 그들은 그렇게 생각하고 있지 않다 등등 민중과는 연이 없는 '기민적棄民的'인 권력층의 발상을 볼 수 있으며, 다음과 같이 '재일한국인'에 대한 결론적 견해를 서술하고 있다.

"예견되는 한에서 한국계는 오랜 시기를 거치는 동안 점차 속지주의에 따른 방향(동화, 귀화-인용자)으로 흘러간다는 사실은 틀림이 없다. 하지만 북한계, 그중에서도 조총련은 마지막까지 이를 거부할 것이라는 사실이 엿보인다."

이어서 재일조선인을 역사적으로 다룬 현규환玄圭煥의 『한국유민사韓國流民史』 하권(1976)이 상권의 만주와 몽골편, 소련편에 이어 간행되었다. 전체 1천여 페이지 중 770페이지가 재일조선인에 관한 대저大著로 1910년 이전 부분이 420페이지를 차지하고 있으며 주로 자료를 잇대었다.

이 외에 김준엽金俊燁·김창순金昌順의 『한국 공산주의운동사』 제5권 (1976), 서대숙徐大肅의 『조선 공산주의운동사』(1968, 일본어 역 1970) 등에도 재일조선인 운동사가 약간 언급되어 있다.

최근 재일조선인 운동에 관한 연구가 조금씩 진행되어 연구논문도 점점 많이 발표되고 있다.

재일조선인 운동사연구회 『재일조선인사 연구』지에는 듣고 적은 기록을 중심으로 운동사에 역점을 둔 다음과 같은 논문이 발표되고 있다(1호, 2호 게재 논문).

산신三信 철도쟁의, 조반常磐 탄전炭田에서의 조선인 노동자 투쟁, 재일조선여성 운동, 간토 자유노동자 조합과 재일조선인 노동자, 재일조선인 부락의 적극적 역할, 해방 직후의 재일조선인 운동 등이 그것이다.

또 『해협海峽』지에도 「다마가와多摩川 사리砂利 채취 노동자 투쟁」, 「조영우趙泳祐 반제장反帝葬」, 「재일조선노총의 활동」, 「사상단체 북성회北星會, 일월회一月會에 대해서」 등이 발표되었고, 『계간 삼천리季刊三千里』에도 「실을 뽑았던 여성들」, 「재일조선인의 65년」, 「일본에서의 신간회 활동」 등이 있다.

상세한 연표로는 「재일조선인 운동연표」, 「전후 재일조선인 운동사·연표」(박성태朴成玲)가 『부락 해방연구』지에 연재되고 있다.

재일조선인의 현상에 관해서는 재일 각 단체의 기관지를 비롯해 『조선연구』, 『통일평론』 등의 잡지에 의해 어느 정도 알 수 있다.

마지막으로 자료에 대해서 약간 언급하고자 한다. 관청자료로서 8·15 이전의 내무성 경보국 『특고월보特高月報』와 이를 정리한 각 연도의 『사회운동의 상황社會運動の狀況』에 「재류조선인의 상황」이 수록되어 있다. 또 『사회운동의 상황』(1929~1942)의 「재류조선인의 상황」을 정리한 것으로 김정명金正明 편 『조선독립운동朝鮮獨立運動』 Ⅲ · Ⅳ(1966~67)가 있다. 그리고 내무성 자료에 다른 관청자료를 더해 편집한 박경식 편 『재일조선인 관계 자료집성在日朝鮮人關係資料集成』 1~5권(1975~76)이 있다. 전후의 자료로는 『재일조선인 관계 단체 중요자료집在日朝鮮人關係團體重要資料集』(1952, 『법무연구法務研究』)이 간행되어 있다.

이러한 관청자료들에 근거한 관청 관계 출판물에는 8·15 이전을 다루고 있는 쓰보에 센지坪江仙二 『조선 민족 독립운동비사朝鮮民族獨立運動祕史』(1959), 주로 해방 후를 다룬 것에는 모리타 요시오森田芳夫 『재일조선인의 추이와 현상在日朝鮮人の推移と現狀』(1955), 쓰보이 도요키치坪井豊吉 『재일조선인 운동의 개황在日朝鮮人運動の槪況』(1977)이 있다. 그리고 재류권, 처우문제를 논한 사카나카 히데노리坂中英德 『금후의 출입국 관리행정의 양상에 대해今後の出入國管理行政のあり方について』(1977) 등이 있다.

민간 측의 자료집은 아직 집대성되어 있지 않다. 1969~72년에 세계혁명연구회 『세계혁명운동 정보世界革命運動情報』 특별호 2, 4, 20호에 1920년대부터 해방 후에 걸친 「자료 재일조선인 공산주의운동資料在日朝鮮人共産主義運動」이 있어서 잡지논문 등이 수록되어 있다. 단편적으로는 「아소 탄광 투쟁 일지麻生炭鑛鬪爭日誌」(『근대 민중의 기록近代民衆の記錄』 수록, 1971). 「재일본 조선노동총동맹在日本朝鮮勞動總同盟」, 「근우회槿友會」의 대회기록이 앞서 기술한 『재일조선인사 연구』지에 수록되어 있다.

3. 재일조선인의 생활과 역사

1910년 일본제국주의의 '한국병합'에 의한 식민지 지배의 결과, 자국에서의 생활이 파탄난 조선인은 일본자본주의의 값싼 식민지 노동력으로서 일본에 도항, 유망을 어쩔 수 없이 하게 되었다. 특히 1939년 이후는 전시동원체제 아래 징용, 징병 등에 따라 대량으로 강제연행되었고 1945년 8·15 해방 이후, 제반의 사정으로 귀국하지 못한 자와 그 자손이 현재의 재일조선인이다(1910년 이전에도 소수의 조선인이 일본에 재주하고 있었지만 이들은 재일조선인의 범주에는 넣지 않는다).

이하 1945년 8·15 해방 이전의 조선인에 대해서 개관하도록 하겠다.

재일조선인은 1911년에 2,527명이었다. 제1차세계대전 후에 노동력 수요증대로 1916년에 약 6천 명, 1917년에는 약 1만 5천 명, 1919년에는 약 3만 명이 되었다. 1920년대 말부터의 경제공황으로 '실업문제'가 클로즈업되면서 도항 제한이 실시되었지만 1930년에는 약 30만 명으로 증가했다. 중국 '만주' 침략개시 이후에는 노동력 수요가 증가하여 1938년에는 약 80만 명이 되었고 태평양전쟁 시에 약 5백 10만 명이 강제연행되어 1945년 8월 종전 시에는 약 240만 명으로 증가했다.

1910년대 일본제국주의는 조선을 점령했던 군대, 헌병 경찰에 의한 '무단통치' 아래 토지약탈, 지세수탈을 위한 이른바 '토지조사사업', '임야조사사업' 혹은 '토지수용령'의 명목으로 막대한 전답, 산림을 일본 국유지로 편입시켰다. 또한 대지주, 자본가도 많은 토지를 매수·약탈해 나갔다. 그 결과, 대부분의 조선 농민은 전답을 잃고 소작인으로 전락하여 지주 대 소작인의 반봉건적 관계의 재편성에 따라 고리의 소작료를 부담했고, 그 외에도 무거운 공과금 등 이중, 삼중의 수탈 아래 신음하게 되었다. 게다가 일본 농업이민에 따른 압박까지 받았다.

이렇게 해서 자립적 자본주의 발전에 놓인 조선은 일본자본주의경제의 축으로 편입되고 식민지·반봉건 관계의 정치적 억압, 경제적 수탈에 의해 소작농은 증가했다(순전한 소작농만으로도 1913~20년에 25만 호 증가). 게다가 소작권을 박탈당해 이촌·실업하여 노동자, 도시 농민, 프롤레타리아로의 계급분화가 급속하게 진행돼 생활 양식을 구하기 위한 해외 유망이 필연화 되어 갔다.

1910년 9월 이후, 1899년 7월에 일본에서 공포했던 '외국인 노동자 입국제한법(칙령 352호)' 및 내무성령 제32호 '숙박계 그 외의 건'에 따라 외국인에 관한 규정인 노동자 이주의 원칙적 불허가 방침이 조선인에게 적용되지 않게 되자 한차례 일본으로의 도항은 '자유'롭게 되었다. 그러나 '요시찰 조선인 시찰 내규'(1916) 등에 의해 엄격한 감시를 받았다.

제1차세계대전으로 막대한 이윤을 얻은 일본자본주의는 금융독점자본의 확립과 함께 일본인 노동자를 위험하고 단순한 노동에서 안전한 고수준의 기술노동으로 전환시켜 노동효율을 높이기 위해, 또한 일본 국내의 노동력 부족의 보충과 보다 많은 이윤을 획득하기 위해 값싼 식민지 노동력을 필요로 하여 적극적으로 조선인 노동자의 이입에 힘을 기울였다. 일본인 노동 브로커는 모든 감언과 사기적 방법으로 조선인을 긁어모으기 위해 힘썼다. 이 때문에 도항 노동자를 둘러싸고 수많은 부정이 속출했으므로 조선총독부는 1918년 1월 '조선인 노동자 모집 단속 규칙'까지 공포하기에 이르렀다. 하지만 이 일편의 규칙으로 부정행위를 저지할 수는 없었다. 재일조선인 인구는 전술했듯이 급속히 증가해갔다.

도항 조선인 노동자의 선두는 오사카 부大阪府 셋쓰摂津 방적회사 기즈가와木津川 공장(1911), 효고 현 셋쓰 방적회사 아카시明石 공장(1912), 오사카 부 도요東洋 방적회사 산켄야三軒家 공장(1914), 효고 현의 가와사키川崎 조선소(1914) 등이었는데 1917년 전후부터는 후쿠오카 현福岡懸, 홋카이도

北海道 등의 탄광, 오사카·효고·와카야마和歌山·오카야마岡山 등 각 부현府縣의 방적 공장·조선소·제철소·유리 공장 등에 차례차례 조선인 노동자가 고용되어 갔다. 수많은 조선인 여성도 방적여공으로 이입되었다.

기시와다岸和田 방적의 조선인 여공(1930)

재일조선인의 대부분은 노동자였는데 다음으로 많았던 것은 학생으로 (1918년 현재, 약 770명) 그중 고학생이 많았다. 이들 재일유학생은 민족의식이 강해서 1919년 2월 8일에는 독립선언을 발표해 전민족적인 3·1 독립운동의 선두를 이루었다.

일본 관헌당국은 독립운동을 탄압함과 동시에 일본으로의 조선인 도항에 엄격한 제한을 두었고, 조선총독부에서는 1919년 4월 '조선인의 여행단속에 관한 건'(경무총감령 제3호)을 공포해 경찰의 여행계 출허가제가 되었다. 그 결과 한때 일본으로의 도항자는 감소했으나 식민지 지배라고 하는 기본적 모순이 존재하는 한 유민현상을 어떻게 할 방도가 없었다.

1920년대에 들어 일본제국주의는 국내적으로도 국제적으로도 모순이 격화되어 갔다. 조선 민족의 거족적인 독립운동에 공포를 느낀 일본의 지배층은 '무단통치' 대신 '문화통치'의 간판 아래 제국주의 지배정책을 카무플라주하고 민족분열·동화정책에 기를 썼다. 그리고 그 경제정책으로서 일본의 식량부족을 해결하기 위한 이른바 '산미증식계획'을 강제해 수리시설, 토지개량 등에 일본자본을 투하하고 산미약탈을 강화했다. 그 결과, 조선 농민의 토지 상실은 한층 진행돼 소작농의 증가, 프롤레타리아화가 더욱 진행되었다.

또한 일본자본에 의한 식품 가공업, 도자기업 등 경공업에 대한 투자가 증대해 민족공업의 영락이 심해져서 실업, 반실업자는 한층 증가함에 따라 해외로의 타관살이, 도항이 점점 증대해 갔다.

1922년 12월, 만성불황 아래의 일본독점자본은 값싼 조선인 노동자를 이입하여 보다 많은 이윤을 획득하기 위해서 조선총독부령 제153호에 따라 도항을 제한했던 경무총감령을 폐지하고 우선 '자유도항제'로 전환했다. 이리하여 조선인 노동자의 도항수는 둑이 터진 듯 격증해 재류자는 일 년간 2~3만 명이나 증대했다.

이 무렵 일본내에서는 실업문제가 중대한 사회 문제가 되어 일본정부는 조선인 노동자의 도항 증가가 일본인 노동자를 압박한다는 명목 아래 1923년 5월 내무성 경보국장 명의의 '조선인 노동자 모집에 관한 건'의 통첩을 각 지방 장관 앞으로 보내 "조선총독부와 협의하여 자유도항 및 단체모집에 대해서는 가히 이를 저지"하였다. 또 1924년 2월에는 '조선인에 대한 여행증명서의 건'으로 도항증명서의 취급방식을 엄격히 했으며, 1925년 10월부터 부산항에서 '도항저지제'를 실시하기에 이르렀다. 무허가의 노동자 모집에 응한 자, 취직처가 확실하지 않은 자, 필요 여비 이외의 소지금이 10엔 미만인 자, 모르핀 중독환자 등은 일본에 건너갈 수 없었다. 이 해에는 또 내무성에서 '과격 사상 선언 단속에 관한 건'이 공표되어 조선인 도항자에 대한 단속이 엄격해졌다.

이처럼 일본 도항에는 여러 가지 조건이 붙었는데 1928년 7월 조선총독부 경무국에서 각 도의 경찰부 앞으로 공표된 통첩에는 도항허가 기반이 1925년 때보다도 엄격해지고 소지금도 여비를 제외하고 60엔 여유가 있어야 한다고 되어 있다.

또한 도항 수속에서는 거주지의 경찰주재소로부터 부산 수상경찰서 앞으로 발행한 '소개장'을 지참하게 되어 경찰은 감시의 눈을 번뜩이고 있었다. 도항의 조건을 갖추지 않은 경우는 당연히 도항허가가 나올리 없었는데, 1927년의 조사에 의하면 도항자의 소지금 30엔 미만이 87%를 차지하는 상황이었기 때문에 도항허가를 받는 것은 대단히 어려웠다고 할 수 있다.

내무성은 1929년 4월 각 부현청 앞으로 발행한 통첩에서 일본인 사업주의 조선인 노동자 집단이입에 대해 제한을 더했다. 이러한 일본 지배자의 도항저지 정책에도 불구하고 도항자수는 전혀 감소하지 않아 1930년에는 재일조선인 인구는 약 30만 명에 달했다.

다액의 책무를 짊어졌던 조선의 몰락농민은 얼마 안 되는 재산을 팔아서 마련한 소액의 대금을 가지고 경찰주재소에 날마다 출근하거나, 일본에 도항한 지인이나 노동자 모집인들에게 부탁해 겨우 입수한 도항증명서를 가지고 입은 옷 한 벌, 보따리 하나만 지닌 채 부산 수상경찰서의 서류점검을 받았다. 그러나 여기에서 부정도항, 서류불비로 도항을 저지당한 자가 속출해 1925년 10월부터 다음해 말까지 약 14만 5천 명이 저지당하고 있었다.

1924년 무렵부터 내무성, 도쿄·오사카·나고야·교토·고베·후쿠오카 등의 각 부현 및 조선총독부에서는 재일조선인의 실태조사를 시작하고 있었는데 이는 동화정책 강화와 조선인 노동자의 실태를 파악해 그 노동력을 이용, 정리하기 위함과 동시에 이른바 '과격' 사상의 단속 대책을 세우고자 한 것이다. 그 조사자료는 지배자적 관점에서의 편견적, 일면적인 파악이 많고 민족적인 것을 말살하려는 의도가 있으며 이후 민족차별, 모멸의 재료로서 이용되었다.

1929년에 시작된 세계경제공황은 일본경제를 파국으로 몰아넣었고 그 악영향은 일반 민중 특히 식민지 조선 인민에게 전가되었다. 일본의 지배계급은 그 위기를 중국 침략으로 회피하고자 했다. 때문에 노동운동·정치활동의 자유를 억압하고 급속도로 파시즘 체제를 갖추어나가 1931년 중국 침략전쟁을 개시했다.

조선은 이 대륙침략의 병점기지로서 식량 및 지하자원을 비롯한 군수 공업 자원을 대량으로 약탈당했다. 또한 조선 인민은 노동력으로서 대대적으로 동원되어 나갔다.

조선총독부는 경제공황으로 타격을 입은 조선의 농촌을 '농촌진흥운동'에 의해 '구제', '재생'하려고 했지만 이는 전시체제 하에서의 수탈강화에 지나지 않았고, 조선 농민은 사활의 길을 해외도항에서 찾아 일본, 만주로 유망하는 자가 증대했다. 일본으로의 도항자는 연 10만 명을 넘어 재일 인구도 1938년에는 약 80만 명으로 팽창했다. 일본 당국은 도항증명을 엄격하게 단속하여 1932~34년에는 도항출원자의 60% 이상이 불허가가 되었다.

1934년 4월에는 내무성을 중심으로 척무성, 문부성, 조선총독부 등에 의해 재일조선인 실업문제 및 사회 문제에 대한 조사연구를 기초로 대책을 세우게 되어 같은 해 10월에는 내각결정 '조선인 이주 대책의 건'으로서 '조선인 이주 대책 요목'이 공표되었다. 그 요점은 다음과 같다.

① 조선 내에 조선인을 안주시키는 장치를 구상할 것
② 조선인을 만주 및 북조선으로 이주시키는 장치를 구상할 것
③ 조선인의 일본 도항을 한층 감소시킬 것
④ 일본에서의 조선인 지도 및 융화를 도모할 것

위의 내용으로 알 수 있듯이 조선인의 일본 도항을 억제하고 전쟁 수행에 동원하기 위해 만주, 북조선으로의 이주를 추진함과 동시에 재일조선인의 '황민화'를 강화할 방침을 내세웠다.

이렇게 해서 1936년 8월에는 내무성으로부터 '협화 사업단체 설치 요령', '협화 사업실시 요지'가 공표되었고, 이에 따라 각 부현에 협화회協和會가 결성되었다. 그리고 1938년 11월에는 내무성, 후생성 등이 중심이 되어 부현 협화회의 중앙기관으로서 '중앙협화회'를 만들어 이듬해 6월 설립대회가 개최되었다. 협화회라는 단체는 특별고등경찰이 중심이 되어 재일조선인의 사상 상황을 파악해 '황민화'를 강력하게 추진하고, 전시 노동력 동원을 위해 내무·후생성의 외곽 어용단체로서 만든 것이다. 1944년 11월에는 이를 강화하기 위해 중앙흥생회中央興生會로 개칭, 8·15 해방까지 존속했다. 협화회 혹은 흥생회의 지회·분회에는 약간의 조선인을 지도원, 보도원으로 임명해 노무동원, 조선인 '황민화' 지도 임무를 맡겼다.

일본 정부는 1944년 12월 전시 판국의 불리, 패전을 틀림없이 맞이하게 된 상황 아래 '조선 및 대만 동포에 대한 처우개선에 관한 건'으로서 귀족원 의원 선임, 중의원 의원 선거에 따른 국정 참여, 관리의 증원 등용 및 조선인의 일본 도항제한제 폐지, 경찰 상의 처우개선, 근로관리의 개선, 흥생사업의 쇄신, 진학 지도, 취직 알선 등을 결정했는데 이는 '날로 이반離反하려고 하는 조선인의 마음을 저지'하고자 하는 회유정책에 지나지 않았다.

1938년 전쟁 수행을 위해 국가총동원법이 공포되고 1939년 7월에는 국민징용령이 시행되었는데 이는 조선인에게도 적용되었다. 당장 같은 달의 내무성·후생성 차관통첩 '조선인 노무자 내지 이주에 관한 건'에 의해 보다 집단적인 강제연행이 개시되었다.

강제연행은 기획원에서 입안됐던 '노무동원계획'(후에는 국민동원계획)에 따라 할당된 인원수를 처음에는 조선인의 저항을 염려해 '징용' 형식이 아닌 회사·사업소 노무계를 중심으로 한 '모집' 방식을 취했다. 1942년부터는 내각회의 '조선인 노무자 활용에 관한 결정'에 따라 직업 소개소를 경유한 조선총독부 관청 중심의 '관 알선' 방식을 취했고, 1944년부터는 철저하게 '징용' 방식으로 석탄산, 금속산, 토건, 공장, 군사시설 등에 강제적으로 동원·배치를 실시했다. 조선인은 이 외에 군인, 군요원, 육군위안부로도 동원되었다. 이렇게 해서 1939~45년 사이에 조선인의 일본으로의 강제연행자 수는 150만명 이상을 웃돌았고 군인·군속관계는 37만명이 넘었다.

재일조선인 및 이입노무자에게는 전술한 '협화회'에 의해 '황민화'를 위한 다양한 강습회, 행사가 실시되었다. 또 '훈련 및 취급 요강'에 근거한 훈련이 이루어져 협화회 회원장을 의무적으로 소지하게 하는 등 감시체제가 한층 강화됐다.

재일조선인이 어떻게 해서 일본에 도항해 정주하게 됐는가는 이상의 일본제국주의 정책에 의한 것이 명확하지만, 1920~30년대 일본의 관청 당국이 직접적으로 조사한 자료에 의해 그 도항 이유를 살펴보면 다음과 같다.

우선 1928년 도쿄 재주 세대원이 있는 경우(400명 조사)에는 생활난 53.3%, 노동을 위해서 20.8%, 돈벌이를 위해서 18.8%(이상 합계 92.7%), 독신자(1,600명 조사)의 경우는 생활난 56.3%, 노동을 위해서 12.8%, 돈벌이를 위해서 14.1%(이상 합계 83.2%)이다. 1934년에도 세대원이 있는 경우(1,933명 조사)가 동일한 이유로 합계 96.7%, 독신자(1,766명 조사)가 동일한 이유로 합계 86.4%라는 높은 비율을 보이고 있다.

또 1930년 교토를 보면 세대원이 있는 경우(8,154명 조사)가 같은 이유로 합계 79.4%, 1932년 오사카에서는(11,835명 조사) 같은 이유로 합계 94.6%, 1935년 고베에서는(3,921명 조사) 같은 이유로 합계 92.8%이다. 여기서 노동이나 돈벌이를 위해서라는 도항 이유는 전부 생활난을 뜻한다.

직업·주택

재일조선인의 직업 대부분은 노동자로 도로·철도·하천·발전공사 등의 토공 인부, 일용 인부이다. 또 공장의 견습 직공, 잡역부 등의 미숙련 노동자로서 가장 위험한 난공사나 '불결'한 부문의 일에 종사했다. 도항 전의 조선인 대부분은 농업에 종사해 아무런 기술도 몸에 익히고 있지 않았고, 설령 교육을 받아 기술을 습득하더라도 본인이 희망하는 직장에서 일본인과 동등한 일에는 종사하지 못했다. 조선인 노동자는 일본 노동시장의 산업예비군으로서 항상 불안정하고 부동적浮動的인 생활을 어쩔 수 없이 하게 됐으며 실업률이 높았다.

직업통계에 따라 노동자의 직종을 살펴보면 고베 시(1926년)에서는 직공 20%, 일용 자유노무자 17%, 토공 인부 15%, 짐꾼 8%, 상인·점원 8%, 그 외 6%, 실업·불명 26%이다. 또 도쿄 부(1935년)에서는 일용 자유노무자 38.5%, 토공 인부 24.4%, 상인·점원 10.7%, 직공 4.3%, 짐꾼 2.1%, 그 외 18%, 실업·불명 2%이다.

재일조선인의 임금은 식민지 민족으로서 동일 노동의 차별임금을 강요당해 일본인 노동자의 약 반액이었다. 1924년 내무성 조사에 따르면 조선인 노동자의 임금은 일본인 노동자에 비해 40~50% 낮았다.

1930년 오사카 시에서 30명 이상의 노동자가 종사하는 공장의 경우를 보면 일수입 총 평균 일본인 2엔 15전에 비해 조선인은 1엔 22전, 요업에서는 일본인·조선인 각 2엔 14전, 1엔 18전, 금속공에서는 각 3엔 13전, 1엔 71전, 기계제조공에서는 각 2엔 83전, 1엔 66전, 피혁공에서는 각 3엔 33전, 1엔 50전, 토건에서는 각 1엔 88전, 1엔 51전이다.

월수입으로 보면 1934년 토목 노동자가 많은 도쿄의 경우, 세대원이 있는 경우 평균 수입액은 27엔 13전, 토목 노동자의 평균 수입은 20엔 78전이며 직공의 비율이 높았던 고베 시(1936년)의 평균 월수입은 40엔 44전이며 50엔 이하가 84%였다.

이와 같은 조선인 노동자의 저수입으로는 '밥과 소금과 푸성귀'라는 열악한 식생활, 집세가 싼 연립주택, 임대 판잣집 혹은 셋방 생활을 어쩔 수 없이 하게 됐다.

주택 문제는 재일조선인의 생활에 있어서 심각한 부분이었다. 일본인은 조선인에게 집을 더럽힌다, 집세를 제대로 지불하지 못한다는 이유 등으로 집을 빌려주는 것 조차 꺼려했다. 특히 도쿄·오사카·나고야·교토·고베 등의 대도시에서는 전셋집·셋방을 쉽게 얻지 못했다. 때문에 천변이나 공사터에 급조한 판잣집 오두막을 세우거나 토공 인부의 임시 합숙소에 살 수 밖에 없었다. 이렇게 해서 대도시의 '조선인 부락'은 도시의 변두리나 근접 마을에 형성되었다.

이러한 상황이었기 때문에 피복비도 빈약했으며 교육비, 문화오락비 등을 변통할 수 있는 가정은 극히 소수밖에 없었다.

강제연행

1939년 이후 강제연행된 조선인 노동자는 각지의 탄광, 광산을 비롯해 비행장, 군사시설 토건공사, 군수공장 혹은 전선戰線에서의 위험한 노무에 동원되어 강제노동을 해야만 했다. 여기에서 가족은 물론 본인의 의지는 일절 무시당해 행방도 알려주지 않은 채 연행된 자가 많았다. 또 협화훈련대에 편입되어 빽빽이 들어박힌 채 황민훈련 등을 받았다. 그리고 무리한 생산목표 달성을 위한 장시간 노동에 혹사당했고, 상사·노무계의 명령을 듣지 않거나 조금이라도 불평불만을 표시 또는 반항하는 경우에는 폭행을 당했기 때문에 사망자가 많이 발생했다. 또한 경찰에 구속당해 형벌을 받는 자도 많았다.

그리고 이러한 강제노동에 대한 임금은 도망칠 것을 우려해 금액을 지불하지 않았고 대부분은 강제저금으로 차감되었다. 게다가 탄광, 금속 광산, 공장 등에서는 사고, 재해 탓에 사상자가 많이 발생했는데 희생자들에 대한 보상금을 지불하지 않았고 여기저기에 그 유체·유골조차 방치한 상태였다.

재일조선인은 전술했듯이 식민지 지배를 위해 고국에서 쫓겨왔지만 또한 일본에의 도항이 자유롭게 가능한 것도 아니어서 어떤 때는 억제되고 어떤 때는 강제되는 상태였다. 그리고 일본에서의 생활에서는 항상 일본 제국주의 지배자와 그 앞잡이에 의해 일관되게 민족차별과 모멸을 당했을 뿐만 아니라 민족으로서의 권리옹호, 민족독립을 위한 운동을 했다고 하여 검거·투옥당해 학대·학살을 당해왔다.

재일조선인에 대한 학대·학살이 가장 심했던 사건은 1923년 간토 대지진 때 미즈노 렌타로水野錬太郎·아카쓰 노赤津濃 등 내무관료의 계획적 음모하에 '조선인 내습'의 유언비어가 퍼져 군대·경찰 및 자경단에 의해 6천여 명이 학살된 일이다.

또 노동부문에서 전근대적인 성격을 띠고 있던 토건 노동의 타코베야監獄部屋[2]에 많은 조선인 노동자가 연행되어 학대·학살 사건이 빈번히 일어났다. 1922년 니가타 현新潟懸 신에쓰信越 수력발전소 공사에서 오쿠라구미大倉組의 학대·학살 사건, 1932년 이와테 현岩手懸 오후나토大船渡 철도공사 노무자 합숙소에서의 아리타구미在田組 폭력단에 의한 학살사건 등이 그 일례로 홋카이도·사할린 등에서는 수를 헤아릴 수 없이 발생했다.

---

2) [역주] 광산 노동자나 공사 인부들의 노동 조건이 열악한 합숙소를 뜻한다. 'たこ部屋', '蛸部屋'로 표기하는 것이 일반적이지만 본문에서는 '監獄部屋'라고 표기하고 있어 그대로 따랐다.

게다가 탄광, 토목공사장, 공장 등에서의 차별대우나 노무감독의 폭행에 항의·반항하는 경우 노무감독, 폭력단에 의한 학대와 함께 경찰·군대가 동원되어 탄압이 이루어져서 사상자가 나오는 사건도 드물지 않았다. 1930년 산신三信 철도공사에서의 노동쟁의에는 3백 명 이상의 조선인 노동자가 구속됐고 사상자도 발생했다.

덧붙여서 학생운동, 노동운동, 민족독립운동을 한 민족주의자, 공산주의자들도 다수 검거되어 가혹한 형벌을 받음과 동시에 희생자가 발생했고 (1939~45년에 치안유지법 위반으로서 1,130명의 피검거자가 발생), 1945년 8월 15일 '종전' 때에도 조선인 학살 사건이 발생하고 있다.

재일조선인은 이상 서술한 것과 같이 민족차별에 의한 저수입의 극빈한 생활, '황국신민' 강제정책에 반대하고 민족으로서의 권리를 지키는 운동을 했다고 해서 일본의 지배계급 및 그 앞잡이들에 의해 모멸, 열등시되었다. 또한 탄압당했으나 이는 그들에 의해 더욱 민족차별, 열등시를 조장하는 재료로 이용되어 왔다.

민족해방운동

1910년대 재일조선유학생들은 동창회, 웅변대회, 신입생·졸업생 환송영회 등을 이용해 민족의식을 높이고 독립사상을 고취했다. 1917년 러시아혁명 후에는 민족자결주의가 보다 고양되어 1919년 2월 8일 도쿄 유학생을 중심으로 혁명적인 독립선언을 발표하여 3·1 독립운동의 발화점을 만들었다. 또한 다수의 유학생은 귀국해서 독립운동에 참가했다.

1920년대를 시작으로 학생을 중심으로 한 재일청년 지식인들은 수많은 연구 서클이나 사상단체를 조직했다. 예를 들어 흑도회黑濤會, 북성회北星會, 일월회一月會, 삼월회三月會, 도쿄조선 무산청년동맹회, 신흥과학연구회 등을 들 수 있다. 이들은 민족주의, 사회주의, 무정부주의 등 사상체계가 확립되지 않은 측면도 있어서 민족적인 역량을 충분히 발휘하지 못하는 약점을 지니고 있었다. 하지만 이들은 조선노동자 계급과 결합함에 따라 처음으로 조직적 역량을 발휘할 수 있게 됐다.

일월회一月會 창립 일주년 기념(1926·1)

1922년에는 도쿄조선노동동맹회, 오사카조선노동동맹회가 조직됐으며 1925년 2월에는 이 두 단체를 포함한 각 부현 11개 노동단체의 중앙적 조직으로서 재일본조선노동총동맹이 결성되었다. 그리고 1926년 10월에는 25개의 가맹단체, 9천9백여 명의 회원을 지닌 전국적 조직체가 됐다. 그 강령의 제3항에는 "우리들은 노동자 계급과 자본가 계급이 양립할 수 있음을 확신하고 노동조합의 실력에 의한 노동자 계급의 완전한 해방과 자유평등한 신사회 건설을 기한다."라며 노동자 계급의 해방, 자유평등한 신사회 건설, 노동자의 권리와 경제적 요구를 외치며 투쟁, 혹은 독립투쟁을 통해 일본 노동자 계급과 연대하여 싸웠다.

조선에서는 1925년 4월, 그때까지 수년간의 준비과정을 거쳐 조선공산당이 조직되어 민족해방운동, 노동운동의 지도적 임무를 수행해 나갔다.

그리고 1927년에는 조선공산당 일본총국을 비합법적으로 설치하여 그 지도 아래 재일조선노동자 계급·지식인들의 선진적 인물들의 활동이 더욱 활발하게 전개되었다. 조선공산당 일본총국은 재일본조선노동총동맹, 재일본조선청년동맹, 신간회 지회, 근우회權友會 지회 등 합법조직을 지도하고 산동山東 출병, 조선·만주 증병 반대, 치안유지법 개정 그 외 악법 반대, 3·1기념일·국치기념일 투쟁 등 반전·민주화 투쟁, 민족해방을 위한 투쟁을 전개했다. 그러나 일본관헌 당국의 조선공산당 일본총국에 대한 1928~29년의 수 회에 걸친 탄압에 의해 중견 간부 대부분을 잃어 그 지도적 역할은 완수할 수 없게 됐다.

1928년 프로핀테른 제4회 대회결의 및 코민테른 제6회 대회에서 채택된 일국일당주의—國一堂主義 원칙과 이에 근거한 제2회 범태평양노동조합회의의 방침에 따라 일본에서의 민족적 조직형태를 해소하고자 했다. 즉 조선공산당 일본총국을 해산하여 조선공산주의자는 일본공산당에 들어가거나, 재일본조선노동총동맹을 해소해서 일본 노동조합전국협의회(전협)에 가맹해(1929~31년) 일본 노동자와 마찬가지로 산업별 조합에 참가, 일본공산당의 지도하에 투쟁하게 되었다. 이어서 재일본조선청년동맹, 신간회 지회, 근우회 지회 등 민족적 여러 단체도 각각 해산했는데, 일부에는 이러한 일본공산당, 일본 노동조합으로의 조직적 합류에 반대해 조선인노조나 민족적 그룹을 만들어 투쟁했던 사람들도 상당히 존재했다.

덧붙여 말하면 이 재일조선인 운동에서의 조직적 개편문제는 그 옳고 그름을 포함해 이론적·실천적으로 연구해야만 하는 중요 과제이다.

이후 재일조선인 운동의 주류는 일본공산당, 전협, 일본반제동맹 등을 중심으로 일본 인민과의 공동투쟁으로 전개되었다. 일본공산당에서는 민족부를 설치해 조선인 공산주의자를 조직 지도했으며, 전협에서는 토건, 일본화학노동조합 그 외 실업자동맹, 일본반제동맹 등에 조선인 멤버가 다수를 차지했다.

그러나 1935년 전후에는 일본군부, 파시즘 권력에 의한 탄압이 심해져 일본공산당도 대부분의 간부가 검거되어 조직적 활동은 불가능하게 됐다.

한편, 코민테른 제7회 대회에서 결의된 반파쇼 인민전선방침이 일본에도 호소되었다. 이에 대한 호응의 움직임은 1936년 나고야名古屋 합동노동조합에서의 활동 등 재일조선인 운동에도 나타났으나, 이는 약간의 통일행동이라는 맹아적 형태로 그쳤고 인민전선의 성립까지로는 이어지지 못했다.

1937년 이후 1945년까지의 천황제 파시즘 권력에 의한 침략전쟁 확대에 동반된 탄압 강화, 사상언론의 통제, 노조 해체와 산업보국회로의 재편 등과 같은 반동적 전시체제의 강화는 계급투쟁, 반전운동, 민족운동을 곤란하게 만들었다.

하지만 재일조선인 민족주의자, 공산주의자 및 유학생들은 일본제국주의의 패북, 붕괴를 확신하며 비합법적 그룹과 서클을 조직해 민족의식, 독립사상을 높이고 '황민화' 정책, 침략전쟁에 반대하며 싸웠다. 또 일부에서는 항일 파르티잔에 호응해 봉기와 독립을 위한 조직적 준비와 선전 활동을 전개했다.

예를 들면 1942년 재오사카 민족주의 그룹은 야학교를 개설해 아이들의 민족의식을 높이고 애국심을 육성했다. 또 민족해방을 위한 근본방침을 세워 "조선청년층의 의식 열렬분자를 결집시켜 독립혁명의 중핵 모체가 될 비밀결사를 조직하고, 내외의 조국독립에 정신挺身하고 있는 동지 특히 그중에서도 만주 지방을 본거지로 활동하고 있는 김일성 군대, 대도군大刀軍과 연대해" 조선 민중을 독립혁명투쟁에 결기시키고자 했다.

또한 탄광, 광산, 토건, 공장 등의 직장에서 조선인 노동자는 민족의식을 높이고 민족어를 지키기 위한 학습회를 열었다. 이에 더해 스트라이크, 사보타주, 폭동, 도주 등 각종 형태의 투쟁이 분산적·고립적이었지만 각지에서 끊이지 않고 이어졌다(노동쟁의, 폭동 건수 1940년 687건, 1941년 588건, 1942년 467건, 1943년 324건, 1944년 303건).

재일조선인은 이상과 같이 그 인권과 민주적 권리를 쟁취하는 투쟁, 민족독립을 위한 투쟁을 끊임없이 계속해 왔다. 하지만 일본의 반동적 지배계급은 그들에 대해 '불령不逞한 패거리'로서 자비 없는 탄압을 가했으며 이와 동시에 민족차별, 모멸정책을 집요하게 전개하여 일본 인민과의 민족 이간 정책에 이용했다.

현재 일본의 진보적 진영에서도 이러한 재일조선인의 민주적 권리, 민족해방을 위한 투쟁 및 일본 인민과의 공동·연대 투쟁에 대해 과학적인 연구에 근거한 정당한 평가가 이루어지지 않은 경우가 왕왕 보이는데, 이는 제국주의 지배정책이 초래한 후유증이자 신속하게 극복해야만 하는 과제라고 생각한다.

제2장

민족독립운동의 신호탄
: 1910년대

1910년대 재일조선인 운동은 주로 유학생, 기독교인을 중심으로 한 지식인들의 민족운동이라고 할 수 있다. 1910년대 후반에 재일조선인 노동자 수는 2~3만 명 정도였지만 식민지 노동자로서 노동 조건이 불리하다는 점에서 이동이 잦았고 많은 장벽이 존재하는 차별적인 일본 사회에서 독자적인 노동 단체를 조직하기란 어려웠다. 그러나 조선인 노동자의 경우 부분적으로는 소수였지만 학생, 종교인 등 지식인들의 민족운동에 참여하거나 일본인 노동자와 함께 노동쟁의나 쌀 소동에도 참여했다. 혹은 그 수가 적고 규모가 작기는 했지만 조선인 노동자끼리만 파업 투쟁에 나서기도 했다.

1. 1910년대 조선과 일본

이 시기에는 제국주의의 모순이 격화됨에 따라 제1차세계대전이 일어났다. 제1차세계대전이 한창인 가운데 러시아에서 10월 혁명이 프롤레타리아 예술의 헤게모니를 바탕으로 추진되어 세계 최초로 사회주의 정부가 출현하며 세계 프롤레타리아 혁명 운동의 고조기를 향해 갔고, 또한 그 영향으로 전 세계 식민지·종속국 제민족의 민족자결, 독립운동이 활발해졌다.

1910년 8월 일본은 '한국병합'을 강행해 데라우치 마사타케寺內正毅를 총독으로 하는 조선총독부에 의한 '무단통치'가 실시되어 조선인에게서 정치적 권리 일체를 박탈하고 집회, 언론, 결사 등 기본적 인권을 유린해 식민지적 노예의 처지에 빠뜨렸다. 또한 일본은 '토지조사사업'이라는 이름 아래에 막대한 전답, 산림을 비롯한 토지를 약탈하고 철도, 항만, 광산, 그 외 경제의 명맥을 장악해 경제적 수탈을 강행하여 조선의 자본주의적 자립경제발전을 저해했다. 나아가 민족의 문화, 사상, 교육을 억압 및 말살하여 일본 동화를 강제했다.

그러나 조선인은 국내외 곳곳에서 일본의 침략과 지배를 반대하며 항일무장투쟁, 애국계몽운동 등 다양한 형태로 독립운동을 계속했다.

1910년 이전 국내 각지에서 무기를 들고 일본의 침략자에게 반대해 싸운 해산 군대, 유생, 평민을 중심으로 한 의병투쟁(1907~1910년, 3천여 회, 약 15만 명)은 '한국병합' 이후에도 황해도, 강원도, 경상북도, 함경도, 평안도를 중심으로 십수 명에서 7~8명의 소부대로 일본 헌병대 분견소, 경찰서, 국경수비대를 습격하여 1915~1916년에 이르기까지 많은 희생을 치르면서 계속되었다. 또한 중국 간도間島 지역, 러시아 연해주 부근에서 이동휘李東輝, 홍범도洪範圖 등은 독립군을 편성하고 일본의 국경 수비선을 돌파해 조선 국내에 진격했다.

또한 나라 안팎에서 많은 비밀결사, 사립학교, 서당이 만들어져 교육활동, 계몽 활동을 통한 민족의식 고취, 국권회복운동을 전개했다.

국외 간도 지역의 군관학교, 중광단重光團, 신흥무관학교新興武官學校, 부민단扶民團, 상하이上海의 동제회同濟會, 신한청년당新韓靑年黨, 연해주 시베리아의 성명회聲明會, 노인회老人會, 대한광복군정부大韓光復軍政府, 미국의 조선국민회朝鮮國民會, 흥사단興士團 등이 그것이다.

또한 국외에서는 『한족공보』, 『한인신보』, 『신한민보』, 『국민보』, 『신한학우보』 등의 기관신문 및 잡지, 『애국혼』, 『안중근』, 『이순신전』, 『한국통사』 등 민족정신을 고취하는 내용의 단행본이 간행되었다.

국내에서도 신민회新民會, 대한독립의군부大韓獨立義軍府, 광복회光復會, 기성볼단箕成一團, 조선국권회복단朝鮮國權恢復團, 조선국민회朝鮮國民會, 민단조합民團組合 등의 비밀결사가 만들어졌으며 사립학교, 서당 등에서는 애국 교육을 추진하여 민족의식을 고취했다.

또한 국내에서는 노동자의 진보 및 발전, 노동자 상호공제를 목표로

한 약 30개의 노동조합 단체(약 5천 명 가맹)가 만들어져 어려운 조건하에서도 조선인 노동자는 파업 투쟁에 나섰다. 1912년에 발생한 파업 건수는 6건, 참가 인원은 1,573명이며, 1917년에는 8건, 1,148명(그중 일본인 20명), 1918년에는 50건, 6,105명(그중 일본인 475명, 중국인 1,187명), 1919년에는 84건, 9,011명(그중 일본인 401명, 중국인 327명)이었다.

또한 1912~1918년에 토지 불법 점유를 호소하는 3만 건에 달하는 '토지 분쟁 사건'이 있었고 1917년 전후부터 소작 농민이 일본 관공서를 습격하고 폭동을 일으켰다.

일본 제국주의는 이러한 반일 국권 회복, 민족 독립 투쟁에 대해 보안법 등의 악법으로 탄압을 가했다. 비밀결사인 신민회를 해체하기 위해 1910년 이른바 황해도 '안악安岳 사건', 1911년 '105인 사건(데라우치 총독 암살 미수 사건)' 등을 날조해 약 천 명의 애국지사를 검거하기도 했다. 또한 조선국민회, 광복회 등을 결성한 애국적 활동가를 체포하고 고문을 가해 학살하기도 했다.

이상과 같은 국내외에 걸친 조선인의 투쟁은 당연하게도 재일조선인에게 많은 자극과 영향을 줄 수밖에 없었고 상호연계를 바탕으로 애국적 민족운동을 전개했다.

1919년 국내외에 호응해 전 민족적 3·1 운동이 일어났는데 이 운동에서는 재일조선인 학생들이 선구적 역할을 했다.

이 시기의 일본을 살펴보면, 러일전쟁에서 승리한 뒤 조선 식민지화를 추진하고 나아가 아시아 극동의 헌병 역할을 강화해 천황제 이데올로기를 바탕으로 제국주의 정책을 수행해 갔다.

일본에서는 가쓰라 타로桂太郎 내각하의 지배 계급이 '대역 사건'을 날조해 고토쿠 슈스이幸德秋水 등 많은 사회주의자를 중형에 처하며 1910년 대가 시작되었지만, 군벌 관료와 부르주아 지주 정당 간의 대립으로 이른바 '다이쇼大正 정변'이라는 헌정옹호운동이 일어났고 나아가 일시적으로 정당내각이 권력을 장악했다.

경제면에서 살펴보면, 제1차세계대전에 개입한 일본 독점 자본은 전시 이윤을 얻어 금융 독점자본을 확립해 이른바 대전의 특수 경기가 계속되었지만 동시에 자본주의의 전반적인 위기의 일환에 깊이 편입되었다.

일본은 외부적으로 제3차 영일동맹과 제4차 러일협약을 체결하는 반면, 미국과 극동에서의 대립 관계가 격화해 갔다. 또한 세계대전에 참가해 일시적으로 독일이 점령 중이던 칭다오青島, 난요南洋를 점령하고 나아가 중국에는 침략적인 이른바 '21개조'를 요구하며 니시하라 차관西原借款을 개시함과 동시에 중국에서의 특수한 권익을 미국이 승인하는 랜싱 Lansing·이시이石井 협정을 성립시켰다.

군사적으로는 조선 주둔을 위해 2개 사단 증설, 러시아 혁명에 반대하는 시베리아 침략전쟁을 추진했다. 한편, 독점 자본주의의 발전에 따라 노동자 계급이 성장해 수십만 명에서 백만 명의 공장 노동자가 생겨났다.

일본의 노동운동은 우애회友愛會에서 대일본 노동총동맹우애회大日本勞働総同盟友愛會로 조직을 개편하는 등 점차 발전했고 부르주아 계급과의 대립이 격화하며 파업 투쟁이 빈번하게 발생했다.

노동쟁의는 1916년 발생 건수 108건, 참가 인원 8,400명에서 1917년 398건, 5,730명, 1918년에는 417건, 6만 6,000명으로 비약적으로 증가했다. 파업도 나가사키 미쓰비시 조선소에서는 참가 인원 1만 명이라는 대규모 파업이 발생했다.

1918년에는 '쌀 소동'이 일어나 전국적인 폭동으로 확대되었다. 이는 일본의 혁명운동에 큰 영향을 끼쳤다.

한편 학생, 지식인 및 사회주의자에 의한 민주주의적 계몽운동이 일어나 매분사賣文社, 청답사青踏社, 생디칼리슴 연구회サンジカリズム研究會, 평

민대학平民大學, 신인회新人會, 여명회黎明會, 사회주의연구회社会主義研究會, 사회 문제연구회社会問題研究會, 민인동맹회民人同盟會, 계명회啓明會, 협조회協調會, 신부인협회新婦人協會 등이 설립되어 사상운동과 민주주의운동, 노동운동과의 결합이 이루어졌다.

이러한 가운데 일본의 지식 계급이나 노동자 계급 일부에서는 조선에 대한 일본의 야만적인 무력지배 정치에 대한 비판 또는 학대받는 조선 민족의 입장에 동정하거나 혹은 '자치'를 제공해야 한다고 주장하는 이도 있었지만, 조선 민족의 일본 식민지로부터의 해방, 독립 달성을 지원하면서 평등한 입장에서의 민족적, 국민적 연대를 추진하려고 생각하는 이는 없었다.

2. 재일조선인의 형성

(1) 도항 상황

1910년 '한국병합' 이전에 일본에 있는 조선인은 외교관, 유학생, 망명자가 주를 이루었고, 그 인원수도 1905년 303명, 1906년 254명, 1907년 459명, 1908년 459명, 1909년 790명 정도였다. 규슈九州의 미쓰이三井 미이케三池 탄광 관계의 석탄 운반을 위한 하역 노동에 약간의 조선인 노동자가 비합법적인 타관 벌이로서 고용되어 일본에 건너와 있었는데, 이들은 1910년 이후의 완전한 식민지 노동자로서의 '재일조선인'과는 본질적으로 다른 존재였다.

1910년 이전에는 외국인의 거주 및 영업 등에 관한 일본 칙령 352호(외국인 노동자 입국 제한법)가 적용되어 당시의 조선인은 '식민지 노동자'로서의 노동력 유출은 기본적으로 이루어지지 않았다.

1910년 8월 이후 조선인에게는 이 '외국인 노동자 입국 제한법' 적용이 없어지고 제1차세계대전을 계기로 일본 자본주의 발전에 의한 노동력의 수요가 높아짐과 동시에 수많은 조선인 노동자가 등장하게 되었다.

오사카 부 셋쓰 방적주식회사에서는 1911년 조선인 노동자를 최초로 사용하고, 나아가 모집을 통해 같은 회사의 아카시明石 공장(1913년 5월)에서는 제1회 15명에서 1917년 11월까지의 5개년 동안 11회 208명을 고용했다고 한다.

제1차세계대전의 호황으로 탄광에서는 갱부 부족 사태가 초래되어 여성 노동자를 대신해 임금이 싸고 더구나 노동 효율도 좋은 조선인 노동자를 고용하게 되었다.

또한 1916년 블라디보스토크 방면으로 타관 벌이를 하러 갔다가 귀로 중이던 조선인 노동자 수 명이 홋카이도 탄광기선주식회사에 고용되었는데, 이후 같은 회사의 고용 수는 점차 증가해 유바리夕張, 신유바리新夕張, 만지萬字, 와카나베若菜邊 탄광을 중심으로 조선인 노동자 수는 1917년 370명, 1918년 659명, 1919년에는 754명을 기록했다.

홋카이도 탄광기선주식회사에서는 또한 1918년 1월 시행의 조선총독부령 '노동자 모집 단속 규칙'에 따라 원산, 부산을 근거지로 하여 조선인 노동자를 직접 모집했다. 원산에는 직접 사원이 출장을 가서 모집 사무소를 설치하고 모집 종사자를 상주시켜 회사에 '신망'이 있는 조선인 조수를 새로 고용한 다음 공급이 윤택한 방면으로 모집 광고를 내고 각지의 유력자에게 알선을 의뢰해 응모자를 쓰루가敦賀 혹은 후시키 항伏木港을 향해 출발하게 했다. 부산에서는 지정 주선인을 두어 모집을 담당하게 하고 건강진단, 인물고사를 실시해 합격자를 배편, 기차편 등으로 아오모리青森까지 수송해 회사 노무계에 인도했다.

조선인 노동자는 규슈 지쿠호筑豊의 미쓰비시三菱, 아소麻生 계열 탄광,

나가사키 현長崎縣의 사키토崎戸, 다카시마高島 탄광 등에도 다수 이입되어 있었다. 이 무렵 규슈 미쓰이 계열 광산에서는 고용하지 않았다.

『지쿠호 석탄광업사 연표筑豊石炭鑛業史年表』(1973)에 따르면 1917년 6월 미쓰비시 가미야마다上山田 탄광에서는 조선인 노동자를 사역, 총 2백여 명을 모집, 1917년 9월 미쓰비시 다카시마 탄광에서는 '내지인' 부족을 보충하기 위해 조선인 갱부 모집 허가를 받는다(연말 약 150명을 사역), 1918년 3월 미쓰비시 나마즈타鯰田 탄광에서는 조선인 노동자 모집을 위해 경상남도, 충청남도 지역 내에 허가신청, 1918년 7월 마쓰시마松島 탄광에서는 조선인 62명을 새로 고용, 12월 21일 조선인 합숙소를 개설 등의 기술이 있어 규슈의 탄광 지역에서는 갱부 모집의 어려움 때문에 조선인 노동자 이입에 적극적으로 움직이고 있음을 알 수 있다.

조선인 노동자는 아직 간사이關西 지역을 중심으로 한 방적 공장, 제철, 조선, 주물, 유리 공장 등에서 잡역, 직공으로서 사용되었다. 이 공장들은 1917년 11월 농상무성 공장감독관의 조사보고서에 따르면 다음과 같다.[1]

○ 오사카 부: 셋쓰 방적 기즈가와木津川 공장(1911), 도요東洋 방적 산켄야三軒家 공장(1914), 스미토모住友 주강소(1916), 아마가사키尼崎 방적 쓰모리津守 공장, 닛타新田 조선소, 셋쓰 방적 히라노平野 공장, 후지나가타藤永田 조선소, 기비吉備 조선소(이상 1917)

○ 효고 현兵庫縣: 셋쓰 방적 아카시 공장(1912), 가와사키川崎 조선소(1914), 고베神戸 제강소(1916), 후쿠시마福島 방적 시카마飾磨 공장, 가와사키 조선소 분공장, 미쓰비시 고베 조선소, 기시모토岸本 제정소製釘所, 하리마播磨 조선소(이상 1917)

○ 와카야마 현和歌山縣: 아사히朝日 화학공업주식회사, 나이카이内海 방적 공장, 와카야마 방적 공장, 기요紀陽 직포 공장(이상 1916), 유라由良 염료

---

1) [원주] 武田行雄, 「內地在住半島人と融和事業」, 『朝鮮』, 1933年6月号.

공장, 히노데日出 방적 공장(이상 1917)

- ㅇ 미에 현三重縣: 미에 목재 건류 공장(1916), 요시쓰 제면製綿 공장, 도요 방
  적 쓰津 공장, 히라마쓰平松 모직 공장, 오하시大橋 주물 공장(이상 1917)
- ㅇ 오카야마 현岡山縣: 도요칸東洋館 성냥 공장(1913), 구라보倉紡 마스萬寿
  공장, 기비 직물 공장, 구라보 다마시마玉島 공장, 이시이石井 직물 공
  장(이상 1917)

당시 일본 내 각종 공장의 조선인 노동자 모집 신청 상황으로서 1917년
1~6월에 건수는 21건, 모집 인원은 남공 4,220명, 여공 2,370명, 총 6,590명
으로 모집 완료된 인원이 남공 및 여공 약 3천 명으로 보도되고 있다.

조선인 노동자의 직장은 상기 외에도 주요한 것으로서는 중국제철, 홋
카이도의 미쓰이·미쓰비시 탄광, 규슈의 구마시로神代·야마다山田·신뉴
新入 탄광, 오사카 인노시마因島 철공소, 기시와다岸和田 방적, 오사카 사
쿠라가와櫻川 유리 공장, 도요하시豊橋 제사製絲, 후쿠오카福岡 다이리大里
유리 공장, 홋카이도 후지富士 제지, 모지門司 철도원 종사 하역 인부, 가
메야마亀山 탄광, 다이닛폰大日本 광업회사 등이 있었다.[2]

『오사카 마이니치 신문大阪毎日新聞』 1917년 12월 26일자에는 재오사카
조선인 노동자에 대해 다음과 같이 기술하고 있다.

오사카 부에 거주하는 조선인 노동자 수는 총 약 2,000명이 넘고 그중 오
사카 시내에 있는 자는 약 1,500명에 달했다. 그중에서도 직공, 인부의 연
총淵叢이라고 말할 수 있는 구조九条, 시칸지마四貫島 방면에 가장 많은데
오사카 부 거주자 총수의 약 3분의 1을 차지하고 있었다. 군에 속하는 지
역의 경우, 역시 주소바시十三橋 경찰서 부내는 공장 수가 많은 만큼 조선
노동자 수 또한 비교적 다수여서 약 300명에 달하고 방적 및 직물 공장이
많은 기시와다 방면이 그 뒤를 이었다. 그럼 이 조선인 노동자의 성별은

---

2) [원주] 『滿洲日日新報』, 1917年 7月 7日付; 『河北新報』, 1917年 9月 3日付.

어떤가 하면 9할까지는 남공으로 여공은 불과 150~160명을 넘지 않았다. ...... 그들의 직업별로는 어떠한가 하면 남녀 전체에서 방적 직공이 가장 다수를 차지했다. 방적 공장 중에는 최근 증추增錘 계획을 세우는 경향이 많고 따라서 직공의 수요 또한 커지고 있음에도 가장 중요한 직공 지원자 는 수입이 많은 철공, 조선 방면으로 쏠려 방적을 등한시하는 이도 있어 모집 성적이 심히 오르지 않는다. 그런데 이것이 보급책으로서 조선인 노 동자를 맞이한 경우에도 방적과 같은 비교적 기교를 사용하지 않는 작업 에서는 조선인 노동자도 내지 노동자도 능률에 그다지 큰 차이가 없어 앞 으로도 계속해서 조선인 노동자를 모집할 것 같다. 방적 직공의 뒤를 이 어 다수를 차지하는 것은 피용인으로 이는 내지인 혹은 조선인 가정에 고 용되는 자이며, 그다음으로는 일용 인부를 들 수 있다. 시칸지마 일대에서 내지의 부랑 노동자 대열에 끼어서 매일 아침 집합소에 모여 도급인 또는 우두머리의 알선으로 각각 그날의 일에 착수하는데 하루 임금 중에서 약 1~2할을 이 도급인, 우두머리가 수수료로 공제하는 것을 관례로 하는데 도 근래 임금 상승 및 일의 증가로 수입이 오히려 상용 인부의 수입을 넘 는 이도 적지 않다. 제철 직공도 또한 매우 많은데 총 200명을 넘었다. 이 들은 대부분 운반, 토공 등의 일을 하는 자로 임금은 약 50~60전 정도이 다. 짓코築港 및 가와구치川口에서는 많은 조선인 하역 인부를 볼 수 있다. 하역 인부의 작업은 비교적 두뇌가 필요한 일이라는 이유로 조선인에게는 적당하지 않다고 하는 이도 있지만, 그물 끌기 등의 작업은 역량만 있으면 가능해서 사용하고 있는 듯하다. 실제로 오사카 상선 전속의 도미시마구미 富島組에서는 조선인 하역 인부 약 50명을 사용하고 있다.

관청 자료는 조선인 방적 여공의 이입에 대해서는 다음과 같이 기술하 고 있다.

유럽 대전의 영향으로 내지 공업계가 발흥하자 1918년경에 이르러 오 사카 지역의 방적 공장에서는 여공 부족을 알렸고 각 회사 모두 모집난 에 빠진 결과, 기시와다 방적에서는 조선인 여성 채용에 착안해 1918년 3월 사무원을 조선으로 출장 보내 50명의 조선인 여성을 모집해 와서 여공으로 취업하게 했다. 이 조선인 여공은 내지인 여공에 비해 능률은 훨씬 낮아도 맛있는 식사, 좋은 주택 등을 바라지 않아 생활 수준이 극히 낮고 내지인 여공에 비해 임금도 또한 저렴하며 비교적 성적도 양호했으므로 1918년 7월, 다시 두 번째로 백 명의 조선인 여성을 모집해 이들을 본·분사 4개 공장에 나눠서 취업시켰다. 이후 이들 여공의 연고를 좇아 자발적으로 방적 공장의 여공 지원을 이유로 도래하는 조선인 여성이 속출해 기시와다 방적에서는 1919년 마침내 조선인 남자로 하여금 그 단속을 하게 할 필요성을 느껴 각 본·분사에 한 명씩 조선인 감독을 새로 고용했다. 그런데 이후 또 다수의 남공 지원자가 왔다. 전에 채용한 여공과의 혈연 관계상 채용하지 않으면 안 돼서 이후 조선인 남공도 취업시키고 있다.(조선총독부, 「한신·게이힌 지역의 조선인 노동자阪神·京浜地方の朝鮮人労働者」, 1924년)

조선인 노동자의 일본 노동 시장에서의 노동 수급 방향은 주로 방적공·제사공, 유리제조공, 석탄 갱부, 하역 인부, 토건 인부, 일용 인부, 운반 잡역, 숯 굽는 인부, 입목 벌채 인부, 고용인(보조) 등으로 직공, 직공 견습, 도제 등은 비교적 소수였다.

당시 "도쿄 시東京市의 도로 공사용 인부로서 조선인 노동자를 유일한 것으로 하고 있는 것과 같으며, 또 오사카 지역의 제방 축조 혹은 개설 공사에 조선인 노동자가 중요해진 것이 그 좋은 사례이다"라고 했다.

또한 유리 공장에서 조선인 노동자는 "불기, 흡입, 덩이 취하기, 절단, 운반, 기름칠" 등으로 일정한 업무에 종사하지 않았고 수개월조차 근무하는 이가 드물었다. 당시 직종에서 민족차별이 공연히 이루어지고 있는 상태로, 예를 들면 토공 인부의 경우 멜대로 멜 때도 힘이 더 드는 앞쪽은 조선인이 메고 힘이 적게 드는 뒤쪽은 일본인이 메는 식의 차별조차 더해졌다.

1910년대 조선인의 일본 도항, 거주 상황을 보면 우선 도항 상황의 경우 1916년까지는 수백 명에서 2천~3천 명 정도였지만, 1917년에는 약 1만 4천 명(귀환 약 4천 명), 1918년에는 약 1만 8천 명(귀환 약 9천3백 명), 1919년에는 약

2만 명(귀환 약 1만 3천 명), 1920년에는 약 2만 7천 명(귀환 약 2만 1천 명)으로 증가하고 있다. 또한 거주 인구의 경우 1911년에는 2,527명이었지만 1916년에는 5,624명, 1917년에는 1만 4,502명, 1918년에는 2만 2,411명, 1919년에는 2만 6,605명, 1920년 3만 1,720명으로 증가하고 있다.

그중에서도 1917년에는 거주 인구가 전년도에 비해 8,878명이나 비약적으로 증가하고 있는데, 이에 대해 관한 자료는 다음과 같이 지적하고 있다.

> 유럽대란에 따라 갑자기 발흥한 오사카, 고베, 후쿠오카의 공업지에서의 각종 제조 공장 및 회사는 앞다투어 내지 노동자 부족을 보충하기 위해 조선인 노동자 모집에 착수했을 뿐만 아니라 상기의 영향으로 홋카이도와 같은 광산 지역에서도 또한 마찬가지로 조선인 노동자를 불러오게 한 것은 여기에 다수의 노동 단체가 속속 응모, 도래해……(내무성 경보국, 『조선인 개황朝鮮人概況』 제2, 1918년)

이것을 연대별, 지역별로 살펴보면 〈표 1〉과 같다.[3]

〈표 1〉 재일조선인, 연도별·지역별 인구수

1915년		1917년		1920년	
① 도쿄	549	① 후쿠오카	2,386	① 후쿠오카	7,033
② 후쿠오카	547	② 오사카	2,235	② 오사카	4,762
③ 야마구치山口	494	③ 홋카이도	1,706	③ 효고	2,904
④ 오사카	399	④ 효고	1,624	④ 홋카이도	2,643
⑤ 나가사키	358	⑤ 히로시마	928	⑤ 나가사키	2,013
⑥ 효고	218	⑥ 도쿄	918	⑥ 도쿄	1,618
⑦ 오이타大分	174	⑦ 야마구치	778	⑦ 야마구치	1,588
⑧ 사가佐賀	107	⑧ 나가사키	583	⑧ 교토	1,089
총인구	4,075	총인구	14,502	총인구	31,702

※출처: 내무성 경보국, 『조선인 개황朝鮮人槪況』. 인구통계는 이하 내무성 자료에 의함

3) [원주] 거주 인구 통계는 주로 내무성內務省 경보국警報局 자료에 의한다.

〈표 1〉에서 알 수 있듯이 1917년 이후 후쿠오카, 오사카, 홋카이도, 효고가 상위를 나타내고 있고 탄광, 공장 지대에 집중되어 있음을 알 수 있다.

　다음으로 직업 구성을 살펴보면 1915년 12월 현재 4,075명 중 노동자가 2,274명(55.8%), 학생이 481명(22.8%), 상업(행상 등)이 431명(10.5%), 각종 고용인이 292명(7.1%)이다. 1917년 12월 현재로는 노동자가 78.6%, 각종 고용인이 6.1%, 학생이 4.0%, 무직 3.2%, 상업이 3.1%이며, 1920년 6월에는 노동자 2만 8,229명(83.7%), 무직 1,394명(4.1%), 각종 고용인 1,003명(3%), 학생 828명(2.5%), 어부 및 선원 650명(2%), 농업 357명(1%)이다.

　여기에서 살펴볼 수 있듯이 노동자가 압도적 다수를 차지하고 있으며 1920년 노동자의 직종을 살펴보면 각종 직공이 7,801명, 광부 및 갱부가 6,511명, 각종 인부가 6,153명, 토공이 4,920명, 하역 인부가 807명 순이다.

　당시 조선인 노동자의 비참한 상황은 다음의 기사를 통해서도 추측할 수 있다.

　　오사카 부에 거주하는 조선인 노동자 약 2천 명의 임금은 대체로 어느 정도인가 하면 방적 직공(남공)은 평균 45전이며, 비교적 수고가 많이 드는 소면부梳綿部의 경우 평균 금액보다 약간 높은 듯하다. 단공鍛工, 벽돌공, 조선공(특히 선체 접합)은 노동의 강도가 심한 만큼 임금률도 높아 단공, 벽돌공은 60~70전, 조선공은 90전 내지 1엔의 수입이 있다. 다만 조선인 노동자의 대부분은 내지인에 비해 기민함이 없고 오로지 근력만 우수하다는 이유로 인부를 대신하는 운반 일 등의 숙련이 필요하지 않은 노동에 종사하는 자가 많아 이들의 임금은 대체로 50전 이하인 듯하다. 또한 여공은 모두 방적 공장에 근무하는 자인데 업무는 틀잡이로 초봉은 약 20전이다. 번 금액만큼 지급하는 제도이므로 숙련됨에 따라 약 40전의 소득이 있다.(『오사카 마이니치 신문』, 1917년 12월 27일)

그들의 생활 상태는 조선 마을을 내지에 옮긴 듯한 체재로 모지門司의 경우 시라키자키白木崎에서 고모리小森 부근에 걸쳐, 시모노세키下關의 경우 마루야마 정丸山町의 고묘지光明寺나 사쿠라야마櫻山 부근에 부락을 만들어 극단적으로 불결하고 검소한 생활을 하고 있는데 그중에는 인부 도급 업자의 집에 동거하고 있는 자도 있다. 이 극단적인 불결함과 조선을 그대로 드러내는 일상의 행위에는 부근에 거주하는 내지인에게 일종의 불쾌함과 혐오감을 불러일으키는 것이 적지 않다. 아무튼 위생 사상 등이 전혀 없는 사람들이라서 일 년 내내 때로 반짝반짝 빛나는 단벌 조선옷으로 지내는 일이 많고 8첩疊 크기의 방에 십수 명이나 바글바글 뒤섞여 지내고 식기와 침구 등도 더러워지면 더러워진 대로 방치하는 주의라고 하니 더울 무렵 등에는 전염병에 대한 공포를 느끼게 하는 일이 매우 많다.(『오사카 아사히 신문大阪朝日新聞』, 1919년 3월 23일)

(2) 차별과의 투쟁

재일조선인 노동자는 식민지 조선에서 정치적, 경제적 압박에 의한 유민적 존재이자 또한 일본 내에서 직장 차별, 노동 조건의 불리함, 생활의 불안정 등으로 도항, 귀환, 이동이 잦아 부동적 성격을 많이 지니고 있었다. 1910~1919년의 일본 도항 수는 약 십수만 명에 달하지만 귀환 수도 또한 많아 거주 인구는 1920년에 약 3만 명이었다. 조선인 노동자는 타관벌이의 성격이 강하고 또한 남성 노동자가 대부분이며 거주도 대부분 공동 합숙소 생활로 한 가구를 이루는 경우는 극히 적었다.

1919년 오사카 거주 인구 3,961명 중 한 가구를 이룬 것은 불과 65호였다.

조선인 노동자에 대해서는 대부분의 직종이 임금 차별을 하고 있었다. 예를 들면 1917년 2월 후쿠오카 현 다이리 유리 제조 공장에서는 일본인 노동자의 임금이 최고 1엔, 최저 15전, 평균 35전이었다. 이에 비해 조선인 노동자의 임금은 최고 45전, 최저 15전, 평균 25전이었다. 또 이 공장에는 조선인 유년공이 2백 명이나 고용되어 있었지만, 그들에게는 아동의 의무 교육과 취학의 의무를 규정한 공장법 시행령 제26조를 적용할 필요가 없다고 해서 자본가 측에 그 의무를 면제하는 특권이 부여되었다. 오사카 항의 하역 인부라도 일본인 노동자의 임금은 1엔 20전~1엔 30전인데 비해 조선인 노동자는 90전밖에 되지 않았다.

일본인 자본가는 조선인 노동자가 처해 있는 조건을 일체 무시하고 그들은 체력이 있는 것에 비해 능률이 떨어진다고 하여 조선인 노동자는 한 현장에 5~10명이나 붙어 있는 감독에게 호되게 기합받고 강제 노동을 강요받았다. 가장 힘이 필요하고 위험한 부분의 일은 모두 조선인 노동자에게 떠맡겼다.

조선인 노동자는 그 언어, 풍습, 민족 감정을 일체 무시당했으며 너무도 당연한 일본적이지 않다는 이유로 민족적 모멸을 받는 일이 종종 있었다.

이상과 같이 조선인 노동자에 대한 직장 차별, 임금 차별, 민족 차별 등으로 조선인 노동자의 자본가 측에 대한 투쟁은 말할 필요도 없는 것이지만, 한편으로는 일본인 노동자와의 사이에서도 대립이 일어나 충돌하는 사건이 발생했다. 이것은 제국주의 지배국의 노동자와 식민지 피지배 민족의 노동자 사이에서 일어난 대립 모순이었다.

예를 들면 1918년 7월 26일자 『오사카 신문大阪新聞』이 보도하고 있는 "6월 20일 구레 시呉市 요시우라吉浦 도로 공사에 종사 중인 조선인 토공과 일본인 토공 간 쟁투 사건, 6월 30일 고쿠라小倉 제강소에서 발생한 조선인 인부와 일본인 인부 간 상하이 사건, 7월 2일 홋카이도 유바리 탄광에서 발생한 조선인 갱부와 일본인 갱부 간 대쟁투 사건, 7월 2일 후쿠시마 현福島縣 이와키磐城 채탄회사에서 발생한 조선인 갱부와 일본인 갱부 간 쟁투 사건, 7월 22일 도카이도東海道 스즈카와鈴川에서 발생한 조선인 인부와 같은 마을 청년의 쟁투 사건" 등이 그것이다.

그러나 『오사카 신문』이 그 원인을 "언어습관 등이 다르면 그들의 분노하기 쉬운 성질이 종종 사건을 일으키는 듯하다. 또한 그들은 복수심이 강해서 사소한 것에도 바로 단결해서 복수적 상하이 등을 시도함으로써 사소한 일에서 종종 중대한 일이 되게 하는 경우가 있다. 또한 그들은 단결심이 강해서 종종 임금 인상 등을 강구하고 동맹파업을 하려고 하며 이 때문에 소요를 일으키는 경우가 있다."라고 지적한 것은 정말이지 민족 차별적 입장에 선 지배자의 견해로 이것이 일본 국민에게 끼친 해독害毒은 크다고 생각된다.

다음으로 1910년대 재일조선인 노동자의 투쟁 사례를 들고자 한다.

① 1910년 11월 18일 야마나시 현山梨縣 기타쓰루 군北都留郡 야나가와 촌梁川村에서 조선인과 일본인 도로 공사 인부 400명이 충돌해 사상자 20명을 냈다.

② 1914년 7월 오사카 부 셋쓰 방적 노다野田 공장의 조선인 여공이 회사 측의 혹사에 견디지 못하고 북서北署에 사정을 호소해 관계자가 설유를 들었다.

③ 1917년 6월 11일 홋카이도 탄광기선주식회사 와카나베若菜辺 갱의 조선인 노동자 165명이 현장 계원의 불친절함과 언어불통 등이 원인이 되어 파업했다.

④ 1917년 8월 15일 아타미熱海 우회선 철도 공사 고우즈國府津·데라마치寺町 간 제1공구에서 닛폰日本 공업주식회사에 고용되어 있던 조선인 노동자 80명이 상병자 치료비 지급. 우천 휴업 시 식비 지급 문제로 파업했다.

⑤ 1918년 6월 30일 고쿠라 제강소에서 조선인 인부 임금 인상을 요구하며 인부가 일본인 조장을 구타한 일로 조선인 노동자와 일본인 노동자간 충돌이 일어나 경찰이 출동하며 일본인 2명이 검거되었다.

⑥ 1918년 7월 이후 전국적으로 파급된 쌀 소동 투쟁에 조선인이 다수 참

가했다. 예를 들면 우베宇部 탄광, 후쿠오카 주오中央 탄광, 미네지峰地 탄광, 신바루新原 탄광, 오사카 철공소 인노시마因島 공장, 고베 시神戸市, 아마가사키 시尼崎市, 모지 시門司市 등이다.

⑦ 1919년 1월 미야기 현宮城縣 다카다高田 광업에서 조선인 노동자 50명의 쟁의가 일어났다. 또한 후쿠오카 현 하치만八幡 제철소 용광로 광석 운반장의 조선인 노동자 82명이 2일간 파업했다.

⑧ 1919년 2월 시마네 현島根縣 나카 군邦賀郡 아사리 촌浅利村 철도부설 공사장에서 조선인 노동자 150명이 1일간 파업했다.

⑨ 1919년 3월 8일 후쿠시마 현福島縣 미쓰비시三菱 신뉴新入 탄광에서 조선인 갱부가 권양기 고장으로 작업을 거부했다. 1919년 6월에는 3·1운동의 영향도 있어서 지쿠호筑豊의 각 탄광에서 조선인 갱부의 파업, 사보타지 투쟁이 빈번하게 발생했다.

⑩ 1919년 7월 관부연락關釜連絡 시모노세키 항下關港 부두의 조선인 하역인부 150명이 2일간 파업했다. 미야자키 현 히가시우스키 군東臼杵郡 이와와키 촌岩脇村 철도부설 공사장에서 조선인 노동자 40명이 2일간 파업했다.

⑪ 1919년 8월 하치만 제철소 공사장에서 조선인 노동자 33명이 임금 인상을 요구하며 파업했다.

⑫ 1919년 9월 돗토리 현鳥取縣 히노 군日野郡 히시카와구미菱川組 조선인 인부 30명이 임금 인상을 요구하며 태업했다.

⑬ 1919년 11월 효고 현兵庫縣 후쿠시마 방적 시카마飾磨 공장에서 조선인 27명이 임금 인상을 요구하며 파업했다.

이상 거론한 것은 이 시기 재일조선인 노동자의 독자적인 투쟁의 사례인데, 이 투쟁은 이를 조직하고 지도하는 노동조합이나 지도 그룹이 존재하지 않는 조건 하에서 자연발생적으로 일어난 것으로, 일본 노동조합의 지도성을 발휘할 수 있는 것은 아니었다.

구체적으로 조사하기는 어렵지만 일본인 노동자의 쟁의, 파업 투쟁들 중에 조선인 노동자가 어느 정도 포함되어 있을 것으로 생각되는데 어떠한 형태로 참가했는지, 그러는 중에 조선인과 일본인 노동자 간에 어떠한 상호 연관이 형성되어 갔는지 여러모로 조사해 볼 필요가 있다.

1910년대의 재일조선인 노동 단체로는 재오사카조선인친목회在大阪朝鮮人親睦會(오사카, 1914), 와카야마시조선인친목회和歌山市朝鮮人親睦會(와카야마 현, 1916), 결맹형제회結盟兄弟會(가고시마 현鹿兒島縣, 1916), 동맹합자회同盟合資會(오사카, 1916), 도쿄노동동지회東京勞動同志會(도쿄, 1917), 조선인저금회朝鮮人貯金會(오사카, 1919) 조선인효고간친회朝鮮人兵庫懇親會(효고 현, 1919) 등이 있었는데 노동자와 학생들이 상호 친목, 부조·구제, 지식 계발, 저축 장려 등을 도모하기도 해서 민족과 계급에 대한 약간의 의식적인 움직임이 보였다.

3. 재일조선인에 대한 규제

1910년 8월 '한국병합' 이후 앞서 언급했듯이 외국인에 관한 규정에 따른 노동자 이주 불허가 방침의 조선인에 대한 적용은 없어져 일본 도항은 일단 '자유'라는 형식이 되었지만 새로운 조선인 단속 지령과 탄압 법규에 의해 감시와 억압은 체제적으로 강화되어 갔다.

일본인 관헌 당국은 "항상 배일사상을 품고 있는 자이면서 집회, 단체, 신문지 또는 출판물 등 간행물로써 직접 혹은 간접으로 이러한 위험 사상의 고취 및 전파에 힘쓰고 동시에 조선 내지 또는 러시아, 중국, 북미에 체류하는 동지와 몰래 연락을 유지하며 훗날을 기약함으로써 국권 회복을 실현하려는 희망을 간직하고 있는 자"를 '요시찰 조선인'이라고 했는데, 이것은 일본 제국주의가 조선 민족의 치열한 민족 독립사상과 독립운동을 두려워했기 때문에 취한 것이었다.

1910년 이후 재일조선인에 대한 단속의 내무성 통첩은 거의 매년 각 지역 장관 앞으로 발송된 '요시찰 조선인' 여부와 관계없이 체류 조선인 명부가 각 부현府縣별로 작성되었다.

1913년 10월에는 '조선인 식별 자료에 관한 건'이라는 지시 통첩이 내무성 경보국장으로부터 각 지역 장관 앞으로 발송되었는데 여기에는 골격 및 상모상, 언어상, 예식상 및 음식상, 풍속상, 습관상 등 43개 항목에 걸쳐 조선인의 특징을 거론해 그 단속 및 검거에 도움을 주려고 했다.

예를 들면 "키는 내지인과 차이가 없지만 자세가 바르고 허리가 구부정한 자 및 새우등인 자가 적다.", "발음에 탁음 가(ガ), 기(ギ), 구(グ), 게(ゲ), 고(ゴ)가 있는 것을 가장 어려워한다.", "정좌를 견디지 못하고 책상다리를 한다.", "부인을 정면으로 보지 않고 측면에서 보는 습관이 있다.", "취침 시 잠옷을 이용하지 않는다.", "보행 시 뒤꿈치부터 먼저 딛고 발끝에 힘을 주지 않고 심히 바깥쪽을 향해 딛기 때문에 태도가 대범해진다." 등이 그것이다.

나아가 1916년 7월에는 그동안의 '특별 요시찰인 시찰 내규'와는 별개의 '요시찰 조선인 시찰 내규'가 각 부현에 통지되었다. 이에 따르면 '요시찰 조선인'을 갑호, 을호 두 종류로 나누고 "배일사상 신념이 강한 자 혹은 배일사상을 품은 자 사이에 세력이 있는 자", "항상 배일사상을 고취하거나 업무상의 관계를 그 고취에 이용할 우려가 있는 자", "배일사상을 품은 자이면서 조선에 거주하거나 외국에 체류하는 동지와 종종 통신 왕래하는 자", 그 외 6개 항목에 해당하는 자를 갑호라고 하고, "배일사상을 품은 자 또는 그 의혹이 있는 자이면서 갑호에 해당하지 않는 자", "본인의 품행, 경력, 평소의 교제, 열독하는 신문, 잡지, 그 외 관계로 배일사상에 감염되는 경향이 있는 자" 등을 을호로 규정하고 있다.

그리고 '요시찰 조선인'에 대한 시찰은 "주로 간접으로 그 동정을 내정하는 것을 방침으로 하며 그 왕래, 통신, 회합, 저술·번역, 출판, 전도 등에 주의하며 특히 그 이면의 동정 탐지에 힘써야 한다."라며, "필요가 있다고 인정하는 경우 직접 감시 또는 미행을 붙여야 한다.", 폭발물, 권총 등 위험의 우려가 있는 "물건의 소지, 은닉에 대해서는 특히 엄중한 단속을 해야 한다.", "사진과 필적은 내밀하게 수집에 힘써 복사, 그 외 방법으로 일부를 경보국장에게 발송해야 한다."라고 되어 있다.

또한 갑호, 을호에 해당하지 않는 자라도 "유학생 및 종교인의 동정에 대해서는 항상 주의해야 한다."라고 했다.

이상에서 알 수 있듯이 '요시찰 조선인'으로 지정된 자는 항상 미행당하고 그들의 행동, 예를 들면 방문처에서의 용담 내용, 소요 시간, 숙박 장소, 전화 횟수, 서서 이야기한 시간, 귀가 시간 등이 신분, 직업, 시찰 사유, 교류자, 인상, 특징, 경력의 개요, 자산, 가족 성명, 세력 및 신용의 수준 등의 기술 사항과 함께 자세하게 기록에 남겨졌다.

또한 1916년 8월에는 '조선인 시찰 단속상 조선, 대만, 사할린섬, 관동주關東州와의 연락에 관한 건', 1918년 7월에는 '미국 밀항 조선인 단속에 관한 건' 등 의명 통첩을 발송해 일본 국내외 연락 사항의 긴밀화, 독립운동을 위한 해외 연락 및 도항을 엄중하게 단속했다.

미국 밀항 조선인에 대해서는 일본의 항구에 기항할 때 차분히 회유를 시도하고 상당한 자금을 가지고 일본 취학을 희망하는 자는 총독부의 재도쿄유학생독학부에 연락하고 그 외의 자는 곧장 조선에 송환한다고 했다.[4]

'요시찰 조선인'의 인원수는 1915년에는 524명(갑호 83명, 을호 441명: 도쿄 171명, 오사카 10명, 효고 77명, 교토 28명, 나가사키 26명, 기타 122명)이었으

---

4) [원주] 요시찰 조선인에 관한 자료는 朴慶植 編, 『在日朝鮮人關係資料集成』 제1권에 수록되어 있다.

며, 1918년에는 179명, 1920년에는 212명이었다. 1920년의 '요시찰 조선인'을 직업별로 살펴보면 학생이 147명으로 가장 많고 노동자 29명, 상업 22명, 기타 순이다. 또한 종교별로 살펴보면 기독교 104명, 유교 16명, 불교 7명, 불상 78명, 기타 순이다.

1919년의 3·1 운동이 도쿄 유학생의 독립선언 발표를 계기로 일어나자 일본 관헌 당국은 당황하여 재일 유학생에 대해 "이들 내지 유학생에 대해 실로 동포로서 온정을 가지고 이들을 대하고, 충심을 가진 내지인에 대해 경모하는 마음을 그리워하듯 일반 내지인으로 하여금 유의할 필요가 있다."[5]라고 했다.

이렇게 이 시기 재일조선인을 동화하기 위한 일본인 관민에 의해 '융화' 단체인 신불교도동지회新佛敎徒同志會, 조선향학회朝鮮向學會, 아시아학생회亞細亞學生會, 불교조선협회佛敎朝鮮協會, 조선협회朝鮮協會, 조선학생회朝鮮學生會 등이 1919년의 3·1 운동을 계기로 만들어졌다.

또한 1919년 4월 조선총독부 경무총감령 제3호 '조선인의 여행 단속에 관한 건'을 내고 "조선 밖으로 여행하려고 하는 자는 거주지 관할 경찰서 또는 경찰관 주재소에 여행의 목적 및 여행지를 신고하고 여행 증명서 하부를 받아 조선 최종 출발지의 경찰관에게 이것을 제출해야 한다."라는 여행 증명서 제도를 마련해 민족 독립운동가를 엄중하게 단속함과 동시에 노동자의 일본 도항을 자유롭게 조정 및 저지할 수 있도록 했다. 그 결과 일본 도항 수는 일시 감소했다.

---

5) [원주] 朝鮮軍参謀部,「內地在留學生の待遇及び指導」(現代史資料『朝鮮』②) 所收.

4. 민족자결의 원칙에 입각하여

앞에서도 서술했듯이 민족독립운동에 대한 일본 관헌의 단속은 엄중했지만, 재일 유학생, 기독교인, 지식인들은 합법적인 학생 단체, 종교 단체, 친목회 등을 조직해 민족적 단결을 강화함과 동시에 일본 동화 정책에 반대하고 민족의식을 고취해 국권 회복, 독립사상을 더욱 깊이 침투시켰으며 조선 본국은 물론 미국, 중국, 러시아 연해주 등 해외에 있는 동지들과도 제휴해 반일 운동을 전개하고 또한 일본 국민과 연대를 강화하기 위해 노력했다.

1910년대 재일조선인은 유학생, 기독교인, 지식인들을 중심으로 하여 각 분야에서 많은 단체를 조직했다. 그 주요 단체는 다음과 같다.

① 도쿄조선 기독교청년회東京朝鮮基督敎靑年會(1906년 11월 5일)
② 대한흥학회大韓興學會(1909년 1월 10일)
③ 조선유학생친목회朝鮮留學生親睦會(1911년 5월 21일)
④ 도쿄조선유학생 학우회(東京朝鮮留學生學友會1912년 10월 27일)
　(조선유학생친목회의 후신)
⑤ 재오사카조선인친목회在大阪朝鮮人親睦會(1914년 1월 15일)
⑥ 교토조선유학생친목회京都朝鮮留學生親睦會(1915년 4월 3일)
⑦ 조선여자친목회朝鮮女子親睦會(1915년 4월 3일)
　(1920년 조선여자학흥회朝鮮女子學興會로 개편)
⑧ 동아동맹회東亞同盟會(1915년 10월)
⑨ 조선학회朝鮮學會(1915년 11월 10일)
⑩ 결맹형제회結盟兄弟會(1916년 8월)
⑪ 도쿄노동동지회東京勞働同志會(1917년 1월)
　(1920년 조선고학생동우회朝鮮苦學生同友會로 개편)
⑫ 동양청년동지회東洋靑年同志會(1917년 5월)

그 외 쇼치쿠클럽松竹俱樂部, 기성클럽箕城俱樂部, 호남유학생친목회湖南

留學生親睦會, 패서클럽浿西俱樂部, 와세다早稻田대학·메이지明治대학·주오
中央대학·게이오慶應대학·니혼日本대학·센슈專修대학·호세이法政대학 각
동창회, 반도중학회半島中學會, 동맹합자회同盟合資會, 반도웅변회半島雄辯
會, 낙우회樂友會, 조선불교유학생회朝鮮佛敎留學生會 등이 있었다.

　재일 유학생, 기독교인, 지식인들은 주로 도쿄조선 기독교청년회, 도쿄
조선유학생 학우회를 중심으로 송년회, 신년회, 웅변회, 운동회, 졸업생
축하회, 신입생 환영회 등을 개최하거나 종교적 행사를 통해 혹은 기관지
등을 발행해 "대체로 정사政事 또는 시사에 걸쳐 심지어는 현상 파괴, 압
제 전복 등과 같은 우의적, 과격한 언사를 늘어놓아 배일주의를 창도하
고 고취했다."[6]라고 기술되어 있듯이 민족이 처한 처지를 인식하고 민족
의 권리 회복을 주장하며 민족주의, 독립사상 고취에 힘썼다. 당시의 주
관적·객관적으로 불리한 제약된 조건 아래에서 기독교 조직망, 학생단체
및 기독교인·학생들의 민족운동에서의 역할은 컸다. 식민지 지배하의 학
생과 기독교인을 비롯한 종교인들의 제국주의 지배자에 대한 저항 자세와
그 투쟁은 제국주의 국가에서의 그들 존재와는 본질적으로 다른 점을 가
지고 있었다는 것을 올바르게 평가하지 않으면 안 된다. 하지만 이에 관
해 종래에는 과소평가하거나 극단적으로는 제국주의의 앞잡이로밖에 보
지 않는 그릇된 경향이 있었다고 생각하는데 이는 당연히 시정되어야만
한다.

　다음으로 주로 학생 단체, 기독교 단체 등으로 조직된 각종 집회나 행
사의 모습, 강연 내용을 연차적으로 정리하고, 이어서 1919년 2월 8일의
독립선언에 관해 서술하고자 한다.

---

6) [원주] 內務省警保局, 『朝鮮人槪況』, 1916年.

(1) 재일유학생들의 사상 및 운동

이 시기의 재일조선인 단체에서 가장 중심적 존재 중 하나는 도쿄조선
기독교청년회로(이하, 청년회로 약칭), 청년회관을 두고 연설회와 각종 집
회에 이용해 "일종의 배일사상자 양성기관처럼 보인다."라는 말까지 들었
다.[7] 이 청년회는 1917년 11월 기관지 『기독청년』을 발간했다. 또 다른 중
심적 단체 중 하나는 대한흥학회(1909, 기관지 『대한흥학보』 간행), 조선유학
생친목회(1911)의 후신으로 1912년 10월 철북친목회鐵北親睦會, 패서클럽,
해서친목회海西親睦會, 경서클럽京西俱樂部, 삼한클럽三韓俱樂部, 낙동동지
회洛東同志會, 호서다화회湖西茶話會가 대동단결하여 결성했던 도쿄조선유
학생 학우회에서 가장 유력한 학생단체였다. 유학생은 본회 가입의 의무
가 있었고, 일본에 새로 온 학생이 본회의 집회에 출석하지 않거나 본회
원과 가깝게 지내지 않는 자가 있으면 '국적國賊'으로까지 매도하였다고
한다. 본회는 1914년 4월 기관지 『학지광學之光』을 창간하였으나 민족주
의, 반일적 내용이 있다고 하여 여러 번 발행금지 처분을 당했다.

도쿄조선유학생 학우회 기관지, 『학지광』(1915.2)

---

7) [원주] 內務省警保局, 『朝鮮人槪況』第3, 1920年.

『학지광』은 격월 간행할 예정이었으나 여러 번 발행금지 처분을 당했기 때문에 일 년에 2~3회 발행해 1930년 4월까지 29호를 내고 종간되었다. 매호 600 내지 1,000부를 발행하여 약 절반은 조선으로 보냈다. 본 잡지에는 시사정론은 게재할 수 없었지만 논평, 학술논문, 문예 등 다방면에 걸친 내용이 들어 있고, 민족적 성격을 가진 종합지로서 언론의 자유가 없었던 당시의 조선에서 중요한 역할을 담당했다.

1914년에 메이지대 학생 김병노金炳魯, 송진우宋鎭禹, 김영수金榮洙 등이 하와이에 주재하는 동지와 연락해 그 지역의 신문지에 게재할 목적으로 '조선현상론', '유학생의 정신', '우리 대한의 장래'로 구성된 논문을 집필해 경찰에게 염탐을 당하기도 했다.

1915년 초, 전년부터 시작된 제1차세계대전과 관련해 신익희申翼熙, 박이규朴珥圭, 송진우宋鎭禹, 이경준李景俊 등은 일본과 중국과의 개전을 예상했고, 그 빈틈을 노려 기독교인을 중심으로 미국의 동정심을 얻고 대한국의 부흥을 세계 각국에 성명하면 미국도 중국도 이에 개입할 수 없을 테니 일본과 중국의 국교단절을 기대할 것 등이 논의되었다고 한다. 또한 메이지대 학생의 회합에서 이경준은 중일 문제가 긴박해지고 데라우치寺內 조선 총독이 중국에 파견된다는 소문에 데라우치도 이토 히로부미伊藤博文의 하얼빈 전철을 밟으려는 것이나 다름없다는 이야기를 했다고 한다.

같은 해 4월 9일, 도쿄조선 기독교청년회관(이하, 청년회관으로 약칭)에서 개최된 조선인 각 학교 웅변대회 자리에서 송진우(메이지대생)는 '현상의 타파와 청년의 특색'이라는 제목의 연설을 했다. 즉 "우리는 가까운 장래에 예상대로 현상의 타파가 실현됨과 동시에 우리 청년의 청렴하고 고귀한 가치를 드러낼 수 있는 시기가 도래할 것을 믿는다. 따라서 우리는 오늘부터 그 책임을 다할 준비가 필요한 것은 물론이고, 만일 이 현상 타파를 실행하려면 네 가지 힘을 필요로 한다."라며, 첫째 여론, 둘째 웅변, 셋째 문장, 넷째 실행을 들면서 이 네 가지 힘을 어떻게 응용할지는 전적으로 제군의 판단에 맡긴다고 했다. 또한 남충희南忠熙(와세다대생)도 같은 자리에서 조선인이 가는 곳마다 일본인의 압박과 학대를 받고 생활고에 시달려 유리방황하고 있는 참상을 말하며 "우리는 지금 이 상황을 어떻게 회복해야 할지, 어떻게 음식을 줄 수 있을지에 대해 연구해야 한다."고 했다.

같은 해 5월 2일의 학우회 제2회 졸업생 축하회 자리에서 이경준(메이지대생)은 "이제는 한 자루의 '펜'을 손에 쥐고 귀국길에 오르려 한다. 그렇지만 사회는 과연 능히 이 '펜'의 운용을 묵인할지 어떨지, 아마 만족스럽게 이것을 사용하지 못하게 할 것이다. 그러므로 제군은 장래 반드시 '펜' 대신 검을 가지고 귀향하기 바란다. 즉 적을 물리칠 '펜'을 휴대할 수 있기를 바란다."라고 연설했다.

4월 여성 유학생 김정화金貞和, 나혜석羅蕙錫 등의 발기로 재도쿄조선여자 상호 간의 친목, 지식 계발, 조선 내 여성을 유도할 목적으로 조선여자친목회를 결성했다.

같은 해 5월 7일에는 학우회 주최의 운동회가 아오야마青山 연병장에서 열렸고 약 500명이 참가해 유학생들의 축제처럼 성대했다고 한다.

또한 같은 해 5월 23일에는 도쿄에서 민주주의의 선구자 가야하라 카잔茅原華山 등의 기관지 『제3제국第三帝國』 독서대회가 열렸는데 김철수金綴洙는 5분간의 연설에서 "동양은 동양인의 동양이다. 중국은 중국인의 중국, 인도는 인도인의 인도"라고 외쳤고, 약 3, 4백 명의 청중은 비통한 목소리로 "조선은 조선인의 조선"이라며 성원을 보냈다고 하는데, 이것은 재일조선인 학생들의 진심 어린 외침이었다.

그해 11월쯤 메이지대생 김효석金孝錫, 이우일李愚一, 윤홍렬尹洪烈 등이 표제를 '세계근사世界近史'로 붙인 『한국통사韓國痛史』(박은식朴殷植 저, 상하이 간행) 약 300부를 상하이에서 밀송시켜 동향인들에게 배포했다. 이 『한국통사」는 일본의 조선침략 사실 및 반침략 애국투쟁의 역사를 기술한 조선근대사였다. 메이지대생인 정종익鄭鍾翊은 이 책을 읽고 감격했고, 특히 안중근의 이토 사살의 위대함을 상찬하며 "남자 필생의 결사는 오로지 제2의 안중근을 배움에 있다."라고 했다.

애국정신을 강조

1916년 1월 22일 학우회 주최의 웅변회가 열렸고 이곳에서 이광수李光洙(와세다대생)는 '나는 살아가야 한다'라는 제목의 연설을 했다. 그는 우리 조국 인민의 현상이 "과연 살아가는 국민으로 인정받을 수 있을지 아닐지. 우리는 마땅히 살아가야 하나 그 앞길에는 방해물이 가로놓여 있다. 조국 땅의 식민, 바로 그것이다."라고 하며 식민지하의 조국 인민이 고향에서 쫓겨나 방황하는 참상을 탄식했다. 그리고 "이제 조국민의 대부분은 물질적으로 개인으로서 살아가는 것은 생각해도 단체적으로 살아가는 것을 생각하는 일은 지극히 드물다……우리라는 존재 어찌 묵시默視를 견딜 것인가."라면서 "누구라도 살아가기로 한다면 반드시 다른 경쟁자와 싸우지 않을 수 없다. 전쟁은 잔혹하지만 살아가기 위해서는 필요할 뿐만 아니라 당연하고 그 방법과 수단은 추호도 물을 바가 아니며 기탄없이 주저없이 실행해야 한다."라고 강조했다.

그해 1월에는 황석우黃錫禹를 발행인으로 하는 『근대사조近代思潮』가 발간되어 600부 중 200부를 조선에 가지고 갔지만 발매 금지를 당했다.

이광수는 1916년 3월 간행된 『홍수이후洪水以後』 제8호에 「조선교육에 대한 요구」를 투고, 4월에도(제9호) 「조선인의 눈에 비친 일본인의 결점」을 투고했으나 이 출판사는 당국의 주목을 꺼려 게재하지 않았다고 한다.

같은 해 4월 학우회 주최로 각 대학 동창회 연합 웅변회, 신입생 환영회, 각 학교 졸업생 웅변회 등이 열렸다. 신입생 환영회에서는 김명식金明

植(와세다대생)이 "우리는 적국인 이 땅에 있고, 더구나 그 적인에게 만사의 지도를 받는 몸은 그 감개 또한 한층 무량하지 않을 수 없다."라면서 "새로 온 학생 제군은 부디 이 정신을 강고하게 가짐으로써 장래 매우 훌륭한 일을 할 수 있는 사람이 되어야 한다."라고 격려했다. 또한 졸업생 웅변회에서 장덕수張德秀(와세다대생)는 '청년이여 우리의 치욕은 무엇인가'라는 제목으로 인간에게 폭행과 치욕을 당하고도 냉연히 이것을 간과할 수 있을지를 반문하면서, "적어도 삶을 인간으로 받은 이상 모름지기 그 폭행자에게는 적당한 방어책을 강구하고 혹은 보복을 시도해 봐야 하지 않을까. 이게 바로 우리가 정당하게 하늘로부터 받은 권리다."라며 일본 침략자에 대한 적극적인 저항을 호소했다.

또 같은 달에 하와이의 호놀룰루에서 『국민보國民報』 2부가 도쿄 시의 한 조선인 앞으로 우송되어 압수되었다.

같은 해 5월 학우회 기관지 『학지광』 제9호가 발행되었지만 발행 금지를 당했다. 이에 대해 변봉현邊鳳現(편집 겸 발행인)은 발행을 금지할 이유가 없다며 "무모한 일본 관헌의 방침에 대해서는 철저하게 반항의 의사를 발표하지 않을 수 없다."라고 했고, 장덕수(학우회 편집부장)는 "관헌이 잡지의 발행 때마다 반드시 차압을 하는 하나의 사건은 우리 청년들을 위해 오히려 유리한 현상이지 않을까. 왜냐하면 우리는 그 일이 있기에 오히려 더욱 경성警醒하고 반항의 뜻을 굳게 하는 것이 있기 때문이다."라는 견해를 발표했다.

같은 해 6월 12일 간다神田 스루가다이駿河臺에서 메이지대학 졸업생회가 열렸고, 그 자리에서 윤현진尹顯振, 김효석金孝錫, 이우석李愚奭 등 여러 명의 학생들은 '장래 조선 동포를 위해 죽음을 기약하고 활동할 것', 귀국해도 '임관하지 않을 것'의 2개조를 서약하고 잇달아 의견을 교환했다. 윤현진은 "영웅열사 등이 늘 실패를 하는 원인은 요컨대 당파관계에 있다. 우리는 당파 및 출신지의 관계를 버리고 서로 감정을 상하게 하는 일 없이 오로지 국가를 위해 충사를 함께 해야 한다."라고 했으며, 김종익金 鍾翊은 "자국이 타국의 지배를 받거나 타국에 병합되어도 그 국민으로서 아무런 혁명을 일으키는 자도 없고, 또한 큰 반대를 하는 자도 없는 정도 이기 때문에 이러한 국민을 상대로 우리의 계획을 일으키는 것은 불가능하 다. 그 근본부터 개량해야 한다."라며 사회개혁과 사상개조를 주장했다.

같은 해 8월 21일 청년회관에서 개최된 전 도쿄조선 기독교청년회 총 무 김정식金貞植의 송별회 자리에서 장덕수는 "우리 인류가 가장 중요시해 야 할 것은 단체, 즉 단결이며 그 국가와 사회 혹은 가정을 불문하고 모두 단체의 힘을 요한다. 특히 우리 조선인에게 단결력이라는 것은 하루도 도 외시 할 수 없는 것이고, 어느 나라나 단체를 무시하면 멸망하게 될 것이 다. 현재 우리 조선의 현상은 그리스도를 중심으로 하는 단체가 필요함을 느끼게 한다. 그리스도는 우리 인류를 위해 또한 의義를 위해 자신의 육체 를 십자가 위에 바쳤다. 우리 역시 동족을 위해 또한 의를 위해 육체를 십 자가 위에 바칠 각오가 있음을 잊지 않겠다."라는 송별사를 읊었고, 이에 김정식은 다음과 같이 화답했다.

"헤어지는 상황에서 바라고 희망하는 것은 우리 부패한 조선을 일신시 켜야 하는 자는 실로 유학생 제군이다. 장래 조선을 지배하는 자는 실로 제 군이다. 아무리 소수의 애국자가 외쳐도 조선인 일반의 사회를 개량하는 데는 무익하다. 우리의 급무는 조선인 사회를 개량하는 데에 있다. 따라서 제군은 이 청년회를 근거로 선량한 단체를 차츰 만들어 가 장래를 기약할 수 있기를 바란다."라며 단체와 단결, 사회혁명의 중요성을 지적했다.

같은 해 10월 1일 조선연합기독교회 안에서 열린 일요기도회에서 목사 오기선吳基善은 구약성서에 나오는 모세처럼 동족을 위해 일신을 희생할 각오와 용기가 필요하다고 설교했다.

같은 해 10월 26일 학우회가 주최한 신입생 환영회 자리에서 도성달途成達(니혼대생)은 "우리 동포를 위해 현재 및 장래에 활동하고자 하는 웅지雄志를 환영한다."라고 했으며, 서상빈徐相斌(신입생)은 도쿄에 도착했을 때 여관에서 받은 조선인 차별과 살짝 엿본 일본의 사회와 문명은 두려워해야 할 것이 아니라며, "우리는 분투하기만 하면 장래 반드시 독립할 수 있다."라고 했다. 또한 김재희金在禧(세이소쿠正則영어학교생)는 "우리의 가슴 속에서 불타고 있는 피와 일종의 사상이란 언젠가는 제군과 함께 목소리를 내어 돌발할 기회가 있을 것이라 믿는다……기회가 일단 온다면 조금도 주저 없이 용감하게 몸을 희생해야 한다. 우리는 4천여 년의 역사를 가진 민족이자 단군 성조의 후예가 아닌가. 압박과 학대를 그대로 당해서는 안 된다. 저 워싱턴을 보라. 건국 시조의 큰 인물과 우리는 모두 인간이 아닌가. 우리가 독립만세를 외치고 동상을 후세에 남기는 일은 결코 어려운 일이 아닐 것이다."라며 애국정신을 강조했다.

같은 해 10월 28일 청년회관에서 개최된 신임 이여한李如漢 목사 환영회에서 최두선崔斗善, 이여한 등은 기독교의 진정한 의의를 이해하고 조국의 민중을 구제하는 것, 또한 조선인이 설립한 교회는 이 교회 외에는 없으므로 선교의 방침과 교회의 장래에 대한 연구가 필요하다고 설명했다.

같은 해 11월 13일 학우회 주최의 각 대학 동창회연합 웅변대회에서 차남진車南鎭(니혼대생)은 '의를 보고 행하지 않음은 용기가 없음이다'라는 제목으로 "우리 조선인의 현상은 의를 보고 행하지 않는 일이 심해서 동양에서 황색인종의 노예는 우리 조선인 말고는 없을 것이다. 차차 우리는 하나의 의용대를 조직해야 한다. 즉 부대를 네 개로 나누어 첫째 교육대, 둘째 상업대, 셋째 공업대, 넷째 농업대로 만들고 불언실행 속에 진군해야 하며, 우리도 국가적 생활을 아는 인종인 이상은 반드시 그 본분인 의를 위해 동일 국기 아래에서 만세를 합창하는 경지로 나아가기를 희망한다."라며 구체적인 의용대의 조직을 제안했다. 또한 백남훈白南薰은 '개인과 환경'이라는 제목으로 유학생이 이론보다도 실지에 중점을 두어야 할 것, 이론과 실지를 병행하여 만사를 해결하려고 노력하면 언젠가는 우리의 희망은 달성할 수 있을 것이라 강조했다. 또 김영돈金永暾(니혼대생)은 '자애열自愛熱 정신'이라는 제목으로 "예로부터 자애열 정신을 중심으로 한 국가는 우승의 지위를 점하고 이것을 도외시하는 국가는 멸망한다."라고 연설했다.

같은 해 12월 27일 학우회 주최의 망년회 자리에서 회장 정노식鄭魯湜은 개회사에서 박명薄命의 비운에 우는 노인과 어린이 및 피압박 민족의 비운에 대해 언급하며, "근래 사회주의자가 속출하는 것 역시 까닭이 없다고 할 수는 없다."라고 말했다.

국권회복을 주창

1917년 1월 와세다대생 민병세閔丙世, 장덕준張德俊 등은 『조선연표朝鮮年表』(장덕준이 서울에서 간행한 것)를 약 100부 정도 입수해 학생들에게 배포하여 조선근대사에 대한 인식을 높이고 애국사상의 고취를 꾀했다.

같은 해 2월 17일 청년회관에서 개최한 각 대학 조선학생연합 웅변대회에서 성원경成元慶(주오대생)은 '조선과 우리와의 관계 및 조선의 현상과 그 장래'라는 제목으로 "오늘날의 조국민 일반의 두뇌에 공통적 정신이 결핍되어 있는 것은 우리가 가장 비관하지 않을 수 없는 점이라고 한다.", "그렇지만 제군이여, 만일 조국민의 전체가 조선은 반드시 독립할 수 있을 것이라는 굳건한 자각적 정신만 두루 통하면 조국의 독립 역시 결코 어려운 일이라고 할 수 없을 것이다. 다만 결국은 국민 일반의 각오 여하에 달려있을 뿐"이라며 독립을 향한 자각 정신을 강조했다.

같은 해 4월 28일 청년회관에서 개최된 신입생 환영회에서 장덕준, 홍

진의洪震義 두 사람은 반일사상이 열렬한 중국인 유학생 야오쯔차이姚梓材 (니혼대생)와 함께 상하이에서 박은식朴殷植 저『한국통사韓國通史』200부를 들여와 유학생 중 유력한 동지에게 배부함과 동시에 각 학교 졸업생 및 여름휴가로 귀향한 자들에게 1, 2부씩 가지고 가 조선 내에 배포하게 했다.

같은 해 10월 30일 청년회관에서 열린 조선학회 자리에서 전영택田榮澤(아오야마가쿠인靑山学院생)은 '조선 기독교의 과거 및 현재'에 대해 연설하며 일본에 의해 조선 기독교는 심한 탄압을 받았고, 조선에서 일본의 조합교회가 전도를 개시함에 따라 더욱 타격을 받고 있음을 언급했다.

같은 해 10월 31일 도야마가하라戶山原에서 청년회 주최의 재도쿄조선학생 추계운동회를 개최해 약 300명의 학생이 참가했다. 그리고 당일 경기 중에 고국의 각 대신, 학자, 사상사, 실업가 등으로 분장해 가장행렬과 금지되어 있는 구한국시대의 애국가 합창 등을 하며 민족의식과 애국사상의 고취에 힘썼다.

같은 해 11월 5일 도쿄조선 기독교청년회 친접부 주최의 조선 기독교 장로회 순회목사 김유순金裕淳의 미국행 송별회에서 김영섭金永燮은 '우리 재류학생 모두는 잠들지 못하고 늘 행동을 계속하고 있다는 것', '우리는 주위의 곤란한 사정에도 불구하고 할 수 있는 최대의 노력을 하며 늘 조선반도를 위해 분투하고 있고 한결같이 조선반도에서 태어난 것을 가장 유의미하게 생각하고 있음' 등을 재외동포에게 전하도록 부탁했다. 또한 김유순은 '장래에 재미동포와 연락을 잘 유지해 함께 최후의 목적을 달성하도록 노력할 것', 그리고 재미동포의 경영에 관련된『교회보』,『국민보』등 통신기관의 이용을 희망했다. 또한 조선 내의 교회는 언뜻 미약해 보이나 그 이면에는 큰 잠재력을 가지고 있음을 언급했다.

도쿄조선유학생의 학우회 대운동회 기념(1920)

같은 해 11월 17일 학우회 주최의 웅변회에서 송계백宋繼白(와세다대생), 이종근李琮根(세이소쿠영어학교생), 장덕준(와세다생) 등이 '풍기와 사상', '유학생의 사명과 그 현상'에 대해 연설했다. 송계백은 우리 유학생 중에는 주색에 빠져 말로는 이른바 영웅주의를 주창하나 주색에 빠짐으로써 영웅의 심중은 부패 타락하고 있는 자도 있으나 "조선반도 2천만 생령의 하루속히 우리들을 구해 달라고 애규하는 목소리가 매일 우리들의 귓전에 닿지 않는가. 조선국가의 책임을 담당하는 우리 청년 학생은 어찌 이것을 묵시할 수 있는가."라고 하였다. 또한 일부에 '동양 먼로주의'와 '동양평화주의'를 고취하고 금권만능주의를 제창하거나, 혹은 일본의 정치가에게 아부하고 조선의 자치를 시험하려는 자도 있지만 이것들은 모두 성공하지 않을 것이며, "헌신적 분투를 하여 조선으로 하여금 자주 자치의 천하를 이루도록 해야 한다."라고 했다. 또한 이종근은 "우리 유학생들은 옛날 우리 이순신이 왜구 추방의 임무를 맡고 또한 워싱턴이 미국을 독립시켰던 것처럼 우리 조선 민족을 위해 지대한 사명을 가져야 함을 자각해야 한다."라고 했고, 장덕준은 조선청년의 이상이라는 것은 첫째 실력의 양성, 둘째 일본의 정치가·실업가·학생들의 동정에 의지해 조선의 자치를 얻는 것, 셋째 국권을 얻는 것이나 둘째, 셋째의 이상은 현재 실현이 쉽지 않으므로 우선 실력 양성에 힘쓰고 훗날 대성을 기약할 수밖에 없다고 했다.

같은 해 11월 말에 열린 조선학회 예회에서 서춘徐椿(고등사범대생)은 '교육의 의의'라는 제목으로 남양의 민족은 정신상의 힘보다도 물질상의 힘이 약해 정복되었지만, "조선의 민족도 역시 물질상의 힘 부족 때문에 현재와 같은 상태에 있는 것이 아닌가. 부디 우리 학생은 생각을 이에 미치게 하여 물질력이 국민을 구하고 민족을 유지함을 자각하고 힘을 이와 같은 방면으로 쏟게 할 것"을 희망했다.

또한 12월 22일의 같은 예회에서는 현상윤玄相允(와세다대생)이 '조선인이 관찰한 구주전란歐洲戰亂'이란 제목으로 강연을 했다. 이 강연에서 전란은 자유·민주·박애의 민주주의와 권위와 압박의 통일주의의 싸움일 것이며, 우리 동양에서 압박주의가 이루어지고 사민四民 불평등의 제국주의가 존재하기 때문에 구주전란과 같은 대변란이 일어날 징후가 있으므로 "우리 조선 민족은 장래에는 반드시 동양의 대전란이 일어날 것을 확신하고 지금부터 이를 준비해야 한다."라며 전란에 대한 대책을 강조했다.

같은 해 12월 27일 학우회 주최의 망년회에서 이종근 등은 조선을 다시 7년 전의 상태로 회복시켜야 한다, 그 책임은 우리 청년에게 있다는 점을 자각하여 곱절의 노력을 해야 한다, 또한 과거, 현재 및 장래를 떠올려보며 가장 신중한 노력을 기울여 우리 조선반도에 아무런 구속 없는 영광적인 지위로 이끌어가기를 희망한다고 말했다. 또한 여흥 희극 중에서 '국권 회복'을 의미하는 내용이 많아 "청중의 배일적 감정을 몹시 도발"했다고 한다.

같은 해 12월 29일 조선학생 동서연합 웅변대회에서는 '청년과 이상'이라는 제목으로 현상윤이 연설했다. 그는 "아무런 이상이 없는 청년의 앞길은 참으로 암흑이라고 말하지 않을 수 없다."라며, "우리 청년은 이에 하나의 이상을 잘 확립해 용왕매진해야 한다. 그러나 이 이상이란 무엇일까. 어쩌면 우리 조선을 새롭게 건설하려고 하는 것이 바로 이상이다."라고 했다. 또한 서춘은 "우리 조선의 기독교는 바라건대 서양인의 힘을 빌리지 않고 우리 동포의 열렬한 신앙력을 잘 이용해 이것이 전도로 이어져 장래의 독립사상을 양성해야 한다."라며 자주적인 면을 강조했다.

같은 해 7월에는 조선여자친목회의 기관지『여자계女子界』가, 또 9월에는 동양청년동지회의 기관지『동아시론東亞時論』이 발간되었다.

『여자계』는 김덕성, 나혜석 등의 발기로 조선여성의 지식을 개발하고 품성의 향상을 꾀할 목적으로 4회 발간되었다고 한다.

『동아시론』은 이달李達을 발행인으로 하여 동양의 평화와 각 민족의 각성을 촉진하고 동양 먼로주의의 고취를 목적으로 했는데, 후에 반일적 민족주의로부터 사회주의를 고취하는 경향을 띠었다고 하여 발매금지 처분을 받았다. 1918년 7월에는 그 후계지로서『혁신시보革新時報』, 나아가 그 후계지로서 1919년 11월『신조선新朝鮮』이 간행되어 민족주의적인 입장에서 발언을 했다.

『혁신시보』1918년 10월 상호上號에는 무명으로「일본의 진의를 널리 알리자」라며 다음과 같은 내용이 기술되어 있다.

> 만일 한국의 병합이 동양의 평화를 위한 것이라고 한다면 한국은 실로 동양평화의 희생이 된 것이라고 해야 한다. 과연 그렇다면 한국은 기쁘게 병합된 것이 아니라 일본의 위협에 의해 강제적으로 병합되었다고 해야 할 것이다……이토 공이……일본이 한국을 보호국으로 삼은 것은……모든 한국민의 문명과 행복을 꾀하기 위함이라고 하는 선언을 듣고……일종의 미약한 희망을 느낀 부분이 보호국이 되고 나서 수년도 지나기 전에 일본은 일사천리로 한국을 일본에 병합시켜 버렸다……이번에는 완전히 일본에 대한 신뢰의 정은 지워지고 자신에 대한 희망은 사라지고 말았

다. 그리고 마구 울면서 슬퍼했다. 혹은 망국의 국민이 되어 노예 개돼지
의 학대를 받기보다는 할 수 있는 만큼 더욱 복수를 계획하여 미련 없이
우국憂國의 원한이 되겠다는 생각까지 했다.

같은 해 11월 발행한 도쿄조선 기독교청년회의 기관지 『기독청년基督靑
年』 창간호에서 이탈리아의 마치니와 미국의 워싱턴 두 사람을 건국의 애
국적 위인으로 삼고 우리들의 모범으로 삼아야 한다고 논한 「19세기의 두
위인」이라는 논문은 유학생들의 주목을 끌었다.

러시아혁명에 고무되어

1917년 말~1918년의 러시아혁명 및 제1차세계대전 종결을 향한 움직
임이라는 세계정세의 변화는 재일유학생, 종교가, 지식인 등에게 큰 영향
을 주었고 그 민족주의를 한층 강화했으며, 민족자결·민족의 독립은 그
민족의 당연한 권리로서 '세계의 대세는 반드시 조선 민족독립의 목적을
달성시켜야 한다'고 믿었다. 특히 유학생들은 학업을 내던지고 정세의 변
화에 어떻게 대응할 것인지의 실천적 과제에 몰두하게 되었다.

1918년 1월 7일 메이지대학 동창회 주최의 각 학교연합 웅변대회에서
는 '전쟁과 평화'에 대해 서춘이 "전쟁에 이기는 자는 생존하고 패하는 자
는 멸망한다. 우리 조선 민족도 그 열강처럼 늘 전쟁에서 이기려고 하는
준비를 자진해야 한다."라고 했으며, 또한 3월 23일의 조선유학생 학우회
편집부 주최의 도쿄 각 대학·전문학교 웅변대회에서 김영섭은 '우리의 외
침'이라는 제목으로 "제군, 오늘의 구주대전에 대해서 조금도 각성할 부분
이 없는가. 눈이 오지 않으면 송백松柏의 기개를 알 수 없고 사람이 곤란
을 겪어 보지 않으면 열사의 절조를 판명할 수 없다. 우리는 바야흐로 크
게 각성해야 할 가을이다."라고 연설했다.

같은 해 4월 3일 학우회 주최의 도야마가하라戶山ヶ原 육군연병장에서 실시된 재도쿄조선학생 운동회에는 약 300명의 학생이 참가했는데, 당일 경기표의 말미에는 조선 지도를 그려 넣고 조선 문자로 '단군의 소유'(단군은 조선건국 전설에 나오는 최초의 제왕)라고 썼다. 또한 '단손檀孫의 기상'이라는 제목으로 이순신(도요토미 히데요시豊臣秀吉의 조선침략에 반대하여 싸운 조선의 명장), 논개(도요토미 히데요시가 침략했을 때의 애국적 기생), 정포은鄭圃隱(고려의 충신), 을지문덕(고구려의 명장) 등의 가장행렬을 이루어 반일기운을 끌어올렸다.

같은 해 3월 이달李達 등에 의한 『가정신보家庭新報』, 같은 해 4월 김병하金炳夏 등의 『농계農界』 등의 잡지가 발행되었다.

같은 해 4월 13일 소토슈曹洞宗대학 동창회 주최의 각 학교 연합웅변회에서 최팔용崔八鏞(와세다대생)은 '대세와 각오'라는 제목으로 "보아라 세계의 역사를. 망국한 폴란드는 지금 독립을 이루었다. 이에 반해 만천하에 위세를 드러낸 러시아 제국은 이제는 쇠망한 상태에 있으며 구주대전은 어떻게 종결될 것인가. 그때 우리 청년은 크게 분기하고 차츰 청년의 의무를 다할 각오를 다져야 한다."라고 연설했다. 또 윤창석尹昌錫(아오야마가쿠인생)도 '나라를 일으키고 민족을 구하기' 위한 희생적 정신을 설명했다.

다음날인 4월 14일에는 학우회 주최의 졸업생 축하회에서 이지광李智光(소토슈대생)이 '애국'이라는 제목으로, 애국주의에는 은퇴주의, 모험주의, 온건주의 세 가지가 있는데 나는 모험 또는 온건주의에 찬성한다. 나는 '신조선의 건설'을 위해 "배워야 할 불교를 민중에게 포교하고 오로지 민중의 행복을 빌고자 한다."라고 설명했다.

또한 4월 16일 학우회 주최의 신입 유학생 환영회에서는 백남규白南奎가 "근래 조선학생 중에 일본인의 이름을 따라 개명하거나 길거리에서 일본어를 사용하는 자가 있는 것을 본다. 이것들은 반드시 슬퍼해야 할 현상인 것은 아니나, 그렇다 하더라도 역시 기뻐해야 할 현상이 아니다. 어째서 조선인으로서 조선어를 사용하고 또한 조선옷을 착용하는 것을 부끄러워해야 하는가. 조선청년으로서 어찌 학식 있으면서도 조선 그 자체를 잊는 듯한 것은 결코 믿음직한 모습이 아니다. 제군은 이러한 의미에서 면학 수양하기를 희망한다."라고 환영사를 말했다.

같은 해 5월 4일에는 도쿄조선 기독교청년회 주최로 졸업생 축하회가 열렸고, 졸업생의 귀국 후 '우리 동포 민족을 구제하기' 위해서 노력할 것이 강조되었다. 같은 해 5월 18일 학우회 주최의 각 학교연합 웅변회에서는 한태원韓泰源(와세다실업학교생)이 '불편한 사회와 사회주의'라고 하며 "무릇 사회는 빈부, 귀천 등 상하계급의 차별이 없는 법이다. 그런데 현재의 사회에서 이들의 구별이 있는 것은 우리를 항상 불편하게 하는 부분이다. 따라서 나는 사회주의를 희망한다."라고 했고, 이춘균李春均(메이지대생)은 "우리는 지금 민주주의·사회주의의 주장을 바라지만 애석하게도 뒤에 악귀가 있어 이를 제재하고 있다."라고 말했다.

같은 해 6월 27일 도쿄조선 기독교청년회의 간부 열 명은 전 청년회 회장인 미국 선교사 조르겐슨이 다시 일본에 옴으로써 환영회를 개최했는데, 그 자리에서 정노식은 미국이 유럽전쟁에 참전한 것은 윌슨 대통령이 선명宣明한 "정의·인도와 약소국의 생명재산 및 자유의 보호가 필요하다는 사실은 세계 각국이 승인하는 점이다."라며 "하루라도 빨리 평화의 전승을 이루어 미국민이 더욱 일치 조력해 우리 조선민의 자유를 부르짖고 광영 있는 조선 민족이 되도록 전력을 다할 것"을 희망했다.

같은 해 10월 5일 센슈대학 동창회 주최의 각 학교연합 웅변대회에서 주요한朱耀翰(도쿄제일고생)은 '무궁한 전쟁'을 논하며, 조선이 "훗날 다른 문명국과 대등해지려면 역시 전쟁에서 승리해야만 한다."라고 하였고, 최근우崔謹愚(고등상업학교생)는 망국의 비참한 "조선사회를 논하고 유학생 제군의 각호를 촉구함"을 말했다.

또한 10월 26일 학우회 주최의 신입 유학생 환영회에서는 '역사 있는 국민', 조선인으로서의 자각이 강조되었다.

11월 10일의 반도웅변회에서는 국권을 이웃나라에 널리 드러낸 을지문덕, 이순신 등의 영웅의 이야기를 했고, "국권을 회복하려면 타국의 힘을 빌려야 한다고 논하는 자가 있는데 이러한 유론은 채택되기에 부족하며, 국권을 회복하려 한다면 우리 중에서 희생자를 내고 피를 흘릴 각오를 해야 한다."라고 논했다.

또한 11월 22일의 학우회 편집부 주최의 현상懸賞연합 웅변회에서 김안식金安植(메이지대생)은 '미래의 사회와 현대의 청년'으로 노예적 정신을 타파해야 한다고 했으며, 성세풍成世豊(와세다대생)은 우리 조선을 위해 철추鐵椎 이상의 굳건한 마음을 양성하고 철추적 활동을 해야 한다고 했다. 또한 이병화李秉華(게이오대생)는 구주전쟁이 발발해 군국주의·민주주의의 시비를 논하는 일이 점차 많아지고 있으며, "일본도 이면의 민주주의 사조는 도저히 우리의 사상 밖이다."라고 논하면서 더욱이 구주전쟁이 "정의의 승리가 된 결과, 그 파동으로서 우리 조선에도 좋은 의미의 영향이 있을 것이다."라고 말했다. 또한 김항복金恒福(세이소쿠영어학교생)은 유럽전쟁이 종결되고 희비가 갈마들 때 침착하게 궁구하여 국권 회복책을 강구하자고 했다. 김상덕金尙德은 '학우회를 사랑하자'라고 하며, 그 진심은 조선을 사랑하는 결과가 되고 대조선 건설의 기초를 이루며, 무슨 일을 하든지 열심히 하는 단결 없이는 성취할 수 없다고 했다. 또한 서춘은 "이번의 전쟁도 각국 모두 정의 인도를 이념으로 하나 이것은 표면의 말뿐"이라며, "만약 미국의 이념에서 진정한 정의, 인도, 자유평등이라고 한다면 어째서 필리핀을 독립시키지 않겠는가. 영국에서 진정한 정의, 인도를 설명한다면 어째서 인도를 독립시키지 않겠는가. 어느 나라나 말로는 정의, 인도, 자유평등을 운운하더라도 자위自衛를 위해서는 정의 어쩌면 인도도 없다……요컨대 우리는 말한다. 우선 실력의 양성에 힘쓴 후에 정의 인도를 고창해야 한다고 믿는다."라며 영미가 주창하는 '정의·인도'를 비판했다.

같은 해 11월 30일 고등상업학교 동창회 주최의 각 학교연합 웅변회에서는 김범수金範壽(게이오대생)가 '공산주의'라는 제목으로 "현재 세계 각국 중 공산주의 및 사회주의가 발달한 것은 러시아라고 믿는다. 세간의 식자는 러시아가 멸망할 것처럼 논하지만, 나는 이와 반대로 러시아는 세계 각국 중 사상에 있어서 선도자가 될 것이라 생각한다. 그리하여 앞으로 차츰 어느 나라를 불문하고 러시아의 전철을 밟게 될 것이다. 오늘날의 평화는 일시적인 것으로서 결코 영구적인 평화가 아니다. 만약 영구한 평화를 유지하고자 한다면 자연히 공산주의의 천하여야 할 것이다."라고 연설했다. 또한 최원순崔元淳(메이지대생)은 "조선총독부 당국은 우리 민족을 문명으로 이끈다고 하나 문명의 모체인 사상발표의 자유를 대부분 인정하지 않고 과연 문명으로 이끌 수 있겠는가. 이것은 단지 구실에 불과하다."라며 총독정치를 비판했다. 또한 안성호安聖鎬(아오야마가쿠인생)는 자신들이 유학하고 있는 것은 우리 민족의 장래에 대해서 큰 사명과 의무를 가지는 것으로서 신라의 충신 박제상朴堤上이 일본에서 참혹한 형벌로써 귀화를 요구받았으나 "계림의 개돼지가 되겠다고 맹세하고 일본의 신하가 되지 않겠다고 말해 결국 순절했던 것은 자신의 사명을 다한 것이라고 할 수 있다. 우리는 이러한 사명을 다하도록 진력하기를 요한다."라며 철저한 반일정신을 언급했다.[8]

같은 날 와세다실업의 한태원韓泰源은 학교에서 안중근의 이토 히로부미 사살을 상찬해 일본인 학생 4, 5명에게 구타를 당했다. 1918년, 일 년

---

8) [원주] 이상의 인용자료는 내무성 경보국, 『조선인 개황朝鮮人槪況』, 1916.

동안 학생들의 집회는 52회 개최되었고, 이를 내용면에서 보면 민족문제 40회, 사회 문제 4회, 종교철학 3회, 그 외 5회였다.

이상 재일유학생, 기독교도, 지식인들의 각종 집회 및 강연회에서의 논의 내용에 대해 나열적으로 기술했는데 이는 결코 자유로운 분위기 속에서 이루어진 것이 아니라, 대부분이 경찰관의 임검臨檢 아래 이루어졌고 그들의 언론과 행동은 늘 속박되어 있었다. 연설 내용이 경찰관의 주의를 끌어 중지되거나 경시청에 연행되는 일도 종종 있었다.

이상의 유학생, 기독교도, 지식인들의 언동을 통해 시기적으로 혹은 사상적으로 몇 가지 구분이나 유형을 생각해 볼 수 있다. 1917년 이전과 이후의 민족 및 인민에 대한 사고방식의 변화, 질적인 내용의 진전—민족주의사상의 발전이 있는 것도 분명하고, 또한 사상적으로 보아도 민족주의 혹은 애국주의가 강한 것도 분명하다. 그리고 보수주의도 뿌리 깊게 남아 있으며 일부에는 사회주의사상의 싹이 돋아나고 있다. 민족주의에서도 독립론, 자치론, 실력양성론 혹은 급진파, 점진파, 중간파 등으로 나누어 생각할 수 있을 정도로 폭이 넓다.

그러나 유학생들의 사상을 1917년 이전을 '우국지사적 애국주의', 1917년 이후를 '근대적 민족주의'로 구별해 생각하는 일부의 견해(김성식金成植, 『항일 한국학생 운동사』)가 있으나 이것은 조금 형식주의적인 사고방식이 아닐까 생각한다.

제국주의 열강의 침략에 반대하는 전투를 장기간에 걸쳐 전개하고, 또한 일본 제국주의의 식민지 지배에 반대해 싸운 조선 민족에게 국가와 민족, 국민과 인민에 대해 그 개념을 확연히 나누어 생각하는 것은 불가능할 것이며 선진자본주의, 제국주의국가에서 이들에 대한 사고방식이란 분명히 다른 점이 있었다고 생각하기 때문이다.

(2) 2·8 독립선언

1917년 러시아 10월 혁명에 의해 제정 러시아가 무너지고 혁명정권에
의해 평화선언이 발표되며 민족자결·무배상·무병합의 원칙이 분명해졌
고 뒤이어 1918년 1월에 미국 대통령 윌슨의 민족자결 14개조 원칙이 발
표되었다. 같은 해 11월 세계대전도 휴전되었고, 헝가리, 폴란드, 체코슬
로바키아 등 동유럽 여러 민족의 독립이 선언되어 민족자결주의, 민족독
립의 기운은 세계의 식민지·종속국의 민중에게 큰 자극과 영향을 주지 않
을 수 없었다.

2·8 독립선언을 한 조선유학생 대표(1919)

해외에 망명해 있던 조선독립운동가들은 호기가 도래하면서 적극적인
독립을 위한 행동을 개시했다.

재미조선인 사이에서는 민족대표를 선출하고 동포에 독립을 호소함과
동시에, 미국 대통령에게 독립청원문 제출, 파리강화회의 대표파견 등을
결의하고 운동자금 등을 모아 실행에 착수했다. 그러나 미국 정부는 민족
자결의 원칙은 동유럽에만 적용되는 것으로 조선에는 적용되지 않는다고

했기 때문에 파리강화회의 대표파견은 실현되지 않았다.

상하이에서도 여운형呂運亨 등의 신한청년당이 독립운동을 전개하고, 파리강화회의에 대표파견 및 전 민족적인 독립운동을 진행하기 위해 조선, 간도 지방, 일본 기타 각지에 대표파견 등이 결정되었다.

한편 재일조선유학생들은 도쿄에서 발행되고 있었던 12월 1일자 『재팬 어드버타이저The Japan advertiser』지에 실린 재미동포 대표가 민족대표로서 파리강화회의에 파견된다는 기사와 12월 14일자 『도쿄 아사히 신문東京朝日新聞』의 샌프란시스코 재주동포가 독립운동자금을 30만 엔 모았다는 기사에 크게 자극받아 이에 호응해 조국광복, 독립운동을 일으킬 절호의 기회가 찾아왔다고 생각했다.

김안식金安植, 백관수白寬洙 등은 재일유학생 전체의 의사와 행동을 통일시킨다면 운동이 가능할 것이라고 생각했고, 도쿄조선유학생 학우회 주최로 12월 29일 간다의 메이지회관에서 망년회, 다음 날 30일 도쿄조선기독교 청년회관에서 동서연합 웅변회를 열고(군중 약 400명), 그곳에서 민족자결주의에 의한 독립문제를 의제로 내세워 토의했다. 윌슨의 민족자결주의에 대해서 그때까지도 여러 논의가 있었고, 또한 독립운동에 대해서도 즉각 전개하려고 하는 급진론이나 실력양성·자치·국권회복론 등이 있었다. 그러나 대세는 세계의 추세가 민족독립을 다투는 운동의 단계·시기라고 하며 '조선은 독립해야 한다, 우리는 목숨을 걸고서라도 그 목적을 달성하도록 모든 수단을 동원해야 한다'며 토론은 백열화되었고, 어떠한 실행운동을 일으켜야 할지에 대한 결의가 보였다.

재일유학생들은 독립운동의 구체적 계획을 진행하기 위해 1919년 1월 6일 도쿄조선 기독교청년회관에서 학우회 주최의 신년 웅변대회를 열었다. 여기에서는 윤창석尹昌錫, 서춘, 이종근, 최근우, 김상덕, 안승한安承漢, 전영택田榮澤 등이 번갈아 서서 '현재의 정세는 우리 조선 민족의 독립운동을 이루기에는 가장 적당한 시기'로서 해외의 동포도 이미 각자 실행운동에 착수해 있고, 우리도 구체적 운동을 개시해야 한다고 연설했다. 그리고 실행운동에 착수하기로 결정하여 실행방법을 협의하기 위한 임시 실행위원 10인(최팔용, 전영택, 서춘, 김도연金度演, 백관수, 윤창석, 이종근, 송계백, 김상덕, 최근우)이 선출되어(전영택은 병으로 위원을 사임하고, 대신 이광수, 김철수金喆壽가 참가), 한밤중에 이를 때까지 위원들의 협의가 이루어졌으며, 일본 정부, 각국 대·공사, 귀중양원貴衆両院 의원 앞으로 독립선언서(또는 진정서)를 송부하기로 결정했다. 다음 날 7일 같은 회관에서 협의사항 보고와 함께 '강개적 연설'이 이루어짐에 따라 최근우, 서춘 등 12명의 학생은 경시청에 연행되었고, 불온당하다고 권설되어 집회 참석자는 임의 해산했다. 다음 날 8일도 일반유학생은 같은 회관에 집합했으나 또다시 윤창석 등이 연행되어 집회는 어쩔 수 없이 해산하게 되었다. 이러한 일본 관헌의 엄격한 감시 아래 비밀리에 운동을 진행해야 했다.

실행위원들은 독립운동을 진행하기 위한 비밀조직으로서 조선청년독립단을 결성했다. 당시 이미 문명文名을 떨쳤던 이광수가 독립선언서의 초안을 잡고, 조선 국내, 상하이 등에 대표를 보내 국내외 운동과의 연계를 꾀하기로 했다. 운동자금에는 학생이나 유지들의 기부금이 들어왔고, 여대생들도 조선여자친목회 이름으로 100엔을 기부하고, 독립선언서 및 청원서 등은 2월 7일까지 인쇄가 완료되었다(선언서 600장, 청원서 1,000장).

한편 1월 말에는 송계백이 독립선언서를 학생복에 꿰매 넣은 채 서울에 도착해 독립운동계획을 최린崔麟 등에게 전달하고, 상하이에는 이광수가 파견되어 2월 5일에는 상하이에서 영·미·불 세 거두에 영문으로 쓴 독립선언을 타전했다. 또 8일에는 『차이나 프레스』지(미국계), 『노스차이나 데일리뉴스』지(영국계) 등 2개 신문에 독립선언서의 게재를 의뢰했는데 전자는 9일, 후자는 10일에 보도되었다.

    2월 8일 오전 10시에는 실행위원들에 의해 독립선언서, 민족대회 소집 청원서 등을 각국 대·공사관, 일본 정부·각 대신, 귀중양원 의원 앞으로 송부했다. 오후 3시에는 학우회 임원선거 명목으로 학생대회를 도쿄조선 기독교청년회관에서 소집, 약 600명의 유학생이 모였는데 실제로는 독립 선언을 위한 조선청년독립단 대회였다. 대회에서는 최팔용의 사회로 서춘, 이종근이 연설한 후에 독립선언서를 백관수가, 결의문을 김도연이 낭독했고, 감격과 흥분의 도가니 속에서 만장일치로 결의문을 채택했다. 그러나 관할 니시칸다西神田 서장이 이끄는 경찰대에 의해 급거 해산 명령이 내려져 계획한 데모행진도 저지되고 실행위원, 학생들 합계 27명이 검속되어 이날의 독립선언은 끝이 났다.

    이렇게 2월 8일의 독립선언은 일본 관헌의 탄압에 의해 끝났으나 유학생들 약 백 명은 이에 굴하지 않고 2월 12일에는 제국의회로 독립청원을 시행하고, 후임위원을 선출하기 위해 히비야日比谷 공원에 모였는데, 이곳에서 다시금 이달李達 이하 13명이 검속되고 해산하게 되었다. 그 후 최승만崔承万, 변희용卞熙瑢, 최재우崔在宇, 강종섭姜宗燮 등은 민족대회 소집촉진대회를 열기 위해 '조선청년독립단 민족대회 소집촉진부 취지서'를 만들어 같은 달 24일 유학생 약 150명과 함께 히비야 공원에 집합했으나 개최 전에 16명이 체포되어 해산할 수밖에 없었다.

    한편 오사카에서도 오사카 거주 유학생들의 협의에 의해 3월 10일 도쿄로 상경해 변희용과 협의하여 오사카로 돌아간 염상섭廉尙燮(게이오대생) 등이 중심이 되어 오사카 재류 조선인 학생, 노동자를 동원하여 덴노지天王寺 공원에서 독립선언을 실시할 것을 계획하고 독자의 독립선언서, 격문 등을 준비했으나, 3월 19일 일부가 집합한 곳이 사전에 탐지되어 23명이 체포되어 실행에 이르지 못했다.

    위와 같이 재일유학생의 독립운동은 일본 관헌에 의해 탄압을 받고 중도에서 좌절되었지만 2·8 독립선언은 3·1 독립운동의 선구적 역할을 다했고 이후의 독립운동에 큰 영향을 주었다. 3월 1일 조선 국내에서 독립운동이 일어나자 수백 명의 재일유학생은 학업을 내던지고 돌아가 직접 운동에 참가했다.

마지막으로 2·8 독립선언서에 대해 약간 언급하겠다.

선언서는 우선 정의와 자유에 의해 세계 만국 앞에 독립을 기할 것을 선언하고, 일본군국주의의 부당한 침략과 불법한 '한국병합' 및 이후의 야만적 지배정책을 폭로하고 규탄하고 있다. 그리고 '한국병합'이 동양평화를 어지럽히는 화근이자, 우리 민족은 정당한 방법에 의해 민족의 자유와 독립, 생존의 권리를 지키기 위해 최후의 일인까지 뜨거운 피를 흩뿌릴 것을 불사한다. 만약 일본 당국이 우리 민족의 정당한 요구에 불응한다면 일본을 향해 영원한 혈전을 선언한다. 그리고 우리 민족은 유구한 역사적 전통을 가진 독립 국가의 민족이자 세계평화와 인류의 문화에 크게 공헌할 수 있는 위대한 민족이고, 일본 및 세계 각국에 대해 민족자결의 기회를 요구하려 한다.

2·8 독립선언서에 드러난 민족주의사상은 명확하게 민족자결, 민족생존의 권리에 의한 자유와 독립을 주장하고, 그것을 위해 혈전도 선포한다는 혁명적인 내용을 담고 있다.[9]

---

9) [원주] 3·1 독립운동에 관해서는 졸저, 『朝鮮三·一獨立運動』을 참조.

제3장

민족독립운동의 고양
: 1920년대

1920년대의 재일조선인 운동은 3·1 독립운동 투쟁을 계기로 했던 본국 조선에서의 민족해방운동의 질적 발전에 조응하여 각 방면에 걸쳐 한층 더 높은 수준으로 활발하게 전개됐다. 요컨대 민족주의사상의 강화와 함께 혁명이론으로서의 마르크스·레닌주의사상을 도입했다. 혹은 아나키즘사상에 따라 민족독립, 조선혁명을 목표로 하는 사상 단체 북성회, 일월회 등이 조직되었다. 또 노동자의 양적 증대와 함께 계급적 자각의 고양에 의한 조선인 독자의 지역적인 노동조합-후에 중앙적인 재일본조선노동총동맹-이 결성되어 그 투쟁이 한층 강화되었다. 그리고 민족독립투쟁의 전위로서 조선공산당일본총국, 민족통일전선체로서의 신간회 지회支會도 결성되어 재일조선인의 민족적 단결과 생활권 옹호 투쟁, 민족해방을 위한 투쟁이 광범위하게 전개됐다고 할 수 있다. 또한 1910년대에는 그다지 볼 수 없었던 일본 노동자 계급과의 연계도 강화되어 갔다.

우선 1920년대의 재일조선인의 도항·생활상황과 일본당국의 지배정책 및 1920년대 전반에서의 사상 단체, 노동 단체의 결성과 그 운동 등을 중심으로 기술해보고자 한다.

1. 1920년대의 조선과 일본

제1차세계대전 이후, 여러 제국주의 국가는 대소련 간섭전쟁에 기를 씀과 동시에 열강 상호의 대립 모순이 한층 격화되어 갔다. 특히 극동에서의 중국의 이권을 둘러싼 일·미의 대립이 노골화되어 워싱턴 회의(1921)는 일본의 국제적 독립화와 중국에서의 일시적 후퇴를 어쩔 수 없이 실행하게 된다. 러시아혁명 이후 고양됐던 세계 프롤레타리아트 및 식민지 민족의 해방운동은 코민테른의 성립, 극동민족대회 등을 거쳐 발전했는데,

1923년 독일혁명의 좌절, 1924년 무렵부터의 자본주의의 상대적 안정기에 혁명운동·식민지 독립운동에의 탄압 강화에 의해 몹시 곤란한 투쟁을 계속했다. 중국에서는 1924년 제1차 국공國共 합작이 성립해 반제反帝·반군벌 투쟁이 강력하게 진행되었지만, 1927년부터는 한때 불간섭을 가장하고 있던 일본이 산동 출병 등 군사적 간섭·침략적 책동을 개시했다. 한편, 1926년 이탈리아에서는 파시스트 독재체제가 성립했다. 또 1929년에는 세계경제공황이 시작돼 제국주의 국가 간의 모순은 한층 격화되어 전반적 위기에 직면했다.

조선에 대한 일본의 식민지 지배 정책은 전민족적인 3·1 독립운동에 의해 1910년대의 '무단 통치'에서 기만적인 '문화 정치'로 변경됐다. 일부 조선인 관리 채용, 조선어 신문·잡지 발행, 사회·문화 단체 등의 결사가 허가되었지만, 그것은 어디까지나 일본의 지배정책을 거스르지 않는 조건 하에 허용되었고, 일본의 지배에 대한 일절의 반대나 비판을 용서하지 않았다. 공산주의는 말할 것도 없이 민족독립사상이나 운동은 철저하게 탄압했다. 또한 경제적으로는 '회사령'의 폐지, '산미증식계획'의 실시에 의해 일본 자본의 투하를 증대시켜 미곡·공업원료를 대량으로 약탈해 막대한 초과이익의 획득을 꾀했다.

부르주아 상층부 등 일부 조선 인민은 일본의 지배정책에 넘어가 자신들의 이익을 위해 그 앞잡이가 된 자들도 나왔다. 하지만 제국주의 지배자의 의도와는 정반대로 노동자 계급이 성장해 대부분의 조선 인민은 민족주의사상을 견지하거나, 공산주의사상을 무기로 하여 반일독립운동을 전개했다.

특히 1920년대 말기부터는 폭동적 성격을 띤 항일운동이 전개되었다. 이 시기에 조선 인민을 둘러싼 주요한 움직임을 기술하면 다음과 같다. 고려공산당 성립(상하이, 1920), 조선노동공제회 결성(1920), 서울청년회, 화요회火曜會, 북성회, 북풍회北風會, 일월회 등 사상 단체의 결성 (1922~26), 조선노농총동맹 결성(1924), 조선공산당·고려공산청년회 성립 (1925), 조선프롤레타리아 예술동맹 결성(1925), 반일 6·10 만세투쟁(1926), 민족통일전선인 신간회의 성립(1927), 일본제국주의에 의한 조선공산당 탄압(1925~26), 조선공산당해체 후 재건을 위한 코민테른의 12월 테제 제시(1928), 원산元山 총동맹파업(1929), 광주학생운동(1929) 등.

일본에서는 1920년의 전후戰後 공황, 그 이후의 만성 공황 속에서 독점 자본은 한층 강대화 되어 지주계급과의 동맹을 기반으로 했던 정당내각이 이어졌으나 군부, 관료와의 결탁이 진행돼 노동자·농민에 대한 억압과 착취는 심해져 갔다. 1923년 9월 간토 대지진 때 조선인 및 사회주의자 학살사건이 발생하여 1925년에는 보통선거법 시행 대신에 치안유지법 등의 악법이 만들어져 중국에의 침략적 책동 개시(1927), 게다가 3·15(1928), 4·16(1929) 사건 등 공산당과 진보진영에 대한 대탄압이 이루어졌다.

이러한 상황 아래 일본의 지식인 민본주의자, 시민 대중은 민주주의적 권리를 위한 투쟁을 계속했으며, 특히 노동자·농민의 투쟁이 한층 고양되었다.

일본 사회주의동맹의 결성(1920), 일본공산당의 성립(1922), 야마카와 히토시山川均의 논문 「무산계급운동의 방향 전환無産階級運動の方向轉換」에 따른 무정부조합주의의 극복(1922), 일본 노동총동맹의 분열, 일본 노동조합 평의회의 결성, 합법 무산정당의 성립과 그 분립(1925~26), 야마카와 이즘山川主義의 후쿠모토이즘福本主義으로의 전환, 일본공산당 재건(1926), 코민테른의 '27년 테제'에 따른 '결합 전의 분리', '이론투쟁'을 주장했던 후쿠모토이즘의 극복(1927), 좌익진영의 분열과 혼란, 일본 노동조합 전국 협의회의 성립(1928) 등이 이 시기의 주요한 움직임이다.

이 시기, 일본의 지식인들 특히 민본주의자는 조선 문제에 어느 정도

관심을 가지고는 있었지만 민족독립문제로서의 관점에서는 거리가 있었다. 일부 진보적인 사람들이라 할지라도 '장래의 독립을 생각해야만 한다' 라든지, '자치를 허용한다' 정도의 사고방식에 지나지 않았다. 일본공산당의 27년 테제에는 '식민지의 완전한 독립'이 주장되어 있으나 좌익진영, 노동운동 지도자 중에는 식민지·민족문제를 바르게 이해하고 있지 않은 사람들이 많았고, 민족문제를 계급투쟁과 노동운동 속에서 해소해버리는 내셔널리즘적 사고방식이 강했다. 또 간토 대지진 때의 학살사건을 계기로 일본 지배계급에 의해 일본 국민에게 민족배외주의, 민족차별사상이 깊이 침투되어 조선인을 일본에 동화시키는 정책에 동조하는 자가 많아졌다.

2. 도항·생활상황

1920년대 일본의 '산미증식계획'은 조선 농민의 일본 자본, 지주에 대한 예속을 강화시켰다. 게다가 조선 농민의 토지상실과 농촌이탈을 촉진해 실업자를 증대시킴으로써 어쩔 수 없이 해외로 유망하게 만들었다.

3·1 독립운동에 두려움을 느낀 일본 당국은 1919년 4월 '조선인 여행 단속에 관한 건'에 따라 조선인의 일본 도항을 억제했지만, 일본 독점자본의 값싼 조선인 노동력 요청에 응하여 1922년 12월 '조선총독부령'에 따라 이 규제를 폐지하고 이른바 '자유도항제'를 취했기 때문에 1921년 3만 8,118명이, 1922년에는 7만 1,462명이 되어 연간 도항자 수가 7만 명을 넘게 되었다. 또한 조선우선朝鮮郵船 및 오자키 우선尾崎郵船 양사에 의해 1923년 2월 오사카-제주도 항로가 개설되어 제주도에서의 도항자가 증가했다. 때문에 1923년 5월 내무성 통첩 '조선인 노동자 모집에 관한 건'에 따라 도항을 가능한 한 저지하게 됐다. 게다가 같은 해 9월 간토 대

지진 때의 조선인 학살사건이 일어나 한때 여행증명서 제도에 의해 규제했으나, 다음 해인 1924년 5월에는 이를 '자유도항제'로 되돌렸다.

그러나 일본의 노동시장은 일본경제의 만성적 공황에 따른 불황으로 실업자가 증대해 조선인 노동자의 유입 저지에 의해 그 모순의 확대를 억제하려고 했다. 즉 1925년 8월, 내무성으로부터 조선총독부에게 도항 제한에 관한 '절실한 요청'이 있었고, 같은 해 10월 이후 부산항에서의 도항 저지제가 실시되었다. 이는 '만연 도항자의 자기 고장 유지諭止와 부산 그 외 출발항에서의 단속'이었는데 그 해당자는 ① 무허가 노동자 모집에 응해 도항한 자, ② 취직처가 불확실한 자, ③ 필요한 여비를 제외한 소지금이 10엔 미만인 자, ④ 모르핀 중독환자 등이었다. 그 결과, 도항자 수는 1924년 12만 2천여 명, 1925년 13만 1천여 명이 1926년에는 9만 1천여 명으로 감소했다. 그리고 1925년 10월~1930년 말에 14만 4,839명이 도항 저지에 따라 조선으로 송환되고 있다.

한편, 일본 관헌 당국은 1925년 4월의 '치안유지법' 제정과 관련해 같은 해 6월 '과격사상 선전 단속에 관한 건', 1926년 6월 '조선인 생활상황 조사방법에 관한 건' 등의 통달을 내려 조선인 단속을 강화했다.

1927년에 조선총독부는 각 도지사에게 일부 '불량자'의 도항 금지와 일반 도항자에게는 경찰관의 호적등본 이서裏書 증명에 의한 소개장 발급제를 제시했다. 또 1928년 7월에 조선총독부는 도항허가 조건으로서 1925년의 저지 규정을 다시금 ① 취직 확실을 확인할 것, ② 선차船車의 표 값 그 외 필요한 여비를 제외하고 60엔의 여유가 있을 것(출발지에서는 목적지의 소요 여비 예상액과 준비금 10엔 이상을 소지할 것), ③ 모르핀 중독이 아닐 것, ④ 노동 브로커의 모집에 응한 도항이 아닐 것 등 이전보다 엄격한 지시를 내렸다.

이렇게 해서 일본 도항 희망자는 관할 경찰관 주재소로부터 부산 수상

경찰서 앞으로 쓴 소개장을 필휴해야 했으며, 소개장을 발급한 주재소에서는 그때마다 경찰서장에게 보고하게 했다.

1929년 5월 내무성은 각 부현청府縣廳 앞으로 일본 기업가의 조선인 노동자 단체모집 제한을 제시하는 한편, 8월부터는 재류조선인의 일시 귀향을 허가하는 재도항증명서를 발급하기로 했다.

불황 속에서 실업과 기아에 허덕인 조선 농민은 경찰관 주재소 순사의 도항증명서를 입수하기 위해 주재소에 여러 번 찾아가서 어떻게 해서든 일본에 도항해 일자리를 얻고자 필사적으로 발버둥쳤다. 허가를 얻지 못한 소위 '밀항자'는 정기선의 선저에 숨거나 짐인 척해서 화물칸에 타거나 또는 도항 주선업자에 의해 발동기선, 어선에 편승해 후쿠오카, 사가佐賀, 야마구치山口 각 현의 연안에 상륙했다.

도항자 수는 전술한 것과 같이 1926년에는 일시 감소했으나 1927년에는 13만 8천여 명, 1928년에는 16만 6천여 명, 1929년에는 15만 3천여 명이 되어 15만을 전후했다. 귀환자 수는 1925년 11만 2천여 명, 1926년 8만 3천 명, 1927년 9만 3천 명, 1928년 11만 7천 명, 1929년에는 9만 8천 명이었다. 재주인구는 1921년 3만 8천 명, 1923년 8만 명, 1925년 13만 6천 명, 1927년 17만 7천 명, 1929년 27만 5천 명, 1930년 29만 8천 명(국세 조사에서는 41만 9천 명)이었다.

이 시기, 주요한 부현별 인구를 연도별로 살펴보면 다음의 〈표 2〉와 같다.

〈표 2〉에 따르면 1925~30년 사이에 오사카는 6만 2천 명, 후쿠오카는 2만 명 증가했고 도쿄·아이치愛知·교토京都는 약 4배, 효고兵庫·홋카이도·히로시마·야마구치는 약 3배로 증가했는데 특히 아이치가 급증했으며 전반적으로는 대도시와 탄광지대에 집중하고 있음을 알 수 있다.

<표 2> 재일조선인, 연도별·지역별 인구수

1921년	1925년	1928년	1930년
① 후쿠오카 6,092	① 오사카 34,311	① 오사카 55,290	① 오사카 96,343
② 오사카 5,069	② 후쿠오카 14,245	② 도쿄 28,320	② 도쿄 38,355
③ 나가사키 2,409	③ 도쿄 9,989	③ 후쿠오카 21,042	③ 아이치 35,301
④ 도쿄 2,404	④ 아이치 8,528	④ 아이치 17,928	④ 후쿠오카 34,639
⑤ 효고 2,215	⑤ 효고 8,032	⑤ 교토 16,701	⑤ 교토 27,785
⑥ 야마구치 1,654	⑥ 교토 6,823	⑥ 효고 14,322	⑥ 효고 26,121
⑦ 홋카이도 1,622	⑦ 가나가와 6,212	⑦ 가나가와 10,207	⑦ 야마구치 15,968
⑧ 히로시마 1,549	⑧ 야마구치 5,967	⑧ 야마구치 8,839	⑧ 홋카이도 15,560
⑨ 교토 1,255	⑨ 홋카이도 4,450	⑨ 홋카이도 6,446	⑨ 가나가와 13,181
⑩ 오이타 967	⑩ 히로시마 3,398	⑩ 히로시마 5,827	⑩ 히로시마 11,136
총인구 32,274	총인구 136,709	총인구 238,102	총인구 298,091

토공·탄광부·방적여공

1920년대의 재일조선인의 직업은 1910년대와 별반 변하지 않았으며 노동자가 압도적으로 많았음은 말할 것도 없다(1925년 약 80%). 그리고 노동자의 직종은 토공, 일용 인부, 직공, 광부, 각종 고용인 순으로 많았다. 토공, 일용 인부는 주로 도로, 철도, 발전소 공사에, 직공은 방적(여공이 대부분), 유리, 고무 등 중소공장의 미숙련 노동자가 대부분이었다.

1925년 통계에 의하면 조선인 노동자 약 10만 3천 명 중 토목노동 54.5%, 직공 28%, 광산노동 8.3%, 일반 사용인(고용인) 6.7%, 짐꾼 1.8%라고 되어 있다.

1923년 6월 무렵의 오사카 재주조선인 취업자 6천5백 명의 경우를 보면 토공 3천 명, 철공 1천 명, 방적공 8백 명, 전기공 5백 명, 조선 시멘트공 3백 명이 고정적인 직업으로서 우세하다고 보도하고 있다(『오사카 아사히大阪朝日』 6월 21일부).

오사카 지방에서는 한신阪神 국도 개수 공사, 한큐阪急 전철 고베선·이타미선伊丹線 공사, 시내 도로 개수, 교량 가설 공사, 간자키가와神崎川 제방 개축, 쇼렌지가와正蓮寺川 매립 공사 등의 토공 인부, 오사카 제마製麻, 기시와다 방적, 오사카 방적, 일본 방적 셋쓰 공장, 오사카 제병소提瓶所, 미요시三好 유리 공장 등의 직공, 잡역부가 주된 직업이었다.

오사카에서의 조선인 거주지역은 군부郡部인 쓰루하시鶴橋, 이마미야今宮, 나카쓰中津, 주소하시十三橋와 시부市部인 이즈오泉尾, 다마쓰쿠리玉造, 난바難波, 덴마天滿, 아시하라芦原, 후쿠시마福島 등에 집중되었다. 특히 나카모토中本, 이카이노猪飼野, 구조九条, 시칸지마四貫島에는 집단부락이 형성됐다.

도쿄 다마가와多摩川의 조선인 노동자(1920년대)

도쿄 지방의 직업 구성은 학생이 많다고 하는 점 외에는 특별한 변화는 없었다. 예를 들면 1925년의 총 학생수 2,087명 중 도쿄에는 1,322명이 있었는데 학생 중에는 신문배달, 각종 행상 등을 하는 고학생이 많았다. 도쿄에서도 1920년대, 간토 대지진 복구 공사, 하네다羽田 비행장 건설 공사, 야마테山手·주오·게이힌京浜 성선省線 확장 공사, 사철 각 선 확장 공사,

게이힌 국도, 오메青梅, 고슈甲州 가도 확장 공사 그 외에 스미다가와隅田
川 가교, 에도가와江戸川 준설 공사, 고층 건축 기초 공사 등의 토공·인부
가 많았다.

도쿄에서의 조선인 거주는 시부에서는 후카가와 구深川區, 혼조 구本所
區, 군부에서는 기타토시마北豊島, 에바라荏原, 도요타마 군豊多摩郡에 집
중되어 있었다.

가나가와 현神奈川縣에서는 가와사키, 오다하라小田原, 요코스카橫須賀,
가나가와, 쓰루미鶴見 방면에 많이 거주했으며 마찬가지로 토공·인부가
많았다.

아이치 현愛知縣에서는 나고야 시名古屋市의 지구사 정千種町, 마사고 정
真砂町, 나카가와 정中川町, 야구마 정八熊町, 노다테 정野立町, 시뇨시 정四
女子町, 야마다 정山田町, 고키소 정御器所町에 많이 거주했으며 산가이바
시三階橋 가교 공사, 오조네大曾根·나카 구中区 도로 개수 공사, 가쿠오잔
覚王山·우에노上野 수도 공사, 그 외 소학교, 공회당, 건축 기초 공사 등의
토공, 축항 방면의 짐꾼, 역 짐꾼, 그 외 공장의 잡역부가 많았다.

또 도요하시 시豊橋市의 제사製糸 여공, 세토 시瀬戸市의 제도製陶 공장
의 잡역·직공 등에 합계 약 4천 명의 조선인 노동자가 있었다.

교토 지방에서는 시부인 호리가와堀川, 니시진西陣, 시치조七条, 시모가
모下鴨, 군부인 후시미伏見, 우즈마사太秦, 미네야마峯山, 아미노網野 등에
많이 거주했으며 마찬가지로 토공·인부가 가장 많았고 유젠오리友禪織[1],
방적, 나염, 염색물 직공, 수선, 잡직공 등이 주된 직업이었다.

---

1) [역주] 일본의 대표적인 염색법으로 전분질 방염제를 이용해 손으로 한다. 교토의 유
   젠은 부드러운 색조와 다채로운 색을 사용하는 것이 특징이다.

도쿄 부 조후調布의 조선인 주택(1930년대)

위에 기술한 대도시 외에서는 기타큐슈北九州의 후쿠오카 현福岡縣의 지쿠호 탄광을 비롯해 야하타八幡 제철소, 아사노浅野 시멘트 채석소, 나가사키 현의 다카시마·사키토 탄광, 야마구치 현山口縣 우베宇部의 오키노야마沖ノ山 탄광, 홋카이도의 홋카이도 탄광 기선 주식회사, 미쓰비시 광업, 유베쓰雄別 탄광 등에 많은 수의 조선인 노동자가 이입되었다.

탄광에서의 생활은 다음과 같은 상태에 있었다.

지하에서도 합숙소에서도 착취당하다
상비 폭력단을 키우다
후지와라藤原 탄광의 조선인 학사虐使

후쿠시마 현福島縣 이와키 군磐城郡 후지와라 탄광에서의 조선인 광부 학대 사실에 대한 다음과 같은 투서가 있었다. 지하 기백 척의 광도에서 햇빛도 보지 못한 채 두더지 같은 생활을 이어가고 있는 광부의 경우는 음참陰慘이 극심한데 그 일상에는 자본가적 착취의 마수가 뻗쳐 있다. 이른바 착취 폭행, 학사, 기만에 희생되어 수많은 광부의 뼈가 깎이고 피가 짜내지고 있을 때, 자본가는 이 혈육을 먹고 살찌워 가는 것이다.

후지와라 탄광의 자본은 미쓰이三井 자본계통에 속한다. 후지와라 탄광에는 광부로 약 3백 명의 조선인이 일하고 있다. 회사는 일본인 광부에게는 합숙소 제도를 폐지했지만 조선인은 지금도 합숙소를 운영하고 있다. 회사가 직접 조선인에게 대항하지 않고 합숙소 우두머리와 그 수하들을 이용해 이중으로 착취하고 있다. 조선인 광부는 합숙소 우두머리에게 절대 복종해야 한다. 만약 반항의 기세라도 보이려는 자는 직경 일 촌 정도의 벚나무로 만든 몽둥이로 후려갈기고, 기절하면 물을 뿌려 정신 차리게 한 뒤 다시 때린다. 따라서 회사에서는 일본인 폭력단이나 조선인 중 상관역을 고용해 기르고 있다. 또 합숙소에서는 아래 표와 같이 싸게 구입한 일용품을 2~3배 비싸게 강매시켜 이중 삼중으로 착취하고 있다.

품명	매입가	판매가	시가
담배	6전 8리	10전	7전
빵	17전 8리	23전	18전
소형전구	3전	8~10전	4~5전
건전지	23전	35전	25전
술	8전	15전	10전

값이 싼 다른 가게에 가서 사려고 해도 합숙소에서는 이를 막기 위해 평상시에는 조선인에게 돈을 소지하지 못하게 하므로 구입할 수 없다. 그 외에 식비도 마찬가지로 돼지도 먹지 못할 것을 먹게 해 실제 비용의 배로 바가지를 씌운다. 최근 한 조선인 광부가 아무리 일해도 돈이 되지 않으므로 다른 탄광으로 가려고 직접 합숙소에 신청하자 여느 때처럼 폭력단에 의해 반죽음이 되었다. 이에 분개한 그 아내를 엉망으로 때린 뒤에 20엔이 안 되는 돈을 주고 산에서 내쫓았다. 그 조선인은 아직 회계 전이었기 때문에 급료라도 더 받을 수 있었던 것을 이처럼 속이고 때려서 퇴출시킨 것이다. 순사는 경찰서에서 파견되어 있지만 완전히 회사에 매수당해 회사나 합숙소의 폭행은 봐도 보지 못한 척하고 있으므로 회사에서는 학사의 극치를 달리고 있다.

이와키 광산 노동자 조합 결의

이러한 사실을 알게 된 이와키 광산 노동자 조합에서는 목하 조사를 진행함과 동시에 조선인 광부의 반항을 지도, 가까운 시일 내에 일선日鮮 제휴하여 회사와의 일대 결전을 준비하고 있다. (『무산자 신문無産者新聞』 1928년 7월 25일)

1920년대는 경제불황으로 실업자가 거리에 넘쳐나 '실업 문제'는 커다란 사회 문제가 되었다. 하지만 그 악영향은 조선인 노동자에게 집중됐다. 보통 때에도 '막벌이꾼을 죽이는데 칼은 필요 없다. 비가 열흘 내리면 된다'고 해서 토공이 일하는 날은 한 달에 15일 내외였는데, 그조차도 얻지 못하게 되었다. 조선인 노동자가 가장 많은 일용직 인부의 1925년 실업률은 20~30%로 상승했다(일반적으로는 4% 정도). 1930년 오사카에서 실업자 등록 총수의 약 61%는 조선인이었다.

노동자금을 살펴보면 예를 들어 1928년 사가佐賀의 경우 토공의 일급은 일본인 2엔 34전, 조선인 1엔 11전, 짐꾼의 일급은 일본인 2엔 65전, 조선인 1엔 39전이며, 일반 사용인(고용인)의 일급은 일본인의 35~50%, 일반 직종에서도 대략 40~50%의 임금이었다.

조선인의 거주에 대해서는 '조선인에게 집을 빌려주는 것을 꺼리는 일은 모든 집주인에게 공통된 철조망'이라고 해서 '다다미疊 위에 자신의 것은 책상다리 하나 걸치지 못하는' 상황에서 '차가借家 문제'와 '주택 문제'는 조선인에게 있어서 심각한 것이었다(1926년 차가 분의紛議 81건). 대도시에서는 공사장의 판자 합숙소나 천변·변두리 등에 땅을 파서 세운 임시가옥, 거적으로 짠 임시가옥 등을 세운 것이 많았다. 또 운 좋게 집을 빌려도 소위 밀주密住 지구의 목조 단층집 연립주택의 '작은 집에 십수 명의 남녀가 잡거'하는 형태였다. 1928년 통계에 따르면 전국에서 집 한 칸을 지어 거주하는 조선인은 40%(도쿄는 37.4%)라고 되어 있다. 그리고 1930년 오사카 히가시나리 구東成區의 조선인 밀주 지구를 보면 집 한 칸당 평균 거주 인원은 18.2명, 한 채당 평균 다다미 수 10.2첩, 일인당 평균 다다미 수 10.55첩이라 되어 있다.

1930년의 오사카 시내 55방면의 방면 카드 등록자 8,455세대(슬럼가 거주자)의 조사에 따르면 한 세대당 평균 방 수는 2개, 1인당 평균 다다미 수는

1.5첩이다. 이와 비교해 보면 조선인의 주택 사정이 형편없음을 알 수 있다.

시나노가와信濃川 학살

일본제국주의의 조선 지배정책은 조선 인민을 살리는 것도 아닌, 죽이는 것도 아닌 철저하게 식민지 노예로서 혹사시키고 착취하는 것이었다. 그리고 일본의 조선지배를 합리화하기 위해 일본민족의 '우월성'을 과시하고 조선 민족의 '열등성'을 운운하며 모든 부문에서 민족차별을 행하였다. 조금이라도 일본의 지배에 반항하고 독립운동을 시작하려는 자에 대해서는 철저하게 단속하고 학대, 학살을 자행했다. 1919년 3·1 독립운동 및 1920년의 중국 동북·간도 지방의 독립운동에 대한 탄압이 바로 그것이다. 재일조선인이 받은 박해의 전형적인 사례는 간토 대지진 때의 6천여 명에 달하는 학살 사건이라 할 수 있다. 그러나 이러한 사실은 관헌에 의해 은폐되어 사건이 발생한지 40년이나 지난 1960년 무렵에 겨우 구체적인 사실과 진상이 밝혀지게 되었다.

일본 국민 중에는 "간토 대지진 때 일부 조선인의 맹동盲動에 의해 각지에 불상 사건이 돌발했기 때문에"(마에다 하지메前田一, 「특수 노동자의 노무관리特殊勞動者の勞務管理」, 1944)라는 유언비어를 믿은 사람이 많았고, 현재도 사건의 진상이 건전한 상식이 되어 있지 않은 것 같다. 그것은 일본의 역대 정부 당국이 사건의 진상과 책임을 명백히 하고 있지 않고, 또 매스컴을 비롯한 학교 교육에서도 올바르게 가르치고 있지 않기 때문이다.

1920년대 일본 각지에서 특히 도호쿠 지방, 홋카이도, 사할린 등에서 지배적이었던 타코베야蛸部屋[2]처럼 전근대적인 성격의 토건 조직에서는 학대·학살이 횡행했다. 일본의 노동사정에 어두운 조선인 노동자는 속아

---

2) [역주] 광산 노동자나 공사 인부들의 노동 조건이 열악한 합숙소를 뜻한다.

서 타코베야에서 일하게 되었고 많은 희생자가 발생했다. 일본 전국의 도로, 철도, 수력발전소 공사를 비롯해 탄광, 금속 광산에서는 1920년대에 이미 많은 수의 조선인 노동자가 값싼 임금으로 혹사당했고, 학대 혹은 재해 사고에 의해 일본 국토는 다량의 사상자의 피로 물들었다.

예를 들면 1922년 여름, 신에쓰 수력발전주식회사의 '호쿠에쓰北越의 지옥 계곡'이라 불렸던 시나노가와信濃川 발전 공사소에서 오쿠라구미의 관리 하에 있는 타코베야의 조선인 노동자 6백여 명은 저임금으로 강제노동에 혹사·학대당했을 뿐만 아니라, 도망자는 권총 사살 또는 시멘트에 담가 시나노가와에 던져버려 수십 명이 학살당했다.

앞에서 기술한 것처럼 일본의 지배 당국은 3·1 운동에 의해 민족운동을 두려워하게 되어 그 직후부터 약간의 관민에 의한 '융화 단체'를 만들었는데, 1920년대에 들어와 그것은 보다 강력하게 진행되었다.

1921년 12월 이기동李起東, 박춘금朴春琴 등은 내무관료 마루야마 쓰루키치円山鶴吉(전 조선총독부 경무국장), 아카이케 아쓰시赤池濃(전 조선총독부 경무국장), 모리야 에이후守屋榮夫(전 조선총독 비서관) 등의 사전준비에 따라 조선인의 일본 동화를 권장하는 '융화 단체' 상애회相愛會의 중앙 본부를 도쿄에 만들고 오사카, 나고야, 효고, 와카야마, 야마나시山梨, 나라奈良에 본부 및 지부를 만들어 나갔다. 그리고 간토 대지진 이후 조선인 문제가 사회 문제로 거론되자 '동화' 정책을 강력하게 진행하기 위한 관민 융화 단체로서 우선 오사카 부 내선협화회內鮮協和會(1924), 가나가와 현 내선협회(1925), 효고 현 내선협회(1925), 그 외 보인회輔仁會, 역행회力行會, 중앙조선협회中央朝鮮協會, 자강회自彊會, 일선노동회一善勞動會, 황인사黃人社, 동창회東昌會, 공화단共和團, 대동협회大同協會, 동족공제회同族共濟會, 동아노동친목회東亞勞動親睦會 등이 잇따라 만들어졌다.

3. 사상 단체·노동 단체의 결성

3·1 독립운동에 의해 일본 정부의 조선 지배정책은 '무단 통치'에서 이른바 '문화 통치'로 바뀌어 조선 인민은 언론, 출판, 결사 등에서 많은 제약을 받으면서도 민족주의적, 사회주의적 내용을 띤 적극적인 민족독립운동을 전개했다. 또한 재일조선학생, 인텔리, 노동자들도 일본에서의 유리한 조건을 이용해 활발한 운동을 전개하여 1920년대 초에는 많은 민족주의적·사회주의적 사상 단체, 노동 단체가 조직되었다.(〈표 3〉·〈표 4〉 참조)

당시 재일조선인 단체는 일단 민족주의적인 것과 사회주의적인 것으로 나누어 볼 수 있다. 나아가 민족적인 단체는 민족의 독립을 강력하게 주장하는 급진파와 문화의 향상, 민력民力의 양성, 참정권의 획득, 특별의회 설치 등에 의한 독립을 주장하는 온건파로, 사회주의적인 단체는 정확하지는 않지만 일단 공산주의적인 것과 무정부주의적인 것으로 분류할 수 있다. 이 외에 '친일적'인 융화 단체가 만들어졌다.

1925년 재일조선인 단체 161개를 그 목적별로 살펴보면 회원의 친목·상호원조 75, 노동자의 상호부조 30, 노동자·고학생의 애호 및 상호부조 17, 무산계급의 해방 및 사상연구 11, '일선日鮮의 친선' 12, 종교 6, 학술문화 연구 5, 기타 5로 분류되어 있다(내무성, 『다이쇼 14년 중의 재류조선인의 상황大正十四年中ニ於ケル在留朝鮮人ノ狀況』, 1925년).

이 단체들은 '요시찰', '요주의' 인물이 주재하는 것이 약 반을 차지하고 있다고 간주되어 관헌자료에 "그 표방하는 취지 강령 여하를 불문하고 무엇이든 단속 상 소홀히 하지 말 것"이라며 경계하고 있다.

관헌 측이 말하는 '요시찰 조선인'은 1925년에는 218명(1926년 263명) 중 갑호甲號가 135명, 을호乙號가 83명으로 민족주의 144명, 공산주의 55명, 무정부주의 15명, 기타 4명이라고 되어 있다. 또 그 직업은 학생·

교사·목사 59명, 노동자 45명, 무직 66명, 각종 상업 15명, 기타 33명이다. 이러한 분류가 정확하다고는 생각되지 않지만 대략의 동향을 알 수 있는 자료라고 생각한다.

사상 단체에 대해서는 종래 일부에서 그 파벌적 싸움을 과대시해 부정적으로 평가하는 경향이 있었다. 당시 조선이 반봉건적인 식민지 지배하의 냉엄한 상황 아래에서는 바람직하지는 않지만 이러한 결함을 지닌 여러 조건이 존재했고, 이 같은 결함은 어떤 민족이라도 운동 초기에는 일반적으로 동반되는 것이다. 일본제국주의 지배자는 이러한 약점에 쐐기를 박아넣어 파벌 싸움을 조장했으며, 파벌 싸움은 조선인 특유의 성격인 것처럼 과대선전했다. 우리는 이 과대선전에 편승해서는 안 된다. 결함은 결함으로서 명확히 해야하지만 긍정적 평가를 해야만 하는 점을 명확히 파악할 필요가 있다.

〈표 3〉 재류조선인 사상 단체 일람(1926년 10월 현재)

지역	단체명	회원수	간부 성명	비고
도쿄	흑우회黑友會 (무정부주의계)	17	장상중張祥重 원심창元心昌 이횡근李宖根	동지 14명은 박열朴烈의 유지를 계승할 것을 계획하고 일본인의 흑색청년연맹에 가맹함과 동시에 기관지 「흑우黑友」 및 「소작쟁의」라는 제목의 팜플렛을 발행해 주의선전에 노력하고 있음.
	도쿄 조선청년동맹회 (공산주의계)	80	박천朴泉 황병석黃炳碩 김욱金旭	본회는 때때로 사상연구회를 여는 것 외에 특이 행동은 없으나 사상 단체 일월회와 함께 조선해방을 기약하는 기관잡지 『청년 조선』을 발행해 조선 및 일본 각 단체에 유포하여 주의선전에 노력하고 있음.
	일월회一月會 (공산주의계)	37	안광천安光泉 이태악辛泰嶽 이여성李如星	기관잡지 사상운동 및 각종 팜플렛을 발행해 조선의 사상 단체 및 노동 단체에 대해 사회공산주의사상 및 조선 무산계급 해방운동의 선전에 노력하고 있음.

지역	단체명	회원수	간부 성명	비고
도쿄	조선여자 삼월회三月會 (공산주의계)	25	조재룡趙才龍 한신광韓晨光	본회는 때때로 사상연구회를 여는 것 외에 특이 행동은 없으나 사상 단체 일월회와 함께 조선 무산계급 해방을 기약하는 주의의 선전에 노력하고 있음.
	신흥과학연구회 (공산주의계)	50	박천朴泉 최익한崔益翰 송창염宋昌濂	본회는 창립 후 지금까지 특이 행동은 없으나 조만간 기관지를 발행해 주의선전에 노력할 모양임.
오사카	조선 무산자사회연맹 (무정부주의계)	5	최선명崔善鳴 김태엽金泰燁	항상 주의선전에 몰두하고 있는 것 외에 두드러진 활동을 보이지 않음.
	조선인 신진회 (무정부주의계)	250	김전일金田一 고문균高聞均 엄재종嚴載鐘	상동
	재오사카 고려 무산청년동맹 (공산주의계)	100	강두형姜斗馨 박갑룡朴甲龍	상동
	재일본 배달소년단 (공산주의계)	40	송광순宋光淳 주두구朱斗九 김준옥金俊玉	상동
	사카이堺 조선인 노동동지회 청년단 (공산주의계)	30	박수원朴陳源 어파魚坡	상동
	계림鷄林 무산청년동맹 (무정부주의계)	50	김창호金昌鎬 고천구高天仇	상동
가나가와	조선노동청년단 (공산주의계)	20	김학의金鶴儀 이상삼李相三	상동
효고	효고 현 조선 무산동맹 (공산주의계)	60	유종열劉鍾烈 이향우李香雨	상동

※출처: 내무성, 『다이쇼 15년 재류조선인의 상황』(1926.12.).

(1) 사상 단체-흑도회黑濤會·북성회北星會·일월회一月會 등

1920년 전후 사카이 도시히코堺利彦의 코스모 클럽그スモ俱樂部, 다카쓰 마사미치高津正道의 교민카이曉民會, 가토 카즈오加藤一夫의 자유연맹自由 聯盟 등이 주최한 각종 집회에 재류조선인 다수가 참가해 상호 교류가 있었다. 또 도쿄대 신인회東大新人會, 레메카이黎明會 등과 직접 관계를 가진 사람도 있었다.

1920년 11월 박열朴烈, 백무白武 등에 의해 조선인 고학생, 노동자의 지도와 상호부조, 친목과 단결을 목적으로 한 조선고학생 동우회가 만들어졌는데 다음 해인 1921년 11월 동우회 회원이었던 박열, 정태성鄭泰成, 백무, 김약수金若水는 오스기 사카에大杉栄, 사카이 도시히코, 이와사 사쿠타로岩佐作太郎 등의 무정부주의사상에 공명해 '흑도회'(기관지『흑도』간행)를 만들었다. 조선고학생 동우회의 간부는 1922년 2월 귀국해『조선일보』지면상에 '전 조선 노동자 여러분에게 격문을 띄운다'라는 제목의 선언문을 게재하고 동우회는 일본의 각종 사상·노동 단체와 연계하여 계급투쟁을 주장한다고 선언해 조선 내외의 사상·노동운동에 파문을 던졌다. 같은 해 11월 흑도회 내부에서도 사상 분화가 일어나 박열 등의 무정부주의자는 흑우회黑友會를, 김약수·김종범金鍾範·안광천安光泉·이여성李如星·변희용卞熙瑢 등 공산주의자는 북성회를 조직했다.

흑우회는 기관지『불령선인太い鮮人』,『현사회現社會』등을 간행해 민족적 무정부주의를 선언했다. 또 비밀결사 '불령사不逞社'를 조직해 테러적 수단으로 조선독립을 달성하고자 했다. 그러나 1923년 9월 2일, 일본 관헌은 박열을 '보호' 구속하고 '대역 사건'을 조작해 간토 대지진 때의 조선인 학살을 정당화하려는 책모를 꾸며 흑우회의 운동은 일시 좌절되었다. 그 후 장상중張祥重 등은 일본의 흑색전선청년연맹黑色戰線青年連盟에 가입

해 조선문제 강연회를 개최하거나 기관지『흑우』등을 간행해 세력을 만회
하려고 했으나 그다지 효과가 없었다.

흑도회 기관지 『흑도』(1922)

『불령선인』제2호(1922년 12월 30일호)에서 박열은 「아시아 먼로주의에
대해서」라는 제목의 글에서 일본의 권력자를 비롯해 아시아협회, 아시아
청년회 등이 "아시아 인종은 아시아 인종으로 단결"하고 "백색인종의 자
본주의, 제국주의에 대항해야 한다."라고 말하는 것은 "완전히 우습기 짝
이 없는 이야기"라며 "조선을 동정하는 얼굴을 하고 있는 나카노中野도 우
에하라植原도 사토佐藤도 요시노吉野도 마쓰모토松本도 모두 그렇다.", "그
들이 하는 일은 내가 아무리 아름다운 형용사로 설명하려고 해도 우리에
게 있어서는 모두 추악하다. 우리 조선인들은 조금이라도 그들의 감언에
기만당해서는 안 된다."라고 기술했다.

북성회北星會

한편 북성회는 (1) 조선 인민이 적으로 삼는 것은 일본의 프롤레타리

아트가 아닌 일본의 지배계급이라는 점을 명확히 할 것, (2) 조선 프롤레타리아트와 일본 프롤레타리아트 간의 연대 사상과 결합의 강화, (3) 일본에서의 전 조선인 노동자의 단일한 대조합 창설이라는 선전 강령을 지니고 1922년 11월에 결성되어 재일조선인 노동자의 조직자 역할을 담당한 사상 단체였다.

북성회 기관지 『척후대』(1924)

북성회는 1923년 4월부터 민족의 독립, 공산주의적 사상을 보급하기 위해 기관지 『척후대斥候隊』(조선어)를 간행했다. 또 김약수, 김종범 등은 1923년 8월에 일시귀국해 다카쓰 마사미치, 기타하라 타쓰오北原龍雄, 후세 타쓰지布施辰治 등의 협력을 얻어 평양, 광주, 대구, 마산, 진주 등을 순회하며 강연회를 열어 무산계급의 자각과 단결을 호소했다. 김약수 등은 조선에 남아 다음 해인 1924년 11월 북풍회라는 사상 단체를 조직했다.

북성회의 월례집회에서는 사카이 도시히코堺利彦, 야마가와 히토시山川均, 아라하타 칸손荒畑寒村, 곤도 에이조近藤栄蔵, 사노 마나부佐野学 등 일본의 공산주의자들이 '노동운동의 지도자를 교육하기 위한' 강의를 진행

함으로써 일본의 노동운동과 조선의 노동운동 연계를 위해 노력했다. 가타야마 센片山潛은 이 시기의 북성회를 "일본에서의 조선 프롤레타리아 운동의 중심 기관"이며 "가장 적극적으로, 또한 가장 중요한 활동을 하고 있다."(『일본의 조선인 노동자日本における朝鮮人勞働者』, 1924.6.)라고 높게 평가하고 있다.

참고로 『척후대』 제7호(1924년 7월 5일 간행)의 목차를 살펴보면 다음과 같다.

1. 연령제한론–25세를 주장 – (송태우宋泰瑀)
2. 시평–위기에 빠진 형평운동 – (송태우)
3. 종단보다 횡단으로–민족적 일치와 계급적 일치 – (마명馬鳴)
4. 조선 무산자 계급 해방운동과 그 주성분자 – (계원생桂園生)
5. 신문의 사명 – (김종범)
6. 노예와 노동자 – (안광천)
7. 소비에트 국가의 정체 – (변희용)
8. 생활 개선과 투쟁 생활 – (추광秋光)
9. 대중에게 진실된 예술을 – (안광천)
10. 노농勞農 러시아의 농업 사회주의화
11. (시詩) 무슨 말을 하라는 것인가 – (김약수)

이 외에 용감한 동지들에게 부인 해방과 사회주의, 5분 연설, 움직이는 세계, 일본 노동자 및 농민 제군에게 단체·개인 소식, 편집부의 말 등이 있다.

앞서 기술한 마명의 논문에서는 조선 현하의 사상계는 민족주의와 사회주의로 크게 나누어져 있는데 민족주의는 분해 과정에서 "온건파는 자치주의 타락의 구멍에 빠졌고, 강경파는 차츰 좌측으로 나아가 사회주의 운동에 과중하게 빠져 민족주의는 파산 선언을 당하고 있다."라고 기술하면서 민족주의 이론은 유산계급과 그 부수계급에서 발생한 것으로, 민족주의는 독립 '착취권'을 탈환하기 위해 '민족적 일치' '민족적 완성' 등 양두 구육적羊頭狗肉的인 신표어를 내걸면서 계급 대립과 착취를 무시해 무산대중을 기만하는 것이라고 하고 있다.

하지만 "사회주의자와 민족주의자가 어떤 경우에는 일치 행동을 취하는 때도 있다……사회주의자가 자국내에서는 자기를 일차적으로 착취하는 자본가 계급인 민족주의자와 대립하게 되지만, 자기를 이차적으로 착취하는 외국 자본가 계급과 투쟁하는 경우에는 자국의 민족주의와 제휴해 대항하는 것이다." 또한 조선 민족 전체가 무산계급화 되어 가고 있으며 조선은 마침내 '민족 일치'에서 '계급 일치'의 방향으로 전환해 가고 있다고 기술하고 있다.

일월회一月會

한편 북성회의 안광천, 이여성, 박낙종朴洛鍾, 하필원河弼源 등은 대중과의 결합을 강화하기 위해 조직의 개조를 기획하고, 1925년 일월북성회一月北星會를 해산하고 일본 재류 회원을 중심으로 일월회를 조직했다.

그 강령에는 (1) 대중 본위의 신사회 실현을 꾀한다, (2) 계급적, 성적, 민족적 자격을 묻지 않고 모든 착취와 압제에 대해 민중과 함께 조직적으로 투쟁한다, (3) 엄정한 이론을 천명해 민중운동에 이바지한다고 되어 있다.

일월회는 이 강령을 실현하기 위해 (1) 조선 내지의 사회운동의 분립에 대해 절대 중립을 지키고 그 입장에서 적극적으로 선전통일을 촉진하며, (2) 재일조선인의 노동운동 및 청년운동을 지도, 원조하고, (3) 국제운동으로서 동양 무산계급의 단결을 꾀하고, (4) 무산자 교육을 위해서는 지방 유설, 조합 순회강연, 리플렛, 팜플렛, 기관지를 발행하고 있다.

일월회 기관지 『사상운동』(1926)

일월회는 3월부터 기관지 『사상운동思想運動』(조선어)을 발간하고 과학적 사회주의의 보급 선전에 힘썼다.

일월회의 기관지 『사상운동』의 목차 일부를 살펴보면 다음과 같다.

○ 제2권 제2호(1925년 9월호) 편집 겸 발행 겸 인쇄인 이여성

1. 머리말 한恨의 9월

2. 시평 조선 기근 및 수재水災와 재일본 일·중·조선 무산계급 구제회 조직, 『조선노동朝鮮勞動』 탄생, 일본 무산계급의 정치 무대 출정 준비

3. 국제청년의 날(R·W·C)

4. 소小 부르주아 사상과 무산계급 사상(2)(송언필宋彦弼 역)

5. 러시아와 무산계급 혁명과 농민(추범秋帆)

6. 『아동의 왕국』(쿠쿠ㄲㄲ一)

7. 유럽 사회주의사에 대한 편감(이시카와 산시로石川三四郎 저, 『서양 사회운동사』 논저에서)

8. 공산주의와 종교(1)(천파天波 역) (니콜라이 부하린·예브게니 프레오브라젠스키 저, 『공산주의입문』에서)

9. 조선 기근 및 수해 구제위원회 활동

10. 일본 여성의 아름다운 국제적 감정

11. 무산계급운동의 실제적 방면(2)(변희용)

12. 자본주의사회의 해부(3)(안광천)

○ 제2권 제3호(1925년 10월호) 편집 겸 발행 겸 인쇄인 이여성

1. 머리말 야만인의 공포와 문명인의 공포

2. 시평 개벽 및 조선일보 발행 정지—지배계급의 가증과 가련—

3. 조선 정치운동가들에게(이여성)

4. 도쿄에서 개최된 지진 당시 피ㅇㅇ 동포 제3주년 추모회기(송언필)

5. 방일한 공산주의 러시아 비행사 환영회 기록

6. 무산자의 나라에서 무산자를 방문하러 왔던 노동조합 대표

7. 러시아 청년에게(1920년 10월 레닌 강연 번역)

　　또한 일월회는 동양 무산계급의 국제적 연계를 위해 1926년 1월, 중국 국민당 도쿄 지부의 황극겸黃克謙 등 외에 일본에서의 간토 지방 평의회, 전全일본무산청년동맹, 재일본조선노동총동맹 등 각 단체 대표들과 대표자 간담회를 가지고 '극동 노동연합회'를 조직하려고 했으나 실현하지 못했다. 그리고 일월회의 안광천 등은 정치연구회의 구로다 히사오黑田寿男 등과 함께 도하都下 각 노동 단체의 조선 수해 구제금을 모아 같은 해 2월 조선에 건넸으며, 각지를 시찰하고 귀경한 후에 조선인 단체의 당파 계통을 연구해 '당파적 싸움의 불리 및 대동단결'을 내용으로 하는 '분립보다 통일로'라는 제목의 선언문을 배포하기도 했다. 또 같은 해 6월, 광범한 무산계급을 위한 계몽신문으로서 『대중 신문大衆新聞』(조선어)을 간행했다.

일월회 기관지 『대중 신문』(1928)

아래에 『대중 신문』 『사상운동』 제10호(1928년 1월 28일부)의 사설을 소개하고자 한다.

1928년의 전야戰野를 전망하며(사설)

1927년이라는 해는 이미 보름이나 과거의 것이 되었다.

이 1928년 사이에 무엇을, 어떻게 싸워야 할 것인가!

과거 일 년간의 실천의 역사는 1928년의 조선 무산자계급에게 그 연속적 프로그램을 보여주고 있다.

세계적으로 보면 영국과 러시아를 중심으로 국제적 계급 대립이 극도로 첨예화되어 인류의 일대 결정적 장면이 어떠한 비전문가라도 볼 수 있게 우리들의 눈앞에 다가와 있다는 점, 이것이 1927년의 세계사의 가장 기본적인 사실이다. 영국 제국주의는 백색십자군을 세계적으로 편성하면서 노골적으로 러시아에 도전하지 않는가! 중국의 4억 민중은 자본주의의 안정을 위해 일시 침체하고 있던 xx의 유파를 결개決開하지 않았는가! 그러나 1927년이라는 해는 특히 전 동양의 피압박 민중을 놀라울 만큼 정치적으로 각성시켰다. 일본 무산계급의 백열화한 계급전, 중국 국민운동의 계급 해방전으로의 전화轉化, 조선에서의 의식적 민주주의운동의 구체화 등 이 모든 것들이 1927년의 위대한 역사적 사실이다.

조선 민중의 과거 일 년간의 투쟁사는 더욱 광채를 휘황하게 발했다. 통영의 김치정金淇正 사건, 영흥의 에메틴 주사 사건, 공산당 사건, 영흥 및 기타 노동자의 x동, 옥구沃溝를 필두로 하는 각지 농민의 소작쟁의, 재만在滿동포 옹호 사건, 학생 스트라이크의 전국적 발생 등 이러한 사건들을 중심으로 민중의 대중투쟁은 실로 백열화했다. 이것은 무엇을 나타내고 있는 것일까? 조선은 현재, 사실상 '1905년' 전야의 현상을 나타내고 있다.

조선 무산계급운동의 방향 전환, 모든 급진적 계급, 진보적 분자의 결기, 그리고 전민족적 협동전선당이 완성 과정에 있음과 동시에 이론투쟁은 전대미문의 백열화로 전개되고 있다. 조선의 운동이 지금 실로 세계의 해방운동의 강력한 일환을 형성하고 있다는 것은 사실이다.

그렇다면 우리 조선 무산계급은 어떻게 이 투쟁의 1928년을 강력하게 걸어나가야만 할 것인가?

반동적 파벌주의자는 지금 무엇을 하고 있는가! 그들의 이론을 보라! 천편일률적으로 그들은 현재 무엇을 내뱉고 있는가!

이러한 역사적으로 중요한 순간에 파벌주의자들은 적극적인 정견政見 전술을 추호도 말하는 일 없이(또 불가능하며), 이미 지금은 옛일이 된 조선 무산계급이 생동약여生動躍如한 실천으로서 그 정당성을 증명하고 있는 방향전환 문제를 중심으로 하여 중상과 만매謾罵로 나날을 보내고 있지 않은가!

그중에서도 이들 파벌주의자는 파벌박멸, 이론투쟁, 사상 단체의 해체, 전민족적 협동전선의 지지, 노동자 농민의 정치투쟁으로의 등장, 이러한 방향전환의 구체적 표현에 있어서는 조금의 이의도 입 밖에 내지 않고 오로지 방향전환이라는 '술어'에만 달라붙어 투사를 욕보이는 일에 광분하고 있지 않은가! 이것은 어떠한 가치도 없는 스콜라 철학임과 동시에 투사로서 용서할 수 없는 죄악이다. 이뿐만이 아니다. 그들은 수치를 모르고 무산계급의 독자성까지도 부인하고 있다. 이것은 파벌주의자로서 그들의 필연적 귀결이라 할 수 있을지 모른다. 하지만 어쨌든 투쟁에는 조금의 성의도 없는 것과 동시에 민중에게서 멀어진 그들의 정체를 폭로하는 것 이외에 그들의 이론은 어떤 것도 민중에게 주는 것이 없었다. 아니 그들은 무산계급의 독자성의 부인론으로서 노동자·농민의 눈에 모래를 뿌리고 그들의 최후를 재촉하고 있을 뿐이다.

그러나 스콜라 철학과 반동 이론에 열중하든 그렇지 않든 그것은 이들 파벌주의자의 자유이다. 우리들 마르크스주의자는 민중에 대한 그들의 이론의 영향을 결정적으로 방어하면서 구체적인 투쟁을 활발하게 전개해야만 한다.

조선에서 1928년에 부과된 무산계급의 임무는 실로 중대하다.

첫째, 노동자 대중을 정치적으로 교육 훈련해야만 한다. 공장을 중심으로 대중적인 투쟁을 전개할 수 없을 때 운동은 프티 부르주아적 형태를 면할 수 없다.

둘째, 농민 대중의 운동을 노동계급의 지도하에 전개해야만 한다.

셋째, 노동계급의 독자적으로 용감한, 집요한, 활발한 투쟁으로 모든 기타 급진적·진보적 계급에게 교훈을 줌과 동시에 강력한 전민족적 협동전선을 완성해야만 한다.

넷째, 한 번이라도 어떤 일이 공동의 대상에게 관련한 문제에 있어서는 서로 주의·주장을 고집하는 일 없이, 전민족적 공동투쟁을 보다 강력하게 전개해야만 한다.

다섯째, 이 실천적 영역을 국제적 과정으로까지 확대하고 적어도 동양의 모든 피압박 민중과 강하게 악수함과 동시에 세계전쟁의 위기와 싸워야만 한다.

이는 여러 가지 객관적 정세로부터 결정된 조선 무산계급운동의 1928년의 안내가 되지 않으면 안 된다. 지금 실로 조선의 모든 전투적 마르크스주의자는 긴장의 노력을 해야만 하는 때가 도래했다.

(2) 학생·청년운동

1920년대 재일조선인의 민족운동과 사상활동에서 그 중심적 역할을 한 것은 재일유학생과 선진적 인텔리, 노동자였다.

재일유학생은 1920년 828명(도쿄 682명), 1926년 3,945명(도쿄 2,256명), 1929년 4,433명(도쿄 3,086명)으로 증가했고 그 대부분은 도쿄에 모여 있었다.

이들 재일유학생의 3분의 1가량은 신문배달, 행상, 일용 인부 등으로 일하면서 공부하는 고학생으로 반은 노동자였다. 사상 측면에서 보면 민족 단체, 사상 단체 등의 주요 구성원은 대부분이 학생이며 또한 노동운동, 무정부주의운동 등에 있어서도 고학생이 대부분을 차지하고 있었다.

3·1 운동 이후, 일본 정부 당국은 재일유학생에 대해 장학금 제도, 학생기숙사(금강동金剛洞, 보인학사輔仁學舍, 계림장鷄林莊) 등을 설치해 교묘한 유화 회유 정책을 취하고, 1920년도부터는 동양협회 독학부, 1925년도부터는 조선교육회 장학부에 의해 그 '보호 감독'을 강화해나갔다.

재일유학생은 이전부터 학생 독자조직인 도쿄조선유학생 학우회를 중심으로 연구회, 운동회, 웅변대회 등을 통해 민족운동에 참가했는데, 1920년대부터는 그 주력이 북성회, 일월회, 도쿄조선 기독교청년회, 신흥과학연구회 등의 사상·사회 단체에 소속되어 활동했다.

1920년대는 사상운동·노동운동이 융성했기 때문에 학생 독자의 운동은 상대적으로 펼쳐지지 않았다.

재일유학생들은 매년 하기 휴가 중에는 순회강연대, 연극단을 조직해 조선 각지에서 반일적·민족적 내용의 문화선전을 실시했다.

1920년 2월 김준연金俊淵, 변희용才熙瑢, 최승만崔承萬 등의 학생들은 조선 기독청년회 주최의 강연회를 개최했다. 고지영高志英 '시대사조와 조선청년', 김종필金鐘弼 '현대 세계의 평화' 등의 강연에서 러시아 혁명을 찬양하며 군국주의와 이기주의를 타파해야 한다고 설파했다.

같은 해 3월 1일 독립운동 1주년 기념일을 기하여 김준현 등 재도쿄 학생들 약 50명은 조선 기독교청년회관에 집합했으나 관헌에 의해 해산되었다. 그리고 히비야日比谷 공원에 7, 80명이 모여 한국 깃발을 들고 대한국 만세를 외쳤으나 이 또한 해산 명령을 받고 앞서 모인 학생들까지 합쳐 57명이 검거됐다.

1921년 3월 1일에도 재경 학생들 약 백 명이 히비야 공원 음악당 부근에 집합해 독립연설회를 기획했으나 관헌에 의해 해산되고 76명이 검거되었다.

김송은金松殷, 이동제李東濟 등 학생들은 조선 기독교청년회와 연계해 1921년 11월 5일 학우회 임시총회를 열고 일주일 동안의 동맹휴교를 결의해 독립선언, 결의문을 채택했다. 그리고 조선청년독립단이라는 이름으로 워싱턴 태평양회의에 독립선언서를 송부함과 동시에 조선총독, 귀중貴衆 양의원, 총리대신 및 각 대신, 신문사 등에도 선언서를 송부했으나 출판법 위반으로 또다시 5명이 검거되었다.

또 같은 달 11일에는 우에노·히비야 공원, 조선 기독교청년회관에서 집회를 계획했지만 감시가 심해 실현하지 못하고, 14일 도쿄역에 집합했으나 또다시 해산되고 80여 명이 검거되었다.

1923년 4월 학우회 주최의 운동회에서는 조선의 독립요구를 내용으로 하는 격문을 산포하고, 고무 풍선에 독립만세라고 쓴 종이를 붙여서 날리기도 했다.

학우회는 1924년 1월 2~6일부 『동아일보』 사설 「민족적 경륜」 특히 그 중에서 3일부의 「정치적 결사와 운동」에 대해 북성회, 도쿄조선노동동맹회, 여자학흥회, 형설회, 오사카조선노동동맹회, 조선 무산청년회 등 여러 단체와 함께 그 일부에서 서술하고 있는 '조선 내에서 허용되는 범위 내에서 일대 정치적 결사를 조직'한다는 내용이 암암리에 총독정치를 시인하고 조선의 자치를 요구, 혹은 참정권 획득을 요망하는 것이며 민족운동을 저해하는 것이라며 이에 반대하는 성토운동을 전개했다.

또한 같은 해 10월, 와세다대학 조선유학생동창회에서는 일본인에게 학자금을 받고 있는 자를 매국적 행위로서 제명하고 조선총독부 관비생을 조사 규탄하기도 했다. 다음 해인 1926년 와세다대 조선유학생들은 닛카

츠日活 영화 〈대지는 미소짓는다大地は微笑む〉 속에서 조선 부락의 취급 방식에 민족 멸시가 있다는 점, 와세다대 조교수 아사미 토로浅見登郎의 논문 「구미인의 일본 식민정책 비판에 대해서歐米人の日本植民政策批判に就て」(『와세다대 정치경제 잡지早大政治經濟雜誌』 1925년 제1호)의 내용에 틀린 부분이 있다는 점에 대해 항의하고 있다. 또한 1924년 4월 서울의 조선청년총동맹 창립대회에 즈음하여 한창식韓昌植, 변희용 등은 학우회 대표로서 참가했다.

한편, 강철姜鐵, 박천朴泉, 정희영鄭禧泳, 최익한崔益翰 등은 사회과학 특히 마르크스 레닌주의의 연구를 목적으로 1926년 11월 1일(일월회 해산 직전) "과학적으로 현대사회를 연구함으로써 조선 민족의 세계적 신발전의 항로를 개척해 장래 영원히 인류평등의 평화 및 행복을 증진하기 위해" 신흥과학연구회를 조직하고 노동조합의 학습회나 연구회 등의 강사로서 활동가의 지도에 임했다. 연구회는 기관지인 『신흥과학新興科學』(조선어)을 발간했다.

신흥과학연구회 기관지 『신흥과학』(1928)

『신흥과학』제2권 제1호(1928.7)

권두어 '도쿄 유학생'이라는 이데올로기에 대해(p생)

1. 조선 학생운동의 사적 고찰(김명金鳴)

2. 사회과학과 학생층(일석一潟)

3. 무산계급운동과 학생운동과의 관계(TM생)

4. 학생운동의 정치투쟁으로의 전향(남궁응南宮應)

5. 학생투쟁에 관한 조직을 논한다(김세경金世耕)

6. 절대적 진리와 객관적 진리(문철文撤)

7. 변증적 유물론(김태욱金太旭)

8. 종교 표상에 대한 마르크스주의적 비판(고준高峻)

9. 우리들이 당면한 임무에 대해서(황하일黃河一)

10. 현 교육에 대한 불평(해성海星)

11. 학생과 현실문제(정치언鄭致彦)

12. 우리들 지식계급의 맹성을 촉구한다(CK생)

　　1910년대의 재일조선여자 단체로서 조선여자유학생친목회는 그 주요
멤버가 3·1 운동 때 귀국했기 때문에 1920년 1월에 조선여자학흥회로 개
칭하고 여자민족주의 단체로서 활동했다(유영준劉英俊, 현덕신玄德信, 최진상
崔眞相, 박명운朴命運, 김숙경金叔卿). 한편, 1925년 3월에는 공산주의사상의
영향을 받은 여자대학생 이현경李賢卿, 황신덕黃信德, 박경희朴慶姬, 권명범
權明範, 주경애朱敬愛 등이 조선 무산계급과 여성 해방을 목표로 삼월회를
조직하고, 같은 해 12월에는 그 운동방침으로 "조선 여성은 계급적, 봉건
적, 인습적 세사 및 민족적 압박의 철쇄고경鐵鎖苦境에 있으므로 무산계급
남성과 서로 제휴해 인류의 알력을 근본적으로 일소하여 대중 본위의 신사
회를 건설해야만 한다."라는 취지의 선언을 발표하고 다음과 같은 강령을
채택해 유일한 재일조선 무산계급 여성사상 단체임을 성명했다.

1. 대중 본위의 신사회 건설을 기약한다.
2. 무산계급 여성의 압박 및 착취에 대해 적극적으로 항쟁할 것을 기약한다.
3. 목표와 방책을 명확히 하기 위해 과학적 이론의 파지把持를 기약한다.

삼월회는 팜플렛 『룩셈브르크 리프크네히트』(야마카와 키쿠에山川菊榮 저서의 번역)를 발행하거나 사상연구회를 개최해 일월회, 재일본조선노동총동맹과 연계하여 오타루小樽 고등상업학교 군사軍事 교련사건 규탄 연설회, 간토 대지진 희생자 추모회 또는 파벌주의 박멸선언을 실행하기도 했다. 그러나 다음 해 4월 황신덕, 이현경, 박명운 등이 귀국함에 따라 활동이 활발하지 않게 되어 12월, 일월회의 해산에 이어 삼월회도 해산했다.

재일조선청년 단체로서는 1923년 무렵 만들어진 조선 무산청년회, 도쿄조선 무산청년동맹이 1925년 1월 합동해 도쿄조선 무산청년동맹회를 조직했다(간부 백무, 이헌李憲). 그 강령은 ① 우리들은 현대사회의 모든 불합리한 현상을 타파하여 이상적 신사회를 건설한다, ② 무산청년의 계급적 의식을 환기하고 혁신 전선의 투사를 양성한다, ③ 무산청년의 계급적 대동단결에 노력한다 등이었다. 본회는 일월회, 재일본조선노동총동맹 등 각 단체와 제휴해 1926년 1월부터 기관지 『청년 조선靑年朝鮮』(월간)을 발간하고 그 강령의 실현을 위한 선언 활동을 했다.

본회는 같은 해 4월 제2회 총회에서 운동방침의 검토를 계기로 화요회파와 반反화요회파로 나뉘어 일시 혼란이 일었지만 마침 6월에 상애회의 재일본조선노동총동맹본부 습격사건이 일어나 일월회, 조선노동총동맹과 공동전선을 결성해 상애회와 싸웠다. 그리고 파벌 싸움은 조선 무산계급 해방운동에 불리하다고 해서 파벌을 해산했다. 또한 같은 해 11월에는 넓게는 일반 청년을 규합해 공동전선을 조직하지 않으면 궁극의 목적 달성이 곤란하다고 하여 '무산'이라는 두 글자를 빼고 도쿄조선청년동맹으로 개칭했다.

오사카·고베 지역에서는 기독교 신자들을 중심으로 1922년 삼일청년회三一靑年會를 조직하고 민족주의적 입장에서 반일사상을 선언했다. 또한 좌익 조선인 단체, 일본의 사회주의자, 수평사水平社, 노동 단체와 함께 조선집회압박 탄핵회, 약소민족 및 식민지 해방 강설회 등을 개최했고 점차 사상 단체로서 무산계급의 해방, 식민지 해방운동에 참가하게 되었다. 그리고 1925년 3월 1일 총회에서 삼일무산청년회와 다시금 다음과 같은 강령을 정했다.

> 일. 세계 무산청년의 조직적 단결 운동을 기약한다.
> 이. 합리적 협력사회를 실현하고 조선 신인의 교양 및 투사의 수련을 꾀한다.
> 삼. 동족의 특수한 처지에 감응하고 신흥계급의 제종諸種 운동을 기약한다.

이 외에 재일조선청년 단체로서 오사카에서 조직된 오사카 고려무산청년동맹, 재일본배달소년단, 사카이 조선인노동동창회청년단 및 효고 현 조선 무산동맹, 가나가와 현 조선노동청년단이 있다. 무정부주의 계통 단체로는 조선 무산자사회연맹, 조선인신진회, 계림무산청년동맹(이상 오사카) 등이 있었다.

(3) 조선노동동맹회에서 재일본조선노동총동맹의 결성으로

1920년대에 들어와 재일조선인 노동자 단체가 각 지역에서 결성되어 나갔다. 이들은 상호부조·구제, 친목적인 것이 많았지만 차츰 일보 전진하여 계급적·민족적 입장에 선 노동조합을 조직하게 되었다.

1920~21년에 만들어진 조선인 노동·사회 단체를 기술해보면 다음과 같다.

조선고학생동우회(도쿄), 선인노동민우회鮮人勞動民友會(나고야), 선인우
화회鮮人友和會(고베), 교토조선인노동공제회(후에 교토조선인협조회), 조선노
동제진회朝鮮勞動濟進會(고베). 이상 1920년.

선인동지회클럽(도쿄), 상애회(도쿄). 이상 1921년.

조선노동동맹회

1922년에 들어와 도쿄에서 사상 및 노동운동을 연구하고 있던 손영극
孫永極 등은 프롤레타리아사プロレタリア社의 고이케 카오루小池薰 등과 제
휴하여 '자유노동연맹'을 조직하고 조선부를 설치, 이후 분리해 '조선인자
유노동조합'을 만들었지만 가맹자도 적고 내용도 그다지 없었다.

전술했듯이 1922년 여름, 신에쓰 전력발전소 공사 조선인 노동자 학살
사건이 발생해 김종범 등이 '재일본조선노동자 상황 조사회'를 만들었는
데 그 추진자들이 중심이 되어 노동조합을 만들었다. 같은 해 11월 손영극
은 최갑춘崔甲春, 백무, 이헌 등과 협의해 '도쿄조선노동동맹회'를 조직했
다. 그 강령은 "우리들은 조선노동운동을 국제적으로 진출시키고 세계 무
산계급의 절대 승리를 목적으로 한다. 우리들은 재일조선노동자의 계급 의
식 촉진과 직업의 안정을 기약한다."였다. 실행위원으로는 상기 외에 유진
걸柳震杰, 손봉원孫奉元, 김상호金相鎬, 천종규千鐘奎, 마명馬鳴, 남윤구南潤
九, 강철姜徹, 김천해金天海 등이 가입했고 후세 타쓰지, 구로다 히사오가
법률고문을 맡았다. 1924년 1월에는 기관지『노동 동맹勞動同盟』을 발간하
고 조선 본국과의 연계에 힘쓰는 한편, 노동 투쟁, 일본 노동총동맹 주최
의 간토 대지진 피학살자 추모회 등에도 참가했다.

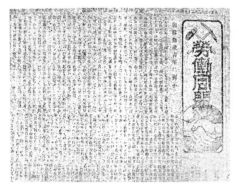

도쿄 조선노동동맹회 기관지 「노동 동맹」(1924)

다음으로 『노동 동맹』 제2호(1924.2.10.)에 게재된 백무의 「조선 무산청년에게 수여한다」의 일부를 소개해보도록 하겠다.

······조선 청년이여! 우리들의 민족 지반은 일본제국주의의 식민지가 아닌가? 직접간접 날이 갈수록 착취의 지나침을 모르는가? 우리들이 인간으로서의 인격을 유린당하고 언론에 교육에 산업에 생활에 자유의 그림자조차 있는가? 자타 모두 추호도 없다는 사실만이! 가장 가까운 사실! 또한 가장 참혹한 사실! 간토 일대의 조선인 학살사건에 대해 청년의 자극 정도는 어느 정도인가? 슬픈 사실, 분노하지 않을 수 없는 사실은 이 사건 또한 수원水原, 선천宣川, 간도間島에서 공공연하게 벌어진 학살과 동일한 결과에 이르러 학살된 인원도 사실 조사조차도 발표하지 않았다. 그들은 지배하는 만큼 또한 기술도 뛰어나 모든 기관과 편의를 세계적으로 가지고 있는 일본 당국은 그 실상을 그들의 사정에 맞게 발표했다. 세계의 지면상에는 조선인의 지진 때의 강간, 강도, 폭행 등 모든 악행이 완전히 사실이라고 발표됐다. 살해당한 축소 민족의, 무산계급의 동정과 의분은 영원히 전세계에서 삭제당해버린 느낌이 있지 않은가. 우리 조선 민족은 또 무산계급은 우리들의 생명조차 그들을 위해서 희롱당하기에 이르렀다. 그들의 작은 이익이 조선 모든 민족, 모든 무산계급의 죽음으로 대체되는 일이 있다고 할 때, 우리들은 그들의 작은 이익을 위해 희생 살육당

하지 않으면 안 된다. 어디에 우리들의 생명이 보장된다고 할 수 있을까? 어디에 우리들의 보생保生에 관한 안정이 있고 안심이 있을까? 우리 조선 민족도(조선 민족이란 무산계급 만을 말하고 싶다. 그중 부르주아 및 고ㅇ초枯ㅇ草는 문제 삼지 않는다) 살아가야만 하는 인간으로서 삶의 의의를 위한 목적을 위해 또 본능을 위해! 삶이 요구하는 필요조건은 살아가기 위해 구비하지 않으면 안 된다. 또 우리들의 생명을 보장하는 안정이 있어야만 한다. 게다가 현재 날이 갈수록 살멸殺滅 사멸의 암흑면에 가까워짐을 알라. 생을 얻기에 죽음을 걸어야만 결과를 얻는다는 자각의 때 또한 지금밖에 없다고 생각하지 않는지 거듭 말한다! 시대와 정의와 합리와 자유는 청년을 기다린지 오래되었다고! 목하의 안녕은 영구의 행복을 위한 마취제라고! 생생한 참학慘虐 박해의 사실은 청년을 기다리고 있고 이후의 안정도 청년을 기다릴 뿐이라고!! 전세계의 청년운동은 이제 무산계급운동의 선진에 서서 미래는 우리들의 손에 있다고 절규하고 있는 조선 청년의 자각을 편달하고 있다는 것도 거듭 말한다! 문제는 간단하다. 그저 살고자 맞서서 사면死面에 이어져 있음을 강하게 느끼고, 행복한 삶을 얻기 위해 불행한 죽음을 거는 일에 열을 뿜는 것만으로도 전체의 해결은 분해적으로 그 속에서 생겨난다.

도쿄에서의 조선노동동맹회 결성을 계기로 오사카에서는 오사카·고베, 그 외에 있는 조선인 노동자 2만 명을 망라해서 일대 노동 단체를 조직하고자 하는 운동이 일어났다.

12월 1일 이러한 목적으로 도쿄에서 김약수, 김종범 등이 오사카를 방문했고 오사카에서는 송장복宋章福, 송봉우宋奉瑀, 지건홍池健弘 등이 중심이 되었다. 또 일본 노동총동맹 간사이 노동동맹회의 오야 쇼조大矢省三, 니시오 스에히로西尾末広, 노다 리쓰타野田律太 등도 출석해 약 3백 명이 오사카 시 니시 구西区 구조九条 시민전에 모여 창립대회를 개최했다. 대회는 경찰의 엄계 하에 설립 취지 설명 이후 회칙 심의에 들어갔다. 하지만 집행기관에 대해 도쿄 측과 오사카 측 간에 양해가 되지 않아 의견이 대립해 격론이 일어났고, 이에 더해 어용 단체인 이선홍李善洪 일파의 의사 방해로 혼란이 일어나 경찰의 해방명령과 함께 송봉우 등 수 명이 검거되고 대회는 중지되었다. 그래서 도쿄 측 대표의 양해 아래 오사카 단독의 새로운 노동 단체를 만들기로 하고 12월 3일 니시 구 쓰루 정鶴町 잇초메一丁目에서 집회를 열어 강령·규약을 채결하고 송장복을 위원장으로, 지건홍 등 9명을 집행위원으로 선출해 오사카조선노동동맹회가 결성되었다. 이렇게 해서 종래의 오사카 조선인 단체와는 대체로 관계가 없었던 일본 노동총동맹과 공동전선을 펴게 되었다.

그 강령은 ① 우리는 우리들의 단결 위력에 의해 계급투쟁의 승리를 획득하고 이로써 생존권의 확정을 기한다, ② 우리는 우리들의 고혈을 착취하는 자본주의제도를 타파하고 생산과 노동을 본위로 하는 신사회의 건설을 기한다는 것이었다. 하지만 오사카 부지사는 이 강령의 발표를 금지했다.

오사카조선노동동맹회의 결성에 대해 『전위前衛』(1923년 1월호)에서는 다음과 같이 말하고 있다.

> 동맹회의 창립은 일본에 있는 조선인 노동자의 순수한 조합운동의 첫 번째 목소리라고 해도 좋다. 다이쇼 11년(1922)의 노동운동이 이 일본의 무산계급운동에 영구히 기억할만한, 의의 있는 사실에 의해 끝나버린 일은 무상의 기쁨이 아닐 수 없다.
> 조선의 노동계급은 일본 노동계급의 협력 없이는 결코 해방의 목적을 성취할 수 없다. 마찬가지로 일본 노동계급의 운동에 조선 노동자의 협력이 빠져 있는 한은 자본의 지배에 대해 결코 유력한 전선을 뻗어나갈 수 없다.……바야흐로 일본은 조선인 조합운동의 발흥에 의해 일본의 노동계급은 '만국적 단결'을 향해 한 걸음 나아가야만 하는 실제 기회를 부여받은 것이다.

이렇게 해서 도쿄, 오사카의 조선노동동맹회에 조직된 재일조선인 노동자는 보다 계급적으로, 민족적으로 자각하고 사상 단체와도 연계해 대중적 기반 위에 선 노동운동, 민족해방운동을 진행하게 되었다.

주. 1922~24년 도쿄·오사카의 조선노동동맹회 관계 이외에 만들어진 주요 각종 노동·사회 단체는 다음과 같다.

조선인협회 총본부(오사카), 가와사키 재주선인친우회(가와사키), 조선노우회朝鮮勞友會(고베), 구와나桑名 조선인노동공제회(미에 현三重縣), 동양연합노동공제회(후쿠오카). 이상 1922년.

조선노우화합회(효고 현), 선인노동동맹계(히로시마), 결의結誼(히로시마), 선인보호조합(야마구치 현), 상애회 오사카본부(오사카). 이상 1923년.

선인노동조합(가나가와 현), 노동우화회(가나가와 현), 고베 조선청년회(효고 현), 고야마小山 조선인노동우화회(시즈오카 현靜岡縣), 미쿠라御藏 야학부교우회(효고 현), 조선인공제회 히코네彦根 지부(시가 현滋賀縣), 조선인공제회 나가하마長浜 지부(시가 현), 히로시마 조선인노우회(히로시마). 이상 1924년.

재일본 조선노동총동맹

1924년에는 도쿄, 오사카에서 각각 일본 노동절에 참가했다.

1924년에는 지진으로 인한 타격의 수습 만회에 힘씀과 동시에 청년, 학생을 중심으로 한 사상운동과 노동운동의 통일 및 단결을 강화하기 위해서는 재일조선인의 민족적 역량의 결집, 무산계급의 통일적인 조직의 필요성이 통감되었다.

일월회의 안광천, 이여성 등은 조선노동구호회의 박장길朴長吉, 조선노동공생회의 김상철金相哲, 도쿄조선노동동맹회의 이헌 등과 함께 통일적인 조직 준비에 착수했다. 간사이의 오사카 조선노동동맹회, 사카이 조선 노동동지회, 니시나리西成 조선노동동맹회, 오사카 이마후쿠今福 조선노 동조합, 오사카 쓰루마치鶴町 조선노동조합, 조토城東 조선노동조합, 교토 조선노동동맹회, 오사카 광제회光濟會 등 여러 단체와 연결하여 찬동을 얻 었다. 1925년 2월 22일 도쿄 부 다카다高田 조시가야雜司が谷의 일화일선 日華日鮮 청년회관에서 도쿄, 교토, 오사카, 효고 현하의 여러 단체 대표 약 80명이 참가한 아래, 앞서 기술한 11개 조선노동조합이 가맹한 재일본 조선노동총동맹의 창립대회가 열렸다.

그 창립 취지서에는 "일본에 산재하는 우리 조선 노동 단체의 대동단결 필요를 통감한지 벌써 3년이 지났으나 지금까지 그 실현을 이루지 못한 것은 우리 조선 노동 단체의 내부 조직력이 미약하다는 점도 그 원인이지 만, 사실은 우리 노동자 계급의 피를 착취하는 착취 계급의 위험한 수단 과 방해 때문이다. 따라서 우리 노동자 계급이 단결해 저 착취 계급을 박 멸하고 현 사회의 불합리한 제 현상을 타파하기 위해 공생의 진리를 절규 하고 계급 전선에 웅진해야만 한다."라고 기술하고 있다.

대회에서는 선언, 강령 및 규약이 채택됐다. 위원장에는 이헌이, 집행 위원에는 신재용辛載鎔, 남대관南大觀, 김상철, 노초盧超, 문석주文錫柱가 선출되었다.

노동총동맹의 기구로는 집행위원회, 조직선전부, 교육출판부, 중앙쟁 의부, 조사부, 직업소개부, 법률부가 설치됐다. 대회에는 일본의 도쿄 시 전市電 자치회, 흑우회 외에 우의 단체 대표 십여 명의 축하 강설이 있었 지만 관헌에 의한 발언중지와 흑우회 대표의 조합지도자에 대한 중상 발 언으로 혼란이 일어나 해산 명령이 떨어졌기 때문에 다른 곳으로 옮겨서 토의를 이어나갔다.

강령은 다음과 같이 노동자 계급의 해방과 신사회 건설을 강조하고 있다.

강령

(1) 우리들은 단결의 위력과 상호부조의 조직을 통해 경제적 평등과 지식 계발을 기약한다.

(2) 우리들은 단호한 용기와 유효한 전술을 통해 자본가 계급의 억압과 박해에 대해 철저하게 투쟁할 것을 기약한다.

(3) 우리들은 노동자 계급과 자본가 계급이 양립할 수 없음을 확신하고 노동조합의 실력을 통해 노동자 계급의 완전한 해방과 자유평등의 신사회 건설을 기약한다.

주장

(1) 8시간 노동 및 일주일 48시간제 실시

(2) 최저임금 설정

(3) 악법 철폐

(4) 노동절의 일치적 휴업

(5) 경제적 행동의 일치적 협력

재일본 조선노동총동맹(재일조선노총)의 창립은 재일조선인 노동자의 통일과 단결을 전진시켜 그 권리를 옹호하고, 민족적 차별과 억압으로부터의 해방을 위한 투쟁에 큰 역할을 달성했다.

재일조선노총의 활동은 항상 조선의 민족운동과 긴밀히 연계하고 일본의 노동조합과 제휴했다. 또 노동절을 비롯한 각종 대중운동에 참가해 조선, 일본의 프롤레타리아트의 단결과 연대를 주장했다. 그리고 일월회 등의 사상 단체와도 연계해 계급 전선의 확충에 힘을 기울였다. 그 운동방침은 조선인 노동자에게 계급 의식을 주입하고 민족적 자각과 단결의 재촉을 제일의적 목표로 삼았다. 또한 기관지『조선 노동朝鮮勞動』(월간, 조선어)과 『노동 독본勞動讀本』(조선어)을 발행해 계몽선전에도 힘썼다.

(4) 일월회의 활동, 신간회 지회, 근우회槿友會 지회의 결성

1925년 4월 성립한 조선공산당 및 고려공산청년회는 처음에는 화요파가 중심이 되어 조직했지만 서울파와의 파벌싸움이 계속돼 민족적 역량의 총결집을 방해했다. 당내에서의 파벌 싸움은 일본 관헌의 탄압을 유리하게 만들어 같은 해 두 번에 걸친 탄압에 의해 지도적 간부의 절반을 잃어 반일민족진영의 약화를 초래했다. 식민지 조선에서의 민족해방투쟁을 보다 고양시키기 위해서는 지도조직의 파벌 해소와 민족의 대동단결이 절실하게 요구되었다.

일월회, 도쿄 조선청년동맹, 재일본 조선노동총동맹 및 도쿄 조선유학생 학우회 등의 간부는 '재도쿄 조선인은 설령 주의주장은 다르다 할지라도 조선인인 이상 조국의 만회 및 조선 민족의 해방은 누구나 희망하는 바'라고 하며 상애회 등의 반민족적 친일 단체를 제외한 조직의 대동단결을 꾀해 3월 1일의 독립운동기념일, 8월 29일의 국치기념일, 9월 1일의 지진기념일 등에는 공동투쟁을 전개했다.

1926년 여름, 사상 단체 일월회의 안광천, 하필원 등은 조선으로 귀국해 북풍회파의 4개 단체(화요회, 북풍회, 조선노동당, 무산자동맹회)를 해소하고 만든 정우회正友會를 중심으로 분열해 가고 있던 사상 단체 각 파의 합동일을 기획했다. 한편, 서울파는 전진회前進會를 만들어 이에 대항했다.

일월회는 같은 해 11월 12일 재일조선노총, 도쿄 조선청년동맹, 삼월회 3개 단체 간부와 대중 신문사에서 회합해 파벌주의 박멸선언을 발표했다. 그 취지는 현재 조선내에 있는 사상 단체인 정우회, 전진회는 파벌주의의 결정물이며 그 즉시 해체를 선언한다, 이에 응하지 않을 시는 철저하게 박멸한다는 것이었다. 정우회는 이에 대응하여 11월 15일 "조선의 과거 사회운동은 분열과 항쟁으로 종결하고 소수의 파벌적 음모자에게 빼앗겼다.

운동의 장래는 단결과 대중의 의식 여하에 있다. 조선의 사회운동은 민족운동을 도외시할 수 없다. 따라서 운동 자체 종래의 극한된 경제투쟁보다 한층 계급적, 대중적, 의식적 형태로 전환할 것을 필요로 한다."라는 내용의 이른바 '정우회 선언'[3]을 발표했다. 서울파의 전진회는 같은 날 즉시 이에 반대하는 결의문과 검토문을 발표하고 정우회 선언은 개량주의적 우경화라고 비난했다. 하지만 이 운동전환 선언은 조선은 물론 재일조선인 운동에 대해서도 큰 영향을 주어 그때까지의 분산적 경제투쟁에서 집중적인 전면적 정치투쟁으로 전환하여 협동전선(통일전선)의 확대 강화를 도모해야만 한다는 목소리가 각 방면에서 높아졌다.

1926년 11월 28일, 일월회는 총회에서 이와 같은 방침에 따라 "조선 무산자 해방운동은 그 내용 발전의 필연적 결과에 기인하며, 또한 환경의 영향에 의해 지금의 경제적 투쟁보다 정치투쟁으로 방향을 전환하지 않을 수 없다."라고 발표하고 "일월회의 창립 목적은 사상적 계몽에 주안점을 두었어도 조선사상계는 이미 연구계몽의 시대를 경과해 점차 제2기의 실제적 운동에 들어감으로써 창립 당초의 목적은 대체적으로 수행 종결했다."[4]라고 주장하며 그 조직을 해산해 시대에 순응하는 새로운 단체를 만들기로 했다.

또한 재일본 조선노동총동맹도 다음 해 1월에 방향전환 선언을 발표했다. 이후 이들의 방향전환 선언을 계기로 언론, 출판물을 통해 사상 단체의 해체와 통일전선의 확대 강화를 선언하고 그 실현에 힘썼다. 정우회도 같은 해 2월 1일 해체성명을 발표했다.

뒤이어 1927년 2월 19일, 도쿄 조선유학생 학우회의 제안에 근거해 도

<hr />

3) [원주] 김준엽·김창섭, 『한국 공산주의 운동사』 제3권, 1973년.
4) [원주] 司法省刑事局, 『朝鮮人の共産主義運動』, 1939년. 또한 일월회에 대해서는 졸고 「사상 단체 북성회, 일월회에 대해서思想團體北星會,一月會について」, 『海峽』 8호 참조.

쿄 재주의 민족주의자, 공산주의자, 무정부주의자 18개 단체 대표가 도쿄 조선청년동맹 사무소에 집합해 일본제국주의에 반대하고 총독정치 반대, 민족해방을 공통 목표로 하는 조선인 단체협의회를 조직했다.

신간회 지회

1927년 2월 15일 조선에서는 민족주의자와 공산주의자가 경성 중앙 기독교청년회관에 집결해 손을 잡고 '우리들은 정치적 경제적 각성을 촉진한다, 우리들은 단결을 강고히 한다, 우리들은 기회주의를 일절 부인한다'는 강령 하에 친일매판 분자를 제외한 광범위한 각 계급층을 망라한 민족통일전선으로서의 '신간회'를 조직했다(1928년 말 현재 지회수 143, 회원 약 2만 명).

같은 해 5월, 동일한 강령 아래 신간회의 도쿄 지회가 민족주의자 조헌영趙憲泳, 전진한錢鎭漢 등을 중심으로 강소천姜小泉, 한림韓林 등 공산주의자와 제휴해 결성되었다(약 2백 명 참가). 이어서 6월에 교토 지회, 12월에 오사카 지회, 다음 해 1월에 나고야 지회가 재일본 조선노동총동맹을 비롯한 각 단체의 지지 하에 민족주의자, 공산주의자의 공동전선체로서 결성됐다.

도쿄 지회는 9월에 재일조선노총, 유학생학우회 등 14개 단체와 함께 '조선총독 폭압정치 반대 간토 지방 동맹'을 결성해 폭압정치 반대 강연회를 개최하기도 했다. 이 지회는 12월 제2회 대회를 개최했는데 결성 당초의 민족주의자 중심의 경향에서 점차 공산주의자가 지도적 지위를 차지하게 되어 '모든 힘을 신간회에'라는 슬로건을 걸고 대중 획득에 힘썼다.

12월 5일 신간회 오사카 지회의 발회식은 8백여 명이 참가했는데 전날 예비 검속에서 3명이, 당일에는 서기를 비롯한 간부 전원이 검속되어 의안 중에 대지對支 비간섭 동맹 적극 지지, 학교 안의 경찰 간섭 반대, 조선총독 폭압정치 반대, 고문 철폐, 청년운동 지지 등이 철회당했다.

신간회 지회는 재일조선노총, 도쿄 조선청년동맹을 중심으로 조선총독 폭압정치 반대운동, 조선공산당사건 암흑 공판 반대운동 등을 전개하고 민족통일전선운동을 추진했다. 그러나 1928년 1월 이후, 조선공산당 일본총국 및 고려공산청년회 일본부에 대한 탄압과 관련되어 대다수의 간부가 검거되었다. 또 내부에서 '계급투쟁'이냐 '민족해방'이냐 하는 문제로 공산주의자와 민족주의자 간의 대립이 표면화되어 갔다. 1929년 2월에는 제3회 대회가 열렸는데 회장 정면에는 '전민족적 총역량을 신간회로, 우리들의 대회를 용감히 엄수하자'라는 슬로건을 걸고 의안으로는 동양척식 및 기타 이민 반대, 해방운동 희생자 구원, 반제국주의 동맹 지원, 범태평양노동조합 회의 지원 등 15개 항목을 제출하고 토의에 들어갔는데 12명이 발언 정지, 2명이 '불온' 행동이 있다는 이유로 검거됐다. 투쟁 목표로는 일본 도항저지 반대, 거주권의 확립, 3총(조선노동총동맹, 조선청년총동맹, 조선 농민총동맹) 해금, 언론·집회·결사·출판의 자유 획득, 치안유지법·제령 제7호 철폐운동, 일본인 이민 반대, 증병·증경찰 반대, 민족차별·특수폭압 반대, 부당 구인拘引 검속·불법 감금 및 고문 반대, 학교 내 사법경찰 간섭 반대, '내선융화'의 기만정책 반대 등이 결의되었다.[5]

근우회 지회

1927년 5월, 신간회의 산하 단체로서 '조선 여자의 강고한 단결을 기약한다, 조선 여자의 지위 향상을 도모한다'는 강령을 내건 조선 여성 통일전선체인 근우회가 경성에서 결성되었는데, 그 도쿄 지회가 1928년 1월 21일에 조직되었다(지회장 박화성朴花城). 그 창립 대회에는 약 60여 명이 출석해

---

5) [원주] 水野直樹, 「日本における新幹會運動」, 『季刊三千里』 제15호 참조.

선언, 강령, 규칙 및 운동방침, 인신매매 금지, 신간회 지지, 일본 부인동
맹과의 제휴 건 등이 결의됐다. 같은 해 2월에는 교토 지회가 성립했다.

1929년 6월에는 근우회 도쿄 지회 제3회 대회를 개최했다(당시 회원수는
도쿄 지회 125명, 교토 지회 101명).[6]

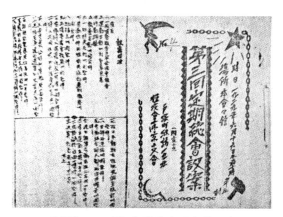

근우회 도쿄 지회 제3회 총회 의안서(1929)

대회에서는 선언, 행동강령이 결정되어 과거 일 년간의 활동에 대한 반
성이 있었다. 즉 활동이 '문자 그대로 지리멸렬'의 소수 프티 부르주아·인
텔리 여성들의 요설장, 활무장으로 변한 운동이었으며, 운동방침에서 '전
조선 여성 대중의 정치적, 경제적, 사회적 해방을 기약한다'라는 강령에
의해 노동 부인, 농촌 부인의 계급적 독자성을 막연한 추상적 이익으로
해소시켰다고 비판했다.

대회의 토의사항에는 노동조건의 성적·민족적 차별 철폐, 노동 부인의
보호시설 획득, 인신매매·공창제도 철폐, 미신 및 봉건적 유습과 문맹 퇴
치, 조선총독의 폭압정치 반대, 재일본 조선여성 상황의 조사 통계, 노동

---

6) [원주] 「槿友會東京支會第三回大會文獻」, 『在日朝鮮人史硏究』 제2호 수록.

조합 부인부와의 공동투쟁, 결혼·이혼의 자유 획득 등 18건이었다.

선언

과거 부인 운동의 조직 영역에서 우리 근우회와 조합 부인부와의 관계에 대한 명확한 견해 결지와 봉건적 유제遺制에 대한 과중 평가는 부인의 반항열을 백% 발휘하지 못하게 한 감이 있다. 이러한 오류는 운동이 진전된 오늘날 신속한 속도로 확실하게 청산해야만 하며, 한층 급각도로 변화해 가는 국제 국내의 정세는 조선 민족 해방운동에 있어서는 물론, 각 계급의 상이한 투쟁 수단과 조직 형태를 명확하게 인식해 정치적 역할에 대한 근본적 평가를 요구하고 있다. 본대회에서 부인운동의 정당한 기능, 정당한 조직 형태를 구체적으로 정하는 일은 우리 근우회 도쿄 지회의 광휘한 역사를 더욱 빛나게 하는 것이며, 지금이야말로 우리들의 운동은 올바른 궤도를 힘껏 달려야만 한다고 믿는다.

우리 근우회 도쿄 지회는 본대회에서 결정된 기준과 정신 아래 반봉건적, 반제국주의적, 문화적 투쟁을 전개해 나가는 과정에서 목적의식적으로 각자 계급은 자신의 조직 과정에 들어가 그 투쟁의 맹렬화, 조직화를 한층 더 촉진할 것을 굳게 맹세함과 동시에 삶의 고통을 단축하고 승리의 길이 눈앞에 다가와 있음을 믿는다.

(5) 조선공산당 일본총국, 고려공산청년회 일본부의 설치

1925년 4월, 조선공산당 및 고려공산청년회(이하, 당·공청으로 약칭)는 비합법적으로 조직되었지만 민족해방운동을 통일적으로 지도하고 노동자를 비롯해 농민, 학생, 인텔리 등 광범위한 대중을 결집시켜 반일투쟁을 전개하는데 큰 역할을 다했다. 그리고 1925년 11월, 1926년 4월에는 일본부 설치가 결정되었으나 1925년 12월, 1926년 6월의 두 번에 걸친 일본제국주의 탄압을 받아 많은 수의 간부가 검거당해 실현하지 못했다. 1927년 2월, 당의 제2차 대회에서 다시금 일본부 설치가 예정되어 당 일본부에는 박낙종朴洛種을, 공청 일본부에는 한림韓林을 책임비서로 하는 조직 결정이 이루어졌다.

당 및 공청 일본부는 재일본 조선노동총동맹, 도쿄 조선청년동맹, 신간회 도쿄 지회, 그 외 대중 단체를 지도하고 공산주의사상을 침투시킴과 동시에 당 조직 확립과 대중 단체 내의 세포 조직 확대에 힘써 민족해방운동을 사회운동과 결합시키는 일에 진력했다. 이렇게 해서 종래의 경제투쟁 중심의 재일조선인 운동을 정치투쟁으로 전환시켜 3월 1일, 노동절, 8월 29일, 9월 1일 등의 기념일 투쟁 및 산동 출병반대, 치안유지법 개악 반대, 조선·만주 증병 반대 등의 투쟁에 대중을 동원하고 재일동포를 민족해방투쟁에 결집시키는데 중요한 역할을 담당하게 되었다.

조선공산당 및 고려공산청년회는 1928년 2월, 제3차 탄압을 받아 일본에서는 박낙종, 최익한 등이 검거되어 이후 당 일본총국의 책임비서는 한림에서 김학의金鶴儀(김천해金天海)로, 공청 책임비서는 김기선金琪善에서 인정식印貞植으로 교체됐다.

당 및 공청은 1928년 8월 29일의 국치기념일 투쟁으로서 재일본 조선노동총동맹 등의 대중 단체를 동원해 사전에 '국치기념일에 즈음하여 전 조선 2천 3백만 동포는 일제히 무장해 일대 폭동을 일으키자', '간토 대지진 당시 학살된 동포추모기념일에 즈음하여 조합원에게 격문을 띄운다', '간도 공산당 공판은 임박했다. 전 조선노동자 농민은 전투적 전위의 학살을 분쇄하기 위해 전민족적 대중투쟁을 일으키자' 등의 대중을 선동하는 문서, 투쟁 뉴스를 배포했다. 당일 신주쿠新宿 무사시야武蔵屋 백화점 옆의 공터에는 재일조선인 약 150명이 집합했고 부근 도로에서 혁명가를 고창하며 대중운동을 감행했다.

이때 당, 공청 간부 23명은 앞서 기술한 격문 배포, '불온 음모' 의혹 등의 치안유지법 위반으로 검거됐다. 또한 11월 초까지 활동가 합계 36명이 검거되었고 그중 박득현朴得鉉, 김학의(김천해), 송창염宋昌濂, 이운수李雲洙, 이상욱李相勖, 김한경金漢卿, 김정홍金正洪, 태병로泰炳魯, 송재홍宋在洪, 문기련文基連, 박득룡朴得龍, 박노박朴魯珀, 조학제趙鶴濟 등 30명이 기소되었다.

이 무렵, 조선 국내의 조선공산당에서는 일본 관헌에 의한 1차~5차에 걸친 엄중한 탄압에 의해 수천 명에 달하는 간부와 투사를 잃었다. 북풍회파, 화요파, ML파, 서울파, 상하이파 등 파벌에 의한 헤게모니 분쟁에 의해 민족해방운동에 대한 당 조직으로서의 지도성을 발휘하지 못하게 됐다. 1928년 12월, 코민테른에 의해 당 승인이 취소되자 당 재건에 관한 방침으로서 종래의 파벌투쟁을 없애고 노동자, 농민에 기초를 둔 당의 재조직에 관한 결정서 '조선의 혁명적 농민 및 노동자의 임무에 관한 테제'(12월 테제)가 발표되었다.

제1차 탄압에 의한 검거를 면했던 공청의 인정식은 비밀리에 귀국해 제3차 조선공산당 탄압에서 국외로 망명한 고광수高光洙(ML파), 문태희文泰熙 등과 연락을 취해 청년회 재건에 착수했다. 1929년 2월 무렵에는 박문병朴文秉 등과 일본에 재입국해 일본총국을 재건했다.

공청은 기관지·팜플렛의 발행, 일본 정세의 조사보고, 회원의 이론적 지도, 기관지 편집부 조직 등 구체적 목표 아래 도쿄 구역국, 간사이 구역국을 설치하고 적극적으로 활동을 개시했다.

이렇게 해서 공산청년회는 코민테른 제6회 대회의 '식민지 및 반半식민지에서의 혁명운동에 관한 테제'와 '12월 테제' 등에 준거해 종래의 기관지 『대중 신문』을 『노동자 농민 신문』으로 바꾸어 비합법적으로 계속 발행한다. 잡지 『현 계급現階級』을 『레닌주의レーニン主義』로 바꾸어 발행한다. 합법적 대중 단체의 지도방침 재일본 조선노동총동맹의 행동강령을 작성한다. 원산 노동쟁의에 대한 격문, 6·10 만세투쟁 뉴스를 작성한다. 청년동

맹·조선노동조합의 자위단을 조직한다 등의 구체적 과제에 몰두했다.

1929년 2월 무렵, 재일본 조선노동총동맹 혹은 재일본 조선청년동맹의 명의로 '쟁의 전위대 조직에 관한 지령'을 비롯해 백색 반동 상애회를 박멸하자, 상애회·건국회를 쳐부수자, 자위단 조직에 관한 지령, 6·10 기념 투쟁에 관한 지령, 투쟁 뉴스, 전단 등을 배포하고 노동절에는 데모하기, 상애회 본부에 몰려가기 등을 기획했다.

노동절 투쟁이 끝난 뒤 5월 중순 이후, 공청에 대한 제2차 탄압에 의해 간부 25명이 검거되고 그중 박문병, 김동훈金東訓, 육학림陸學林, 한국진韓國震, 정휘세鄭輝世, 조옥현曺沃鉉 등 16명이 치안유지법 위반으로 기소되었다.

이상 제1차, 제2차에서의 피검거자에 대한 재판은 1930~32년에 걸쳐 도쿄 및 교토 재판소에서 열렸는데 일본적색구원회 등과 연결하여 후세 타쓰지布施辰治, 아오야나기 모리오青柳盛雄, 가미무라 스스무上村進, 가쿠다 슈헤이角田守平 변호사 등의 응원을 받아 다수의 대중을 동원했다. 법정에서는 혁명가 제창, 공판 회의, 통일심리 요구, 공판의 절대 공개, 정치범 석방, 당·동맹원의 즉일 석방, 조선어 사용의 자유, 변론의 자유, 법정 무장경계 철폐, 대표진술 허가, 민족차별 철폐 등의 요구를 내걸고 투쟁을 전개했다. 또한 대표 진술에는 식민지에서의 제국주의적 정책 및 일제의 조선에 대한 정치적·경제적 정책 폭로, 조선공산당의 강령 및 역사, 조선혁명운동 등을 예정하고 싸웠으나 실현하지 못했다.

(6) 재일본 조선청년동맹

1925년 전후, 도쿄, 오사카, 교토 등 각지에서 조선청년동맹 그 외 각종 청년 단체가 조직되었는데, 1926년 이래 이들의 조직은 그 통일기관의 필요를 통감하고 1928년 3월 '재류 조선청년의 의식적 교육 및 훈련을 행하고 이로써 좌익운동을 철저히 한다'는 목적으로 오사카에서 재일조선청년의 통일적 중앙조직으로서 재일조선청년동맹을 결성했다. 동시에 도쿄, 오사카, 교토에 각 지부를, 그리고 다음 해 4월에 효고 지부를 만들었다 (1929년 3월 현재 동맹원 1천 3백여 명, 중앙본부위원장 정희영鄭禧泳).

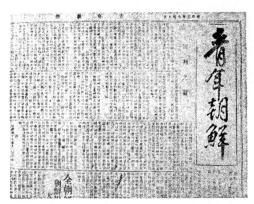

재일본조선청년동맹기관지 『청년 조선』(1928)

본 동맹은 기관지로서 동명의 도쿄 조선 무산청년동맹회의 기관지와 비교해 수준 높은 『청년 조선』(1928년 7월 7일 창간)을 발행하고, 재일조선청년의 민족적, 계급적 의식 향상을 도모함과 동시에 그 단결 강화에 노력했다. 그 행동강령에는 전민족적 협동전선 당 완성에 적극적 노력, 제국주의 전쟁의 위기와 투쟁, 동방 피압박 청년 단체와 공동투쟁에 적극적 노력, 재일본조선청년에 대한 학대와 멸시에 항쟁, 재일본조선노동자·청소년의 임금차별·위험작업 폐지에 노력, 조선노예교육정책에 절대 항쟁, 대조선청년 단체에 대한 파쟁적 책동 근절에 노력 등 21개 항목을 내걸고 있다.

본 동맹은 같은 해 4월, 다나카 기이치田中義一 내각의 노동농민당, 일본 노동조합평의회, 일본무산청년동맹 3개 단체 결사금지 반대의 성명을 발표, 또 5월에는 재도쿄중국인의 반제민족해방운동가 및 일본무산청년동맹원들과 해방운동의 국제적 공동전선을 확장하기 위해 극동피압박청년 간담회를 개최하고 극동피압박청년 반군국주의동맹을 조직하기로 결정, 그 준비회를 결성하여 시국비판을 전개했다.

본 동맹은 조선공산당 일본총국, 고려공산청년회 일본부의 지도하에 재일본조선노동총동맹과 긴밀하게 연계하여 투쟁했다. 본 동맹은 기관지『청년 조선』을 통해 조선총독부의 3총 해산음모에 반대하고 해금운동에 결기하자고 외치며 치안유지법 개악, 조선 증병·중국 출병반대, 식민지 노예교육 반대에 결기했던 조선 본국의 학생맹휴투쟁 지지 등을 표명했다.

『청년 조선』창간호 게재의 창간의 말에는 다음과 같이 기술되어 있다.

〈창간의 말〉
현재 역사적 순간에 있어서 조선청년운동의 특징은 그것이 지리멸렬의 상태를 나타내고 있다는 사실이다.

첫째, 우리들은 조선청년운동의 대중적 불통일성을 거론할 수 있는데 청년총동맹이 무력하기 때문에 모든 지역의 부분적 운동이 집중적으로 진행되지 못하고 아직도 서클적 존재에 머물러 있다. 그리고 청년대중의 각 층부터 일어나고 있는 불평불만이 그것을 결합시키는 일정의 인연과, 그것을 투사하는 일정의 목표를 발견하지 못하고 독립 분산한 채로 공중에 증발해가고 있다. 보라! 각지에서 자연성장적으로 일어나고 있는 학생 스트라이크는 고립무원의 상태에 떨어져 있지 않은가! 보라! 최근 경성청년동맹결성의 역사적 사실을 유린했던 총독부에 대해 조선의 토지로부터 한 마디 항변이 들렸는가! 보라! 최근의 경성 식도원食道園의 보이 청년들의 스트라이크는 결국 유야무야하는 중에 참패해 버렸지 않은가!

이뿐만이 아니다. 조선청년운동은 아직 청년대중운동이 되지 못하고 사상단체의 영역에서 방황하고 있는 사실을 지적할 수 있다. 운동에 노동청년

이 참가하지 못할 뿐만 아니라, 운동의 양상이 아직 원시적으로 진행되고 있다. 보라! 조선 안에서만도 동물과 같은 지위에 신음하면서 아직 투쟁에 참가하지 않은 5, 6만의 청년노동자, 몇백만의 청년농민이 있지 않은가! 보라! 조선 대부분의 청년 단체는 아직도 사상 단체적 강령과 사상 단체적 투쟁양식을 그대로 지니고 있지 않은가!

1926년 말에 방향전환을 하고나서 조선청년대중의 정치적 자각성은 놀라울 정도로 높아져 청년운동의 양식은 어느 정도까지 정치화되어 가고 있다. 그러나 중국혁명의 일시적 좌절의 국제적 영향과 빈번히 선두적 지도자가 대량으로 검거되는 폭압에 의해 청년운동이 침체해가는 경향의 조짐을 최근 발견할 수 있다. 이러한 시류에 단호하게 항거해야만 한다.

운동이 전투적, 대중적으로 통일되지 않고서는 운동에 광범한 노동청년이 참가하지 않고서는, 또한 운동이 의식적, 구체적으로 수행되지 않고서는 조선청년운동은 거인과 같은 보조로 진전될 수 없다는 사실을 우리들은 잊어서는 안 된다.

세계대전의 위기는 실로 긴박하게 돌아가고 있다고 길가는 행인들까지도 소곤대고 있다. 그뿐만이 아니다. 사실 그것은 눈앞에 급박해 왔다.

세계사는 우리 조선청년운동에 위대한 사명을 부여하고 있다. 우리들은 시급히 이 지리멸렬해 있는 상태를 극복해나가야만 한다. 이처럼 이 시점의 조선청년운동의 객관적 정세 아래, 조선청년운동의 일부대이며 전투적 청년대중 단체인 본 동맹이 그 기관지로서 『청년 조선』을 창간하는 것은 실로 커다란 의의를 가지고 있다고 할 수 있다.

여기에서 또 미리 말해두어야만 하는 사실은 이 신문의 이름에 구애되는 독자가 있어서 이 『청년 조선』을 과거의 재도쿄조선 무산청년동맹회의 기관지였던 『청년 조선』과 동일하게 평가한다면 그것은 딱 지금의 재일본청년동맹을 이전의 무산청년회와 동일하게 평가하는 것과 같은 어리석음을 되풀이하는 것과 같다.

일전의 『청년 조선』은 고정적인 '사상의 창고'로서 만족했다. 따라서 그것은 형이상학적 고지대에서 방황하는 것으로 끝났다. 우리들은 그것을 배척하지 않으면 안 된다. 우리 기관지는 청년대중의 투쟁 속에서, 또는 투쟁과 함께 불투쟁의 선두에서 행동해주어야만 한다. 우리들은 정해진 목표도 없이 바람에 나부끼는 채로 유랑하는 낭인을 조소하지 않을 수 없다. 우리 기관지는 항상 일정한 노선을 따라 행동해야만 한다. 이 『청년조선』은 어떤 험난한 길이라도, 또 어떤 곤란한 여행이라도 가장 올바른 일정한 선을 걸어가야만 한다.

일정한 선이란 무엇인가! 우리 청년동맹의 위대한 역사적 사명을 수행하기 위한 엄숙한 객관적 과학적 방법에 의한 변혁적 행위의 도정 그것이다. 역사의 안내, 즉 이 선을 통해 우리 『청년 조선』은 그 무엇도 두려워하지 않고, 그 어떤 것도 주저하지 않고 당당하게 나아가야만 한다.

1929년 4월에 본 동맹의 제2회 전국대회가 개최됐는데 그 의안 및 슬로건이 공산주의적이라며 당국으로부터 선전물 분포금지, 강설중지를 당했다. 대회에서는 프로핀테른 제4회 대회의 결의에 의거하여 재일본조선노동총동맹 및 그 소속 조합의 청년부 조직에 대한 응원을 결정하고 이후 청년동맹은 해체 방향으로 향했다.

같은 해 6월에는 '다나카 반동 내각의 야만적 폭압에 철저적으로 항쟁하자'라는 제목의 격문 및 자위단 조직에 관한 지령 등을 하부에 배포했다. 또 폭압반대주간을 정해서 관헌에 대한 반대운동을 계속했으며, 연구회 등을 조직해 전위적 청년 양성에 힘썼다.

(7) 프롤레타리아 문화 활동

앞서 일부 언급했듯이 1910년대에는 『학지광』·『기독청년』·『여자계女子界』·『근대 사조近代思潮』가, 1920년대에는 『불령선인不逞鮮人』·『문화 신문文化新聞』·『척후대』·『대동공론大東公論』·『사상운동』·『대중 신문』 등 상당히 많은 재일조선인 단체의 기관 지지紙誌가 간행되어 민족적·사상적 계몽선전의 역할을 담당했다. 또한 민족운동의 이론적·학술적 연구가 이루어졌다.

1925년 8월, 서울에서 최승일崔承一, 박영희朴英熙 등에 의해 조선 프롤레타리아예술동맹(카프, KAPF)이 결성되었는데 그 사상적 통일은 이루어지지 않았다. 1927년 9월, 홍효민洪曉民, 이북만李北滿, 김두용金斗鎔, 장준석張準錫 등 재일조선인 문학예술가들도 참가했던 카프의 제2회 총회가 경성에서 개최됐다. 창작활동의 방향전환을 결정하고 무산계급의 예술운동은 무산계급운동의 일부문이며 정치투쟁을 위한 투쟁예술의 무기로서 '봉건적 및 자본주의적 관념의 철저적 배제, 전제적專制的 세력과의 항쟁, 의식층 조성운동의 수행'이라는 강령 아래 재편성되어 문학, 연극, 예술의 전문부서를 설치했다. 10월 2일에 도쿄 지부 발회식을 가지고 조선총독 폭압정치 반대 동맹, 검열제도 개정 기성期成 동맹, 일본의 동지적 단체에의 적극적 지지를 결의했다. 기관지『예술운동藝術運動』은 당시 경성에서는 출판단속이 엄중했기 때문에 도쿄에서 간행했다.

조선 프롤레타리아예술동맹 기관지, 『예술운동』(1927.11)

『예술운동』 제1호(1927년 11월 간행)
ㅇ 무산계급 예술운동에 대한 논강
ㅇ 무산계급 문예운동의 정치적 역할 · · · · · · · · · · · · · 박영희

○ 예술운동의 방향전환론은 과연 진정한 방향전환론이었나 ·· 이북만

○ 일본 프롤레타리아예술연맹에 대해 ···· 나카노 시게하루中野重治

○ 노농 러시아 혁명 10주년 기념 10월 혁명과 예술 혁명 ···· 장준석

○ 비판과 적발

○ 청년운동과 문예 투쟁 ··············· 이우적李友狄

○ 프롤레타리아 극장공연을 보고 ·········· 김무적金無敵

○ 신여성 자매들에게 ················ 윤시야尹詩耶

○ 일기 발초拔抄 ················· 홍효민

○ 노동자 위안회 잡감 ·············· 최병한崔丙漢

시란詩欄

○ 담量—1927 ··················· 박화朴和

○ 붉은 처녀지에 바치는 송가 ··········· 홍약명洪躍明

○ 본부 지부 각 기술부 보고

○ 소설(윤기정尹基鼎, 조중곤趙重滾)

○ 동화극(송영宋影)

『예술운동』 제2호(1928년 2월 간행)

○ 공식주의자의 견지를 양기揚棄하자 ········· 한식韓植

○ 예술운동의 출발점의 재음미 ··········· 김두용

○ 1월의 추억

○ 1928년을 어떻게 싸울 것인가

○ 신간회, 대중 신문사, 재도쿄조선청년동맹, 신흥과학연구회, 조선총독 폭
  압정치 반대동맹 등 일본 예술운동에 대한 단편적 검토 ···· 이북만

○ 일본 프롤레타리아예술 전국대회를 보고 ········ 장준석

○ 맹세를 굳건히(시) ············· 안찰남安札男

○ 밧줄綱 ············· 니시자와 타카지西澤隆二

○ 본지부 보고, 그 외 선언

○ 데몬스트레이션(소설) ············· 조중곤

한편 당 재건운동에서 활동하고 있던 고경흠高景欽은 1929년 5월, 김두

용, 이북만 등과 함께 재일조선인의 계몽을 목적으로 합법적 출판사 '무산
자사'를 조직하고 기관지 『무산자無産者』를 간행했다. 다른 한편에서는 카
프 도쿄 지부를 해체하고 무산자사에 합류시켜 『무산자』는 『예술운동』의
속간으로서 5월 제3권 1호, 7월 제3권 2호를 간행했다(이후 정확하진 않지
만 1930년 6월 최종호를 간행). 무산자사는 이 외에 팜플렛 등 대중출판물을
간행해 일본 및 조선 본국에 배포하고 당 재건의 운동 방향과 지도적 정치
이론 및 문학·예술의 대중화에 힘썼다.

『예술운동』의 후계지 『무산자』(1929.5)

『무산자』 제3권 제1호(1929년 5월 간행)

　ㅇ 노동절의 역사와 의의 · · · · · · · · · · · · · · 장두진張斗鎭
　ㅇ 범태평양연안 노동조합회의 제2회 대회에 대해서 · · · 선한종宣韓鍾
　ㅇ 모든 조선노동자에게 호소한다
　ㅇ 원산元山 xx적 노동자의 궐기 · · · · · · · · · · · · 김두용
　ㅇ 시(적포탄赤砲彈, 김맹金猛, 정용산鄭龍山, 나카노 시게하루)
　ㅇ 소설(최성수崔成樹, 신석연후石然)
　ㅇ 이동 연극 · · · · · · · · · · · · · · · · 이병찬李炳燦
　ㅇ 좌익극장 공연을 보고 · · · · · · · · · · · · · 한 노동기자

『무산자』 제3권 제2호(1929년 7월 간행)

무산자 팜플렛

제1집

제2집

제3집

위에 기술한 것 외에도 1920년대 후반이 되면『신흥과학』(전술)이나『현

계단現階段』, 『이론투쟁理論鬪爭』 기타 등등 노동조합기관지를 다수 간행했다. 그 내용은 실천과 결부된 사회과학적인 것이 주를 이루었다.

이론잡지 『현단계』 창간호(1928.3)

『현계단』 창간호(1928년 3월 간행)

○ 선언

○ 현하 국제정세에 대해서 · · · · · · · · · · · · · · · 스탈린

○ 비판의 절충주의-박문겸朴文兼 군에게 답한다 · · · · · · · · R생

○ 『조선운동』 발간 선언의 비판 · · · · · · · · · · · 김영두金榮斗

○ 조선은 어디로 가는가? · · · · · · · · · · · · · · 차태형車太形

○ 청년운동의 교육 코스에 대해서 · · · · · · · · · · 이두초李斗初

○ 마르크스주의사적 발전의 특징에 대한 약간의 고찰 · · · · · ·레닌

○ 자료 일본의 중국 xx에 대한 태평양노동조합 서기국의 항의

○ 폭압반대전국연맹 성명서

○ 일본농민조합 제7회 전국대회 선언

『현계단』 제2호(1929년 4월 간행)

○ 현계단의 조선 마르크스주의자의 임무 · · · · · · · · 황종한黃鍾漢

○ 무엇부터 시작해야만 하는가-공장을 중심으로 · · · · 남해명南海明

　재일조선인의 이른바 '불온' 전단지 압수는 1919~23년까지는 매년 1건 정도였던 것이 그 노동운동, 민족해방운동의 발전과 함께 1924년부터 차츰 증가해 1927년에는 53건, 1928년에는 108건으로, 출판 총금지 건수의 약 30%, 일반금지 선전 전단지의 50%에 달했다. 그 내용으로는 1927년 이전은 민족 내지 무산자의 해방문제가 주였으나 1927년 이후는 공산주의적 내용이 짙어져 "항상 대중의 훈련과 조직을 좌익화하고……조선 삼천리 강산에 혁명의 깃발을 나부끼게 하고……", "이로써 국가적, 경제적 독립을 기획한다." 등과 같은 내용이 되었다.[7]

4. 민족적·계급적 투쟁의 고양

1920년대, 재일조선인 운동은 조선 본국에서의 민족운동과 긴밀한 연계를 유지하여 그 지도 아래 민족해방운동을 전개했다. 또한 재일이라는 조건 아래에서 일본의 진보적 혁신세력이나 일본 노동운동과의 국제적 연대를 강화해 나갔다.

앞에서 기술했듯이 1920년대에는 사상 단체, 노동 단체가 잇따라 만들어져 일본 관헌의 차별적이며 가혹한 억압 아래에서도 민족적 권리의 옹호, 민족적 권리의 획득, 동일노동의 동일임금 획득을 위해 전투적으로 싸웠다. 정치·사상운동에서 학생, 종교가, 인텔리들의 주의, 주장은 가지각색이었지만 그들은 1920년대에는 대중운동, 노동운동과 결탁했다.

재일조선인의 노동운동은 일본의 노동운동에 보이듯이 경제적 요구에 주안을 둔 투쟁보다도 처해 있는 제조건 때문에 민족적, 정치적 성격이 강했다.

조선인노동조합은 일용 인부, 토공 및 중소 영세 공장노동자가 대부분이며 그 조직적 활동에는 많은 곤란이 동반되었다. 노동조합운동을 조직적으로, 지속적으로 발전시키는 일은 쉽지 않았다. 그러나 조선인 활동가

---

7) [원주] 「鮮人不穩宣傳ビラに就て」, 內務省警保局, 『出版警察報』第1號.

는 그러한 곤란한 조건 아래에서도 독자의 투쟁을 조직하고 일본인 노동자와의 공동투쟁을 적극적으로 추진했다.

관헌자료에 '내선 쟁투'라고 일컫는 조선인 노동자와 일본인 노동자의 투쟁이 토건 관계에 상당히 많이 있는데 그것은 민족차별정책으로부터 조장된 대립이며, 일본인 노동자의 배후에는 경영자, 자본가가 있었기 때문이다.

(1) 민족적 주체성을 지향하며

1920년, 조선에서는 최초로 정치 목적을 명확하게 밝힌 노동 단체 조선노동공제회가 결성되었다. 일본에서도 도쿄에서 조선고학생동우회, 교토에서 조선노동공제회, 고베에서 조선노동제진회 등이 결성되었다. 하지만 1922년에 이르러 계급적 입장을 명확하게 밝힌 조선노동동맹회가 결성되어 독자의 노동운동을 전개했다(전술함).

1920년 2월, 하치만八幡 제철소의 스트라이크 투쟁에서 조선인 노동자 김영문金泳文이 선두에 서서 방해를 배제하면서 스트라이크 돌입 신호의 비상 기적을 울렸던 일은 유명한 아사하라 켄조浅原建三의『용광로의 불은 꺼지다鎔鑛爐の火は消えたり』(1930)에 생생하게 서술되어 있다.

이 무렵, 홋카이도 탄광기선회사의 유바리 탄광, 만지万字 탄광 등에서 일하고 있는 조선인 노동자 약 7백 명이 전국갱부조합에 가입해 공동투쟁을 전개하고 있었다. 1920년 8월에는 전국갱부조합 유바리 연합회 조선인부朝鮮人部의 발회식이 이루어졌는데 일본의 노동조합 중에 조선인부가 만들어진 것은 이것이 최초라고 생각한다. 이때 양재각梁在珏, 조병일趙炳一,

김순복金順僕 등이 대표로 선출됐으며 양재각이 강설을 했다.[8]

전국갱부조합의 기관지 『노동신보勞動新報』 47호(1920년 8월 20일)에는 조선인 노동자의 조합 참가를 환영한다는 내용의 논문 「일본조선 노동자의 악수日鮮勞動者の握手」(가와이 에이조河井英藏)가 실려 있다. 여기에는 '일선 융합', '동화 정책'적인 사고방식이 혼입되어 있지만 "괴로운 자는 괴로운 자와 손을 잡는 법"이라며 조선·일본 노동자의 연대를 제기하고 있다.

5월, 후쿠오카 현 일본특허 기와 제조회사에서 조선인 직공 30명이 대우 및 임금문제로 일일 파업을 하고 공장에 돌입했는데 경관의 출동에 의해 8명이 검거되었다. 6월, 효고 현 대일본방적 아카시明石 공장에서는 직공 감독이 한 조선인 여공을 구타한 사건 때문에 조선인 직공 전체가 감독의 해고, 차별대우 철폐를 요구하며 일일 파업, 9월 야마구치 현 해군 연탄소에서 조선인 잡역인부 백 명이 임금 인하에 반대하며 이틀간 파업, 10월 가나가와 현 아타미 선熱海線 제3공구工區 청부의 사토구미佐藤組의 조선인 토공 2백 명이 임금지불 지연으로 파업, 12월에는 고치 현高知縣 하타군幡多郡의 난카이南海 수력전기회사 공사장에서 조선인 노동자가 감독의 횡포에 반대하며 들고 일어섰다.

1921년의 대표적인 노동쟁의는 2월, 효고 현 무코 군武庫郡 오쇼 촌大庄村에서 조선인 토공 40명이 일본 관헌과 충돌했고, 6월 교토 시 합자회사 교토 제지소에서 조선인 직공 20명이 결속해 식사제공의 차별대우에 항의하며 파업, 12월 도치기 현栃木縣 아시카가 군足利郡의 산포山保 모직회사에서 조선인 직공 26명이 임금문제로 쟁의를 일으켰다.

1922년은 전술했듯이 사상 단체 북성회를 비롯해 조선노동동맹회(도쿄,

---

8) [원주] 二村一夫,「全國坑夫組合の組織と活動」(三), 法大大原社會問題硏究所,『資料室報』185號.

오사카)가 조직되어 재일조선인 노동자의 계급적·민족적 자각이 갑자기 높아져 운동은 한 단계 고양됐다. 재일조선인 운동은 그때까지 인텔리, 학생, 종교가들을 선두로 이루어져 왔지만 1920년대 이후는 조선 본국에서와 마찬가지로 노동자 계급을 중심으로 전개하게 되었다. 또 일본 노동운동의 성장, 일본공산당의 성립과 더불어 공동투쟁과 연대가 강화되었다.

일본공산당의 1922년 테제 초안에는 '조선, 중국, 대만, 사할린 등의 군대의 철퇴'가 들어가 있다.

이 해 봄부터 여름에 걸쳐 시나노가와 상류의 신에쓰 수력전기회사발전소 공장에서 일하고 있던 조선인 노동자 약 6백 명은 오쿠라구미(타코베야)에 의해 중노동으로 혹사당해 수십 명이 학살되어 시나노가와에 버려지는 사건이 발생했다. 재도쿄 조선인활동가였던 김약수, 나경석 등은 다카쓰 마사미치, 고마키 오우미小牧近江 등의 협력과 『동아일보사東亞日報社』의 응원을 얻어 시나노가와 학살사건조사회를 만들어 내무성 당국에 항의함과 동시에 실지답사를 하고 그 진상보고 강설회를 개최했다.

신에쓰信越 전력공사장 학살의 보도(『요미우리読売』, 1922.7.29.)

같은 해 9월, 시나노가와 학살문제 대강설회에는 약 천명이 모여 정운해鄭雲海, 나경석, 박열, 김종범, 신영우申榮雨, 백무, 고마키 오우미 등이 규탄연설을 했는데 '불온'한 점이 있다고 하여 백무 등 8명이 경찰에 검거되고 해산당했다.

박열은 강설에서 "타코베야 조직의 불완전함과 그 대우는 비인도적이며 이와 같은 반인도적 행위는 항상 공사판 감독들(폭력단 우두머리들)의 향응을 받고 있는 세 명의 순사에 의해 계속 조장되어 온 것이다."라고 고하고 있다.[9]

이 시나노가와 학살사건을 계기로 재일본조선인 노동자 상황조사회를 만들어 9월 말에는 홋카이도, 규슈 그 외 각 지역 광산, 공장 등의 조사보고에 대한 재도쿄 조선인대회가 개최되었다.

『전술前術』 9월호에는 '타코베야 문제'로 시나노가와 학살사건을 쫓아 그 중대함을 지적함과 동시에 '일선 노동자의 단결'을 강조했다. 또 『아시아 공론亞細亞公論』(1922년 10, 11월호)에서는 이 사건에 관한 특집을 구성해 니이 이타루新居格를 비롯해 각계로부터의 비판을 모으고 있다.

이 해의 노동쟁의로는 2월에는 1월부터의 교토 제지소에서 조선인 직공 32명의 대우 개선 요구, 6월에는 후쿠오카 현 가이지마貝島 만노우라満之浦 제2갱에서 조선인 광부 약 50명이 대우문제로 투쟁했고 그중 30명이 검거되었다. 7월은 오사카 부 기시와다 방적 하루키春木 공장에서 조선인 여직공 271명이 일본인과의 차별대우에 반대하며 삼일 파업, 효고 현 다키 제비製肥 공장에서 조선인 직공 31명이 대우 개선을 요구했고, 8월에는 홋카이도 신유바리 탄광에서 조선인 광부 58명이 채탄 운반에 관해 증수 목적의 요구를 제출했다. 이 외에 일본인 노동자와의 충돌사건으로는 후쿠오카 현 신뉴 탄광에서 조·일 광부의 난투, 9월 효고 현에서 집을 빌리는 문제로 난투가 발생해 사상자까지 나왔다. 또 아타미 철도 공사에서

9) [원주] 졸저 『조선인 강제연행의 기록朝鮮人强制連行の記錄』.

도 조·일 토공의 반목사건이 발생하고 있다.

이 해에 도쿄 노동절에는 처음으로 조선고학생동우회 회원을 비롯한 조선인 노동자 약 30명이 참가하고 송봉우宋奉瑀, 백무 등이 강설해 청중에게 감명을 주었다. 『전술』 6월호에는 그해 노동절의 특필할 만한 것으로 조선인 노동자의 참가를 들고 있다.

1923년에 들어와 기근, 실업 등 생활난 때문에 1~6월의 반년간 약 7만 명의 조선인이 일본에 도항했다.

이 해 도쿄, 오사카 조선노동동맹회에 조직된 조선인 노동자는 일본 노동총동맹이나 각 노동 단체 주최의 과격사회운동법안 등 2개 법안의 반대운동에 적극적으로 참가했다. 또한 노동절 집회에는 도쿄에서는 '식민지해방'을 결의했고 오사카에서는 '일본·조선 노동자 단결하자'는 슬로건을 내걸고 도쿄, 오사카, 요코하마橫浜 등 각 지역에서 재일조선인이 참가했다. 도쿄 집회에서는 관헌의 태도가 횡포의 극에 달해 조선인으로 보이면 한 명도 빠짐없이 검거하려고 해서 장내는 살기가 가득했다고 전해진다.

이 해 4월 도쿄에서는 도쿄조선유학생 학우회 주최로 조선인 학생·노동자연합 춘계운동회가 성대하게 열렸다. 또 6월에는 도쿄재주조선인 노동자대회를 비롯해 각 지역에서 조선인 간친회, 운동회 등이 개최되어 재일조선인의 민족적 단결을 강화해 나갔다.

간토 대지진 학살에 대한 항의

1923년은 재일조선인에게 있어 간토 대지진 학살사건의 희생자가 발생한 한 해였다. 이 사건은 조선독립운동과 일본의 혁명운동에 공포를 느낀 일본 관헌 당국이 지진 때의 혼란함을 이용해 '조선인 습격'이라는 선동적 악선전을 날조해 지방장관에게 통달하여 발생한 사건으로 도쿄, 가나가와, 사이타마埼玉, 지바千葉 등에 거주하던 무고한 조선인 약 6천 명이 군대와 경찰, 관헌 당국의 사주를 받은 자경단에 의해 학살당했다. 일본정부 당국은 이 학살사건에 대해 자경단원의 일부를 체포해 재판을 열고 증거불충분으로 무죄 판결을 내렸을 뿐 지금까지 그 진상을 밝히고 있지 않다. 뿐만 아니라 그 어떤 책임 있는 조치도 취하고 있지 않다.

재일조선인은 9월 말, 백무, 변희용, 한위건, 박사종 등 북성회, 도쿄조선 기독교청년회, 천도교청년회 간부가 발기인이 되어 조선인 박해사실 조사회를 만들어 많은 방해와 곤란을 극복하고 조사를 실시했다. 같은 해 12월 말에는 일화일선日華日鮮 청년회관에서 재도쿄조선인대회를 개최해 다음과 같은 내용의 성명을 발표했다.[10]

> 1. 피학살조선인은 2,611명이다(11월 말까지의 조사).
> 2. 지진 당시 조선인에 의한 범죄사실은 전혀 없다.
> 3. 유언비어의 출처는 일본정부 당국이다.
> 4. 유언비어의 동기는 일본 인민의 동요를 방지하고 조선·일본 무산계급
>   의 분리를 꾀하기 위한 정략이다.
> 5. 유언비어의 전파자 또한 일본정부 당국이다.

후세 타쓰지, 야마자키 케사야山崎今朝彌 등 자유법조단과 일본 노동총동맹 등에서는 조선인 학살에 대해 정부 당국에 항의했다. 또한 요시노 사쿠조吉野作造, 가네코 요분金子洋文, 에구치 칸江口渙 등은 집필 활동으로, 다부치 토요키치田淵豊吉, 나가이 류타로永井柳太郎, 요코야마 카쓰타로橫山勝太郎 등은 의회에서 이 문제를 추급했다. 대부분의 일본인은 조선인 학살에 대해 동정적인 생각은 가지고 있었지만 항의운동까지는 일어나지 않았다. 그리고 학자, 문화인 등 많은 인텔리는 학살사건을 문제시하

---

10) [원주] 朝鮮總督府, 『在京朝鮮人狀況』, 1924.

지 않았으며, 신문 등의 매스컴은 대대적으로 '조선인 습격'을 비롯한 유언비어 선전을 보도하고 그 후 이에 대한 책임을 밝히고 있지 않다.

오스기 사카에大杉榮 등 일본인 사회주의자 학살사건은 당시 큰 사회문제로 거론되었으나, 대량의 조선인 학살사건은 흐지부지하고 마는 민족차별이 일본 사회를 뒤덮고 있었다.

간토 대지진 때의 조선인 학대 연행(1923.9)

1923년 조선인 노동자의 투쟁으로는 1월에 시모노세키下關 재주의 조선인 유리직공 40여 명이 신년연회에서 일본인에 대한 요구 항목을 결의했으며, 나라 현 기타이코마 촌北生駒村에서 오사카 토지개간회사의 노동자 40여 명이 토목청부업자의 집을 덮쳐 일본인 노동자와 싸웠다.

7월에는 이바라키 현茨城縣 구지 군久慈郡에서 스이군 선水郡線 공사중이던 조선인 토공이 공사청부인의 집을 덮쳤고, 11월 도바타 시戸畑市 아사히旭 유리회사 마키야마牧山 공장에서의 노동쟁의에는 조선인 노동자도 참가했다. 12월 효고 현 무코가와武庫川 개수 공사중이던 조선인 토공 250명은 일본인에게 공동입욕을 거절당해 분쟁이 일어났다.

이 외에 오이타 현大分縣 오노 군大野郡 규슈 수력발전소 공사장(1월), 홋카이도 만지 탄광(3월), 후쿠오카 현 기쿠 군企救郡 히가시타니 정東谷町의 석탄채취장(4월), 오사카 시 니시 구 시칸지마(6월), 지바 현 히가시카쓰시카 군東葛飾郡 쓰카다 촌塚田村 호쿠소北総 철도공사장(6월) 등에서는 조선인, 일본인 노동자의 충돌분쟁사건이 일어났다.

1924년에는 조선인 도항자가 격증해 많은 조선인 단체가 새롭게 조직되어 조선인의 자주적인 노동운동과 공제운동이 차츰 활발해졌는데, 이 무렵부터 재일조선인의 민족해방운동은 대중적으로 추진되었다고 할 수 있다.

2월 1일의 『동아일보』 사설 「민족적 경륜」에 대한 반대운동은 앞서 서술한 바 있다. 3월 1일 독립운동기념일에는 도쿄조선유학생 학우회, 조선노동동맹회, 북성회, 무산청년회 등의 주최로 강연회가 열렸는데, 백무 등의 강연을 '불온'하다고 중지시키고 4명을 검거했다. 3월 16일의 조선노동동맹회와 일본 노동총동맹이 주최한 '간토 대지진 피학살 일본·중국·조선 노동자 합동추모회'에는 조선인 노동자 및 학생을 비롯해 출판종업원조합공성회, 시바우라芝浦 노동조합, 일본학기회日本學技會, 자유노동연맹 등에서 일본인 노동자 약 350명이 참가했다. 이때 백무, 김천해 등 조선인 대표가 조선인 학살사건에 관해 일본정부 항의에 대한 지원을 일본 노동총동맹 측에 제의했지만 소극적 태도였다.

이 해의 노동절 집회에는 도쿄, 오사카에서 조선노동동맹회의 조선인 대표가 정식으로 참가했는데 '식민지 해방'의 슬로건은 주최 측에 의해 불결되었으며 조선인 대표위원도 위원회 출석을 거부당했다.

6월에는 오사카에서 조선인차별철폐 연설회가 개최됐고, 8월에는 역시 오사카에서 조선 무산자사회연맹이 오사카 조선노동동맹회 간부와 상호 모의하여 삼일三一무산청년회, 오사카 조선유학생 학우회, 사카이 조선노동동지회 등을 규합해 일본 노동총동맹 오사카연합회, 수평사 등의 응원 아래 조선인 언론집회압박 탄핵 대연설회를 개최했다.

11월, 삼일무산청년회가 고베에서 식민지 해방 강연회를, 12월에는 오사카에서 약소민족해방 연설회를 열고 조선노동자의 규합, 무산계급의 해방을 고창하여 해산처분을 당했다.

1924년의 조선인 노동자 투쟁으로는 1월의 히로시마 현 구레 시吳市 미즈노구미水野組의 조선인 토공 3백 명이 임금 3할 인상 요구, 2월의 가나가와 현 지가사키 정茅ケ崎町 스마이 촌相撲村 자갈회사에서 인부 감독 설치 반대운동을 일으켜 조선인 노동자 19명이 참가, 도쿄 관할 오자키 정大崎町 도요 건재공업소에서 임금 인상 쟁의, 3월 효고 현 마스다增田 제분회사에서 대우 개선 요구쟁의에 조선인 노동자 참가, 4월 도쿄 시외 히라쓰카 촌平塚村 도요 건재회사에서 조선인 직공 60여 명이 임금 인상, 민족차별철폐를 요구하며 파업, 6월 효고 현 던롭 고무회사 쟁의에 조선인 직공이 참가하고 대표 한 명이 선동적 선전 연설, 8월 오이타 현 나오이리 군直入郡 다마라이 정玉來町에서 철도 공사중이던 조선인 토공이 임금 인상 파업, 11월 군마 현群馬縣 다노 군多野郡 다고 촌多胡村에서 조선인 토공 파업, 12월 기후 현岐阜縣 도키쓰 정土岐津町에서 주부中部 전력회사 청부인의 임금 미지급에 반대해 조선인 토공의 시위, 12월 도쿄 관할의 교쿠난玉南 철도 공사중인 조선인 토공이 임금 미지급에 반대해 파업, 또 쓰치우라土浦 토건업 후지가와구미藤川組 소속의 조선인 노동자 80여 명이 임금 지급 기일연기 반대운동을 일으켰다.

그리고 이 해에 야마구치 현 쓰노 군都濃郡 후쿠가와 촌福川村 도로 공사장, 가나가와 현 고우즈國府津의 철도선로 수리 공사장, 야마나시 현 교사이峽西 전력 회사 제2공장, 그 외 오다와라 정小田原町, 쓰치우라 정土浦町 재주 조선인 토공과 일본인 토공의 분쟁사건이 있었다.

(2) 민족독립의 깃발 아래에

1925년에는 전술했듯이 조선 본국에서 조선공산당, 고려공산청년회가 성립했고 민족해방운동, 노동자·농민운동이 급속히 발전했던 해였다. 일본에서의 재일조선인 운동도 일월회, 재일본조선노동총동맹이 결성되어 조직적이고 대중적인 민족운동을 전개해 나갔다. 일본인 노동자와의 공동투쟁, 연대는 여러 가지 약점을 포함하고 있었지만 보다 대중적인 확산이 이루어졌다.

1월에는 오사카에서 재일조선인 단체의 차별적 단속문제에 대한 규탄대회가 열렸다. 도쿄에서의 3월 1일 독립운동기념일 투쟁은 학우회, 여자학흥회, 형설회螢雪會, 조선노동총동맹, 일월회, 무산청년동맹의 주최로 계획됐다. 사전에 준비했던 선언문, 3·1 노래의 인쇄물과 국기, 깃대 등이 개회 전에 압수당했지만 약 250명이 불교청년회관에 참집해 기념식을 거행했다. 식중의 발언 중에서 '민족적' 운운이 공안을 어지럽힌다고 해서 해산당해 다시 야스쿠니 신사靖國神社 경내에서 야외 집회를 시도했으나 142명의 다수가 검거되었다.

이 해의 노동절 집회는 도쿄, 오사카, 사카이 등 각지에서 대대적으로 전개됐다. 도쿄에서는 재일본조선노동총동맹, 일월회 등에서 선언문 약 2천장을 준비해 각지에 송부하고 당일에는 약 120명이 참가해 대표 홍인표洪仁杓가 연설을 했다. 오사카에서는 오사카조선노동조합이 노동절 슬로건 등을 준비해서 370명이 적극적으로 참가해 대표 연설을 진행했다. 사카이에서는 조선노동동지회, 조선노동청년단, 자유노동단이 노동절 슬로건으로 치안유지법 철폐, 일선노동자 단결하자, 조선노동자의 임금차별철폐, 조선 다이쇼 8년(1919) 제령 철폐 등을 내걸고 참가했다(오사카 노동절에서는 주최자 측에 의해 상기 임금차별철폐 이하의 슬로건을 불채용).

1910~20년대, 조선에서는 가뭄과 수해가 계속되어 기근이 빈발했다. 1924년의 가뭄에 이어 1925년에는 경기도에서 큰 홍수가 발생했다. 같은 해 7월, 도쿄에서는 재일본조선노동총동맹 본부 내에 기근 및 수재 구제부를 설치함과 동시에 시바芝 공원 협조회관에서 재일본조선노동총동맹, 일월회, 일본의 정치연구회, 일본 노동총동맹, 도쿄 시전 자치회 등 11개 단체 주최로 조선 수해 이재민 구제 연설회를 개최(약 3백 명 회집), 조선총독부 구호시설의 불철폐 및 일본 신문의 냉담함을 규탄하고 일본·조선 무산계급의 단결을 강조했다. 그 후 이 문제를 간토노동조합 회의에 제기해 '조선 수해 기근 구제위원회'를 조직하고 성명서, 격문 등을 작성 및 배포하여 9월 1일을 기하여 구제 캠페인 등의 구원 운동을 전개했다.

또 오사카에서는 7월, 오사카조선노동조합, 오사카조선유학생 학우회, 조선 기독교회 등에서 '조선 내지 수해 구조회'를, 사카이 시에서도 이에 대항해 사카이 조선노동동지회, 오사카의 조토·니시나리 조선노동조합 등에서 '조선 대수해 동포 구원단'을 조직했는데 이후 이 양측은 합동해서 '조선 대수해 이재 동포 구원단'으로 모금 운동을 실행했다. 그리고 8월에는 일본인의 수평사, 문명비판사 등 6개 단체와 조선인의 사카이 조선노동동지회, 조토 조선노동조합 등 4개 단체가 합동으로 수해 이재 동포 구제 연설회를 개최해 '일선 무산자 제휴'의 첫 발언을 했다.

이 해에 지진 3주년 기념투쟁으로 도쿄, 요코하마 등에서 추모회가 열렸다. 도쿄에서는 9월 24일 조선노동총동맹, 일월회 등 7개 단체의 주최로 정치연구회, 간토 지방평의회 등도 참가해 참가자가 약 8백 명 정도였다. 강단에는 '통곡 지진 당시 피학살 동포'라고 쓴 흰 천이 걸렸으며 추모문은 모두 '언어 비창言語悲愴'으로 '불온이 격심해 치안에 해를 입힌다'고 해서 변사 23명 중 15명이 연설을 중지당했고, 안광천 등 6명이 검거당해 해산되었다. 요코하마에서는 9월 5일 요코하마 조선합동노동조합의 주최

로 요코하마 자유노동조합 관계의 일본인과 함께 도베戸部 클럽에서 추모
회를 개최했다. 그러나 여기에서도 현수막이나 연설 내용이 불온하다고
하여 연설 중지, 해산을 명령받아 다음날인 6일에 다시 개최했으나 이 역
시 해산당했다.

같은 해 초에 오사카의 조선 무산자사회연맹의 회원 고경흠 등은 조선
여공보호회를 조직하고 여공의 대우 개선과 그 권리 옹호를 지향하며 방
적여공의 대우 개선과 그 외 분쟁 문제의 해결에 노력했다.

1925년에는 반동 공세가 강화되어 3월에는 치안유지법이 성립하고 군
국주의적 경향이 노골화되어 가는 한편, 일본의 노동운동도 분열화 되어
갔다. 혁명적인 일본 노동조합평의회가 결성되어 노동자 계급의 이익을
지키기 위해 투쟁했다.

오타루小樽 고등상업학교 군사교련 사건 탄핵

같은 해 10월 15일, 오타루 고등상업학교의 군사교련에서 무정부주의
단이 '불령선인'을 선동해 폭동을 일으켰다는 상정문이 만들어졌는데 이는
지진 시의 테러를 재연시키려고 했던 것이어서 오타루 재주 조선인은 오
타루 고상사연高商社研, 오타루 노동조합, 정치연구회와 함께 즉시 항의규
탄운동을 벌였다. 대표들은 오타루 고등상업학교를 방문해 항의했으나 학
교 당국은 대외적 표명을 거부했기 때문에 1월 25일 오타루 총노동조합,
조선인 친목회 유지, 정치연구회 오타루 지부, 정치연구회 삿포로札幌 지
부, 호쿠초 신포샤北潮新報社. 청년동맹의 이름으로 책임 추급의 질문서를
제출해 군사교육 반대, 고등상업학교 규탄을 개시했다. 이어서 오타루 고
등상업학교 학생 유지의 이름으로 전국 학생에게 격문이 배포되었다.

재일조선노총은 도쿄 조선 무산청년동맹, 일월회, 삼월회, 무산학우회,
형설회, 흑우회, 학우회, 여자학흥회 등 재일 여러 단체와 협력해 군사교

육 탄핵운동을 이어나가고자 했다. 우선 대표자 협의회를 열어 '일본 무산계급에게 건넨다'라는 제목의 다음과 같은 격문을 재일조선노총의 이름으로 발표했다.

일본 무산계급에게 건넨다

오타루 고등상업학교에서는 군사교관 스즈키鈴木 소좌의 지휘 아래 지난 15일 다음과 같은 상정 아래 군사교육 야외훈련을 시행했다.

(1) 10월 15일 오전 6시 덴구다케天狗岳를 중심으로 급작스러운 대지진이 발생해 삿포로 및 오타루의 가택 대부분이 붕괴되고 여기저기에서 화재가 일어났는데 때마침 서풍에 불기운이 강해 현재 오타루 시민은 인심이 흉흉해 그 향하는 곳을 알지 못한다.

(2) 무정부주의자단, 불령선인을 선동해 이 일을 기회로 삼아 삿포로 및 오타루를 전멸시키고자 오타루 공원에서 획책하고 있음을 안 오타루 재향군인단은 즉시 분기하여 그들과 격투를 벌여 동쪽으로 격퇴했으나 적은 고지대의 험준함을 이용해 완강히 반항하여 살이 튀고 뼈가 부러져 선혈로 만산이 단풍든 것처럼 변해도 맹렬한 기세로 돌격하며 한 걸음도 물러나지 않으므로 추격은 일시 중단되었다.

(3) 오타루 고등상업학교 생도대에 응급 준비 명령이 내려와 해당 생도대는 오전 9시 교정에 집합해 대대를 편성했다. 그 임무는 재향군인단과 협력해 적을 절멸시키는 것이다(『도쿄니치니치東京日日』 기사).

요컨대 조선인 ㅇㅇ의 연습을 실시했던 것이다. 이에 우리들은 일본의 각 학교에서 군사 교육이 어떠한 성격의 것인가를 알 수 있다.

우리들에게는 재작년 지진 당시의 기억이 여전히 선명하다. 그리고 우리들은 그때, 조선인에게 가해진 ㅇㅇㅇ이 얼마나 계획적인 것이었으며 또한 그 계획이 어디에서 나온 것인지를 잘 알고 있다.

일본의 무산계급 제군! 제군은 현재 일본군사교육 상의 저 상정이 어떻게 재작년 지진 당시의 그 사실과 관련되어 있는지를 쉽게 이해할 것이다.

우리들은 원래부터 일본의 부르주아지가 우리들에게 정의로서 대해주는 일을 기대하지 않는 것이다. 지진이 있었던 재작년에 조선인을 ○○하고 지진이 없는 현재 지진을 상정하여 조선인 ○○을 연습하는 일이 타락한 그들에게는 정당한 일처럼 생각될지도 모른다.

그러나 우리들은 일본의 무산계급 제군에게 호소한다.

제군은 이 죄악에 대해 무산계급적 태도를 보여달라!

제군은 부르주아 일본인과 똑같은 일본인이 아니라는 사실을 보여달라!

1925년 10월 23일

또한 재일조선노총은 조선 내에서의 여론을 환기하기 위해 다음과 같이 9개 단체의 이름으로 그 진상을 폭로하는 성명서를 발표했다. 그리고 대표 2명을 오타루에 파견해 규탄운동을 응원했다. 11월 1일에는 와세다 스콧홀에서 재일동포를 중심으로 한 9개 단체 연합회 주최의 오타루 군사교육 사건 규탄 대연설회를 열었다.

성명서(원문 조선어)

일본 오타루 고등상업학교에서는 1925년 10월 15일, 다음과 같은 상정 아래 군사교육 야외연습을 실시했다.

(1) 10월 15일 오전 6시 덴구다케를 중심으로 급작스러운 대지진이 발생해 삿포로 및 오타루의 가택 대부분이 붕괴되고 여기저기에서 화재가 일어났는데 때마침 서풍에 불기운이 강해 현재 오타루 시민은 인심이 흉흉해 그 향하는 곳을 알지 못한다.

(2) 무정부주의자단, 불령선인을 선동해 이 일을 기회로 삼아 삿포로 및 오타루를 전멸시키고자 오타루 공원에서 획책하고 있음을 안 오타루 재향군인단은 즉시 분기하여 그들과 격투를 벌여 동쪽으로 격퇴했으나 적은 고지대의 험준함을 이용해 완강히 반항해 살이 튀고 뼈가 부러져 선혈로 만산이 단풍든 것처럼 변해도 맹렬한 기세로 돌격하며 한 걸음도 물러나지 않으므로 추격은 일시 중단되었다.

(3) 오타루 고등상업학교 생도대에 응급 준비 명령이 내려와 해당 생도대는 오전 9시 교정에 집합해 대대를 편성했다. 그 임무는 재향군인단과

협력해 적을 절멸시키는 것이다.

이는 다시 말해 군사교육 당국자가 학생을 무장시켜 조선인 및 무정부주의자의 '섬멸'을 공공연하게 연습시킨 것이다.

이러한 상정은 결코 근거 없는 우연한 입안에서 나온 것이 아니다.

우리 조선인들에게는 4천 형제의 피로 물들었던 재작년 간토 대지진 때의 기억이 아직도 새롭다. 우리들은 그때 우리들에게 가해진 모든 죄악이 얼마나 조직적이었는지를, 그리고 그 조직적 죄악의 암시적 지휘가 어떠한 획책으로부터 나왔는가를 잘 기억하고 있다.

재작년의 일을 회상하고 또 이번 오타루 고등상업학교 군사교육 야외훈련을 보면 일본 군사교관을 채용하는 이 상정을 어떻게 한 편의 공문空文으로 볼 수가 있겠는가. 후자는 전자의 반복을 위한 연습이며 전자는 후자의 동기이자 목적이다. 즉 재작년에 우리들을 실제로 '섬멸'해 본 그들은 이제는 우리들을 상정에 올려놓고 '섬멸'을 연습하고 장래에 대비하고 있는 것이다.

이것이 우리들에 대한 민족적, 계급적 폭거, 모욕이 아니고 무었이겠는가. 우리들은 이처럼 점점 대담해져 가는 그들의 폭거와 모욕에 대해 묵과할 수가 없다. 그들의 상정 중에 기록된 '살이 튀고' '뼈가 부러져' '선혈로 만산이 단풍든 것처럼 변해도' 등의 문구에서 스스로 배워야 할 부분을 발견한 것이다.

막대한 군인을 갖추고, 무수히 많은 경찰을 갖추고 또한 도처마다 재향군인단을 갖추고 국수회國粹會, 적화赤化 방지단, 어용청년단을 갖춘 일본이 그 위에 소위 군사교육을 실시해 전국의 학교까지도 진영으로 삼은 의미는 원래부터 명백한 것이다. 이에 대해 자각 있는 일본 민중은 도처에서 분기하여 극력 반대했음에도 불구하고 이를 감행한 그들의 음모는 실로 증오해야만 하는 것이었다. 오타루 고등상업학교의 야외연습은 기실 일본의 군사교육의 음모적 정체의 일면을 적나라하게 폭로한 것이다.

따라서 우리들은 조선인의 입장에서 또 계급적 입장에서 오타루 상업고등학교 사건에 대해 여론을 환기시킴과 동시에 일본 ○○의 근본 죄악을 성토해야만 함을 성명하는 바이다.

1925년 10월 26일
재일본조선노동총동맹 재도쿄무산청년동맹회 무산학우회 형설회 일월회
삼월회 학우회 흑우회 학흥회

10월 28일에는 도쿄의 협조회관에서 일월회, 재일본조선노동총동맹
주최, 전일본학생사회과학연합회, 정치연구회, 자유법조단, 각 노동조합
등의 후원으로 '군사교육 규탄 연설회'를 개최, 약 850명이 참가해 '일본
정부의 군사교육은 계급적 음모이며 오타루 고등상업학교의 상정 사건은
그 폭로'라고 규탄해 관헌에 의해 '불온'함을 이유로 해산당했다.

또한 도쿄에서는 도쿄대, 와세다대를 비롯한 각 대학에서 항의운동이
전개되었다. 요코하마에서는 요코하마 조선합동노동조합, 시전공화회市電
共和會, 노동공성회, 해원海員조합 요코하마 지부 등에서 군사교육 반대동
맹 요코하마 협의회가, 오사카에서는 재일조선노총 오사카 연합회가 일본
노동조합평의회 오사카 지방평의회, 전국 수평무산자동맹 등의 일본인 단
체와 함께 군사교육 반대 성명서를 발표했다.

1925년의 조선인 노동자의 노동쟁의는 46건, 참가인원 1,075명으로
전년의 29건에 비해 비약적으로 증가했다. 쟁의를 원인별로 살펴보면 임
금지불 요구 18건(650명), 임금 인하 반대, 임금 인상 요구 6건(271명), 해
고 직공 복직 요구 2건(348명), 해고 수당 요구 1건(38명), 기타 19건(82명)
이다. 쟁의 형태로는 파업 5건, 태업 3건, 절충 38건, 쟁의 결과는 요구
관철 6건, 양보 타협 18건, 요구 철회·고용주 거절 2건, 경찰·제삼자 중
재 19건, 미해결 1건이다.

대표적인 노동쟁의에는 하치오지八王子 시외市外 유기 촌由木村 교쿠난 철
도 공사중인 조선인 토공, 임금 미지급으로 감독을 구타(1월), 가나가와 현
고우즈 정에서 조선인 토공, 임금 미지급으로 공사 감독의 집에 난입(3월),

하치오지 시 교쿠난 철도 공사중인 조선인 토공, 임금 미지급으로 철도 습격(4월), 이시카와 현石川縣 쓰루기 정鶴来町 정영町營 발전소에서 조선인 토공, 임금 미지급으로 항의(11월), 도쿄 무코지마 구向島區 스미다가와 정철소에서 조선인 노동자와 일본인 노동자 약 80명이 벌금제도 철폐, 임금 2할 인상, 조선인의 임금을 일본인과 동등한 임금으로 해달라고 요구하며 쟁의(12월) 등이 있다.

또 오다와라 정(4월), 사이타마 현 가스미가세키 촌霞ヶ關村, 가와구치 정川口町, 이바라키 현 이바라키 수력발전소, 후쿠시마 현 반에쓰토 선磐越東線 모우기 역舞木駅(5월), 아마가사키 시尼ヶ崎市(7월), 오사카 시 항구, 시즈오카 현 단나丹那 터널, 오타루 항(8월), 히로시마 시 무라오村尾 철도 작업장, 도쿄 관할 다마 촌多摩村 자갈 채취장, 도쿄 관할 스나 정砂町 가메타카亀高 운하 공사장(10월) 등에서 조선인·일본인 노동자의 쟁의가 일어났다.

이 해에 조선·일본 노동자 분쟁은 116건으로 그 원인은 업무상 31건, 감정, 언어불통 26건, 치정 2건, 만취 14건, 기타 43건이다.

재일조선노총의 활동

1926년에는 연초부터 노동조합법안, 노동쟁의조정안, 폭력행위 등 처벌법안 등에 대한 3법안 반대운동이 전개되었다. 재일조선인 노동자에게 있어서도 도쿄에서 간토 조선 무산계급 단체협의회에서 반대결의(1월), 간토 노동조합 주최의 반대 대회, 오사카에서의 오사카 노동조합회 주최의 반대 대회(2월)에 참가했다. 이 해의 노동절 집회에는 전년에 비해 다수의 조선인 노동자가 참가해 '불온' 행동이 있다는 이유로 도쿄, 오사카, 사카이 시에서 합계 35명이 검거됐다.

매년 민족적 단결과 투쟁의 날로 여겨지고 있는 3·1 기념일에는 도쿄

조선유학생 학우회 주최로 250명이 집합해 만세를 외치려고 했다는 이유로 해산당했다. 지진 기념일에는 도쿄, 요코하마, 오사카, 효고 등에서 추모회가 열렸다. 도쿄에서는 9월 1일 조선 기독교청년회, 5일 천도교天道敎 도쿄 종리원宗理院, 28일 도쿄조선유학생 학우회 각 주최로 열렸으며 '수천 동포는 왜 죽어야만 했는가' 비참함을 호소하고 '우리들의 동포를 살해한 것은 정복자, 피정복자의 관계로부터 초래됐다', '일본제국주의의 총검 아래 학살당했다'고 외쳤기 때문에 해산명령이 내려오고 19명이 검거되었다.

같은 해 4월 말, 이씨 왕조의 마지막 국왕 순종純宗이 서거해 조선에서는 6월 10일 국장일을 기해 독립운동을 전개했는데, 도쿄에서도 유학생학우회를 중심으로 독립시위운동을 계획했다. 그러나 사전에 주최위원 6명이 검거돼 계획은 중지되었으나 중지된 것을 모르고 아오야마 회관에 참집했던 민중 약 1,500명의 자연집회가 되어 '불온' 행동을 이유로 23명이 검거됐다.

<표 4> 재일조선인 노동 단체 일람(1926년 말 현재)

				회원수	간부 성명
재일본조선 노동총동맹 9,900명 이헌 남대관	도쿄東京 -간토關東 조선노동연합회 1,400명 김천해 최무일 김윤수	도쿄	조선노동동맹회	96	박무 한대철
			간토조선 노동일심회一心會	600	김윤수 이수철
			도쿄조선 노동공생회	80	이지영 김상철
			조선합동 노동조합	250	이도 최석선
			조선합동 노동조합 지부	47	문철 서광해
			도쿄조선노동조합	175	남영우 김정국
			조선적성赤星노동조합	70	이광춘 고홍

				회원수	간부 성명
재일본조선 노동총동맹 9,900명 이헌 남대관	도쿄東京 -간토關東 조선노동연합회 1,400명 김천해 최무일 김윤수	도쿄	조선노동회	70	김청풍 최세창
			동흥東興 노동동맹회	42	최낙종 김기우
			조선적위赤衛 노동동맹회	50	이운수
		가나가와 神奈川	조선합동노동회	25	문석주 김학의
		야마나시 山梨	야마나시현 조선노동조합	33	임충병
	오사카大阪 -간사이關西 조선노동연합회 930명 지건홍 김상혁	오사카	사카이堺 조선노동동지회	160	김현태 하상호
			오사카조선노동동맹회	50	송장복 지건홍
			재오사카조선노동조합		
			쓰루마치鶴町 조선노동조합	70	송장복 윤긍두
			이즈오泉尾 조선노동조합	60	지재근 정창남
			이마후쿠今福 조선노동조합	55	김달환 최병대
			오사카니시나리西成 조선노동동맹	250	김달환 주덕향
			오사카나니와浪速 조선노동조합	180	강우백 김광해
			오사카텐노지天王寺 조선노동조합	80	김기영 강석훈
			노선노동연주회連珠會	100	신천만 한상채
		교토京都	교토조선노동동맹회	170	김병직 조기동
		효고兵庫	고베神戶 조선노동동맹회	90	이중환 정순경
		기후岐阜	조선주부中部 노동조합	40	김명식 이상운

				회원수	간부 성명
반反총동맹 파로서 오사카평의회계系와 제휴하고 있는 단체	오사카	오사카	재오사카 아오야마青山 노동조합	40	임경홍 최일홍
			오사카 조선합동노동조합	250	양달례 현석준
		교토	교토조선북지회北志會	146	백운대 김극환
			교토조선노동자협회	35	정원산 정종현
		오사카	조선근육筋肉 노동자연맹	20	한성홍 김재우
			자유노동단 사카이시堺市제일연맹	200	황보윤 김경선
			일선日鮮합동노동조합 평의회	250	와타나베 토라타로 渡辺寅太郎 김태옥

※출처: 내무성, 『다이쇼 15년 재류조선인의 상황』, 1926.12.

재일조선노총의 결성 이후, 고베 조선노동조합을 시작으로 도쿄, 오사카 그 외 지역에서 새로운 노동조합이 잇따라 결성되었다. 1926년 1월에는 오사카, 교토, 효고의 노동 단체가 연합해 간사이 조선노동조합연합회, 3월에는 도쿄, 가나가와, 야마나시 등의 각 부현 관할 노동 단체를 연합해 간토 조선노동조합연합회를 결성하고 조선인 노동자를 광범위하게 조직화하게 되었다. 그리고 재일조선노총 가맹수도 결성 당시의 11단체, 8백여 명이 1926년 10월에는 25단체(간토 12, 간사이 13), 9천9백여 명으로 발전했다.

1926년 10월 현재 재일조선노총에 가맹하지 않은 노동 단체로서 재오사카 아오야마 노동조합, 오사카 조선합동노동조합, 교토 조선북지회朝鮮北志會, 교토 조선노동자협회 등이 있었다(〈표 4〉를 참조).

재일조선노총 제2회 대회

재일조선노총은 1926년 4월에 오사카의 도사보리土佐堀 청년회관에서 제2회 대회를 열고(간토, 간사이 연합회 19개 단체, 대의원 80여 명, 방청자 약 120명), 중앙위원, 위원장, 집행위원 등의 임원 선출, 태평양노동조합회의 참가, 반동 단체 박멸, 도일노동자 단속 반대 및 소련으로부터의 조선 수해 의연금 등의 의안을 협의하고 이후의 운동방침을 포함하여 대회 선언을 채택했다. 하지만 대회 선언에 '불온'한 점이 있다는 이유로 대회 중지 명령이 내려오고 안광천 등 수 명이 검거되었다.

재일조선노총의 활동가 김천해(1898~)

대회 선언 내용의 취지는 "우리들 재일조선노동자는 그의 이족異族보다 피정복자적 및 민족적 비애를 한없이 체험했다."라며 총동맹 창립 일년 간의 투쟁에 의해 세련되어 "이제는 확호불발確乎不拔의 기초"를 쌓았으나 "우리들이 이루어야만 하는 일은 아직 광대하게 눈앞에 놓여있다."라고 다음과 같은 향후 운동방침을 결정했다.[11]

---

11) [원주] 內務省警保局 『大正十五年中ニ於ケル在留朝鮮人狀況』, 1926年.

⑴ 기조직 노동자의 결속을 한층 강고히 하여 미조직 노동자 조합의 흡수
　에 중점을 둔다.
⑵ 의식적 운동을 하기 위해 조합원의 교육과 동시에 지도적 동지의 교육
　이 일대급무이다.
⑶ 일본 무산계급과의 관계를 한층 밀접하게 한다. 또한 극동 무산계급 및
　세계 무산계급과의 단결을 촉진한다.
⑷ 조선 무산계급운동과 분리할 수 없다. 또한 운동의 분립에 엄정 중립
　을 고지固持하고 분립에서 통일로의 전환을 촉진한다.

　같은 해에 재일조선인 사상 단체 일월회는 11월 28일 모든 무산대중의
정치투쟁으로의 전환을 목적으로 해체 선언을 성명했다.
　이 해의 재일조선인 노동쟁의는 전년보다 더욱 증가해 84건, 참가인원
4,476명에 달했다. 그 원인을 살펴보면 해고수당 요구 29건(390명), 임금
미지급 요구 19건(1,235명), 임금 인하 반대 임금 인상 요구 18건(2,197명),
해고 직공 복직 요구 5건(52명), 기타 13건(602명)이다. 쟁의형태로는 파업
18건, 태업 2건, 시위 2건, 절충 62건이며, 쟁의 결과는 요구 관철 23건,
양보·타협 42건, 요구 철회·거절 13건, 미해결 6건이다.
　주요한 노동쟁의는 다음과 같다.
2월 – 2~3월 아마가사키 오사카 제마 쟁의에 조선인 노동자 292명 참
　　　가, 아이치 현 시모지 정下地町에서 조선인 토공, 임금문제 때문
　　　에 일본인 공사감독을 습격하다.
5월 – 가나가와 현 고자 군高座郡 사무카와 촌寒川村 자갈 채취장에서
　　　조선인 토공, 임금증액 및 대우 개선을 요구하며 파업.
9월 – 오사카 시 하세가와長谷川 바늘 제작소에서 해고수당 요구.
　　　– 나카야마中山 탄광에서 임금 2할 인하에 반대해 조선인·일본인
　　　노동자 합계 3천 명 파업에 돌입해 승리.

- 오사카 시 스미요시 구住吉區 니시타나베 정西田辺町 조선인 토공, 임금 미지급으로 일본인 공사 감독에게 항의.
- 오사카 시 기타 구北區 모리森 유리공장에서 조선인 직공 150명이 직공 대회를 열고 임금 3할 인하 반대·대우 개선·해고수당·퇴직수당을 요구하며 파업, 폭력 단체 세이기단正義團의 방해에 대항하여 승리.

10월 - 시가 현 오쿠다奧田 제유製油공장에서 직공 대회를 열어 시간단축·해고수당을 요구하며 파업, 조선인 노동자 150명 참가.

11월 - 오사카 시 히가시요도가와 구東淀川區 셋쓰 직물공장의 조선인 직공 50명, 대우 개선 요구 파업, 10명 검거.

또한 이 해에 조선·일본 노동자의 분쟁사건은 108건으로, 원인은 감정·언어 불통 3건, 업무상 31건, 만취 23건, 치정 3건, 기타 15건이다. 그중 가장 큰 문제가 된 것은 미에 현 기노모토 정木本町에서 일본인의 조선인 토공에 대한 폭행사건이다.

미에 현 학살사건에 대한 항의

1월 2~3일 기노모토 정의 도로 공사에 종사하는 한 조선인 토공에 대한 일본인 토공의 폭행으로 인해 쌍방의 감정적 대립이 되어 조선인 토공 약 60명에 대해 마을 주민, 경찰, 소방대, 청년단, 자경단 등 약 2천 명을 동원해 습격하여 조선인 토공 2명이 사망했다. 도쿄에서는 재일본조선노동총동맹, 일월회, 학우회, 삼월회 등 12개 단체가 이 사건에 대한 조사회를 조직하고 자유법조단, 수평사, 오사카 조선노동조합 간사이 연합회 등과 함께 조사를 실시했다. 2월 동 조사회는 도쿄에서 자유법조단, 정치연구회 등의 응원을 얻어 미에 사건 재판 대연설회를, 오사카에서는 3월 오사카 조선노동조합 간사이 연합회를 중심으로 동 사건 규탄

대연설회를 개최했다. 그리고 자유법조단에 의해 사건의 진상이 발표되었는데 관헌 측은 조선·일본 쌍방 각 20명을 검거하고 조선인 14명, 일본인 17명을 유죄를 선고했는데 부당하게도 조선인 측에게만 장기형벌을 언도했다.

자유법조단의 후세 타쓰지 변호사는 사건은 현재 예심중으로 그 상세를 발표할 수 없는 것은 유감이라며 다음과 같이 말하고 있다.

> 피해 조선인 토공은 미에 현 직영 공사 도로개통 토공으로 기노모토 정 노무자 합숙소에 머물고 있던 5, 60명이다. 동 공사에는 이 외에 일본인 토공 5, 60명 있어 조선인 멸시의 차별관으로 조선·일본 토공의 감정이 심히 융화되지 못한 자가 있음에도 불구하고 현 당국에서는 아무런 주의 경계를 하고 있지 않았다. 박멸 사건의 동기는 1월 2일 윤흥진尹興鎭이 활동사진 관람중, 흥행주 오카자키 요이치岡崎与一가 윤 씨를 멸시하는 차별 태도에 반항하고 있을 때, 모리나가 미쓰오森永光雄라고 하는 흥행장의 경호원이 일본도를 들고 달려들었으나 당국 관헌은 모리나가 씨를 검거하지 않았다. 3일 대쟁투의 원인은 전날 소동이 있었을 때, 조선인 토공 중 누군가가 흥행장의 짐꾼을 구타했다고 하여 흥행주 측 5, 6명이 그 범인을 찾아내자고 말하며 조선인 토공 합숙소에 쳐들어가 하수인을 내어주지 않는다며 합숙소에 난입했으므로 조선인 토공의 역습이 일어났다. 여기에 기노모토 정 주민들이 역습을 계획, 1천 2, 3백 명의 주민이 종을 울리고 나팔을 불며 학교에 비치된 병기와 무기를 탈취해 조선인 노동자 합숙소를 포위한 결과, 조선인 토공은 공사장으로 도망갔고 추격한 주민들에게 다이너마이트를 던졌다. 하야시 하지메林一, 다카하시 만지로高橋萬次郎 등 일본인 노동자들도 용감하게 조선인을 보호하며 흉악한 기노모토 주민들과 싸웠다. 이것이 소위 일본·조선인 대투쟁으로 일본·조선인 모두 소요죄로 검거당한 사건의 진상이다. 조선인 측 사망자 2명, 행방불명 2명, 15명이 수감되었고 그 외는 시가 현滋賀縣 밖으로 추방당했다. 당시의 상태는 온통 지진 당시 조선인 학살사건과 마찬가지로 기노모토 주민

들의 욱하는 모습 등이 있었다고 할 수 있다 ……[12]

재일조선노총은 다른 3개 단체와 '미에 현 박살 사건에 즈음하여 모든 일본 무산계급에게 호소한다'라는 제목의 다음과 같은 격문을 발표했다.

식민지에 제국주의의 한마(馬)가 난입할 때 식민지인은 그 광폭한 착취 압박에 견디지 못하고 해외로 유출한다. 이는 우리 재일본 조선 무산계급 동지가 도일했던 근본적 이유이다. 실로 학대당하는 운명이 아닐 수 없다. 우리는 노동력을 팔아서 겨우 붙어 있는 목숨을 이어가려고 하는 것인데 이국의 노동 시장은 항상 총칼의 공포를 우리들에게 겨누고 있다. 우리들이 잊고자 해도 잊지 못하는 과거 니가타 현(新潟縣)의 학살사건에 이어 간토 대지진 당시 동양 미증유의 대규모 학살사건이 있었다. 또한 이와 같은 살의를 지니고 일반적, 의의적으로, 또한 더욱 구체적, 계획적으로 학살하고자 한 오타루 고등상업학교 군사교련 사건마저 발생한 형편이다. 이에 저주받은 자의 마음속에 사무치는 것이 있다.

이러한 일들이 아직 기억에 새로운 와중에 또다시 학살의 참극이 미에 현에서 일어났다는 것은 우리들로서 최후의 결심을 재촉하게 하지 않을 수 없다. 과연 미에 현의 학살은 니가타 학살부터 우리 동지들에게 가해진 미에의 학살을 의미하고 있는 것이다. 우리들은 재빨리 그 진상을 확인하기 위해, 적나라하게 그 비막을 털어놓고 이야기하기 위해 도쿄와 오사카에 있는 우리 조선 무산자계급 운동 단체는 일치 분기하여 엄밀한 실지조사를 실시한 것이다. 그러나 그 진상은 결국 일본 부르주아지가 약소 민족인 조선 무산계급을 학살한 것이었다. 일본의 부르주아지는 그들의 영역을 넓혀감에 따라 시골의 주민까지 완전하게 흡수했다. 이번 사건의 발생지인 미에 현 기노모토 정도 역시 이와 같은 부르주아의 영역이었던 것은 물론, 그들은 단지 부르주아의 꼭두각시처럼 움직여야만 하는 의무가 있음을 교육받고 그것을 스스로 자랑으로 생각하는 것이다. 이러한 주민들로 조직한 것이 자경단, 소방대, 재향군인단 등등이었다. 그들은 천박

---

12) [원주] 『無産者新聞』, 1926년 2월 20일 부.

한 반동적 국쇄사상을 안고 이민족에게 항상 귀신의 얼굴을 내보이는 것이다. 그들 중에는 물론 다수의 노동자도 포함되어 있다. 하지만 계급 의식을 깨우친 자는 전혀 없는지 이러한 자는 오히려 반동의 등불을 든 하수인이 되었다. 기노모토 정의 조선인 노동자는 그 수가 불과 60명이다. 지난 1월 2일 그중 한 사람이 극장에 갔을 때 극장 문지기에게 모욕당해 싸움이 난 결과 중상을 입고 한을 품은 채 돌아왔다. 그리하여 동료 노동자는 소위 화해할 목적으로 십수 명이 향하자 가해자 무리는 조선인 노동자 무리에게 스스로 불안감을 품고 '조선인이 기노모토 정을 전멸시키려고 한다'는 사리에 맞지 않는 유언비어를 퍼트리는 한편, 자경단을 조직하기 위해 나팔을 불고 경종을 울리며 무기를 갖춘 자는 모두 출동했다. 이들이 약 5백 명, 망치를 든 조선 노동자를 향해 실탄을 쏜 것은 얼마나 잔혹한 짓인가. 마침내 2명은 붙잡혀 학살당하고 2명은 행방불명, 15명은 형무소, 그 외는 시가 현으로 추방당해 실로 비참에 비참을 더했던 것이다. 그러나 우리들은 광야의 야수의 습격을 당할 때 구해주는 인간의 존재를 부정하지는 못했다. 당시 우리 조선 노동자들이 이제 목숨을 잃겠다고 생각한 찰나, 하야시 하지메, 다카하시 만지로 등 일본 노동자는 용감하게도 우리들에게 가세해 다이너마이트를 손에 쥐었다. 그리고 실탄을 쏘며 칼을 앞세워 파도처럼 달려드는 자경단을 향해 이를 투척했다.

이는 국제 동포의 마음에서 솟아오른 계급적 정당방위이다. 실로 아름다운 인간적 행위이지 않은가! 현재 그들은 조선인 노동자와 마찬가지로 대죄가 있다고 간주되어 형무소의 신고辛苦를 맛보고 있다. 우리들은 일찍부터 민족적 편견을 깨닫고 계급적 단결을 절규했던 자이다. 그렇지만 나의 희망하는 바는 일단 일석一夕에 도달할 수 있는 것은 아니었다. 그런데 지금 나타난 사건은 그 욕구에 도달할 만한 서광이자 실물 교훈이 아닐 수 없다. 우리들은 생존의 길이 막혔다. 도처에 부르주아의 포악한 칼은 우리들로 하여금 언제까지나 생사의 분수령을 향해 하루하루 걸어가게 하고 있다. 우리들이 이와 같은 경지에 빠졌기 때문에 비로소 진실한 생활투쟁에 나설 수 있는 용기가 보증된다. 우리들의 뼈에는 이미 새겨진 무언가가 있다. 그렇지만 우리는 자폭을 금하고 조직적 전투에 나서고자 하는 것이다. 우리들의 피에는 항상 들끓는 무엇인가가 있다. 그렇지만 우리는 편견을 버리고 국제적 단결을 따르고자 하는 것이다. 희망컨대 전일본 무산계급 제군! 우리들이 깨우쳐야 할 시기는 이미 육박했다. 제군과 제군의 선조는 제군의 조국을 위해 활동했던 위대한 '충의심'과 열렬한 적개심으로서 행동했을 것이다. 하지만 남은 것은 잔학과 빈궁만이 있을 뿐이지 않은가. 이러한 까닭으로 역사는 우리 무산계급에게 교훈을 주는 것이 있다. 우리들은 그 기나긴 역사를 차라리 말하지 않을 것이다.
'우리 무산계급의 위대한 이익은 위대한 동계급과의 악수와 단결에 있는 것이다!!'
1926년 2월 10일

이 외에 히로시마 현 후타미 군双三郡 사쿠기 촌作木村 발전소(2월), 오사카 히가시요도가와 구 구니쓰구 정國次町(3월), 후쿠오카 현 노가타 정直方町(6월), 시모노세키 시 히코시마彦島(7월), 시가 현 아이치 군愛知郡 미유키바시御行橋 가교 체공替工 공사(8월), 야마구치 현 도쿠야마 정德山町(8월), 군마 현 도네 군利根郡 가타시나 촌片品村 발전소(12월) 등에서 조선·일본 노동자의 충돌분쟁 사건이 일어났다.

1926년 5~6월, 하마마쓰浜松 일본 악기의 노동쟁의 때 친일 단체 상애회가 회사 측에 고용되어 쟁의를 방해할 목적으로 쟁의단 본부와 재일조선노동총동맹 본부를 습격해 10명이 부상을 입었다. 또 6월에는 야마나시 현 후지富士- 미노부센身延線 철도공사장에서 상애회가 조선인 노동자에게 입회를 강요해 난투가 벌어졌다. 이후 상애회는 차츰 세력을 확대해 1928년 3월에는 마루야마 쓰루키치丸山鶴吉(전 경시총감)를 이사장으로 하여 재단법인이 되었다.

1927년 일본에서는 금융 공황이 일어나 노동자의 대량해고, 실업자 증대, 산동 출병 등 그 사회적 모순은 격화되어 노동자·농민을 비롯한 인민투쟁은 고양되었다.

이 해에 브뤼셀에서는 국제반제동맹, 한커우漢口에서는 범태평양조합회의가 열렸다. 여기에는 조선 대표, 일본 대표도 참가해 국제반제 통일전선을 향한 노력이 거듭되었다.

조선 민족운동에 있어서는 과거 프티 부르주아지를 주체로 했던 운동에서 노동자·농민을 주최로 하는 운동으로의 전환을 볼 수 있다. 이 해에 반일민족통일전선으로서 신간회가 조직되어 그 지회가 일본에도 생겼다. 또한 비합법적으로 조선공산당 일본총국, 고려공산청년회 일본부가 조직되었다.

재일조선인은 악법 반대, 의회해산 청원운동, 대지 비간섭운동에 참가함과 동시에 조선총독 폭압정치 반대동맹(9월)을 조직해 적극적으로 활동했다.

재일조선노총 제3회 대회

재일본조선노동총동맹(재일조선노총)은 1927년 4월, 제3회 대회를 개최하고 1월의 방향전환선언에 대응하여 조직을 개편 강화했다. 즉 창립 대회 당시의 강령·선언에 비해 다음과 같이 정치적으로 고도한 대회 선언과 신강령을 발표했다.[13]

대회 선언

우리의 노동 생활은 일본 노동자에 비해 완전히 특수한 취급을 받고 있다. 민족적 차별과 학대는 우리의 이중의 속박이다. 그리고 우리의 대다수는 자유 노동자이기 때문에 그 조합 형태는 직업별, 산업별 기준을 지니지 못했다. 그뿐만이 아니다. 우리 대다수는 언어 불통, 감정의 엇갈림, 관습의 차이, 지식 부족 그 외에 여러 가지 조건에 의해 일본 노동조합에 직접 참가하는 것이 사실상 불가능하다는 과도기에 있다. 그러나 우리의 생활은 틀에 박힌 최저임금이다. 일본 지역은 우리에게 있어서 극악의 일대 공장이다. 따라서 우리의 신분은 조선 민족이라는 민족적 임금 노예이다.

---

13) [원주] 「在日本朝鮮勞動總同盟第三回大會宣言·綱領·規約」, 『在日朝鮮人史硏究』 창간호 수록.

이에 따라 우리의 의식은 재빨리 반성하고 또한 심화한다. 바꿔 말하면 우리의 의식은 경제적·조합적 세계관에 머무르는 일에 흥미를 느끼는 일 없이 항상 정치적·권력적 전선으로의 투쟁 목표를 발견하려고 한다. 그리고 그 민족적·계급적 심리는 제국주의에 대한 항쟁을 한층 용감하게 주장한다. 또한 그렇게 하지 않을 수 없다.

강령

일. 본 동맹은 조선 무산계급의 지도적 정신 아래 경제투쟁을 전개하고 정치투쟁으로의 전환을 기약한다.

일. 본 동맹은 일본 각지에 산재한 미조직의 조선 노동대중의 조직을 기약한다.

일. 본 동맹은 일본 노동계급과의 국제적 단결을 기약한다.

대회에서는 신간회 및 일본의 노민당勞民黨을 지지, 치안유지법 철폐, 언론·출판·집회의 자유, 도일 조선노동자 도항의 자유, 단결권, 파업권, 단체계약권 및 8시간 노동제의 확립, 최저임금제 실시, 조선노동자 및 청소년에 대한 민족적 학대와 혹사 근절, 원죄 및 부당구속에 대한 배상 요구, 여성·백정·노복에 대한 차별 철폐, 무산계급적 정치투쟁 교육과 훈련 실시 등 16개 항목의 당면 과제를 결정했다.

또 조선노총은 조직 형태를 분산적인 것에서 집중적으로 개편하고 그 기능 향상을 꾀했다. 각지에 무통제적으로 다수 결성됐던 조합을 정리 통합하고 일부현一府縣 일조합 원칙을 수립하고 도쿄, 가나가와, 교토, 고베, 오사카, 주부(기후), 도야마富山(호쿠리쿠北陸)-이후 아이치, 니가타, 지바 등 각지에 조선노동조합을 조직하여 간토, 간사이 양 조합 연합회는 간단한 협의회로 하고 각 노동조합을 재일본조선노동총동맹의 지부로 삼았다.

재일조선노총의 조직 인원은 제3회 대회 당시 3만 312명(도쿄 6,308, 가나가와 3,032, 주부 3,005, 시가 919, 교토 539, 오사카 1만 3,408, 고베 3,101)이며, 1929년 말에는 3만 3,500명(혹은 4만 5천여 명)이었다고 한다.

제3회 대회 때 조직상의 문제로서 조선노총은 자유노동자 만으로 제한하고 공장노동자는 일본 노동조합평의회에 가입해야만 한다는 의견도 나왔지만, 민족적 차별 등 '특수적 조건'은 무시할 수 없다고 하여 제외됐고 일본 노동조합원 대중과의 밀접한 연계가 강조되었다.

이 일에 대해 활동가인 최운거崔雲擧는 다음과 같이 지적하고 있다.[14]

> 재일본 조선노동자는 일본 자본가에 대해 그 투쟁의 중점 및 슬로건 등은 단순히 노자勞資 관계라기 보다 민족적 차별이 항상 그 주된 조건이지 않을 수 없으므로 우리는 그 조직 활동, 따라서 조합운동에 있어서도 그 특수적 조건을 경시할 수가 없다. 그러나 재일본 조선노동자는 독자의 조합을 가지고 있다 할지라도 그들의 일상 경제투쟁의 장면에서는 일본인 조합 대중과는 가장 밀접한 관계를 맺어야만 한다. 어떤 때는 공동적 투쟁도 있으며 어떤 때는 특수적 투쟁도 있다. 전자의 경우에는 물론 주로 그들의 슬로건과 전술에 의해 투쟁해야만 하지만, 후자의 경우에도 우리는 독자적 행동에 나설 것이 아니라 그들의 적극적 원조와 협력을 구해야만 한다……이 양자의 연결은 단순히 재일본 조선노동자에게만 유익한 것이 아니라 일본인 노동운동에도 적지 않은 보조를 얻을 수 있을 것이다. 일본인 좌익노동조합의 적극적 협력과 지도를 우리들은 기대한다.

이렇게 해서 조선노총의 주요 활동은 각 산하 조합의 지역적 정리, 조합활동가의 교육, 민족 단일당의 결성을 비롯해 일본 좌익노동 단체의 지지, 선언, 우익 노동 단체로부터의 '지도' 거부, 노동절 투쟁, 악법 반대 투쟁, 의회해산 청원운동, 조선총독 폭압정치 반대 연설회, 대지 비간섭 동맹연설회 개최 및 예년의 3·1, 6·10, 8·29, 9·1 등의 기념일 투쟁을 전개했다.

1927년의·후반기에는 조선총독 폭압정치 반대운동이 활발하게 전개되

---

14) [원주] 崔雲擧, 「在日本朝鮮勞動運動の最近の發展」, 『勞動者』, 1927년 9월호.

었다. 6월에는 오사카에서 조선총독정치 반대운동 실행위원회의 연설회가 있었고, 8월에는 도쿄에서 도쿄 조선노동조합 주최로 경찰정치·침략적 교육정책에 철저하게 항쟁하자는 슬로건을 내걸고 연설회를 시행했다. 9월 오사카에서 재일조선노총, 신간회 지회, 대중 신문사 주최에 의한 치안유지법·암묵재판 반대시위 계획이 세워졌으나 사전에 알려져 80여 명의 활동가가 검거되어 실행할 수 없었다. 그러나 준비하고 있던 조선에서의 언론·집회 금지를 방기하자, 다이쇼 7년(1918)제령 제7호[15]를 철폐하자는 내용의 선전물이나 항의문 수십만장이 배포되었다.

조선총독 폭압정치에 반대하는 격문(1928)

도쿄에서는 암묵재판 공개·치안유지법 철폐를 요구하는 재일조선노총, 신간회 도쿄 지회, 재도쿄 조선청년동맹, 신흥과학연구회, 재도쿄 조선여자청년동맹 등 12개 단체 연명의 항의문을 일본 정부 당국에 제출했다.

같은 달 도쿄에서 '조선총독 폭압정치 반대 간토 지방 동맹'이 주최한 폭압정치 반대 연설회가, 교토에서 조선총독 폭압정치 반대·의회해산 청

---

15) [원주] 「정치에 관한 범죄처벌에 관한 건政治ニ関スル犯罪処罰ニ関スル件」으로서 정치운동을 단속했던 조선총독의 명령으로 치안유지법의 선두가 되었던 것이다.

원 민중대회가 열렸다.

11월에는 도쿄에서 재일조선노총, 도쿄조선노동조합 주최, 12월 요코하마에서는 요코하마 합동노동조합 주최에 의한 노동자 위원회가 개최되었는데 도중에 노동자 대회로 바뀌어 총독정치 반대, 조선 공산당 사건 암묵재판 반대, 피고의 무죄 석방 등의 결의를 행하고 해산 명령에 항의했다. 도쿄에서는 데모를 감행했다. 재도쿄 조선유학생 학우회에서도 조선총독 전제 폭압 반대 격문을 발표했다. 또 12월에는 조선총독 폭압정치 반대 동맹, 신간회 지회, 카프 도쿄 지부 등 5개 단체에 의한 재만在滿 조선동포 추방 진상보고회가 열렸다.

아리마有馬 전철 공사 노동자 파업

1927년의 대표적 노동쟁의를 기술해보면 다음과 같다.

오자키尾崎 공업지대에는 많은 조선인 노동자가 중소기업에서 일하고 있었다. 오사카 제마, 스즈키鈴木 상점 아마가사키 제림소 등의 조선인 노동자와 일본인 노동자는 해고 수당과 민족차별 반대 요구를 들며 파업에 나섰다. 또 이누이텟센乾鉄線 공장의 조선인 노동자 약 80명은 일본인 노동자 약 340명과 5월 6일, 단체교섭권의 승인, 임금 이중제도 철폐, 최저 임금(일급 2엔)·해고수당 제정, 임시 고용인 및 조선인 차별대우 철폐 등의 요구를 들며 파업에 돌입했다. 여기에서는 금융 공황으로 해고의 공포에 처한 조선인 미숙련 노동자가 중심이 되었다.

최호준崔浩俊, 박영주朴英柱 등이 쟁의단을 지도하고 고베 조선노동조합이 조직적 쟁의 투쟁을 통해 적극적으로 지원 운동을 전개했다. 노동농민당과 일본노농당의 공투 성명, 일본공산당, 일본 노동조합 평의회가 지도하는 공장 대표자 회의가 열려 쟁의 응원이 이루어졌으나 관헌의 탄압과 일본 노동조합 동맹 간부의 개량주의적 배신에 의해 조선인을 포함한

65명의 해고자가 발생하고 6월 27일 패배로 끝났다.

아리마(가미아리神有) 전철 공사장의 조선인 토공 1,200여 명은 청부업 일본공업회사에 대해 임금 1엔 30전을 2엔으로, 노동시간 단축, 합숙소에서의 노동조건 및 대우 개선, 미지불 임금 지급 등 7개 조항을 요구했지만 성의 있는 회답이 없는 것에 분개한 노동자들은 8월 초 63개소 합숙소에 틀어박혀 총파업에 돌입했다. 하지만 미카게御影 경찰서를 비롯해 시내 각 서는 경계를 엄중히 하고, 회사 측은 합숙소 책임자를 질타하며 분열 공작을 진행해 직장 복귀가 속출했기 때문에 쟁의는 일단 종결되었다. 그러나 9월에 들어가 임금지불이 지체되자 조선인 노동자는 격분해 재파업에 들어갔다.

현縣 특별고등경찰과 미카게 경찰서는 쟁의사건의 악화를 두려워해 조정에 들어가 미지불 임금을 지불하는 것으로 수습하려 했으나 회사와 조선인 노동자 간에 합숙소 책임자 등 우두머리가 개재하여 임금이 노동자의 수중에 들어가지 않았으므로 약 5백 명의 조선인 노동자는 파업을 이어갔다. 하지만 관헌의 탄압과 하청부인, 합숙소 책임자의 분열 공작에 의해 결국 타협했다. 이 쟁의는 조선인 하층노동자(토공)가 중심이 되어 민족차별 철폐를 확실하게 요구한 투쟁으로서 그 의의가 크다.

관헌 측은 이 투쟁이 민족운동에 미칠 영향을 두려워해 11월 현 사회과의 주선으로 효고 현 내선협회를 만들었다. 이 쟁의에 대해서 『무산자 신문』(8.13)은 다음과 같이 전하고 있다.

> 아리마 전철 1천 3백 명 조선 동포 파업
> 3월부터 급료 미지급 회사
> 식민지 동포의 투쟁을 지지하자
> 아리마 전철, 고베 아리마 사이 13리哩 7쇄鎖의 궤도 공사에 종사하고 있는 조선인 인부 1,200명은 지난 7월 29일 5명의 대표자를 선출해 공사 청

부의 일본공업 합자회사에 임금 인상, 노동시간 단축, 기타 식대, 급료 지불 등 7개 조건의 요구서를 제출했다. 하지만 불성의한 회사 측의 태도에 격분하여 8일 아침부터 총파업에 돌입해 본부를 효고 현 무코 군 야마다 촌山田村에 두고 회사 측에 대항하고 있다.

원래 일본공업회사는 악질 행위로 유명한 회사이다. 이번 공사청부 때도 아리마 전철로부터 공사비를 받는 대신에 주식을 받아 전철의 주주가 되는 계약을 한 듯한 모양으로, 이번에 발생한 대단히 무리한 부담을 모두 노동자에게 강요하려고 하는 것이다. 이런 까닭에 3월 이래 60여 개의 노무자 합숙소에서 일하고 있는 천 2~3백 명의 조선 인부는 돈 한 푼 받지 못한 자가 많다. 게다가 하루 식대 75전을 가져가 버리므로 회사에서 공급되는 법외法外의 비싼 일용품을 사야만 한다. 회사는 처음부터 인부에게 돈을 주지 않고 식대와 일용품값으로 차감하려고 하는 도둑놈 같은 짓을 꾀하고 있는 것이다. 이 때문에 기만정책과 학사虐使에 대한 인부의 불평이 폭발한 것이 이번 쟁의이다. 이리하여 7개 조건의 요구를 들어주지 않는 중에는 설령 아사하더라도 투쟁을 속행한다고 하는 비장한 결의가 쟁의단에 넘쳐흐르고 있다. 이제는 오사카 및 고베 방면에서도 잇따라 응원단원이 합세해 쟁의단의 기세는 나날이 높아져 가고 있지만, 여느 때처럼 완미頑迷한 경찰은 '조선인의 쟁의에는 특히 주의를 요한다'는 터무니없는 일을 구실로 미카게 경찰서장 미야자키宮崎를 지도관으로 하여 고베 시내 각 경찰서에서 수십 명의 응원을 요청해 야마다 촌에 출장와서 연도沿道의 각 합숙소에 경계라는 명목 아래 쟁의단을 압박하고 극단적인 공권력을 발휘하고 있다. 그뿐만 아니라 주변 주민에게 의식적으로 쟁의단에 대한 역선전 유언비어를 퍼트리고 있다. 이에 대해 노농당은 전부터 공사를 위해 다양한 불편을 겪고 있던 연선 마을의 주민들과 함께 주민대회를 열어 회사의 횡포, 관헌의 폭압을 규탄하려고 하고 있다.

도야마富山의 조선·일본 노동자 공투

요네자와구미米澤組 청부의 도야마 현영縣營 수력전기 다테야마立山 공사장에서의 조선인·일본인 노동자 60여 명은 10월, 약 40일간 임금체불에 대한 3일간의 파업을 결정했는데 다음에 인용할 기사에 보이는 것처럼 관헌의 탄압은 잔학하기 그지없었다. 이에 대해 조선·일본 노동자는 항의 공동투쟁을 전개했다.

도야마 산속에서 전율할만한 고문
경관 야수처럼 일선日鮮 노동자를 능학凌虐

도야마 현영 수력전기 다테야마 공사장의 악덕 청부업주 요네자와구미는 40일간이나 인부에게 급료를 땡전 한 푼도 지급하지 않고 계속 혹사시키고 있었기 때문에 지난 10월 14일 인부 약 60명은 3일간 파업 결행을 결의하고 쟁의에 들어갔다. 쟁의단에서는 교섭위원을 선출해 교섭에 나섰는데 요네자와구미의 부장 혼마本間 모 씨는 교섭위원중 한 명을 구타하는 것을 시작으로 수 명의 감독에게 명하여 교섭위원에게 덤벼들었다. 이 소식을 들은 쟁의단은 격앙되어 그 즉시 사무소에 쳐들어가 당장 그 횡포에 대해 철봉을 들고 항의할 수밖에 없었다. 요네자와구미 자본가는 전부터 경찰과 서로 미리 짜고 있었기 때문에 경찰대 약 30명이 와서 쟁의단원을 짓밟는 폭행을 가했다. 또한 신조新庄 소학교에 구속해와서 혼마 아무개의 금시계와 우산이 없어졌다는 것을 구실로 손을 뒤로 묶고 꿇어 앉힌 채 때리고 발로 차고 나아가 구둣주걱으로 얼굴을 치고 귓불을 손톱으로 꼬집고 수염을 뽑았다. 이에 더해 전에 조선에서 순사를 했던 사람은 조선에서 일하고 있는 경관의 솜씨를 보여준다고 말하며 음경을 끈으로 묶어 잡아당기고 이를 위로 들어 올려 막대기로 때렸다. 또한 요도에 막대기를 찔러넣는 등 몹시 전율할만한 야수와 같은 잔혹하기 그지없는 고문을 가했다. 이 때문에 구속된 자의 대부분이 약 4주간의 치료를 요하는 부상을 입었다. 게다가 구속된 자 한 사람당 2엔 60전을 구속 비용으로 징수했다. 이에 더해 절도죄, 소요죄를 날조하기 위해 지금도 조선인 토공 1명, 일본인 토공 5명 합계 6명이 형무소에 끌려가 있다. 노농당 도야마 지부, 백의노동신우회白衣勞動信友會, 일본 프롤레타리아예술연맹이 주가 되어 '도야마 시내 일선 시민공화위원회'의 개최를 제창하고 일선 노동자에게 가해진 도야마 경찰서의 폭력에 대해 도야마 경찰부장에게 항의하고 폭행 경관의 처벌 등을 요구하며 철저한 투쟁을 개시함과 동시에, 이

잔혹한 도야마 경찰서와 같은 사례는 그물코 중 하나로 이를 조종하고 있
는 전제정부를 향해 투쟁을 발전시켜 나갈 것이다.

(『무산자 신문』, 1927년 11월 20일)

교토 부 오토쿠니 군乙訓郡 무코우 정向日町의 신케이한新京阪 전철 공
사장의 조선인 노동자 약 160명은 11월 1일 청부인 다카다구미高田組에 대
해 14시간 반의 노동시간 중 1시간 반의 휴식 시간 보장, 일급 1엔 70전에
서 2엔으로 인상, 짚으로 만든 임시가옥에 열 명이 함께 자야하는 상황 개
선 등을 요구하며 결기했다. 교토 평의회, 교토 합동노조, 조선 노조 등에
의한 공동 응원위원회가 조직되었다. 또한 전철선 부설로 인한 경작권 확
립, 배상 문제로 투쟁하고 있던 농민들이 쌀, 야채 등을 보내왔다. 쟁의단
간부의 체포, 농민의 금족 등 폭압에 의해 쟁의는 끝을 고했고 임금은 불
과 10전 인상에 그쳤다.

이 외에 1927년의 주된 노동쟁의는 다음과 같다.

1월 – 오사카 미요시 유리공장에서 해고 철회 요구 투쟁에 조선인 노
　　　동자 81명이 참가.

2월 – 미야기 현宮城縣 센잔仙山 철도공사의 조선인 노동자 50여 명,
　　　임금체불로 합숙소 감독을 덮쳐 일본인 노동자와 난투.

3월 – 스즈키 상점 아마가사키 제재소에서 해고 수당 제정, 민족차별
　　　철폐를 요구하며 파업.

　　 – 오사카 역 구내에서 조선인 토공 3백 명, 임금체불로 감독 습격.

　　 – 교토 부 기타쿠와다北桑田에서 교토 선 개수공사중 임금문제로
　　　청부인과 충돌해 경찰에 의해 탄압.

5월 – 요코스카 시橫須賀市 해군 매립공사중, 임금체불로 매립업자를
　　　습격.

- 오타루 시 재주 조선인 노동자, 조선인 클럽을 조직해 종래의 개인적 노동계약을 배제함.
6월 - 오타루 항만 노동자 동맹파업에 조선인 클럽 소속 조선인 노동자 다수 참가.
7월 - 후쿠이 현福井縣 쓰루가 군敦賀郡 다이도大同 전기회사의 조선인 토공, 임금체불로 일본인 토공과 충돌.
- 니가타 현 데라도마리寺泊 매립지 매립공사의 조선인 토공, 임금체불로 데라도마리 운수회사와 충돌해 8명 구속.
- 니가타 현 아라카와 군新川郡 오야마 촌大山村 현 수도공사에서 조선인 토공 백 명, 임금 인상 요구를 거절당해 소동.
- 히메지 시 수도공사에서 조선인 토공, 해고에 반대해 시청을 규탄.
8월 - 미에 현 기타무로 군北牟婁郡 니고 촌二鄕村 이세 선伊勢線 철도공사에서 임금체불로 쟁의.
- 도야마 현 다테야마 산기슭에서 수도공사중인 조선인 토공 3백 명, 동절기 휴지기간 수당 감액으로 인부 감독을 습격 일본인 노동자 105명과 난투.
- 도쿄 관할 미나미시나가와南品川 아이하라相原 위생사무소 종업원의 조선인 노동자 3명의 해고자의 복직, 임금 3할 인상, 고정급 제정, 청부제 폐지 등을 요구하며 파업.
9월 - 나고야 시에서 실업 구제, 의지 소통을 위한 재일 조선인 대회 개최.
10월 - 교토 부 마이즈루 정에서 해군 폭약창爆藥廠 공사의 조선인 노동자 130명, 임금체불 지연으로 파업.
11월 - 오사카 부 센보쿠泉北, 미나미카와치南河內 양 군郡의 8개 직물공장의 전 조선인 여공 130명, 러시아 혁명기념일에 동맹파업.

- 히로시마 현 도요타 군豊田郡 다노우라 촌田野浦村 미쿠레 선三
吳線 공사중인 조선인 노동자, 임금 인상을 요구하며 쟁의.

이 외에 조선인·일본인 노동자의 충돌 사건이 히로시마 시 니시히키미
도 정西引御堂町 거리, 지바 현 이치하라 군市原郡 시라토리 촌白鳥村, 도쿄
관할 아라타마荒玉 수도공사장, 효고 현 인나미 군印南郡 우오카쿠魚格 거
리 등에서 발생해 중경상자가 나왔다.

조선총독 폭압정치 반대운동

1928년 일본은 '만주'에서 관동군의 책동에 의한 장줘린張作霖 폭사사
건을 일으켜 전년에 이어 산동 반도에 출병했다.

일본 국내에서는 공산당의 합법·비합법 활동이 활발하게 전개되었는
데 관헌은 탄압 정책을 강화하고 3·15사건에서는 1천6백여 명을 검거했
다. 또 치안유지법을 개악하여 사형, 무기형을 적용하고 사회운동을 탄압
하기 위해 특고경찰을 설치했다.

식민지 조선에서의 탄압은 더욱 엄격해져 조선공산당 제2차, 제3차 탄
압으로 간부가 대량으로 검거되어 활동은 질식상태가 되어 내부의 사상통
일도 불가능해져서 당 조직은 해체했다.

이 해에 공산주의운동과 식민지 민족운동 및 노동운동에 대한 중요한
방침을 토의했던 프로핀테른 제4회 대회, 코민테른 제6회 대회가 열렸다.

1928년에 들어가 재일조선인은 각지에서 광범위하게 조선총독 폭압정
치 반대, 3총 해금,[16] 조선 증병·대지 무력간섭 절대 반대, 치안유지법 반
대, 노농당·일본 노동조합 평의회 등 탄압 반대, 일본의회 해산, 총선거·
노농당 지지 등의 운동을 전개했다.

---

16) [원주] 삼총이란 조선노동총동맹, 조선 농민총동맹, 조선청년총동맹을 가리킨다.

1월에는 도쿄, 요코하마에서 2월에는 오사카, 교토에서 재일조선노총, 산하 각 노조, 조선청년동맹, 신간회 지회가 중심이 되어 조선인 대회가 열렸고 전술한 요구가 결의되었다.

2월에는 재일조선노총을 중심으로 각 단체에 의해 3총 해금 동맹, 3총 도쿄 지방 동맹이 결성됐다.

3·1 운동 기념일 집회는 도쿄에서는 도쿄 지방 조선인 단체 협의회 주최로 신간회 도쿄 지회 회관에 수백 명이 참가했지만 해산 명령을 당해 와세다 부근을 데모대로 진감震撼시켰고 백여 명이 검거되었다. 이 기념일 집회는 오사카에서도 벤텐弁天 클럽에서 오사카 조선노동조합, 신간회 지회 주최, 천 3백 명이 참가했는데 이것 또한 해산 명령을 받아 데모로 옮겨가 십여 명이 검거당했다.

4월, 재일조선노총은 반동 단체 상애회 박멸 무산 단체 협의회를 조직했다. 5월에는 도쿄 조선인 단체 협의회에서는 시국비판 연설회를, 또 극동 피압박 청년 단체 대표 간친회에서는 극동 피압박 청년 반군국주의 동맹 준비회를 열었다. 같은 달, 조선에서 조선청년 총동맹 해금, 근우회 전국 대회 금지에 대한 재일본 조선청년동맹, 근우회 도쿄 지회의 격문이 발표되었다.

4~6월 재일본 조선청년동맹, 조선유학생 학우회, 신흥과학연구회 등에서 경성사립여자상업학교, 광성고등보통학교, 함흥고등보통학교 기타 맹휴사건에 대한 지원 격문을 발표했다.

격문 중 하나를 인용하면 다음과 같다.

함흥고등보통학교 맹휴사건에 대해서

전조선 학생 제군에게 고한다(1928.5.)

친애하는 학생 제군! 일본 제국주의의 쇠발굽 아래 유린당하고 있는 조선 민족에게 남아 있는 것은 무엇인가? 그들의 비인간적 착취에 우리의 살과 피가 쥐어짜내질 만큼 짜내지고, 그들의 경찰정치에 우리의 정치적 자유는 모조리 박탈당하지 않았는가! 특히 그들이 제군에게 강요하는 노예교육은 그들의 식민지 정책을 여실히 드러낸 것이다. 그들은 왜 제군에게 조선사 교수와 조선어의 사용을 금지하는 것일까? 그들은 왜 조선의 자식인 제군을 교양함에 있어 일본인 본위의 교사를 사용하고, 우리 조선에 일본인 본위의 교육을 실시하는 것일까? 일선인日鮮人 공학제는 무엇을 위해 실시하려는 것일까? 이것이 조선 민족을 위한 교육인 것일까? 아니다. 그것은 제군의 두뇌에서 '조선'이라는 관념을 근절하려고 하는 속셈에서 나온 기획이다. 제군은 깊이 기억하자! 지금의 조선 교육은 제군에 대한 아편이다. 그것은 제군을 영구히 그들의 노예와 앞잡이로 삼기 위한, 조선 민중을 완전하게 그들의 도마 위에 오른 생선으로 삼기 위한 관념적 무기이다. 조선의 학교는 제군을 암흑의 소굴에 영원히 잠들게 하려는 관념적 아편 공장이다.

하지만 제군! 조선의 학생은 이러한 인위적 수면을 영구히 감수하지 않는다. 그들의 불평불만은 전국적으로 확산되고 있다. 이리하여 2, 3년간의 맹휴의 거대한 물결은 전조선을 진감震撼시켜 왔다. 그러나 맹휴가 발생할 때마다 학교와 경찰은 추악한 야합으로 학생에 대한 모든 탄압, 모든 유혹을 행하고 있으며 그때마다 우리 재도쿄 3단체는 학생투쟁을 강력하게 지지하는 동시에 학교와 경찰에 대해 끊임없이 항쟁해 왔다.

그런데도 지난달 8일에 또 함흥고등보통학교에 맹휴사건이 폭발했다. 날이 갈수록 분규는 점점 심해지고 있다. 학교 학생에 대한 직간접적인 회유분리책과 탄압책은 점차 노골화되어 가고 경찰의 단속은 점점 심해지고 있다. 보라! 경찰은 14, 5명의 학생을 검속해 취조했다. 그 이유는 이번에 검속된 학생이 온건파 학생 몇 명에게 폭행을 가했다는 것이다. 하지만 이것은 전투적 학생을 직접 탄압하기 위해 만들어 낸 구실에 지나지 않는다. 설령 학생 간에 사소한 다툼이 있었다고 할지라도 단지 이를 이유로 다수의 학생을 검속하는 일은 학교 행정에 대한 경찰의 직접 간섭을 의미하는 것이다.

그런데 이번 함흥고등보통학교 맹휴 학생의 요구 조건은 식민지적 노예교육의 전형적 이행자라고 할 수 있는 동교 교장의 배척, 민족적 차별 교육의 철폐에 있다고 한다. 이 얼마나 정당한 요구이며 이 요구를 관철하기 위한 투쟁이 얼마나 정당한 투쟁인가? 특히 지난해 7월에 몇 명인가의 일본인 교유教諭 배척 및 기타 몇 개 조건에 따라 동교에 분규가 발생했을 때, 학교 당국은 공수표를 남발해 학생을 회유, 등교시키고 대략 일 년이 다되어도 약속을 실행하지 않았다. 이 일도 이번 사건의 유력한 원인이다. 보라! 그들이 순진한 학생을 기만하고 농락하는 이 죄악을. 이것이 과연 교육자의 태도인 것인가?

학생 제군! 또한 이번 달 5일에 함흥상업학교에 맹휴가 발생했다. 그뿐만 아니라 함흥농업학교에도 맹휴가 발생했다. 이처럼 북조선의 소도시에는 학생의 일종의 지방적 총파교가 발생했다. 이것은 결코 일개 학교, 일개 지방의 문제가 아니라 전조선 학생, 전조선 민족의 문제이다. 이상 세 학교의 학생은 전조선 학생의 절실한 요구와 이익을 대표해 싸우고 있다. 따라서 전조선 학생은 그들의 용감한 투쟁을 강력히 지지해야만 한다. 노예교육은 제군을 향해 뻗친 마수이다. 따라서 그 마수를 뿌리치기 위해서는 이상 세 학교의 용감한 전사들을 투쟁으로서 지지해야만 한다. 각 학교를 중심으로 하는 투쟁이야말로 가장 큰 지지이다. 전조선의 학생 제군은 분기해 노예교육의 아성에 육박하기 위해

일, 전제 교장을 쫓아내라!

일, 학교와 경찰의 야합은 절대 반대한다!

일, 검속 학생을 석방시켜라!

일, 교내에 학생 자치제를 확립하라!

일, 식민지적 노예교육을 철폐하라!

일, 조선·일본 공학제 실시는 절대 반대한다!

일, 학생의 전국적 단일체를 수립하라!

재도쿄 조선유학생 학우회
조선청년총동맹 재일본조선청년동맹
신흥과학연구회

오사카에서는 6월 7~12일을 폭압 반대 주간으로 설정했다.

7월 도쿄 조선노조 세이난西南 지부 대회, 가나가와 조선노조 사무카와 지부·요코스카 지부 대회가 열렸는데 전쟁반대·조선증병반대 연설회가 동시에 개최되었다.

이 해 가을의 '천황 즉위식'을 기하여 각지에서 예비 검속이 실행되는 등 탄압이 심해졌는데 오사카에서는 10월 25일, 오사카 조선노조의 간부 40여 명이 검속되어 조선에 강제 송환되기도 했다. 또 같은 날 요코하마의 고토부키壽 경찰서는 가나가와 조선노조 요코하마 지부를 덮쳐 서진문徐鎭文, 김천해, 이성백李成百 등을 검거했다. 서진문은 학대·고문 때문에 빈사 상태가 되어 11월 17일 어쩔 수 없이 석방했으나 다음날 사망해 21일 조합장례식을 치르고 구보야마久保山 묘지까지 데모를 실시했다.

이 해에 단체의 조직 상황을 살펴보면 1월에 도쿄 조선노조 동부 지부, 2월에 도쿄 조선노조 다마가와玉川 지부, 6월에 도쿄 조선노조 세이난 지부, 도쿄 조선인 해방운동 희생자 구호회가 결성되었다. 3월에는 오사카에서 재일본조선청년동맹이 조직되었고, 12월에는 니가타 조선노조가 결성됐다.

재일조선노총 제4회 대회

재일조선노총은 1928년 5월 13~14일, 혼조 구本所區 야나기시마柳島의 도쿄제국대학 세틀먼트 대강당에서 제4회 대회를 개최하고 일반 정세 보고 외 13개 의안을 토의하는 중(전위前衛 분자 양성에 관한 건 외 8개 의안 상정 금지되다) 운동방침, 선언을 발표했다.[17] 대회는 4월에 예정되어 있었지만 3월 21일, 간부 정남국鄭南局이 재일조선청년동맹, 신간회 도쿄 지회의 정희영鄭禧泳, 송창염 등의 간부와 함께 검속되어 5월로 연기되었던 것이다.

선언에는 재일조선인 노동자의 생활과 권리가 유린되고 있는 상황을

---

17) [원주] 『日本社會運動通信』 1928년 제6호.

언급하고 본 동맹의 운동에 있어서 정당政党과 조합 운동과의 관계에 대해 인식 부족에서 비롯된 오진을 청산하고 조합 운동의 정당한 기능과 그 직능을 발휘하고, 본 동맹은 노동자의 이익을 옹호하고 일상의 경제투쟁에 중심을 두고 미조직 조선노동자 대중의 조직에 결사적으로 노력하여 조직 노동자의 산업별 조합 조직에 힘쓰며, 또한 조합 운동의 통일전선을 강화하고 신간회를 적극적으로 지지해 조선 피압박 대중의 전투적 정당이 되도록 노력한다고 되어 있다.

대회의 의안은 적색노동조합의 지지, 중국혁명운동의 적극적 지지, 조선총독 폭압정치 반대 동맹지지, 재만주 동포 옹호, 전위 양성, 희생자 구원회 설치, 일본 노동자 계급과 공동투쟁, 산업별 조합 조직 등이었다.

일반 운동방침으로는 재일조선인 노동자는 민족적 차별, 박해, 멸시를 받고 있으므로 "한편에서는 국내 국외를 논하지 않고 전민족적 공동투쟁에 적극적으로 참가해야만 한다. 또 다른 한편에서는 일본의 노동시장에서 일하고 있다는 사정 때문에 일본 무산계급과도 공동투쟁을 전개해야만 한다. 이상 두 개의 투쟁을 전체적 견지에서 유기적으로 전개함에 있어 재일본조선노총의 특수적 임무가 부여된다."라고 밝히고 있다.

신간회에 대해서는 "당면의 정치투쟁 주제로서 신간회-전민족적 단일협동전선당-에 정치적 투쟁 능력을 집중해 강력한 당을 만들어야만 한다."라며 다음과 같은 방침을 들고 있다.

① 조합의 활동 분자를 신간회로 보내 활동을 활발하게 할 것.
② 신간회와 완전히 연락을 취해 회의 활동에 적극적으로 지지 참가한다. 또는 회의 요구에 따라 대중적 행동을 조직하고 투쟁을 발전시킬 것.
③ 전조합원에 적당한 방법으로 끊임없이 입회를 선전 권유해야만 한다. 이렇게 해서 본 조합원 대중은 정치적 교육과 훈련을 받을 수 있다.

이는 이후 "조선의 노동계급의 좌익은 이 전민족적 공동투쟁의 이름에 눈이 어두워 조선의 노동계급의 독자성을 협동전선 속에 해소시켰다."라고 비판받았다.

또한 재일조선노총의 산업별 조합조직에 대한 구체적 방침으로 다음과 같이 결정했다.[18]

① 본 동맹의 통제하에 산업별 조사위원회를 조직할 것.
② 각 조합은 산업별 노동자 대표를 두고 산업별 위원회를 조직할 것.
③ 산업별 조직에 대한 의의를 일반 조직 대중 및 미조직 대중에게 선전할 것.

운동방침 중에서 주목할만한 점은 '일본 노동자 계급과의 공동투쟁에 관한 건'[19]에서 그 오진과 방침을 명확하게 하고 있는 부분이다. 폭압반대운동, 실업반대운동, 조선공산당 탄압 사건·암묵적 공판 반대운동, 노동쟁의 등을 통해 용감한 공동투쟁을 전개해 왔지만 자연성장적, 기계적 공동투쟁이었기 때문에 많은 실수를 범한 점, 그 오진으로서 전일본 노동계급과의 공동투쟁이 전개되지 못하고 좌익에만 국한되었던 점, 노동자의 일상의 이익을 위한 경제문제에 대한 공동투쟁을 등한시하고 정치문제에 대한 공동투쟁에 편중한 점, 주로 자연발생적 공동투쟁이었으며 공동투쟁이 간사와 간사 사이에 이루어져 대중과 대중 사이에는 성립되지 못했다는 점 등을 거론하고 있다. 이러한 과오를 극복하기 위한 방침으로는 일본 노동조합 통일운동동맹의 지도 아래 적극적으로 활동할 것, 노동쟁의 그 외에 공동위원회를 설치할 것, 일본인 노동자와 공동의 노동자 대회

---

18) [원주] 金斗鎔, 『在日朝鮮勞動運動は如何に展開すべきか?』, 1929年.
19) [원주] 『日本社會運動通信』 1928년 제6호.

및 간친회, 다과회를 개최할 것 등을 들고 있다.

6월 1일에 개최된 제1회 상임위원회에서는 다음과 같은 4개 사항이 결정되었다.[20]

첫 번째, 대지對支 출병 반대, 치안유지법 개악 반대, 폭압 반대 주간(6월 3일 ~9일)을 설정하고 제1기에 각 지부, 각 반班을 통해 반대 주간의 특별 강좌, 조합원 간담회, 연설회 등을 개최하고 그 주간의 의의를 대중적으로 선전할 것, 제2기에 조선인 대회와 노동자 대회를 열고 항의문을 보냄과 동시에 데모를 실행할 것.

두 번째, 당면의 슬로건으로서 치안유지법 개악 긴급 칙령 절대 반대, 치안유지법의 철폐, 소위 의식적 대검거 절대 반대, 언론·출판·집회·결사의 자유 획득, 신간회, 근우회의 전국대회 금지에 전국적 항의를 일으키고 조선에 대한 특종에 절대 항쟁하자, 조선총독정치를 타도하자, 조선증병·대지 출병 절대 반대, 노농 러시아·중국 혁명운동의 적극적 지지, 세계제국주의 전쟁에 절대 반대, 극동 피압박 대중 단결하자 등 12항목을 채택.

세 번째, 부회 의원 선거 대책으로는 무산당 후보자를 적극적으로 원조할 것.

네 번째, 부서의 결정으로서 조직선전부장 박균朴均, 서무재정부장 진병노秦炳魯, 정치부장 송창염, 쟁의부장 김천해, 기관지부장 김강金鋼, 조사정보 부녀부장 윤도순尹道淳.

한편, 재일조선노총은 최근 활동에 대해 다음과 같이 기술하고 있다.

국제 정신으로 살아가는 재일본조선노동총동맹

일본 내지의 자본가 무리들에게 토지를 뺏기고 총독정치로 맹렬한 박해를 받고 있는 조선 농민노동자는 잇따라 내지로 흘러들어 오고 있다. 우

---

20) [원주] 『日本社會運動通信』 1928년 제5호.

리들 조선노동자는 언어가 통하지 않기 때문에 임금이나 여러 가지 면에서 차별대우 당하고 동일한 사건으로 일본 동지와 검속되어도 '조선인'이라고 하여 그대로는 석방해주지 않는다. 우리들만은 아무리 하찮은 사건이라도 특별히 '구류'되는 특전을 받고 있다. 경찰놈들은 '조선인은 시위운동에도 선전 전단지 뿌리기에도 연설회에도 가장 선두에 서서 난폭하게 활동한다'라는 이유로 이러한 특전을 주는 것이다. 하지만 이야말로 우리 조선노동자의 긍지인 것이다.

◇

우리 재일본조선노동총동맹은 2월의 제3차 조선공산당 사건, 신간회 전국대회 금지, 3월 15일의 일본공산당 탄압, 노농당·평의회·청동靑同 해산 등에 대해서는 언제나 용감하게 사생결단으로 싸웠다. 한편 제4회 전국대회 준비중이었던 4월 21일에는 본부를 습격당해 투사 전부와 서류를 날치기 당했다. 대회 당일도 상임 박균 이에 준비위원을 검속해 대회의안을 강탈했지만 가나가와, 교토, 오사카, 주부, 도야마, 고베 등 전국에서 급히 달려온 투사들에 의해 완전하게 수행되어 새로운 운동방침은 현재 착착 실현되고 있다.

◇

우리 동맹 본부는 미조직 노동자의 조직운동에 전력을 쏟아 각지에 조직위원을 파견하고 있는 한편, 치안유지법 철폐, 중국 주둔병 즉시 철퇴, 조선증병 반대, 신新노동당 조직준비회 응원 등 맹렬한 운동을 하고 있다. 6월 17일에는 도쿄 조합 서부 지부 주최로 폭압 반대 대연설회를 다카다정高田町 세이코칸星光館에서 개최했다. 선전물 수만장을 전 시내에 뿌렸다. 연설회는 해산되었지만 곧바로 데모로 이행했다. 5백여 명의 우리 전사들은 와세다의 거리를 가득 메웠다. 6월 28일도 도쿄 조합 동부 지부 주최로 쓰키시마月島에서 폭압 반대 연설회를 열고 경찰 녀석들의 검에 의해 해산되었지만 쓰키시마 대로에 큰 데모를 결행했다. 45명은 검속되었지만 아직 한 명도 돌아오지 않았다. 7월 8일에 남부 지부 주최로 시나가와品川 방면에서 크게 개최할 예정이다.

(『무산자 신문』, 1928년 7월 15일)

민족차별의 노동쟁의에 반대

1928년의 노동쟁의는 245건이었다. 주요한 것들을 기술하면 다음과 같다.

오사카 니시요도가와 구西淀川區 에비에 정海老江町의 쓰다津田 법랑공장에서는 일본인 노동자 58명이 동료 1명의 부당해고에 대해 일본 노동총동맹 오사카 금속노조의 지도 아래 해고자의 복직, 해고수당 제정, 퇴직수당 지급, 임시 휴업의 전일급 지급 등을 요구하며 5월 28일 파업에 돌입했다. 6월 6일에 이르러 회사 측은 해고자에게 금일봉을 주고 직공 규칙을 제정한다, 이후의 쟁의는 공장위원회에서 해결한다, 본 쟁의에서 해고자는 내지 않는다 등을 결정해 파업은 종결됐다. 그런데 이 쟁의에는 약 40명의 조선인 노동자가 참가했음에도 불구하고 아무런 연락도 없이 타결했기 때문에 문제가 되었다. 조선인 측은 총동맹 간부에 대해 민족차별을 했으며, 노동자 사이를 이간질해 노동전선을 분열시켰다고 항의하며 새로 파업에 돌입했다. 조선인 노동자는 오사카 조선노동조합의 응원 아래 차별철폐, 대우 개선, 휴업중 일급 지급 등 10개 항목의 요구서를 제출했다. 한 달 후인 7월 10일에 이르러 경찰 측의 조정으로 본 건에서 해고자를 내지 않을 것, 제출 요구조건은 철회할 것, 쟁의단 전원에 대해 175엔을 지급하는 것으로 타결했다. 이 쟁의에서 알 수 있듯이 일본의 노동조합은 조선인 노동자의 요구를 정당하게 들어주지 않는 경우가 많았다.

요코하마 쓰루미鶴見의 아사노淺野 조선소는 열악한 노동조건과 불완전한 설비 때문에 중상자·사망자가 속출해 전종업원에게 불평불만이 가득했다. 용광로 부문에서 일하고 있던 사카모토구미坂本組 배하의 조선인 인부 수백 명은 9월 29일, 임금 1엔 70전을 2엔으로 인상하이 줄 것을 요구하며 1922년 이래 아무런 쟁의도 없었던 '황금의 꿈'을 타파하고 파업에 돌입했다. 사카모토구미는 비겁하게도 '조선인 인부에게는 식량을 팔지 말라'고 판매점에게 강제하고 식량 공격으로 쟁의를 뭉개버리려고 했으나 쟁의단의 결속이 강해 일급 10전 내지 20전의 임금 인상을 승인했다. 조선인 노동자의 이러한 결기는 일본인 노동자에게 커다란 영향을 주었다.

이 외에 주요한 노동쟁의를 기술하면 다음과 같다.

1월 – 나가노 현 마쓰모토 시외 니이 촌新村의 오노小野 제사공장에서 조선인 여공 30명 임금지불을 요구하며 쟁의.

2월 – 요코하마 시 나카 구中區에서 조선인 토공 60여 명이 해고에 분개해 청부인 집을 습격.

　　 – 사할린 공업회사의 조선인 노동자 4백 명은 사할린 서해안 노동 동지회를 조직해 대우 개선을 요구하며 투쟁.

3월 – 나가노 현 이나 정伊那町에서 조선인 토공 임금체불 문제로 청부인이 머무르는 여관을 습격.

　　 – 가나가와 현 히라쓰카 정平塚町 하나미즈가와花水川의 상上제방공사에서 조선인 노동자 백 명 대우 개선을 요구하며 쟁의에 돌입.

　　 – 오사카의 시오야마塩山 양산공장에서 임금 인상을 요구하며 일본인 노동자와 공동투쟁.

　　 – 히로시마 철공소의 조선인 노동자 임금 인상 등 7개 항목을 요구하며 일본인 노동자와 공동투쟁.

4월 – 요코하마에서 조선인 노동자가 대부분을 차지하는 자유노동자 4천 명, 실업구제를 요구하며 시청에 쳐들어감.

　　 – 오사카의 덴노지 공원에서 제주도민 대회를 개최해 제주도 항로에서의 조선 우편선·아마가사키尼崎 기선의 폭리를 규탄하고 제주도 공제조합의 박멸운동을 전개.

7월 – 도쿄 후카가와 구 기바木場 마루치카丸近 공장에서 조선인 노동자 차별대우에 반대하고 일급 4할 인상을 요구하며 파업.

8월 - 후쿠이 역福井驛 확장공사에 조선인 토공 140명 임금 인상을 요
구하며 파업.
　- 이시카와 현 노미 군能美郡 현도縣道 확장공사에서 조선인 토공
70여 명 임금체불로 쟁의.
　- 오사카 덴노지 공회당에서 오사카 조선노동조합, 조선청년동맹
외 3개 단체 주최로 악질 지주 퇴치 조선인 대회를 개최.
　- 가나가와 현 나카 군中郡 오다 촌大田村 하타노秦野 사무가와寒川에
서 도로공사중인 조선인 노동자 부상·휴업 수당을 요구하며 파업.
9월 - 홋카이도 삿포로 군札幌郡 시로이시 촌白石村 도로공사에서 조선
인 토공 10여 명 임금 인상으로 쟁의.
　- 고베 시 아라카와新川 청년자치회관에서 재주조선인 150명 임금차
별에 반대해 조선인 대회를 개최하고 차가借家 문제의 철저적 해
결, 임금차별 반대, 실업 반대, 기만적 구제정책 배격 등을 결의.
10월 - 기후 현 이마와타리 정今渡町 나고야 철도공사에서 조선인 노동
자 70명 임금 인상을 요구하며 파업.
　- 홋카이도 아사히가와旭川 시외市外 후렌 정風連町의 저수지 공사
장에서 일하는 조선인 노동자 20명 임금지불을 요구하며 쟁의
를 일으켜 승리.
11월 - 니가타 현 도요미豊実의 도신東信 전력발전 공사장에서 다이너마
이트 분실을 구실로 삼은 조선인 노동자 가택 조사에 항의운동.
12월 - 우베 시宇部市 공원 매립 공사중인 조선인 토공 30여 명 임금체
불로 태업 및 일본인 토공과 분쟁.
　- 오사카 오이마자토大今里의 가와이河井 겐마絃磨 공장에서 조선
인 노동자 60여 명 오사카 조선노동조합의 지지 아래 임금 인
하 취소, 벌금제 철폐, 최저임금 제정 등을 요구하며 파업.

1929년, 세계경제공황의 충격으로 일본경제는 위기에 빠졌다. 특히 식민지 조선의 농업공황은 심각해졌다. 또 재일조선인 노동자가 많이 일하고 있는 중소영세기업은 더욱 타격을 받아 해고가 속출해 실업자가 증대했다.

관헌의 4·16 탄압으로 일본공산당원은 대량 검거되어 825명이 기소됐다. 조선에서는 원산 운수노동자의 총파업을 비롯해 광주학생운동은 전국적으로 파급됐으나 탄압당했고, 일본에서는 재일조선노총이 전협으로의 해소를 결정했다.

1월, 재일조선노총 전국대표자 회의에서는 기관지 발행, 정치적 자유획득, 구舊노농동맹 절대 지지, 일본 노동조합 전국협의회와의 공동위원회 구성, 희생자 구제, 서진문의 가족 구제, 신간회 본부 신사紳士 간부 박멸 등을 결의했다.

원산 총파업 지원운동

1929년 2월, 재도쿄 조선인단체협의회는 원산 총파업의 응원 투사 파견, 오사카 조선노조 동북 지부, 도쿄 조선노조 서남 지부, 신간회 도쿄 지회 등에서는 원산 총파업 지원을 결의했다.

조선노총은 1~4월의 원산 노동자 총파업에 대해 각 지부에 지시하여 격문, 기금모금 운동 등 적극적인 지원활동을 전개했다.

> **일선 노동자 농민의 제휴로 원산 총파업을 승리로!**
> 원산 라이징선 석유공장 2백 명 노동자의 분기는 조선 최초의 일대 총파업으로 발전했다.
> 지난 간토 대지진 때 죄 없는 우리 조선 노동자를 선혈로 물들이고 조선공산당을 몇 번이나 박해하고, 천황 즉위식 폭압에 있어서는 서진문 군을 학살한 일본제국주의자의 광폭무비狂暴無比의 폭압에 대해 원산의 모든

노동자는 총파업으로 대항하고 있다.

일본의 노동자 농민을 착취하고 억압하는 일본제국주의 부르주아지 및 자본가 지주야말로 원산의 증오할만한 적이다.

스스로를 착취와 억압에서 해방시키려고 하는 일선 노동자 농민은 굳건히 단결하여 동일한 적을 분쇄해야만 한다. 원산 쟁의 응원을 위해 간토 지방 무산단체협의회가 열렸고 무산자 신문은 전국적 파업, 시위 행렬에 의한 쟁의 응원을 호소하여 이미 오타루 운수 노동자, 고베 라이징선 노동자는 동정 파업에 들어갔다.

일선 노동자 농민의 대중적인 응원을 조직함에 따라 흰 칼 아래 있는 원산 노동자가 승리할 수 있도록 해야한다. 함남 경찰부, 검사국, ㅇㅇ(글자불명)에 의해 무장한 3백 명의 헌병대. 재향 군인, 반동 청년 단체, 폭력단 등의 박해에 피투성이 싸움을 계속하고 있는 원산의 형제를 승리로!

전국의 각 무산 단체는 봉납장을 작성하고 그 지역의 공장 농촌에 지참해 노동자 농민의 단결 결집 응원금을 모아서 보내자!

일선 노농 계급 제휴 만세!

재일본조선노동총동맹(「원산 쟁의 응원 뉴스」 제1호)

일조선노총의 원산 총파업 지원 봉납장(1929)

원산 응원에 분기한 전일본의 형제에게 호소한다

도쿄 조선노동조합 서남 지부

전일본의 형제 제군!

우리 도쿄 조선노동조합 서남 지부는 원산의 총파업에 대해 전일본 프롤
레타리아 제군의 적극적 지지를 보고 감격을 누를 길이 없다.

지배 계급의 한결같은 민족적 편견 주입을 짓밟고 우부터 좌까지 사회민
주주의자들의 모든 속임수를 걷어 차버리고 최후까지 노동자와 농민을
위해 싸우는 공산당의 지도 아래 해방을 향해 돌진하는 전일본 형제의 씩
씩하고도 용맹한 모습을 선명히 보았다.

원산 총파업은 전국적으로 확대되어 가고 있다. 이에 대한 일본제국주의
자들의 매우 충실한 조선총독부의 폭압과 박해를 보라.

지난 2월 17일에 열린 신간회 도쿄 지부 대회에서 원산 쟁의 기금을 모집
하려하자 임관臨官은 이를 금지했다. 이제 녀석들은 공공연하게 이 쟁의
를 교살하기 위해 총동원을 행하고 있다. 이러한 관헌의 폭압을 거부하고
쟁의에서 승리하기 위한 우리의 무기는 대중 투쟁 파업과 시위운동 이외
에는 없는 것이다. 이것만이 검과 총에 포위당해 있는 원산의 형제를 구
할 수 있으며 쟁의를 승리로 이끌 수 있는 것이다.

우리 서남 지부에서는 대중을 선동함과 동시에 기금 모집에 전력을 기울
이고 있는 한창이다. 원산 쟁의의 승리의 날까지 우리는 끝까지 투쟁할
것을 맹세한다.

일선 노동자 농민의 굳센 악수, 공동 전선 앞에 지배 계급의 폭압은 아무
것도 아니다!

우리 노동자 농민 계급의 대중적 투쟁-파업과 시위운동 앞에 관헌의 박
해는 아무 것도 아니다!

모든 장해에도 불구하고 일선 노동대중의 제휴에 아연실색하는 지배 계
급의 광태를 보라!

전일본의 형제 제군!

파업과 데모로 원산 형제를 지키자!

일선 노농 제휴 만세!

일선 노농 대중 해방 만세!

(『무산자 신문』 1929년 2월 25일)

원산 총파업에 대해 일본 노동조합 전국협의회, 전국농민조합, 전쟁반
대동맹 등등의 지원, 연대가 모여 고베, 오타루의 노동자는 동정 파업을

단행했다. 일본 노동총동맹, 일본 노동조합동맹은 재일조선노총의 응원 요청에 응하지 않았다.

3월에는 교토 조선노조, 도쿄 조선노조의 제3회 대회, 신간회 오사카 지회 대회 등이 열렸는데 사전에 의안서 등을 압수당하고 대회를 탄압했다. 다음의 기사는 그 탄압 상황을 알려준다.

중지 검속 따위의 폭압을 뛰어넘어서
교토 조선노동대회 감행

3월 1일 교토 조선노동조합 제3회 대회가 열렸다. 관헌은 대회 전날 보고 의안 등등의 배포물을 빼앗고 극력 대회를 파괴하려고 했으나 전투적 노동자는 몸으로 대회를 지키며 중지, 검속의 폭압과 싸우며 단호히 결행했다. '정획政獲 노농동맹[21] 적극적 지지' '제국주의 전쟁의 위기와 싸우자' 등의 슬로건은 개회 전에 관헌에게 강제로 압수당했고 노동조합협의회, 가내노동조합, 무산자 신문 교토 지국 등등의 축사는 전부 중지 검속되어 입을 여는 자는 연달아 전부 검속됐다.

임원 선거 이후 의안 심의에 들어갔을 때도 미조직 노동자 조직에 관한 건, 제악법 즉시 철폐에 관한 건, 단결파업권 확립에 관한 건, 언론집회 결사출판의 자유획득에 관한 건, 실업자 수당 제정에 관한 건 등은 의안 내용의 설명에 이르지 못한 채 전부 중지 검속. 7시간 노동제의 확립, 부인 노동자 보호법 제정, 무신無新·노동 신문 지지, 조선노동자 차별 철폐, 반동 단체 박멸, 최저임금 설치, 청년운동, 부인운동의 지지, 신간회 지지 등등에 관한 의안에 대해 입을 열면 중지 검속이므로 간단히 정리할 수 밖에 없었다. 의안 설명자는 대부분 전부 중지 검속됐기 때문에 의장이 대신 설명하려고 하자 역시 중지 검속. 나아가 상임위원이 의장 대신 대회를 진행해 의안 설명에 들어가면 중지 검속. 다른 상임위원이 대신하면 역시 중지 검속. 마침내 상임은 한 명도 남김없이 검속되어 최후에 대의

---

21) [역주] 정치적 자유획득노동동맹, 일명 '정획 동맹'이다. 합법적인 좌익무산정당의 존재를 부인하고 공산당원과 그 동조자에 의한 공투조직을 지향하며 전국적인 운동의 일환으로서 1929년 5월에 고베 지부가 결성되었다.

원이 의장석에 앉아 입을 조금이라도 열면 이 역시 중지 검속으로 단상에서 끌어 내려졌다. 관련 발언을 못하게 하는 폭압에도 굴하지 않고 대회는 마침내 마지막까지 계속되어 폐회에 임했을 때, 한 대의원이 만세 제창을 제안하자 역시 검속되었으며 폐회 후 장외로 우르르 밀려나온 청중도 양측에 줄서 있던 백여 명의 칼을 찬 스파이 때문에 다수 검속됐다.

(『무산자 신문』, 1929년 3월 11일)

4월에는 오사카 덴노지 공회당에서 많은 방해, 탄압을 뛰어넘어 오사카 조선소년동맹이 결성되었다.

5월 14~17일에는 가와사키에서 재일조선노총과 반동 단체 상애회 간에 충돌사건이 잇따랐다. 재일조선노총의 '상애회를 쳐부수자'라는 격문은 다음과 같다.

경시청의 앞잡이 상애회를 쳐부수자

도쿄 조선노동총동맹

혁명적 일본 노동자 제군!

광휘있는 재일본 조선노동총동맹 가와사키 지부의 형제는 반동 깡패단 '상애회'를 박살낼 수 있는 영웅적 전단戰端을 개시하고 있다. 지난 4월 26일에는 도쿄의 총동맹 동부 지부를 습격해 수 명의 투사가 그들 때문에 신체에 장애를 입었다.

친애하는 일본의 형제여! 재일본 조선노동자의 혁명적 정력을 집중해 가장 용감하게 일본제국주의의 아성에 육박해가고 있는 조선노총의 나날이 대중적 투쟁단이 되어 감에 부들부들 떤 지배 계급의 이를 방해 파괴할 목적으로 구수鳩습 협의 하에 탄생한 것이 소위 '상애회'라는 폭력단이다.

이기동李起東, 박춘금朴春琴을 필두로 '상애회'의 간부 무리는 매달 일본 정부로부터 막대한 봉급을 공손하게 받고 탄압과 착취에 견디지 못해 만부득이한 투쟁으로 투쟁으로 분기하는 노동자를 극력 억제하기 위해 일선융화라는 미명 아래 '상애회'를 만들었다.

이리하여 혁명적 노동자가 만든 노총이 점점 혁명적 투쟁단이 되자 경시청과 상애회는 공공연하게 수백 명의 폭력단을 조직해 노총의 세포조직부터 파괴하기 위해 개시한 것이 저 4월 26일 동부 지부 습격 사건인 것이다. 요코하마를 중심으로 하는 자위단 2백여 명은 상애회 가와사키 지부를 역습했다. 그래서 상애회 도쿄 본부에서는 관헌과 깡패들로 이루어진 150여 명의 폭력단과 자동군대를 조직해 가와사키로 진입했다. 그리하여 혁명적 노동자 2백여 명은 조합원의 응원 아래 평소의 원한을 풀고자 하는 대중적 위력 앞에 관헌의 탄압 웬 놈이냐! 라며 몸으로서 경험한 것이다.

지배 계급의 건방진 폭력에는 대중적 폭력으로 되갚아주지 않으면 안 된다. 우리는 지금 무엇보다도 의의 있는 자위단을 조직 확대화 해야만 하는 객관적 정세에 처해 있다. 이것이야말로 초미의 긴급 사안이다. 조선노총은 자위단 조직에 진력하고 있다.

혁명적 일본의 동지 제군! '상애회'는 조선노동조합에 한정한 반동 단체가 아니다. 조선노동조합에 한정한 습격이 아니다. 조선, 일본, 대만 나아가서는 중국 형제의 적인 것이다.

반동 폭력단과 영웅적 투쟁을 계속하고 있는 가와사키의 형제를 못 본 체하지 말자. 전국적 대중 투쟁으로서 원조하자. 혁명적 노동자의 원조는 이것이다.

각 세포조직에는 물론 그 외 프롤레타리아가 있는 곳, 빈농이 있는 곳에는 자위단을 조직하고 그 확대 강화야말로 우리 조선노동자를 위로하는 유일한 것이다.

지배 계급의 증석牌蠟으로부터 전국적 자위단 조직에 즉시 착수하자!

일, 건국회 상애회를 쳐부수자!

일, 전국적 자위단 조직 만세!

일, 일본 조선 대만 공산당 만세!

1929. 5. 17.

(『무산자 신문』, 1929년 6월 1일)

1929년 3·1 독립운동 기념일에는 도쿄조선인단체협의회, 재일조선청년동맹 등에서 격문을 준비해 집회를 계획했지만 '불온' 행동이 있다고 하여 사전에 탄압하고 80여 명이 검거됐다. 당일 요쓰야四谷 부근에서 40여 명이 데모, 경관과 충돌해 전원 검거됐다. 8월 29일, 9월 1일 기념일 투쟁도 준비했지만 마찬가지로 엄중한 경계체제 아래 실현되지 못했다. 노동절 집회에는 도쿄 1천8백 명, 오사카 1천2백 명, 그 외에 교토, 요코하마 등 각지에서 다수 참가했는데 도쿄에서는 90명이 검거됐다.

이 해에 일본반전동맹이 발전적으로 해소해 11월에는 반제동맹 일본지부를 정식으로 결성했는데 여기에는 조선노총을 비롯해 신간회, 카프 지부의 유지가 적극적으로 참가하여 제국주의에 반대하고 식민지, 반식민지 및 약소민족의 정치적, 경제적 완전한 독립을 위해 중심적인 활동을 전개했다.

재일조선노총은 같은 해 3월, 제5회 전국대회를 열었는데 회장 정면에는 소비에트·러시아를 사수하자, 근절하자 광폭한 백색테러, 붉은 깃발을 사수하자, 노동자·농민의 정부 수립 등 10종의 슬로건을 쓴 포스터를 붙이고 실업반대운동, 최저임금제 획득, 자유노동상하이보험법 획득, 범태평양노동조합회의 대표파견, 해방운동 희생자 구원회 지원, 제약법령 철폐 등의 의안을 준비해 연설, 토의에 들어갔지만 '불온'한 내용이 있다는 이유로 15명이 발언 중지 명령을 받고 18명이 검거됐다.

12월 조선유학생 학우회, 신간회 지회 등에서는 광주학생운동 탄압에 대한 비판연설회를 열었지만 곧바로 해산 명령을 받았다. 이 비판연설회 때의 재일조선노총 격문은 다음과 같다.

> 광주학생 사건에 있어 전조선 피압박 민족 제군에게 고한다.
> 전조선 피압박 민족 제군! 야수적 일본제국주의의 절호한 착취 대상인 조선이 당면한 급무는 무엇이며 활로는 어디에 있을까? 한일병합 이후 20여 년간 조선은 일본제국주의의 경제적 정치적 폭압에 의해 지금 사활 선상에 서 있다. 일본금융자본의 투입에 의한 도시 및 공업의 발달은 조선 민족의 이익이 아니다. 민족의 고혈을 착취하는 수단이 되어 버렸다. 공업은 전쟁을 준비하는 군사 공업에 지나지 않는다. 모든 정치적 시설은 과연 치안 보민

保民을 위한 것일까? 결코 그렇지 않다. 조선 민족의 자기발전과 반항을 진압해 영구한 노예로 만들고자 하는 무력적 위협에 지나지 않는다. 보라! 자기의 이익을 위해 결기한 농민의 소작쟁의와 노동자의 파업에 경찰의 폭압과 민족해방의 전투적 혁명적 전위의 검거 투옥 등을 위한 정치시설이 아니고 무엇인가? 모든 교육시설은 과연 조선 민족의 지식욕을 만족시키기 위해서인가? 결코 그렇지 않다. 혁명적 학생의 반항을 말살하고 의식적인 노예를 만들기 위한 제국주의적 노예교육이 목적이다. 보라! 교내의 학생 등은 경찰과 야합한 일본인 학교 당국에 의해 추호의 자유도 발휘할 수 없고 교내학생회, 과학연구회, 파업 기타 등등의 모든 언론집회 출판 결사의 자유는 경찰의 폭압에 의해 유린당하고 있지 않은가?

전투적 전민족 제군! 6·10 만세 사건, 대구, 수원, 북청, 신의주 등 각지 학생의 혁명적 영웅적 결기에 따른 전투적 학생은 검거 투옥으로 일관하고 있다. 전조선 민족 제군! 11월 초에 발발해 지금까지 악전고투하고 있는 광주학생사건을 보라! 전투적 광주고등보통학교 학생이 반동적 일본 중학생에 대해 여자고등보통학교 학생을 옹호한 것은 얼마나 정당한 영웅적 행위이지 않은가? 그럼에도 불구하고 야만스러운 경찰과 학교 당국은 일본인 중학생을 무조건 옹호하고 정당한 광주고등보통학교 학생을 횡포하게도 검거 감금했다. 전투적 민족 제군! 보라, 이를 응원한 농업고등학교 생도와 시민의 시위 행렬에 질식한 경찰은 소방대, 군대를 동원해 우리 민중의 항쟁을 유린했다. 제군! 또한 보라! 반동 총독정치는 이 사건의 기재를 금지해 조선 민족의 귀와 눈을 가렸다. 이는 반동적 총독정치가 전민족의 반항을 말살하려고 하는 예방이 아니고서야 무엇이겠는가. 혁명적 전조선 민족 제군! 일본의 노동시장에서 착취와 박해에 단련되고 있는 우리는 내지의 전민족 대중과 똑같이 이번 광주학생사건에 있어 지배 계급에게 용감한 항쟁을 개시하는 전조선 민중 제군! 우리들의 미래 사회의 주인공인 용사, 광주고등보통학교 학생을 응원하자. 반동적 학교 당국과 경찰의 민족적 압박에 대항해 전민족적 항쟁으로서 투쟁하자. 학부형은 학부형으로서 단결해 우리의 죄 없는 아이를 구속 박해하고 있는 학교 당국과 경찰에 항쟁하자. 시 전체는 시민대회, 노동자는 공장 파업, 학생은 스트라이크를 통해 광주학생과 협력하여 투쟁하자!

제국주의 노예교육의 즉시 철폐

조선인 본위의 교육 실시

학생의 언론 집회 출판 결사의 자유

학생사건에 경찰의 간섭 절대 반대

광주학생사건의 희생자를 탈환하자

제악법 철폐

조선총독 폭압정치 반대

타도 일본제국주의

조선 민족해방 만세

재일본조선노동총동맹

도쿄 조선노동조합 본부

1929년의 노동쟁의는 256건(참가인원 7,661명)으로 이를 원인별로 살펴
보면 임금지불 요구 79건(2,381명), 임금 인하 반대·임금 인상 요구 63건
(3,603명), 해고 수당 요구 45건(581명), 해고 직공 복직 요구 32건(404명),
기타 47건(692명)이다. 이러한 원인들은 종래부터 일관된 민족차별로 인한
저임금, 임금체불, 해고 등에서 비롯된 것이다. 또 쟁의 형태로는 파업 50건,
태업 19건, 절충 187건이며, 쟁의 결과는 요구 관철 82건, 타협 78건, 철
회·거절 33건, 자연 종식 50건, 미해결 13건이다. 그 특징은 대다수가 조
선노동조합의 지도 아래 이루어졌으며 대부분의 경우 폭동적 형태를 띠고
있다는 점이다. 그리고 또 조선인 노동자는 단결력이 강해 한두 명의 해고
로 파업에 돌입하는 경향이 많았다. 약점으로는 조선인 노동쟁의가 일본인
노동자와의 대립·충돌로 조장되어 민족 대립·배외주의가 넘쳐흘렀고, 조
선·일본 노동자가 서로 파업 파괴에 이용되어 상호 규제된 점이다.

닛신日淸 제유製油 파업의 승리

1929년의 주요한 노동쟁의는 다음과 같다.

요코하마의 닛신 제유회사의 종업원 150명 중 과반수는 조선인이었다. 그들은 민족적 차별 대우를 받았고 게다가 어용조합 친우회親友會에 의해 자주적 단결을 방해받고 있었다. 1월 14일 조선인 노동자 약 70명은 가나가와 조선노동조합 요코하마 지부의 지도 아래 대우 개선, 임금 5할 즉시 인상, 공휴일의 일급 전액 지급, 위생설비의 완비, 해고 반대 기타 요구를 내세우며 태업에 들어갔다. 16일 회사 측은 일주일의 회답 연기 연락을 했으므로 쟁의단은 회사 측에 성의가 없음을 인정하고 파업에 돌입했다. 이 쟁의에는 가나가와 합동노조, 요코하마 야외노조, 간토 금융노조 요코하마 지부, 요코하마 수도 임시인부조합 등 여러 단체가 응원해 18일에는 일본인 노동자의 동정 파업을 호소, 공장 내에서 데모를 감행했다. 이날 9명이 검속되었지만 다음날 탈환했다. 쟁의단의 굳센 단결과 각 단체의 응원에 두려움을 느낀 회사 측은 경찰의 입회하에 20일 쟁의단과의 회담에 응했다. 회사 측은 회담에서 ① 쟁의 단원중 10명의 임금 인상, ② 대우 개선 및 일본·조선 노동자의 차별 철폐의 점차적 실시, ③ 3개월 이상의 임시 종업자는 정식 고용할 것, ④ 6일간의 쟁의 중 일급은 반액 지급할 것, ⑤ 쟁의 희생자는 내지 않을 것, ⑥ 해고 반대-승인 등을 제안했고 쟁의단은 다음 21일 이에 회답하기로 했다. 이날 가나가와 경찰은 50명의 경관을 동원해 쟁의단을 위협했다. 쟁의단은 회사 측의 제안에 쟁의비용 금일봉 지급, 현재의 임시공은 3개월을 채우지 않아도 즉시 정식 고용등을 인정하게 하고 쟁의는 완전히 승리했다. 이 쟁의에 일본인 노동자는 참가하지 않았지만 각 노조의 지원은 승리의 큰 요인이 되었다.

또한 1929년 4월 11일 니가타 현 히가시칸바라 군東浦原郡 도요미 촌豊実村의 도신東信 전기주식회사의 발전소 공사장-노동자 약 2천 명 중 조선인 노동자 약 5백 명-에서 조선인 토목 노동자의 대우 개선 요구 투쟁이 있었다. 조선노조의 대표는 전국농민조합 니가타 현 연합회의 응원을 받아 도비시마구미飛島組의 중역과 임금 인상 교섭에 나섰지만 계획적으로 준비하고 있던 일본인 토공 수백 명에게 폭행당하고 되려 경찰에 의해 유치되었다. 당일에 재일본조선노동총동맹의 명의로 포스터가 붙었는데 그 내용음 다음과 같다.

> 일본인 노동자에게 호소한다. 일본인 노동자 제군, 우리들은 매일 매일 저 위험한 공사장에서 때때로 중상자, 사망자가 나와도 몸이 성한 이상 일하지만 제 입에 풀칠하기에도 충분하지 않다. 하물며 처자식이 있는 자는 어떻게 부양하겠는가. 그래서 우리들은 도비시마구미에게 대우개선, 임금 인상을 요구했던 것이다.
> 일본 노동자 제군! 제군들의 이해와 우리들의 이해는 결코 상반되는 것이 아니다. 제군들의 노동조건이 좋아지면 우리들의 노동조건도 좋아지게 되며, 우리가 좋아지면 제군들도 좋아 지게 된다. 제군 도비시마구미는 이 요구에 대답하려고 하고 있는가. 아니 그 부하는 무엇을 하려고 하고 있는가. 들리는 바에 따르면 그들은 일본인 노동자 중에서 조선인 조합 간부를 밀고 하는 자에게 현상금을 걸고 모집중이라고 한다. 제군 우리들은 결코 제군들의 적이 아니다. 아니 서로 형이자 아우인 것이다. 제군들은 결코 도비시마구미의 앞잡이가 되지 않으리라 믿는다. 또한 되어서는 안 된다. 일본 노동자 제군, 서로의 대우개선을 위해 일어나 싸우자. 일선 노동자 제휴 만세!
> 1929. 4. 10.

그리고 이날 전농全農 대표는 응원 연설에서 "우리 전농은 제군의 올바르고 당연한 요구의 관철에는 어디까지나 지지와 응원을 아끼지 않는다. 만일 제군이 파업을 해야만 한다면 우리들은 스스로 만든 쌀과 된장을 보냄으로써 원조할 것이다……."[22]라며 조선 노동자와 일본 농민의 제휴를 강조하고 있다. 그러나 이 투쟁의 경우는 고립적인 성격이 강했다.

이 외에 같은 해에 있었던 주요한 노동 쟁의는 다음과 같다.

---

22) [원주] 「新潟豊実亂鬪事件の眞相」, 『法律戰線』 第8卷 8號.

2월 – 오사카의 미야바야시宮林 도금공장에서 조선인 노동자 2명 해고에 반대하며 동료 173명이 파업.

5월 – 이와테 현岩手縣 고즈야小鳥谷 구즈마키クズ巻 철도공사장에서 조선인·일본인 노동자 약 250명 임금지불을 요구하며 죽창.

   – 곤봉을 들고 사무소에 몰려감, 도치기 현 쓰가 군都賀郡 이에나카 촌家中村 도부 선東武線 개수공사중인 조선인 토공 수십 명 임금체불로 사무소를 습격.

6월 – 히로시마 현 후쿠시마 방적 후쿠야마福山 공장에서 조선인 노동자 65명 파업.

   – 이시카와 현 시치린센七輪線 공사중인 조선인 노동자 4백 명 미지급 임금을 요구하며 파업.

7월 – 효고 현 무코 군 스미요시 촌住吉村 하야시林 제분소의 조선인 노동자 19명 민족차별에 반대하며 파업.

8월 – 오사카 부 기시와다 방적회사 혼조本圧 공장에서 조선인 노동자 148명 파업.

9월 – 홋카이도 아바시리 정網走町 도후쓰濤沸 호반에서 조선인 토공 십여 명 임금체불로 도로를 파괴.

   – 오사카 나니와 구浪速區 스기노杉野 유리공장의 조선인 노동자 24명 임금 인하·민족차별에 반대해 파업.

10월 – 오사카 미키三木 고무 제조소의 조선인 노동자 13명 민족차별에 반대해 5일간 파업.

   – 오사카 마루이치丸一 히라이平井 제사공장에서 조선인 여공 23명 임금지불·민족차별 반대를 내걸고 파업.

   – 오사카 이치카와一川 고무 공업소에서 조선인 노동자 20명 임금 인상을 요구하며 파업.

11월 – 오사카 쓰지 촌辻村 마사노부將信 고무 공업소에서 조선인 노동자 60명 임금 인상 및 벌금제 철폐를 요구하며 파업.

– 오사카 후타미二見 착유搾油·인모人毛 제조소에서 조선인 노동자 58명 감독에 대한 불만 및 임금 인하에 항의해 파업.

– 오사카 아키야마秋山 고무 제조소의 조선인 노동자 45명 해고에 반대해 파업.

– 오사카 가토加藤 고무회사의 조선인 노동자 22명 폐업수당을 요구하며 파업.

– 오사카 고니시小西 유리공장에서 조선인 노동자 94명 임금 인하에 반대해 파업.

– 가나자와金澤 시외 사이가와 촌犀川村 수도공사중 사고로 조선·일본 노동자 사상자가 나왔는데 그 구조 방법에 민족차별이 있어 항의운동.

– 오사카 시 고니시 유리 공장에서 조선인 노동자 94명 파업.

12월 – 가나가와 현 간넨지觀念寺 앞 해안 매립공사에서 조선인 토공 백 명 파업.

– 미야자키 현宮崎縣 히가시우스키 군東臼杵郡 다시로田代 발전소 공사중인 조선인 토공 3백 명 임금체불로 준공연회장을 습격.

– 야마나시 현 후에후키가와笛吹川 개수공사에서 조선인 토공 26명·일본인 토공과 공동 투쟁.

–미야자키 현 닛테쓰日鉄 도로회사 다시로 출장소에서 조선인 노동자 170명과 일본인 노동자 80명 임금체불에 항의하며 파업.

5. 조선·일본 인민의 연대에 대해서

노동자를 중심으로 한 조선 인민과 일본 인민의 공동투쟁 및 연대에 대해서는 앞서 단편적으로 기술한 바 있다. 조선·일본 인민의 연대가 어떠한 형태로 진행되고 고양되어 갔는지에 대해 구체적으로 또 계통적으로 기술해야 하지만 여기에서는 약간의 문제점을 제기해 보고자 한다.

노동쟁의 중에서 조선인 노동자와 일본인 노동자가 함께 싸우고 연대를 강화해 나간 사례는 그렇게 많지는 않다. 쟁의의 경우, 조선인 노동자는 일본인 노동자 속으로 매몰되거나 혹은 무시되었다. 또는 서로 방관적 입장을 취하거나 자본가 측에 이용당해 상호대립, 견제적 입장에 놓인 사례가 많다. 필자는 조선·일본 노동자의 공동투쟁·연대를 추진한 선진적인 투쟁을 발굴하고 이것을 높이 평가하는 일에 인색하지 않지만 또한 이를 과대평가하고 싶지는 않다. 이것이 어째서 근소한 부분에 그치고 광범위한 운동으로 발전하지 못했는지에 대해 주의를 환기하고 싶다.

공동투쟁, 상호연대의 장해 원인은 단순하게 생각하면 노동자가 처한 조건이 너무 다르다는 점에서 기인했다고 할 수 있다. 하지만 이것이 근본 원인은 아닌 것이다.

재일조선인 노동자는 일본제국주의의 식민지 민족 노동자이며 나아가 제국주의 본국으로 타관살이를 강요당한 자로 일반 이민 노동자와는 차이가 있다. 일본인 노동자는 말할 것도 없이 식민지 민족을 지배하고 있는 제국주의 본국의 노동자이다. 이 양자의 공동투쟁과 연대는 그렇게 쉬운 것이 아니다. 일본인 노동자에게는 장기적으로 주입되어 온 민족차별, 민족배외주의적 사상의 뿌리가 깊고 그것을 없애는 방향으로 사상 개조가 이루어지지 않으면 불가능하다고 생각한다.

「조선해방문제」 게재의 『전위』 개제 『아카하타赤旗』 창간호(1923)

당시 "조선 노동자가 그 고용주의 xx에 분기해 일어난 경우, 다수의 내지 노동자에 의해 배신당함과 동시에 내지 노동자도 조선인의 값싼 임금에 의해 배신당하고 있다."라는 상황이 많았는데 이를 극복하기에는 일본인 노동자가 동일 노동 및 동일 임금을 위한 투쟁, 모든 차별적 학대에 대한 투쟁, 재일조선인 노동조합 확립을 위한 투쟁, 조선에 대한 제국주의적 탄압에 반대하고 식민지 해방을 위한 투쟁을 구체적으로 치열하게 전개해야 한다는 것은 완전히 기본적인 부분이다.[23]

그러나 1920년대에 일본의 노동운동, 계급투쟁의 지도 이론은 재일조선인 노동자를 '일본의 노동운동의 중요한 일요소'로 간주하고 '그 진열 중에 동화하고 결속'하는 '조선인 노동자를 조합운동에 포용하고 융화하고 결합해서 유력한 노동계급의 군세를 조직해야만 하므로' '일선 노동자의 단결'을 강조하는 것에 그칠 뿐, 일본제국주의 지배로부터의 조선 민족 해

---

23) [원주] 青木邦夫, 「植民地及び半植民地勞動運動と我が佐翼勞動組合」, 『勞動者』 2-11 수록, 1927.

방이라는 기본적 관념은 보이지 않는다.[24]

무산계급의 입장에서 본 조선해방 문제

이러한 점은 당시 일본 노동자 계급의 지도적 입장에 있었던 27명의 '무산계급의 입장에서 본 조선해방 문제'[25]에 관한 앙케이트에 대한 견해를 봐도 몇 명을 제외한 대부분은 조선의 독립 문제를 계급 해방 문제로 해소하고 있으며 심각한 것은 조선독립 문제는 편협하고 시대착오적이라고까지 말하고 있다.

> ……조선의 국토가 공업화되는지 아닌지와 상관 없이 조선의 무산계급은 일본의 무산계급과 함께 일본 자본주의의 지배를 받지 않으면 안 된다. 이리하여 조선 무산계급은 일본 무산계급의 동료로서 일본 자본주의와 싸우는 유력한 요소가 된다. 일선 무산계급은 단지 '단결'하는 수밖에 없다!(야마카와 히토시山川均)
>
> 일본의 노동자와 조선의 노동자가 하나의 노동조합, 하나의 정치적 혹은 사상적 단체를 조직하는 한편, 러시아의 원조를 얻어 조선 및 일본의 자본주의를 타도하는 것이 조선해방의 유일한 수단이라고 생각한다.(노자카 테쓰野坂鐵)
>
> 우리들은 기회가 있을 때마다 식민지 방기를 권력계급에게 독촉해야 한다고 생각한다. 이에 대해서는 조선의 무산계급 및 그 대표자와 항상 가능한 한 밀접한 관계를 유지하는 일이 필요하다.(사카이 토시히코堺利彦)
>
> ……일선의 무산계급은 조선을 착취하고 압박하는 것은 일본의 민중이라고 말한다. 모든 계급을 의미하는 듯한 애매한 것이 아니라 일본의 자본가 계급이라는 사실을 확실히 이해하고 조선 문제의 해결은 조선의 독립

---

24) [원주]『前衛』1922년 9월호, 1923년 1월호.
25) [원주]『赤旗』1923년 창간호.

이 아니라, 조선의 노동계급이 자신의 국가를 건설함에 있다는 사실을 잊어서는 안 된다.(고쿠료 고이치로國領五一郎)

첫째, 조선 노동계급의 해방은 조선 노동계급이 민족운동에서 한 걸음 더 나아가 프롤레타리아 해방운동으로 전환하고 민족자결에 의한 인터내셔널과 결합한 운동에 참가하는 것이 유일한 길이라고 생각합니다. 둘째, 일본 노동계급은 조선 식민지의 절대 해방을 외치며 경제적으로도 정치적으로도 민족적 차별철폐를 주장하고 구체적으로 조선에서의 군대 철거, 일선 노동자의 임금평등을 요구하며 운동 상의 완전한 악수와 동일전선에 서는 것을 최대 급무로서 노력해야만 합니다.(가와이 요시토라川合義虎)

……계급적 해방 즉 무산계급 혁명을 목적으로 하는 운동이라도 할지라도 지금 존재하고 있는 민족운동의 세력을 무시하지 않고 어디까지나 이 운동 속으로 침투해 이를 무산계급 운동의 방향으로 돌리게 하는 일에 노력해야 하지 않겠습니까.(아라하타 칸손荒畑寒村)

최근의 조선독립운동은 단순한 독립운동이 아니라 무산계급 해방운동의 색채가 지극히 강하게 나타나고 있다. 따라서 우리 일본 무산노동자들은 조선의 무산계급을 도와야만 한다. 조선에 대해 모든 예속적 혹은 압박적 기획을 철폐하는 일, 조선의 전 국토에서 군대, 헌병, 경찰을 철거하는 일 등의 요구를 우리 일본 프롤레타리아는 부르주아 정부를 향해 제출하고 그 요구를 실행하게 만들어야 한다.(와타나베 마사노스케渡辺政之輔)

소위 조선독립운동은 시대 착오이다. 극동민족의 자결문제도 극동무산계급의 해방문제도 그 모든 해결의 열쇠가 일본의 제국주의적 자본주의의 몰락에서 찾을 수 있는 것이라고 한다면 조선 무산계급 제군은 노동조합 혹은 정당을 만들고 일본의 노동조합 혹은 정당에 가맹하는 것이 득책이라고 믿는다.(아카마쓰 카쓰마로赤松克麿)

이상의 견해들에는 조선해방문제를 계급문제로 해소하고 독립문제는 무용無用, 시대착오적이라는 것, 독립문제라고 인정은 하지만 무산계급이 승리해 권력을 취하는 일이어야만 한다는 것, 더욱이 민족운동에서 한발 더 나아가 프롤레타리아 해방운동으로 전환해야 한다는 것 등이 뒤섞여 있다.

일본의 사회운동가에 대해서 조선의 민족운동가 중 한 명인 안광천은 다음과 같이 기술하고 있다.[26]

"일본의 부르주아지와 싸우는 소위 일본의 사회운동가는 그 최후의 승리를 가장 빠르게 얻기 위해서는 그 연구의 힘과 그 투쟁의 힘의 일부를 조선문제 및 조선운동에 소비하는 것을 아까워해서는 안 된다. 그런데 지금까지 일본의 무산계급학자는 조선문제에 있어서 얼마나 무언無言이었는가. 또 일본 실지實地 운동가는 조선운동에 대해 얼마나 불관不關하였는가. 우리들 입장에서 보면 일본 사회운동가는 조선문제에 있어서 식민지문제에 있어서 너무나 등한시하는 태도를 취해왔다고 말하고 싶다……그런데 우리의 기대에 '일본 무산계급과 조선 무산계급과 단결하는 수밖에 없다'라든가 '조선 무산계급도 정당 운동을 시작하는 것이 좋다'라는 등의 간단한 몇 마디로 대답했을 뿐이다. 일본 사회운동가가 취하는 태도는 항상 우리 조선 무산자의 신뢰를 약하게 만드는 듯한 것이다. 그 결과는 일본 무산계급의 최후의 해방에도 영향을 줄 것임에 틀림없다." 또한 "우리들은 마땅히 힘을 합쳐 한시라도 빨리 일본 민중과 그 부르주아 계급과의 분리를 조속히 해야만 한다. 우리들에게 만약 공통의 도정이 있다고 한다면 이를 빼놓고서는 다른 방법이 없다고 생각한다……나는 일본의 동지에게 절망한다. 당분간은 그 무아의 동정을 멈추고 결사적 노력으로 부르주아 계급에게 다가가야만 한다."라고 말했던 당시의 활동가 김약수의 일본 동지에 대한 어필은 정곡을 찌르고 있다고 생각한다.[27]

---

26) [원주] 安光泉, 「日本社會運動者の態度」, 『政治硏究』 1925년 3월호.
27) [원주] 金若水, 「日本に於ける協同戰線と民族」, 『進め』 1923년 2월호.

제4장

침략전쟁에 저항하여
: 1930년대

1. 1930년대의 조선과 일본

1929년에 시작된 세계경제공황은 다수의 실업자를 배출시켰고, 여러 계급적 모순들은 보다 확대되어 계급투쟁은 더욱더 격화되었으며 자본주의의 전반적 위기를 한층 심화시켰다. 그중에서도 이탈리아, 독일, 일본에서는 이 위기에서 탈출하기 위해 파시즘 정치체제가 만들어지고, 노동자, 농민 및 식민지의 민족에 대한 탄압을 강화하는 한편, 식민지, 종속국, 세력범위의 재분할을 위한 제국주의 전쟁을 일으켰다.

일본은 1931년 9월, 중국 침략(만주 침략)을 개시했고, 동북 지방을 무력으로 점령한 이후 '만주국'을 만들고 국제연맹을 탈퇴했다. 1933년 독일에서는 나치의 히틀러 정권이 확립되어 침략정책을 진행했고, 1935년 이탈리아 또한 에티오피아 침략전쟁을 시작했다. 일본과 독일은 1936년 '일·독 방공협정'을 체결했다. 일본은 1937년 본격적으로 중국 침략을 추진했고 독일은 1938년 오스트리아를 병합하고 다음 해인 1939년에는 체코슬로바키아를 점령한 후, 나아가 폴란드 침략을 개시하여 제2차세계대전이 시작되었다. 이러한 정세에 대처하여 코민테른Comintern은 1935년 8월 제7회 대회에서 반反파쇼인민전선방침을 제창하여 프랑스(1935), 스페인(1936)에서 인민전선이 결성되었으며, 또 중국에서는 항일민족통일전선이 성립되었다.

일본의 조선 식민지정책은 파시즘 침략전쟁 기지로서의 물적, 인적 자원의 약탈을 강화하면서 동시에 이를 위한 '황국신민화皇國臣民化' 정책을 강행하여 이 정책에 반대하는 세력은 혹독하게 탄압했다. 총독 우가키 카즈시게宇垣一成, 미나미 지로南次郎 등이 주도한 이른바 '농촌진흥', '산업

장려', '농공병진農工竝進', '북선北鮮개척', '내선일체', '황민화운동', '지원병제도' 그리고 '강제적 징용 및 징병' 등의 정책이 그것이다.

이러한 일본의 지배 정책하에서 조선 인민의 민족해방투쟁은 일본의 파쇼적 폭압정치에 대항하여 중국 간도 지방을 근거지로 하는 항일 빨치산에 의한 무장투쟁을 개시하였고, 1936년에는 항일 민족통일전선인 조국광복회를 결성해 국내외에 걸친 광범위한 민족해방투쟁을 진행했다. 조선 국내에서는 일부의 친일적 획책과 선동도 있었지만, 민족적 주체를 지키는 투쟁과 더불어 혁명적 노동자, 농민은 보다 적극적인 투쟁을 전개하여 일본의 지배자에게 위협을 가했다.

일본은 '만주' 침략 개시와 함께 국내에서는 군부, 우익이 세력을 보다 강화하여 쿠데타 계획을 획책했고, 1932년 청년 장교들이 벌인 5·1 사건에 의해 정당내각제가 무너지고 파시즘으로 경도되었다.

1932년 2월의 중의원 총선거는 중국 침략전쟁이 개시되는 상황에서 시행되어 '만·몽 문제를 해결하기 위한 대전제인 내선융화를 위해'라고 하여 재일조선인 대의사의 출마를 책략했다. 즉 마루야마 쓰루키치丸山鶴吉, 아카이케 아쓰시赤池濃 등의 지지 하에 도쿄에서는 박춘금朴春琴, 오사카에서는 이선홍李善洪을 입후보시켜 전자는 당선시키고 후자는 낙선했다. 이것은 일본 지배층의 조선인 동화정책의 새로운 수단으로, 일본이 파시즘으로 돌진하기 위한 하나의 포석이기도 했다.

1932~33년에는 일본공산당을 비롯한 그 영향 아래에 있는 노동운동, 농민운동, 반전운동이 고양되고, 코민테른의 일본혁명에 관한 32년 테제 발표, 일본 프롤레타리아 문화연맹(KOPF), 유물론연구회의 결성 등이 있어서 군국주의 반대 투쟁을 전개했다. 한편으로 노동운동의 분열, 우경화와 함께 사노 마나부佐野學, 나베야마 사다치카鍋山貞親 등 일본공산당 간부의 전향 성명, 나아가 일본공산당 탄압강화 등이 있어 민주 세력은 약

체화해 갔다. 또 사상 탄압으로서 교토 제국대학 다키가와滝川 사건(1933),
천황기관설天皇機關說[1] 사건(1935)이 일어났고 일본공산당의 중앙조직도
파괴되었다.

1936년에는 황도파 군부장교들의 이른바 2·26 사건을 계기로 군부를
중심으로 한 파쇼정권이 확립되기 시작했고, '불온문서 단속법', '사상범
보호관찰법' 등의 탄압법규가 성립, 군국주의적 정책이 지배적이 되어 '전
시체제'가 되었다.

1936년 일본 자본주의 발달사 강좌 관계자가 공산당 재건을 계획했다
고 하여 검거되었고 1937년, 1938년에는 일본무산당, 노농파학자 그룹
등에 대한 이른바 '인민전선 사건'이라고 하는 탄압이 가해졌다.

1937년 중일전쟁의 개시와 함께 '거국일치' 등의 슬로건 아래, '국민정
신 총동원운동'이 시작되었고, 전일본 노동총동맹은 '후방생산력의 증진'
을 꾀하기 위해서라며 동맹파업 절멸선언 및 전쟁 지지를 결의하여 노동
운동은 후퇴했다. 1938년 '국가총동원법'이 공포되고, 노동조합이나 사회
민주주의자는 '산업보국'운동을 전개했다. 또 같은 해에는 일본공산주의
자단, 유물론연구회가 탄압을 받았고, 파시즘 비판의 자유주의자도 검거
되는 등 모든 자유를 빼앗기게 되었다. 조선총독부는 1937년 무렵부터 기
독교 신자에게 신사神社 참배, 동방요배東方遙拜, 황국신민 서사誓詞 제창,
기미가요君が代 봉창奉唱을 강요하고 기독교가 경영하는 학교를 폐쇄해 이
것에 반대하는 목사, 교수들을 체포, 투옥하여 박해했다.

---

1) [역주] 일본의 헌법학자 미노베 타쓰키치美濃部達吉가 주장했던 헌법 학설이다. 그
   는 통치권은 법인인 국가에 속하며 천황은 그 최고기관으로서 통치권을 행사할 뿐이
   라고 주장했다. 이 학설은 다이쇼大正 데모크라시 시대에 지배적 헌법 학설이 되어
   거의 공인되기에 이르렀지만, 일본 파시즘의 대두와 함께 반국체적이라는 이유로 배
   격당했다.

2. 조선인의 도항과 생활상황

1930년대에 들어서서 경제 공황에 의한 사회적 모순은 한층 더 심각해졌지만 식민지 지배하의 조선 인민, 특히 대부분의 농민들은 농업공황의 피해를 더욱 심하게 받아 이촌자가 늘어나고 실업자 무리가 전국에 넘쳐났다.

일본은 사회적 모순과 위기를 극복하기 위한 침략전쟁을 시작해 조선 인민을 농촌, 광산, 군수공장에 묶어두고 수탈과 착취를 강화했는데, 이를 버틸 수 없는 사람들은 살기 위해 북으로, 남으로, 해외로 직장을 구해 떠돌았다.

일본에서는 1920년대 이후 조선인의 일본으로의 자유 도항을 저지하고 있었는데 1930년대에 들어서서 더욱더 그 저지정책이 강화되어 1932년 10월에는 '신분증명서' 소지 조사가 한층 엄격해졌다. 1933년의 도항 출원 수 30만 명 중 저지된 수는 16만 9천여 명에 이르고 있다.

1934년 10월에는 '국책'으로서 일본 정부 내각결정의 재일조선인종합 대책으로서의 '조선인 이주대책 요목'이 정해지고 도항 저지와 동화정책을 보다 강력하게 내세웠다(제1장에서 상세히 서술).

이 방침에 의거해 조선인의 일본 도항 억제가 엄격해져서 도항이 저지된 수는 1934년도에 도항 출원 약 29만 5천 명 중 18만 8,600명이 저지되었으며 또 밀항자에 대한 송환이 증대했다.

1938년 3월에 이르러 조선총독부로부터 척무대신拓務大臣에게 '내지도항단속'을 철폐해서 자유 왕래의 방법을 강구할 것, 이것이 불가능하다면 조선 측은 종래대로 단속하거나, 일본 내지에서 이중 단속을 그만둘 것을 제기했고, 내무성은 도항 단속의 전면 철폐는 불가능하지만 이중 단속을 철폐하기로 하여 이 제도 운용상의 마찰 배제 협정이 성립되었다. 하지만 협정이 성립되면서 도항 단속은 상호의 연계에 의해 보다 엄격해졌을 뿐 완화되지는 않았다.

1938년 12월 조선총독부는 '조선인 내지도항단속에 관한 건' 통첩을 시작했다.

한편 1937년 중국 침략전쟁의 개시에 따라 전시노동력 특히 탄광, 토건 노동력을 보충하기 위해 석탄, 토목관계 기업으로부터 조선인 대량이입의 요청이 제기되었다.

또 재일조선인의 동화정책이 강화되어 1920년대부터 이미 오사카, 도쿄, 가나가와神奈川, 효고 등의 각 부현에 만들어진 내선협회內鮮協會를 보다 강화하기 위해 1936년에는 '협화協和 사업비'가 예산에 편성되어 각 부현 마다 협화회가 계속해서 만들어지기 시작했다.

특히 재일조선인이 많은 오사카에서는 1936년 9월 '오사카 내선융화사업 조사회'가 생기고, '재주조선인 문제와 그 대책'이 세워져 각 부현 협화사업의 본보기가 되었다.

1938년 11월에는 이들 부현 협화회의 중앙통제기관인 '중앙협화회'가 만들어지고 (창립대회는 1939년 6월), 재일조선인의 사상 단속, '황민화'의 적극적 추진과 함께 전쟁 동원체제가 확립되어갔다.

앞서 서술한 도항 저지정책 아래 이 시기 조선인의 재주 상황을 살펴보면 다음과 같다.

우선 도항 인구(괄호 안은 귀환 인구)는 1930년에 12만 7천여 명(14만 천여 명)이, 1939년에는 31만 6천여 명(19만 5천여 명)으로 되어있다. 또 재주 인구는 1930년 29만 8천여 명, 1931년 31만 천여 명, 1932년 29만 명, 1933년 45만 6천여 명, 1934년 53만 7천여 명, 1935년 62만 5천여 명, 1936년 69만 명, 1937년 73만 5천여 명, 1938년 79만 9천여 명, 1939년 96만 천여 명(이상, 내무성 조사에 의함)으로 1930~39년간에 3배 이상이 되었다.

이것은 일본의 중국 침략전쟁 개시에 따른 군수산업에 노동력이 요구되었기 때문에 도항을 억제하는 한편, 조선인 노동자의 모집 등에 의한 이입이 행해지고 있었기 때문이었다.

다음으로 주요한 부현별 인구를 보면 〈표 5〉와 같다.

〈표 5〉 재일조선인, 연도별 지역별 인구수

1933년		1935년		1938년	
① 오사카	140,277	① 오사카	202,311	① 오사카	241,619
② 도쿄	39,314	② 도쿄	53,556	② 효고	78,250
③ 아이치	34,819	③ 아이치	51,461	③ 도쿄	64,321
④ 교토	32,594	④ 효고	46,589	④ 아이치	61,654
⑤ 후쿠오카	31,510	⑤ 교토	42,128	⑤ 후쿠오카	60,105
⑥ 효고	30,440	⑥ 후쿠오카	39,865	⑥ 교토	53,446
⑦ 야마구치	17,796	⑦ 야마구치	27,347	⑦ 야마구치	45,439
⑧ 히로시마	14,856	⑧ 히로시마	17,385	⑧ 히로시마	24,878
⑨ 가나가와	12,976	⑨ 가나가와	14,410	⑨ 가나가와	16,663
⑩ 기후	9,669	⑩ 기후	10,986	⑩ 홋카이도	12,063
총인구	450,217	총인구	625,678	총인구	799,878

〈표 5〉를 보면, 1933~1938년간 오사카는 10만 명 이상, 효고 현은 약 5만 명, 야마구치, 후쿠오카, 아이치 현, 도쿄 부는 약 3만 명이나 증가했고 특히 효고, 야마구치 현은 2.5배 이상이 되었다.

다음으로 1935년의 직업 상황을 보면(오사카는 1932년) 공업 관계의 각종 공장 직공, 토건 인부가 도쿄 36.7%, 요코하마 50.2%, 오사카 60.3%, 기타 유업자(창고 인부, 청소부, 잡역부, 일용직 인부, 넝마장수 등)는 도쿄 43.1%, 요코하마 23.5%, 오사카 8.9%, 고베神戸 14%, 상업은 도쿄 10.6%, 요코하마 11.59%, 오사카 10.51%, 고베 13.23%, 교통업(운전수 및 기타)은 도쿄 36.8%, 요코하마 11.81%, 오사카 5.3%, 고베 20.22%로 되어있다. 대도시에서만 볼 수 있는 일이지만 1920년대와 비교했을 때 공장 관계의 직공이 증가했다.

하지만 이 시기에도 여전히 토공, 인부가 대부분을 점유하고 있다.

1935년 직업순위의 비율을 보면 도쿄에서는 인부 35.39%, 토공, 토목 인부 22.73%, 고물상 4.43%, 넝마장수 4%, 요코하마에서는 토공 29%, 일용 인부 19.68%, 재봉직 6.34%, 넝마장수 5.56%, 항만노동자(짐 싣는 인부) 3.63%, 고베에서는 토공 21.14%, 짐꾼 15.88%, 공장 직공 9.01%, 물품 판매 5.58%, 행상인 3.30%로 되어있다.

또 오사카에서는(1932년) 철공, 토목 인부, 토공, 일용 인부, 도우미, 짐꾼, 유리 직공, 넝마장수, 미싱재봉직, 제재製材 직공 순서로, 후쿠오카 현에서는(1938년) 갱부, 짐꾼, 토공부, 농업노동자, 고물상 순으로 많았다.

1930년 6월 현재 조선인 노동자의 실업율은 일본인의 5.12%에 비해 3배인 15%에 이른다.

1932년 2월 오사카 시의 실업 구제등록자 수의 60%(6,454명)는 조선인이었다. 오사카의 나카모토中本, 이마자토今里, 이치오카一岡 방면의 조선인 집단지역에서는 매일 실업고를 이유로 자살과 같은 비극이 일어났으며 또한 일시적으로 귀국자도 늘어났다.

조선인 공장노동자가 가장 많았던 오사카에서는 1930년 이래 재주조선인의 약 30%가 공장노동자였지만, 오사카 시의 종업원 30인 이상의 중규모 이상의 공장은 겨우 7%만 점유하고 있었고 대부분(3분의 2)은 히가시나리 구東成區를 중심으로 해서 분포하고 있었던 종업원 30명 미만의 소규모 공장의 노동자였다.

또 조선인 노동자는 다음의 자료에서 볼 수 있듯이 일본인 노동자가 선호하지 않는 더럽고 보다 고통스러움이 동반되는 유리(가마업), 금속, 방적, 화학(고무) 공장에 많았다. 그 외에 염색물, 목욕탕 때밀이, 숯장이 등의 일을 하는 노동자도 늘어갔다.

조선인 노동자 대다수가 협의했던 것처럼 가마업, 금속, 화학, 섬유, 목죽木竹 등의 공장에 다수가 일하고 있는 사실은 유리, 에나멜, 법랑, 도금, 비료, 제재 및 메리야스 등의 유치하고 비교적 저임금에 심지어 과격한 노동을 요구하는 공장 이외에서는 그다지 수요가 없었던 것을 나타내고 있다. 말할 것도 없이 일본인 노동자가 이렇게 과격하고 불쾌한 공업에 종사하는 것을 기피한 것과 달리 조선인 노동자는 오히려 이러한 종류의 노동을 싫어하지 않아서, 공장주 측에서 보면 설령 일본어를 못하고 일에 숙달이 덜 되어있더라도 꽤 도움이 되었기 때문에 결국 이 종류의 공장노동에서는 조선인 노동자가 점차 내지인 노동자의 지위로 바뀌어 가고 있었다.[2]

게다가 조선인은 민족적 차별임금으로 일본인의 약 반액의 임금이었고, 저임금 식민지 노동자의 사용은 자본의 이윤을 높일 뿐만 아니라, 일본인 노동자에게 우월감을 줌으로써 조선과 일본의 노동자 연대, 공동투쟁을 저해하는 수단이 되기도 했다. 또 그것은 일본인 노동자의 임금수준도 억제시키는 지렛대가 되었다.

1930년 10월 오사카 시의 조사에 따르면 조선인 노동자의 평균임금은 1엔 22전(남공 1엔 39전, 여공 81전), 일본인 노동자의 평균임금은 2엔 5전(남공 2엔 65전, 여공 98전)으로 지독한 임금차별이 일반적이었다.

가건물, 판잣집
1930년대의 주택 사정도 이전과 다름없이 심각한 것이었다.

---

2) [원주] 大阪市『朝鮮人労働者の近況』, 1933年.

도쿄에서 1934~35년의 조사에 의하면 셋집이 89.3%, 자가가 10.66%이며 자가는 가건물, 판잣집이 대부분이었다고 한다. 또 방의 개수는 1실만 있는 것이 52.3%, 2실이 33.47%이며, 방 크기는 다다미疊 6장 이하 4장 반이 36.01%, 6~8장이 17.85%로 한 세대당 평균 7.5장, 1인당 1.84장이었다.

같은 해 요코하마에서는 셋집은 91.71%, 가건물이 33.36%, 고베는 셋집, 셋방 95.51%, 가건물 8.77%였다. 오사카에서는 1932년의 조사에 따르면(1만 1,835 세대조사) 셋집 셋방 96.15%, 자가 3.24%로 가건물은 3.85%이며 방 개수는 1실이 50.17%, 2실이 31.16%, 한세대 당 평균 1.8실, 6.52장이었다.

다음으로 당시 도쿄 시바우라芝浦의 조선인 부락의 르포 일부를 소개하겠다.[3]

도쿄 시바우라 쓰키미 정의 조선인 부락 (1930년대)

이것이 시바우라 쓰키미 정月見町 조선인 부락이다. 원래 이것은 제당 회

---

3) [원주] 張赫宙 「朝鮮人聚落を行く」, 「改造」, 1937년 6월호판 수록.

사의 석탄을 놓는 곳이었지만 부근의 공장에 다니는 조선인 노동자가 누구인가에게 허가를 얻지 않고 나무막대와 널빤지, 양철 파편을 이용해 수제로 조그만 집을 만들어 멋대로 살게 되어 생긴 부락이다. 밟으면 와르르 무너질 것 같은 작은 집이었지만 그중에는 2층 건물도 있었고 건조대도 있었다. 점차 고층화되어가는 것을 보면 인구는 해마다 늘어갔음이 틀림없다. 부근 3개의 밀집 부락의 총인구가 약 600명이라고 듣고, 이 움막 같은 좁은 곳에 그렇게 많은 사람이 도대체 어떻게 살고 있는지 생각만 해도 오싹했다.

부락의 입구 근처의 도로에는 5, 6명의 여자들이 무리를 지어 무언가를 이야기하고 있었다. 복장은 언뜻 조선의 농촌 부인의 모습과 조금도 다름이 없는 듯이 보인다. 하지만 자세히 점검하면 발에는 게타下駄를 신고 치마나 받쳐입은 속옷은 일본 천으로 만든 것이 눈에 띈다.

오사카 쓰루하시鶴橋의 조선 시장(1930년대)

나는 그녀들 옆으로 걸어가 부락 안으로 들어가고 싶은데 어디로 들어가면 좋은지 물었다. 나는 조금 전부터 슬며시 부락의 입구를 찾고 있었는데 집과 집의 경계는 물론 길과 입구를 발견하는 것조차 불가능했기 때문이다. 수상쩍어하는 눈빛으로 우리를 바라보던 여자가 저기라고 손가락으로 가리킨 방향을 따라 나는 걸어갔다. 불규칙적인 구멍이 뻥 뚫린 채 입을 벌리고 있어서 나는 그 안에 빨려 들어가는 것처럼 들어갔다. 과연 그 구멍이 이 부락의 통로였다. 어쩌면 유일한 통로였을 지도 모르겠다. 판자 벽과 기둥이 겨우 나를 지나갈 수 있게 했다. 열려있는 작은 구멍으로 안을 들여다보자 거적과 축축하게 더러워진 다다미가 깔려있고, 아이들과 어른들이 빨강과 흰색의 조선 천과 거무스름한 일본 천으로 만든 이불을 감고 자고 있는 방도 있었다. 파리가 아이들의 입가를 들여다보듯이 주변을 날아다니고 있었다. 몇 걸음도 가지 않는 동안 움막은 어두워졌다. 머리 위가 지붕과 지붕에 걸쳐놓은 2층이나 건조대로 하늘이 막혀있었기 때문이었다. 조금 넓은 곳에는 널빤지 걸상을 깔고 몇 명의 여자들이 모여 있었다. 그들의 화제나 안색은 나의 초조한 신경과는 반대로 실로 평화롭고 유장悠長한 것이었다. 구멍에서 구멍으로. 이것이 부락의 통로였다. 나는 문득 지렁이나 개미집을 떠올렸다. 이 구멍의 연결이 집에서 집으로 아니 방에서 방으로 이어진 통로인 것이다. 하나의 커다란 구멍에 도달했다. 들여다보니 거기에는 토방에 거칠게 깎아 만든 테이블이 놓여 있었고 3, 5명의 남자가 앉아 있었다. 그들의 의자가 무엇이었는지 나는 미처 보지 못했다. 성냥의 빈 상자거나 무언가이었으리라. 토방의 흙은 검고 축축한 습기로 빛나고 있었다. 내가 류머티즘 신경환자였기 때문인지 그 습기를 보는 것만으로도 관절이 욱신욱신 아파 오는 것 같았다. 그 토방은 음식점이었다. 술도 판다고 했다. 드물게는 조선 탁주도 밀조되고 있음이 틀림없었다.

3. 조선노총의 일본 노동조합전국협의회(전협)으로의 해소

재일조선인 운동과 일본 노동운동의 관계에 대해 중요한 방침이 결정된 것은 1928년 3월부터 4월에 걸쳐 개최된 프로핀테른Profintern 제4회 대회였다. 이 대회에서는 자본주의 제국의 식민지 출신 노동자의 해방운동에 대한 바른 관점이라고는 할 수 없는 '외국인 노동자 및 식민지 출신 노동자를 노동조합에 가입시키는 문제'가 프랑스 대표로부터 제기되었다. 대회에 참가했던 일본 대표 고쿠료 고이치로國領五一郎는 "테제의 근본 방침에 의거해 양자는 합동하고, 합동 후의 조합에는 조선부를 설치해야 한다. 물론 하루아침에 실현할 수는 없다. 또 양 조합 합동을 위해 평의회는 노력해야 한다."라고 서술하고 있다.

이 문제는 대회 종료 후 열린 '일본문제 소위원회'에서 확인되었고, '조선·대만의 노동조합과 평의회는 밀접하게 연계함과 동시에 재일조선노동총동맹과의 합동의 방침을 주장하는 것'이 결정되었다. 이 방침은 1928년 여름의 코민테른 제6회 대회에서 계승되어 1929년 8월의 제2회 범태평양 노동조합 회의에서도 일본 대표 야마모토 겐조山本懸藏에 의해 '동일산업조합 내에서의 민족별 조직의 합동'이 확인되었다.[4]

1929년 도쿄조선노동조합의 간부 김호영金浩永, 이의석李義錫 등은 전협중앙의 지도부로부터 '노총의 전협으로의 발전적 해소의 정당성'을 지시받았다.

김호영 등은 조선노총 전국대표자회의의 개최를 기획하고 8월쯤 가나가와 조선노조의 가와사키 지부에서 조선노총 간토 지방협의회를 열었지만 여기에서 가나가와 조선노조의 간부 이성백李成百으로부터 시기상조론이 나와서 반대되었다. 김호영 등은 이성백을 기회주의자로 배격해 도쿄, 가나가와 양 노조의 대립이 되어 유혈 폭행 사건이 일어났으며, 김호영은 그 책임을 위해 노총중앙위원을 그만두게 되어 김두용金斗鎔이 그를 대신했다. 노총중앙에서는 임철섭林澈燮, 이북만李北滿 등이 그 준비위원으로서, 나아가 조선노총 임시상임위원으로서 김두용, 이의석 등이 선임되었으며, 해소이론의 취지를 철저하게 하기 위해 11월 '재일본조선 노동운동은

---

4) [원주] 岩村登志夫, 『在日朝鮮人と日本勞働者階級』, 1972, 제4장 참조.

어떻게 전개해야 하는가'(김두용 저)라는 팜플렛이 간행되어 각지의 대표에게 파견됨과 동시에 노조에 배부하여 전국대표자회의를 준비했다.

주

앞서 서술한 팜플렛은 우선 재일조선인 노동자가 당면한 긴급한 임무에 대해서, "오늘날의 조선노동계급은 x력획득을 위해 강하게 투쟁해야 한다. 그러므로 노동계급은 과거 투쟁의 실제적 경험에서 강고한 전국적 계급적인 투쟁조직을 요구하고 있다. 하지만 이러한 투쟁조직은 이전의 노총 재건으로 실현될 수 있는 것이 아니다. 그것은 일본 노동조합 전국계급회(이후 '일본전협'이라고 약칭)에 가입, 합동해야만 비로소 실현된다. 다시 말해 노총 재건에 의해서가 아니라 노총 해체에 의해서이다. 따라서 오늘 xx적 노동자의 당면한 임무는 우선 노총의 '일본전협'으로의 합동을 꾀하고, 그 아래에서 잡산업 조직의 노총을 산업별 재조직으로의 투쟁의 캄파(kampaniya, 조직적인 대중투쟁)를 전개하면서 이 투쟁 과정에서 합동 실현을 촉진해야만 한다."라고 하고 있다.

그리고 다음으로 '합동' 반대론의 이론적 근거, 전민족적 공동투쟁 전선의 문제, 노총의 '전민족적 공동투쟁'의 오류, '노총'의 산업별 조직과 '일본전협'에 참가하는 문제, 산업별 조직의 전국적 결성으로서의 소위 '재일본조선전협'에 대해, 합동을 위한 여러 조건 등에 대해서 전협으로 참가, 합동 해소에 관한 의견이 전개되고 있다.

한편 김호영은 간사이 지방으로 가서 해소이론에 따른 자기 활동을 전개하여 간사이 지방협의회를 열고 10월 말에는 전협으로 합류할 것을 결의해, 김호영이 초안을 잡은 '재일본조선노동총동맹의 당면한 문제에 관한 의견서'를 오사카, 교토, 효고, 아이치 각 노동조합의 연명에 따른 간사이 지방협의회의 이름으로 발표했다.

그 주된 내용은 조선노총의 혼란과 침체에 대해 서술하고 그 근본 원인으로서 ① 공장에 기초가 없는 것, ② 노동자의 산업별 이해를 혼동한 잡종 산업의 혼동조직인 것, ③ 1산업 1조합의 좌익노동조합의 조직원칙에 반해 민족별 조직인 것 등을 지적하고, 공장을 기초로 조합을 산업별로 재조직하는 산업별 투쟁을 일으키고 노총을 해체하여 전협에 즉시 가맹할 것 등의 구체책을 들고 있다.

조선노총중앙에서는 김두용, 이의석, 임철섭, 이윤우李潤雨 등의 분담 지역조사의 결과를 종합해 전협으로 해소하는 준비를 진행했다. 그리하 여 12월 14일 오사카에서 비밀리에 조선노총 전국대표자회의 및 확대중 앙집행위원회가 열렸다. 회의에는 중앙에서 김두용, 이의석 등, 도쿄에서 이윤우, 오사카에서 김문준金文準, 조몽구趙夢九 그 외 호쿠리쿠, 니가타新 潟, 아이치, 교토, 효고에서 17명이 참가했다. 회의는 의장 김두용, 부의 장 박광해朴廣海에 의해 진행되었으며 조선노총을 해체하고 전협에 가맹 할 것, 1산업 1조합주의에 따라 산업별 조합을 조직하고 현 조합은 전협 밑으로 점차 재편성할 것이 결정되었다. 그리고 강준섭姜駿燮, 이성백, 이 정규李廷珪를 규약위반의 이유로 제명하는 한편, 김호영의 복권을 승인했 다. 나아가 선언, 강령, 규약, 투쟁방침은 상임위원회에서 작성하는 것으 로 결정하고 전협으로의 해소투쟁, 노총 재조직을 위한 중앙집행위원회가 만들어졌다. 신중앙집행위원에는 김두용, 이의석, 김호영, 김문준, 조몽 구, 이윤우, 박광해 등 20명이, 신중앙상임위원회위원에는 김두용, 김호 영, 이의석, 임철섭 등이 결정되었다.

해체선언 요지

조선노총의 전협으로의 해소이론인 김두용의 앞서 언급한 논문 및 해 체선언의 요지는 다음과 같다.[5]

---

5) [원주] 內務省警報局, 『社会運動の状況』, 1930年.

'종래 재일본조선노동총동맹은 노동계급의 독자적인 투쟁을 등한시하여 조선공산당의 지도하에서 활동하고 혹은 조선 내의 민족적 투쟁과 결부하여 '노총'의 혁명적 조합투쟁의 수행을 방해하고, 또 내지 좌익단체와의 연락이 막혀 통하지 못했기 때문에 일본제국주의의 특수적 탄압을 만나 중심 분자를 잃기에 이르렀다. 이는 명백히 운동방침의 오류에서 온 것이다. 이 오류를 청산하기 위해, ① 종래 조선공산당의 지도하에 있었기 때문에 특수적 탄압이 가해졌으므로 일본 내지에서는 일본공산당의 지도 밑으로 들어가야 한다. ② 이 지배계급의 정세에 대항하여 실로 노동계급의 이익을 옹호, 획득하기 위한 길은 전노동계급의 공동투쟁 이외에 다른 방법은 없다. ③ 실로 재일본조선노동계급의 이익을 대표하여 충실히 투쟁하기 위해서는 일체의 민족적 투쟁을 방기하고, 실로 좌익노동조합으로서 철저히 권력 획득의 투쟁을 해야 한다. ④ 일본과 조선노동자의 일상 노동조건은 완전히 서로 일치하고 임금의 차별, 민족적 차별 등의 특수적 탄압은 일본 노동계급이 하는 일이 아니라 일본제국주의의 소행이다. 따라서 이들 차별의 철폐는 일본 노동계급과의 협력 없이는 실현할 수 없다. ⑤ 일본에서의 노동계급의 계급적 옹호, 권력 획득의 투쟁을 수행하는 혁명적 노동단체는 일본 노동조합전국협의회이므로 꼭 이에 합류해야 한다.'

　새로운 운동방침에서는 일반운동방침 외에 구체적인 방침으로서 ① 공장을 기초로 해서 조합을 재조직할 것, ② 조합을 산업별로 정리하여 산업별 투쟁을 환기할 것, ③ 노총을 해체하여 전국협의회에 즉시 가맹할 것 등 3가지가 지적되었다.

　그러나 이 노총을 해소하고 전협으로 합동하는 것은 즉시 실현할 수 있는 일은 아니었고 "노총은 과거 수년간 투쟁 해오면서 결집하는 혁명적 대중으로, 이 결성력과 영향력을 최대한으로 이용하면서 일본 노동조합전국협의회의 행동강령하에 산업별 투쟁을 강력하게 전개하고 그 과정에서 대중 자기의 합동을 꾀하려고 하는 것이다."라고 했다.

이리하여 김두용, 김호영 등의 노총간부들은 귀경 후 전협 중앙과 연락하여 도쿄조선노동조합의 간부와 함께 조선인 단체의 산업별 정리를 위한 조사를 개시하고 전협으로 해소하기 위한 작업에 착수했다. 김두용 등 조선인 노총중앙간부는 전협 지도자와 여러 차례에 걸쳐 협의하고 하부 조직에서 상부 조직으로의 점차 발전적 해소를 행하기 위해 구체적 방침을 결정하고 가맹조합에 지령을 발표했다.

조선노총은 1930년 1월, 노총해체의 전제로서 그 지도부인 중앙상임위원회를 해체하고 이것을 전협조선인위원회로 개칭하여 이후 이 위원회에 의해 전협으로의 해소를 수행했다.

1월 13일에는 기관지『조선노동자朝鮮勞動者』를 창간하고, 같은 달 15일에는 지령 제1호 '재조직 재건 투쟁문제에 관한 지령', 2월 16일에는 지령 제2호 '다시 새로운 운동방침의 구체화를 위한 활동에 대해서', 같은 달 27일에는 지령 제3호 '각 가맹조합 해체에 대해', 지령 제6호(7월) '재일본 조선노동조합의 전국적 연락협의 기관조직에 관한 지령' 등을 발표했으며 또 '투쟁 뉴스' 등을 간행하여 가맹조합의 해소를 일상 활동과 연결지어 시행했다.

그 결과, 교토 조선노동조합은 1930년 2월, 미에三重 조선노동조합은 3월, 오사카 조선노동조합은 4월, 아이치 조선노동조합과 효고 조선노동조합은 5월에, 도쿄 조선노동조합은 7월, 가나가와, 니가타, 도야마, 지바 등의 조선노동조합은 1931년에 각각 해체성명서를 발표하고 전협 산하의 자유, 화학, 조직, 금속, 목재, 출판 등의 산업별 조합에 합류했다.

조선인 노동자의 대부분이 자유노동자였기 때문에 자유노조-훗날의 토건노조-가 가장 많았고, 다음으로는 화학노조, 실업자 동맹에 가맹한 자가 많았다.

그러나 이 해소과정에서 중앙지도부는 좌익기회주의적 편향을 저질렀는데 이는 전협조선인위원회의 방침(지령)에도 강하게 나타나고 있다. 즉 민족부르주아와 사회민주주의자를 반동 세력과 동일시하고 극좌모험주의적 경향을 띄고 있었다. 때문에 이 조선노총의 전협으로의 해소는 매끄럽게 수행되지 않았다.

전협으로의 해소의 오류

프로핀테른 결의의 해소 이론에 의거한 전협조선인위원회의 좌익기회주의, 섹트주의(Sectarianism, 종파주의)는 재일조선인 운동을 분파투쟁으로 몰고 갔다. 오사카 조선노동조합의 전협으로의 해소 시, 중앙과의 대립이 그 결과이다.

관청자료에는 이 대립에 대해 "해소 과정에서 '잠정기관으로서 전협조선인위원회의 지도를 받아 간사이 사무국을 조직하고 각 조합을 지도하여 완전히 산업별로 정리한 후에 전협으로 합류해야 한다'고 주장하는 화요계火曜系의 김호영 일파와 '전협에 가맹하는 이상 조선인에게 특수한 기관을 설립할 필요 없이 바로 해소해야 한다'고 하는 서울계의 김문준 일파의 양설이 야기되어 파벌투쟁을 하며 서로 오사카 조선인 운동의 지도권을 잡으려고 갈등 중이었는데, 결국 전자는 전협조선인위원회의 지도를 받고 후자는 전협오사카지방협의회의 지도를 받아 사사건건 서로 반목하고 배제하고 있었다."라고 기술되어 있다.[6]

전협조선인위원회로 해소되기 직전의 조선노총 중앙상임위원회는 1월

---

6) [원주] 內務省警報局, 앞의 책, 1930.

18일부의 격문에서[7] '스파이 사회주의 투기주의자 김문준 일파의 정체-전투적 오사카의 노동자 제군에게'를 전협 조선인위원회 오사카산업별 재조직위원회의 명으로 발표하고, 2월에도 다시 한번 '조몽구, 심춘민沈春敏, 현호진玄好珍, 김용해金龍海, 엄선된 김문준의 부하들'이라고 비난했다.

그 후 전협 조선인위원회는 간사이 지방 사무국을 설립, 3~4월에도 김문준 일행을 스파이 취급하고, 5월 중순에는 전협 일본화학노조 오사카지부 준비회를 결성하여 오사카 화학노조, 오사카 피혁노조, 오사카 고무공조합을 여기에 가입시키려고 했지만 대중에 거부되어 성공하지 못했다. 이들의 처치에 분개한 김문준 일행은 4월 8일 전협 조선인위원회와는 별개로 전협으로 해소하겠다는 성명을 발표하고, 5월 단독으로 전협 일본금속노조 오사카 지부와 연계한 후, 전협 화학 오사카지부를 만들었다. 이리하여 전협 조선인위원회의 비난 공격, 오사카에서의 파벌투쟁은 전협으로의 해소 문제에 대한 소극적, 적극적 태도로 대립하여 예전부터 계속되던 간부, 활동가는 '타락한 간부'로서 배제되었고, 또 자유노동자, 실업노동자들이 조직으로 결집하는 것을 곤란하게 했다.

간토 자유노동조합 상임집행위원회는 재일본 조선노동총동맹의 전협으로의 해소가 당시 간부들의 방침에 의해 몹시 기계적, 분파적으로 수행되었다며 해소과정에서의 간부들의 지도 결함을 다음과 같이 지적하고 있다.[8]

구舊재일본조선노동총동맹의 우리 전협으로의 해소가, 당시의 간부의 방
침에 의해 몹시 기계적, 종파적으로 수행되어 일본의 노동자 계급과 조선

7) [원주] 『日本社会運動通信』, 1930년 1월 22일.
8) [원주] 『프로핀테른 제5회 대회 결의에 대한 정당한 해석과 그 대중화를 위해 투쟁하라プロフィンテルン第五回大会決議に対する正当化なる解釈とその大衆化のために闘へ』[현대사 자료 『사회주의운동社會主義運動』 (二)수록].

노동자의 투쟁을 통한 통일의 혁명적 의의가 양국의 광범위한 대중의 안에 충분히 침투하지 않았고, 조직적으로도 가나가와, 니가타를 비롯해 전국에 걸쳐 구조선가맹조합의 재조직을 끝내지 않았을 뿐만 아니라, 도쿄, 오사카처럼 재조직이 끝났다고 하는 곳이라도 상당수의 노동자를 분산시킨 상태가 지속되고 있는 오늘날, 전협 중앙부를 비롯하여 각 조합지도부 및 하부 기관에까지 조선어위원회를 조직하는 것은 긴급을 요하는 일이다. 구조선인위원회의 임무를 구조총의 전협으로의 해소과정에서의 특별한 과도적 기관이라고 규정한 것, 이 기관에서 활동하고 있었던 동지를 지배계급에 뺏긴 이후, 재건을 위한 노력이 충분하지 않은 것(이것은 '임무'의 틀린 규정에서 필연적으로 생겨난 것이겠지만)은 명백한 오류이다.

이리하여 재일조선노총은 전협으로의 해소를 수행했지만 1929년 12월 당시의 재일조선노총 가맹조합원 3만 3천여 명이 1930년 10월까지 전협에 재조직된 것은 2천6백6십여 명, 1931년 1월까지는 4,500명, 1932년 말에는 4,721명으로, 1933년 말에는 3,940명, 전협계 조합원 2,106명, 1934년 말에는 551명, 전협계 조합원 664명, 1935년 말에는 362명, 영향하 364명, 1936년에는 50여 명으로 저하되는 일로를 걸었다.

고양된 시기였던 1932년의 상태를 산업별로 보면 토건 2,044명(그 외에 같은 계열 조합원 3,425명), 금속 660명, 출판 585명, 섬유 550명, 화학 411명, 일반 70명, 목재 50명이다.

그러나 조선인 노동자의 전협 가맹원 수를 전협 가맹의 일본인 노동자 수와 비교했을 경우, 그 조직률은 높고 구성원도 1932년에는 약 반수에 달해 1933년에는 과반수를 점유했다.

재일조선노총이 전협으로 해소 합류했을 때, 앞서 지적했던 것과 같이 전협 조선인위원회의 지도상의 오류에 의해 일본 노동총동맹계의 조합에 참가하는 자도 꽤 많아서, 1930년 10월 현재 총동맹 산하의 조선인 조합원은 3,650명이라고 한다. 또 조선인의 독자적인 조직으로 센슈泉州 일반

노동조합(약 300명), 오사카 화학노동조합(약 300명), 오사카 시 보건부 종업원조합 히가시나리 지부(약 70명), 간사이 노동조합 히가시나리 구 지방사무국(160명) 등이 있으며, 또 제주도 항로의 자주적인 운항을 위한 동아통항조합 등도 만들어졌다. 또 조선노동조합이 전협으로 해소한 뒤에도 각 지부는 실질적으로 1932년쯤까지 존속했던 곳이 여기저기 꽤 있었다.

재일조선노총의 전협으로의 해소 전후로 재일본조선청년동맹은 1929년 12월, 오사카 지부에서 '재일본조선청년동맹이 당면한 임무에 관한 의견서'를 발표하고 일본공산청년동맹으로 해소했다.

의견서에는 다음과 같이 통일전선 방침을 부정하는 극좌적 편향의 견해를 서술하고 있다.[9]

> 특히 우리가 주의해야 할 것은 오야마大山 일파를 중심으로 하는 좌우사회민주주의자의 사회파시즘화의 위기이며, 조선에서의 개량주의자, 자치주의자들의 일본 부르주아에게 하는 봉사(신간회新幹会, 천도교天道敎, 동아일보, 조선일보사 등에 둥지를 튼 개량주의자는 최근 총독부로부터 거액의 운동자금을 얻어 혁명적 노동자 농민의 탄압과 기만에 광분하기 시작했다)이다.
>
> ◇
>
> 우리가 알고 있듯이 신간회 및 청년동맹은 오늘날까지 투쟁다운 투쟁을 전개한 적이 없다. 그것은 이들의 조직체 내에 xx적인 프롤레타리아트의 헤게모니가 확립되어 있지 않았을 뿐 아니라, 오히려 이 몽롱 단체에 프롤레타리아트의 독자성마저 완전히 해소해버렸기 때문이다. 이런 엉망진창의 조직체─부르주아, 소小부르주아 학생등이 잡거하고 있는─로 강력한 투쟁이 전개되지 않을 것은 명백하다…….
>
> ◇
>
> 우리 청년동맹 그 자체가 이미 조직의 출발점에서 오류를 짊어지고 있었던 것이다. 지금 우리들은 단연 이러한 기회주의적 오류를 청산하고 실로

9) [원주]『日本社会運動通信』, 1930년 1월 15일.

xx적 조직으로 이끌어가야만 한다.

즉 1. 노동조합의 자주적 청년부 설치 및 확립의 투쟁을 통해. 2. 일본xx청
년동맹으로 해소해 가는 것.

이러한 투쟁을 통해서만 재일본조선청년동맹이 이 빛나는 역사적 사명을
수행할 수 있는 것이다…….

계속해서 1931년에는 조선유학생 학우회, 신간회 각 지회, 근우회 각
지회도 같은 해소 이론에 의거해 해소를 결의했다. 오사카 조선유학생 학
우회는 해소파의 공산주의와 반대파의 민족주의로 나뉘어 대립했는데 후
자가 우세했다.

그러나 이들 민족적 여러 단체의 해소과정에서 공산주의자와 민족주의자
사이에는 해소의 찬반 혹은 계급 해방이냐 민족해방이냐를 둘러싼 의견 대
립이 격렬했고, 그 때문에 민족적 역량의 결집에 크게 마이너스가 되었다.

조선공산당 일본총국 및 고려공산청년회 일본부는 2회에 걸친 탄압으
로 중심 멤버가 검거되었고, 또 본국의 조선공산당도 1928년 말에는 그
조직적 형태를 해체하고 나아가 재일조선노총 그 외의 대중단체가 전협
을 비롯한 일본의 여러 단체로 해소된 결과 그 존속이 불가능하게 되었
다. 또 1928년 여름의 코민테른 제6회 대회에서 채택된 코민테른 규약 제
2조 "……각국에는 코민테른의 지부이자 또한 그 구성원인 단 하나의 공
산당만이 존재할 수 있다."라고 하는 '1국 1당의 원칙'에 의거해 조직 해체
를 결정하고, 1931년 10월 해체성명을 『아카하타赤旗』(1931년 12월 23일)에
발표했다.

여기에는 당 및 공청의 해외 파견부대가 해당 지역의 프롤레타리아 운
동과 어떠한 유기적 관련 없이 독립적으로 존재하고 있었던 것은 일종의
변칙적 존재라며 다음과 같이 서술하고 있다. "우리 총국 및 공청 일본부
의 성립 및 해체과정은 일정한 역사적 단계에서의 객관적 제조건에 의해

결정된 것이며, 결코 일부 배교자들이 주창하는 것처럼 불행한 과거로의 자기 참회도 아니고 잘못된 방향의 단순한 청산도 아니다……그저 해체가 단순한 진영의 해소가 아니라 새로운 투쟁으로의 전향이라는 한마디면 충분하다. 우리들은 일선 프롤레타리아의 모든 혁명적 조직 속에 자기의 계급적 임무를 발견할 것이다…….”

이상의 노선 전환에 대한 평가에 대해 약간 언급해 두고 싶다.

우선 프로핀테른 제4회 대회의 결의 및 코민테른 제6회 대회에서의 ‘식민지 및 반식민지에서의 혁명운동에 관한 테제’에서 볼 수 있는 기본방침이 어땠는가 하는 것이다. 이 방침이 광범위한 식민지 민족의 대중, 민족 부르주아의 역량을 경시, 무시 혹은 적시하는 섹트적 경향 및 극좌적 편향을 가지고 있었던 것은 소련동맹공산당 제20회 대회 및 그 외에서 이미 많은 사람들이 지적하고 있었던 대로이다.

조선공산당 일본총국의 조직이 없어지고, 또 ‘1국 1당’의 원칙에 따라 재일조선공산주의자의 일본공산당 소속은 일단 이론적으로는 납득할 수 있는 것이지만, 대중단체인 재일조선노총, 청년동맹, 학우회 등을 모두 일본인 단체로 해소해 버리는 것은 그들의 주요한 투쟁 목표인 민족해방 투쟁을 무시, 경시하는 것이 되며, 그것은 기본적으로는 민족, 식민지문제의 바른 관점이 이해되어 있지 않았기 때문에 발생한 문제였다. 일본공산당 강령 등에서 일단 식민지의 해방이라는 방침을 제창하고 있고, 또 전협에서도 민족 차별 반대의 슬로건을 내걸고는 있지만 구체적으로 그러한 투쟁은 거의 전개되지 않았다. 이 시기에 일본공산당 활동이나 일본의 노동운동에서 많은 조선인 활동가가 전투적으로 싸웠으며 또 많은 희생자가 발생했다. 그러나 그들 조직 안에서 민족문제가 이해되지 않았고 또 민족차별을 없애기 위한 사상투쟁이 행해지지 않았으며, 조직 내부에서도 민족차별이 엄연히 존재했던 것은 조선인 활동가의 체험에 의한 명백한 사실이었다.

4. 반제·반전운동의 선두에 서서(1930년대 전반)

(1) 민족적 기념일 투쟁

1920년대부터 계속되어 온 3·1 독립운동기념일, '한국병합'기념일, 간토 대지진 피해학살기념일, 6·10 만세투쟁기념일 등의 투쟁은 이 시기에 연간투쟁으로서 민족의식을 고양시키고 민족독립운동의 일환으로서 전개되었다. 그러나 1930~34년의 일본 파시즘 권력의 대두는 이 기념일 연간투쟁을 쉽게 허락하지 않는 상황으로 몰아넣었다. 그러한 상황에서도 전협을 비롯한 일본 반제동맹에 조직된 조선인 노동자, 인텔리 및 조선 기독교청년회에서는 매년 이들 기념일에 많은 격문, 선전물, 팜플렛 등을 만들어 비합법적으로 배포하고 또 간담회, 추도회 등을 개최했다. 또한 파업이나 시위운동도 계획되었다.

예를 들어 3·1 독립운동기념일에는 '3월 1일을 시위운동으로 싸워라', '3·1 기념일을 간담회, 직장대회, 태업, 파업으로 싸워라', '식민지 독립, 제국주의 반대의 데모로 싸워라' 등의 내용이 담긴 선전물과 격문이 배포되었다.

또 '한국병합'기념일에는 '8·29 조선병합기념일은 일본·조선 노동자 굴욕의 날이다. 파업, 데모로써 조선 독립을 요구하자'라고 하는 전협의 지령과, '잊지 마라, 8월 29일은 조선국 치욕의 기념일'이라고 하는 팜플렛이 일본반제동맹, 전협의 각 조합에서 발행되었다. 또 간토 대지진 재해피해 학살기념일에는 각지에서 추모회, 위령제를 행하고 '피의 8월 3일

은 대중이 시위로써 백색테러를 분쇄하라', '참살 기념일을 계기로 일본·
조선 노동자의 공동투쟁' 등의 격문을 배포했다. 이 외에 6·10 만세투쟁
기념일, 광주학생투쟁기념일 등도 같은 일이 일어나고 있다.

법정 구석에 모인 희생자 가족

(2) 조선공산당 재건운동

일본제국주의의 거듭되는 탄압과 조직 내부의 파벌투쟁은 조선공산당
의 존속을 불가능하게 했지만, 조선공산주의자는 코민테른의 12월 테제에
의해 그 결함 극복을 위한 치열한 투쟁을 전개하고 나라의 국내외에서 당
의 재건운동을 계속했다. 조선공산당 일본총국에 대한 제2차 탄압에서 벗
어난 고경흠高景欽은 은밀히 중국으로 건너가 한위건韓偉健 등과 함께 공
산주의 이론잡지 『계급투쟁階級鬪爭』을 발간하고 당재건운동을 전개했다.
그 후 고경흠은 당재건을 위해 일본으로 건너가 김치정金致廷, 김삼규金三
奎, 이북만李北滿 등과 무산자사無産者社를 조직해 잡지 『무산자』 및 무산

자 팜플렛을 발행하고 일본은 물론 조선에도 배포하여 공산주의 혁명이론의 대중화를 꾀하면서 당재건의 방향 및 조직의 확대화에 힘썼다.

한편 고경흠은 경성京城으로 건너가 권대형權大衡 등과 당재건을 위한 과도적 조직으로서의 조선공산당재건설동맹(훗날 조선공산주의자협의회로 개칭)을 조직하고 일본공산당과 연결을 취하며 전협의 활동에도 참가했다. 그러나 당시 공산주의자 간의 파벌투쟁이 여기에도 반영되어 전협계의 김동하金東河 등 무산자사의 해산을 주장하는 세력과의 대립이 일어났으며, 고경흠, 김삼규 등도 관헌에 검거되어 결국 무산자사는 문을 닫았다(1931년 8월).

그 후 검거를 피한 김치정, 김두정金斗楨 등은 '노동계급사勞動階級社'를 조직하고(1932년 3월), 잡지『노동계급』을 간행하며 계몽적 출판활동을 계속했다. 또 그 지도기관으로서 비밀리에 조선공산주의자 재건협의회 일본 출판부를 조직하여 '재건투쟁' 및 기타 각종 테제의 간행 계획을 세웠다. 그러나 1932년 9월 전협의 김두용 및 일본공산당으로부터의 권유로 해산하고, 일본에 잔류하는 자는 일본공산당에 들어가 활동하기로 하고 김치정 등은 조선으로 귀국해 당재건운동을 계속하기로 했으나 같은 해 11월 무렵 김치정, 이북만 등 14명은 '치안유지법 위반'으로 체포되었다.

이후 1930년대 후반 조선공산당 재건운동은 국내는 물론 일본 내에서도 계속되었다.

(3) 일본공산당의 민족정책과 조선인 운동

일본공산당 중앙상임위원회는 1931년 5월, 민족정책의 확립, 조선·대만 내에서의 공산주의운동 지지, 조선공산당 일본총국의 해소를 실천적으로 살리고 일본에서의 조선인 노동자, 인텔리, 학생을 조직에 흡수할 목적으로

당 중앙에 민족부 설치를 결정했다(책임자 가자마 조키치風間丈吉).

일본공산당은 일본의 만주 침략에 대해 '일본제국주의의 전쟁 준비에 대해 투쟁하라'고 경고하고 강력하게 반전 투쟁을 했으며, 또 노동자, 농민의 투쟁을 보다 강력하게 조직하여 발전시켰다. 코민테른의 일본혁명을 위한 32년 테제는 과거의 전략상의 오류를 청산하고 당면한 일본혁명은 천황제 타도의 부르주아 민주주의 혁명이며, 그것은 나아가 사회주의 혁명으로 전환되는 것임을 명백하게 했다. 그리고 그 주요한 임무 중에는 일본제국주의의 속박으로부터의 식민지(조선, 대만, 만주 등) 해방이 제창되었다. 또 그 행동강령 속에 '조선, 대만, 만주 그 외 중국으로부터 약탈된 영토의 해방, 일본 군대의 즉시 철퇴'를 넣었다. 게다가 '반전 데이 방침' 안에서는 종래 반전 투쟁의 결함으로서 '특히 중요한 결함은 조선, 중국의 노동자 농민 대중의 혁명적 봉기에 대한 실천적 지지 불충분, 출정 병사와 조선, 중국의 혁명적 부대와의 교환交歡, 혁명군과의 공동동작 선언, 선동의 제거'를 지적했다. 그리고『아카하타』의 논설「조선에서의 혁명 운동의 발전과 프롤레타리아트의 임무」(제91호, 1932년 8월 20일)에서 "우리 일본의 공산주의자는 모든 수단과 방법으로 조선의 민족해방운동과 노동자, 농민의 혁명적 민주적 독재 수립을 위한 계급투쟁을 원조해야 할 의무를 지고 있다. 게다가 이러한 국제적 의무의 수행에서 우리들은 여전히 심각하게 불충분하다. 우리는 지금이야말로 정력적으로 일본의 노동자, 농민 사이에 조선의 완전한 분리(독립)의 사상을 선전하고, 타민족을 억압하는 프롤레타리아트는 자기 자신도 해방시킬 수 없다는 것을 설명해야 한다."라고 했다.

또 기회가 있을 때마다 조선, 일본의 프롤레타리아트의 제휴, 조선노농 정부의 수립, 조선의 독립, 조선인 대중의 좌익화, 당원 획득 등을 강조했다. 조선인 당원은 거의 전협, 반제동맹 그 외의 직장세포 및 지구의 공장, 가두세포에 소속되어 적기의 배포, 행동대 등에 참가하여 과감하게 활동했다.

관헌자료에 "일상의 실제 행동에서 일반 일본인에 비해 훨씬 집요하고 저돌적으로 하며, 게다가 조직 내 담당임무는 배포계, 행동대 등 항상 위험한 방면을 맡고 있는데도 불구하고 용감하게 활약하고 있기 때문에 점차 당내의 신용을 얻어 주요한 지위를 맡게 되는 경향에 있는 것처럼"[10] 이라고 기술되어 있다. 또 직책으로서 소수이기는 하지만 당중앙부, 지방위원회, 시위원회 간부 혹은 지구위원이 된 사람이 있었다. 그러나 이 당 조직 활동 안에서는 민족적 편견, 차별 반대의 사상투쟁이 대부분 제대로 도입되지 못했고, 조선 식민지의 해방은 슬로건화 될 뿐 구체적인 민족해방을 위한 싸움은 그다지 전개되지 않았다.

〈표 6〉 재일조선인 '치안유지법 위반' 피검거자 소속단체표

	총수	일공日共	공청共靑	적구赤救	반제反帝	전협全協	KOPF
1932	338	35	46	7	12	212	4
1933	1,820	240	152	65	127	1,104	75
1934	884	138	70	27	68	343	41
1935	232	34	1	3	3	54	4
1936	193	1	1		4	8	

※출처: 내무성 경보국, 「사회운동의 상황」.

1933년 검거 송국된 조선인 당원 96명의 당내의 지위에 대해서 관청자료에는 "선동 프로파간다 부원 1명, 중앙인쇄국원 2명, 계 3명으로 산출되며 모두 당 중앙간부의 직접 지도통제 하에서 활약한다. 지방위원회 또는 시위원회의 위원 5명이며 취중 오사카 시위원회와 같은 경우는 책임자

---

10) [원주] 內務省警報局, 앞의 책, 1933.

의 지위에 있고 중앙부 파견 올그org[11]와 밀접하며 조직의 확대에 광분했다. 지구위원 22명, 기타 공장, 가두, 거주의 각 세포, 대중단체 또는 학내조직의 프락치 및 적기우赤旗友의 모임 회원에 속하는 자 다수 있음."이라고 기술되어 있다.[12]

조선인 당원은 '치안유지법 위반'과 그 외의 이유로 많은 자가 검거되었다. 위의 〈표 6〉에 따르면 1932년 35명, 1933년 240명, 1934년 138명, 1935년 34명으로, 1929~39년 6월까지 '치안유지법 위반'으로 기소된 조선인 공산주의자가 약 370명에 이른다. 이러한 대량 피검거자를 내면서 1935년 이후 일본공산당의 조직이 파괴된 후에도 적극적으로 당재건 활동을 전개했다.

1931년 만주침략 개시 후의 내외정세의 변화, 사노 마나부, 나베야마 사다치카의 전향 성명 이래 일본인 공산주의자 사이에서는 다수의 전향자가 속출했지만, 재류 조선인공산주의자 중 전향을 표명한 자는 1933년 무렵에는 거의 없고, 만주침략을 제2차대전의 시작으로 보고 반전, 반제운동을 적극적으로 전개했다. 그러나 그 후 전향자가 나오기에 이르는데 1934년에는 120명 중 49명(준전향은 47명), 다음 해인 1935년에는 103명 중 53명(준전향 35명)이 전향했다고 관청자료는 기술하고 있다.

(4) 전협 산하의 조선인 노동운동(1930~34)

전협 중앙부는 일본공산당의 조선인 대책에 따라 1932년 9월의 신행동강령 중에 '조선, 대만, 중국의 노동강화에 대한 모든 민족적 차별 반

---

11) [역주] 조합이나 정당의 조직 확충 등을 위해 본부에서 파견되어 노동자·대중 속에서 선전·권유 활동을 하는 일 또는 그 사람을 뜻한다.
12) [원주] 內務省警報局, 앞의 책, 1933.

대 및 이들 식민지 반식민지의 노동조합 지지 제휴를 위한 투쟁', '소비에트 동맹 옹호, 조선, 대만의 완전한 독립을 위한 투쟁'을 내걸고 각종 기념일 투쟁, 각종 캄파, 노동쟁의에는 조선, 일본의 프롤레타리아트의 제휴, 공동투쟁을 강조하며 조선 민족의 해방을 선전, 선동했다. 또 토건, 일본 화학, 일본 섬유, 일본 금속 등 각 산업별 주합본부에서도 연령, 성별, 민족을 묻지 않고 동일 노동에 동일 임금 지급을 위한 투쟁, 식민지, 반식민지의 노동운동 지지를 위한 투쟁, 조선, 대만 그 외 식민지의 독립운동 지지를 위한 투쟁 등의 방침에 따라 조선인 노동자의 조직화에 힘썼다. 전협 중앙을 비롯 각 산업별 조합에서는 기관지, 지령, 뉴스, 어필 등의 조선어판이 만들어졌다. 예를 들어 전협 중앙의『노동 신문』, 토건본부 기관지『토목건축노동자』, 토건도쿄지부 기관지『토목노동자』, 일본화학노조의『화학노동자』등의 조선어판이 나왔다.

1930년대의 전반기에 재일조선인의 노동운동은 전협의 조직에 의해 재일조선인의 계급 의식 고양, 조선 민족의 해방을 주요한 투쟁 목표로 싸웠다. 그러나 그 지도에 있어서 민족문제에 대해 올바른 관점에 서있지 않았으며 또한 극좌 모험주의적 결함을 가지고 있었다는 사실을 부인할 수 없다. 그 때문에 민족적 요구를 위한 투쟁이 조직되지 못하고, 노동자 계급을 중심으로 광범위한 통일전선을 만드는 것은 어려웠다.

이 시기의 재일조선인의 노동운동의 특징적인 점을 들어 보자면, 첫 번째로 반파시즘투쟁, 민족해방투쟁의 일환으로서 투쟁되어 '예각적으로 투쟁적'이며, '많은 경우 폭력적 직접행동'을 수반하고 있었고, 그것은 식민지 민족의 노동자로서 '계급 의식이 민족적 투쟁 의식을 근저'에 놓고 있었다는 것이다. 두 번째로 민족적 차별 철폐, 민족적 계급적 평등의 권리를 주장하고 프롤레타리아 국제주의의 관점이 강했던 것, 세 번째로 그 놓여있는 정치적, 경제적, 사회적 여러 조건 때문에 단결력이 강했다는 것, 네 번째로 일본 노동자 계급과의 공동투쟁은 주로 노동절이나 반전 데이 등의 캄파 투쟁으로 노동쟁의에서 일부분에서밖에 전개되지 못했고, 많은 경우 별개 행동이었으며 또 대립적인 면도 적지 않았다는 것이다. 이 점은 일본 노동자 계급에 침투해 있었던 제국주의 지배민족의 의식, 그리고 민족 독립을 계급 해방으로 해소시켜 버리는 듯한 사상적 토대 위에 있던 지도방침이 원인이었다고 생각된다.

이하 연차별로 노동쟁의에 대해 서술하고자 한다.

1930년은 일본공산당 및 전협의 지도에 의한 대기업 노동자의 대규모 투쟁이 이어졌다. 그러나 일본공산당, 전협의 극좌모험주의에 따른 무장 데모, 무장봉기 등에 의해 폭력적, 고립적인 성격을 띠었고 또 전협 내에는 이에 비판적인 쇄신 동맹이 조직되어 대립하는 문제가 생겼다.

재일조선노총에서 전협 산하의 산업별 조합으로 조직 전환된 최초의 해인 1930년의 조선인 노동자 노동쟁의는 전년도에 비해 보다 격렬하게 전개되었다. 그 노동쟁의 건수는 전년도의 약 2배인 468건, 참가인원 1만 3,800여 명으로 그중 임금 지급요구 153건(5,728명)이 가장 많았고, 해고 수당 요구 74건(957명), 임금 인상 요구 43건(2,887명), 해고복직 요구 43건 (537명), 임금 인하 반대 37건(1,437명) 등이었다. 쟁의 형태는 파업 101건, 태업 22건, 시위 44건, 절충 301건으로 쟁의의 결과는 요구관철 166건, 타협 201건, 철회, 거절 31건, 자연 종식 50건, 미해결 20건이었다.

1930년, 경제 공황의 심화에 따라 조선인 노동자 사이에서 높은 비율을 차지하는 자유 노동자, 일용직 노동자가 실업문제와 관련하여 진정, 탄원 혹은 시위 행동, 소개소 습격 등을 행하여 투쟁은 더욱 격렬해졌다.

재일조선노총의 전협으로의 해소 결의 이후, 도쿄 조선노동조합 소속의 조선인 자유 노동자는 전협의 간토 자유노동조합에 합류해 조사이城西, 조난城南, 주부中部, 조호쿠城北, 혼조本所, 후카가와深川, 니시타마西多

摩의 각 지구별로, 지구별이 분회(14개)로 변경되고 나서부터는 분회에 소속되어 활동을 전개했다.

6월 23일, 도쿄 시 신주쿠新宿 직업소개소에서는 일할 곳을 찾아 모여든 간토 자유노동조합 산하의 자유 노동자 약 200명(조선인 약 150명)은 일할 수 있는 직장의 보증을 요구하며 연설회를 열고 소개소에 돌을 던지는 등의 행위를 하여 8인이 검거되었다. 이 소개소에서는 또한 10월 24일에도 약 500여 명의 조선인 자유 노동자가 행동대를 조직해 들이닥쳐서 노동수첩 변경을 둘러싸고 호적사본 제출반대, 미등록자의 등록을 요구하는 격문 살포, 관리들의 가혹하고 불합리한 대우에 항의하며 기물파손 등을 하여 38명이 검거되었다. 아사쿠사浅草 다마히메玉姫 직업소개소에서도 자유 노동자가 실업반대투쟁동맹 서명의 격문을 뿌리고 연설하여 4명이 검거되었다.

또 8월 도쿄 강판공업회사 쟁의에서 체포된 간토 자유노동 조호쿠 지구위원 박철규朴哲奎가 미카와시마三河島, 아타고愛宕, 쓰키지築地 경찰서 등에서 3개월이나 옮겨다니며 당한 고문 때문에 빈사 상태가 되어 일단 입원시켰지만 10월 28일 사망했다. 간토 자유노조, 적색구원회 등에서는 이 백색테러에 의한 학살의 진상을 폭로하면서 11월 13일 노동조합 장례식을 거행했지만 이마저 탄압을 받아 17명이 검거되었다.

오사카 시에서는 조선인 노동자를 중심으로 한 등록일용직 노동자가 5월에 이틀 간에 걸쳐 교바시京橋 직업소개소에서 부청까지 데모를 하며 지명표의 철폐를 요구했다. 또 9월, 동 직업소개소에서는 1천여 명의 조선인 노동자가 민족차별철폐를 요구하여 경관대와 충돌했다.

이 해의 대표적인 투쟁에는 기시와다 방적 사카이堺 분공장 쟁의(조선·일본 공동), 산신三信 철도공사장 쟁의가 있다.

기시와다岸和田 방적 여공 파업

탄압에 항거해 투쟁한 다음 날 신문은 파업 확대를 두려워하며 '기시와다 방적 각 공장 일제히 파업 발발했나. 오늘 오후 3시 혼란을 일으키는 음모, 부府 특고과는 즉시 대경계'(『오사카 아사히大阪朝日』, 1930년 5월 28일)라는 제목으로 보도하고 있다.

기시와다 방적 사카이 분공장에서는 1930년 1월 이래로 4회에 걸쳐 임금이 인하되고 실수령임금이 40%나 낮게 책정되어 조선인, 일본인 노동자 약 198명(전 종업원 650명)은 5월 3일 센슈泉州합동노동조합(노농당계)의 지도하에 종업원 대회를 열어 파업을 결의하고, 여공 약 백 명은 오후 3시 교대 시간의 혼란을 틈타 숙소를 탈출해 합동노조쟁의 본부와 조선노조 센슈 지부 2개소에 집합했다. 다음날 4일 지도부는 임금 인하 철회, 등급제의 개정, 점심·저녁 식사 30분의 휴식, 통근수당, 주택수당의 제정 등 16개 항목의 요구서를 회사 측에 제출했지만 거절당하자, 격문을 발표하고 파업에 돌입해 6월 13일까지 42일간 싸웠다.

격문의 슬로건에는 '악마 데라다寺田를 피의 축제에 바치자!', '일본·조선노동자 제휴 만세!'를 내걸었다. 요구서의 내용에는 앞서 언급한 사항 이외에도 다음과 같은 항목이 들어있다.

> 매점 판매 시간의 연장, 기숙사 내 설비의 즉시 실시로서 침구는 여름·겨울 두 가지로, 전기 코드를 늘려달라, 동절기에는 화로를 마련하라, 목욕탕의 증설, 세탁장 완비, 침구는 매월 1회 세탁하라, 취업 시간을 연장시키지 않을 것, 외출 서신 면회를 절대 자유로 할 것, 절대 해고하지 않을 것.

파업 개시 때 공장을 탈출한 여공 약 백여 명의 절반은 조선인 여공이었다. 7일 오후의 교대 시간에도 기숙사 내의 여공 80명, 통근공 24명이 기세를 몰아 뒷문에서 노동가를 소리 높여 제창하며 탈출했다. 동시에 해고된 직공 20여 명이 일을 하고 있던 여공 50명을 데려가려고 공장에 들어갔기 때문에 회사 측의 계장들과 충돌하여 몇 명인가가 체포되었다. 또 15일에 쟁의단은 요구를 관철시키기 위해 공장에서 데모를 하고 쓰지다辻田 공장장에게 면회를 요구하며 요구서의 회답을 요구했지만 회답은 없었다. 경관의 개입으로 쟁의단장과 경관대의 충돌사건(피검거자 33명, 부상자 10여 명)이 일어났는데, 그날 밤 쟁의 응원으로 오사카 조선노동조합 센슈 지부의 조선인 약 백 명이 공장을 습격해 사무소의 기구를 닥치는 대로 파괴했다. 그러나 경관대의 출동으로 50명이 검거되었고 다음 날인 16일 쟁의단 본부는 경관대에게 습격을 당해 조선인 노동자 백 수십여 명이 검거되었다. 쟁의단은 24~26일 모든 공장의 총파업을 기획하고 여공의 기숙사 탈출을 꾀하며 전협계의 극좌적 지도방침으로 적색자위단을 조직했다. 27일에는 오사카에서 조선인 노동자를 중심으로 한 자유 노동자 30여 명이 하루키春木 공장을 덮치고, 나아가 본사 공장, 노무라野村 공장으로 향하는 도중 경관대와 충돌하여 또 38명이 검거되었다. 5월 30일 쟁의단은 재정, 식량 결핍으로 의기소침하여 일본인 여공의 대부분은 6월 1일까지 기숙사로 돌아가야 했지만, 조선인 여공 20여 명은 최후까지 쟁의단 본부에 머물며 싸워 전원이 검거되었다. 6월 10~11일, 사카이 경찰서장의 조정으로 쟁의단은 요구서를 철회하고 13일 해고자 10명은 해고수당을 받고 종결되었다. 이 쟁의로 약 200명이 검거되었고 70여 명이 기소되었다.

이 쟁의는 지도방침이나 전술 등에서 극좌적인 실수도 있어서 노동자 측의 실패로 귀결되었지만 농성한 조선인 여공들은 최후까지 굴하지 않고 싸웠다. 운동사상 희소한 조선과 일본의 노동자 공동투쟁으로서 주목할만한 투쟁이라 할 수 있다.

획기적인 산신三信 철도 노동쟁의

다음으로 산신 철도공장 쟁의는 7월 29일~8월 25일 아이치 현 기타시타라 군北設楽郡 미와무라 촌三輪村 가와이川合~나가오카長岡 약 7킬로미터의 공사에 종사하고 있었던 사오토메구미五月女組의 지배하에 있던 조선인 토건 노동자 약 600여 명의 투쟁이다.

> 천 명의 형제 일어나다
> 체불임금의 즉시 지불
> 그 외 7개조를 요구!(『제2 무산자 신문』 1930년 8월 14일)

이 산신 철도공사는 사오토메구미가 공사비 65~75만엔 시가의 것을 약 47만엔이라는 싼값에 낙찰하고, 메이지 공업-와카시마若島, 그리고 6명의 부하에게 분할해 하청을 시켜, 말단인 조선인 노동자는 초저가의 임금으로 고용되었고 심지어 그 임금조차도 지급이 늦어지는 상황이었다. 또 공사장은 난공사였던 곳도 있어서 5월에 임금 인상 투쟁이 있었지만 7월 하순에는 임금이 3개월이나 체불되었고, 또 식량도 오지 않게 되어 노동자는 생활 불안에 빠졌다. 7월 27일 저녁, 조선인 감독이 사오토메구미와 내통하고 있다는 의혹 때문에 폭행 사건이 일어났고, 이것을 계기로 전협 중부지방협의회로부터 이소기미 쇼五十君章, 니가타 조선노동조합으로부터 박완균朴琓均(박광해朴廣海), 도요하시 합동노동조합으로부터 최종하崔鍾夏 등을 파견, 그 지도하에 파업위원회(지도부)가 만들어졌고, 7월 15일까지의 임금을 지급할 것, 기공 이래의 미지불 임금 3만엔을 즉시 지급할 것, 작업 중에 부상을 입은 자에게는 치료비, 수당을 지급할 것, 이후 회계일에는 임금을 확실히 지급할 것, 일용품 및 비용 재료, 기타 물품을 원가로 지급할 것, 기공 이래 조장의 손해 3만 엔을 지급할 것, 사망자에게는 가족 부조금을 낼 것, 등 9개 조항을 요구하며 29일 쟁의에 돌입했다.

산신 철도 노동쟁의 기사 『신아이치新愛知』(1930년 8월 20일)

쟁의단은 사오토메구미에 식량과 잡화를 납품하고 있었던 토지의 실력자 다카네 미쓰야스高根光泰와 교섭하여 식량을 확보했다. 즉 쌀 350섬, 된장통(약 18리터) 504개, 간장통(약 72리터) 20개, 소주 두 말 반짜리 항아리 50개, 술통(약 72리터) 20개 등을 움막으로 옮겨놓는 것에 성공했다.

투쟁단 본부가 농성한 곳은 가와이 부락에서 신슈로信州路로 통하는 낭떠러지 아래의 구와바타桑畑 노무자 합숙소였다. 도요하시부터 국도를 따라 미와가와三輪川 강이 흐르고 있었다. 강 깊은 곳은 대패로 깎은 듯한 절벽으로 수심은 3미터 정도였다. 비가 계속 내렸기 때문에 수량은 증가하여 다리를 없애버리면 도저히 건널 수 없는 천연 요쇄였다.

여기에서 국도를 감시하고 있으면 훨씬 멀리 내다볼 수 있었다. 철도의 레일을 잘라 서 있는 나무에 줄로 매달아 경종으로 썼다. 투석용의 돌도 날랐다. 힘이 강한 자를 3백 명 골라서 행동대를 조직했다. 산에 2백 명, 다리 위에 백 명, 신호의 경종이 울리면 다이너마이트로 다리를 폭파하여 건널 수 없도록 계획을 짰다. 공사판 노동자 중에는 목수도 있고 총포 제조공도 있었다. 못을 만들어서 판자에 박아 도로에 뿌려서 자동차의 타이어를 펑크내는 무기 등도 만들었다. 산신 쟁의단이라고 적은 붉은 깃발을 세웠다. 아침은 3시부터 감시소에 나왔다. 그리고 촌민에게 파업을 이해시키기 위해 선전물을 돌렸다.

31일 다구치田口 경찰서의 사카이阪井 서장 이하 20여 명의 경관대는 쟁의단에게 공사장 사무소 습격계획이 있다고 하여 사오토메구미의 폭력단 4백여 명과 함께 쟁의단의 가네다金田 노무자 합숙소를 덮쳤지만 쟁의단은 거꾸로 경관대를 포위하여 사카이 서장 이하 18명의 서양식 칼과 제모制帽를 빼앗고 무장해제 시켰다. 이때 경관대와의 충돌의 상황은 다음과 같다.[13]

경관은 29명이었다. 서양식 칼을 빼 들고 달려들었다. 김봉달金奉達의 이마에 칼로 부상을 입혔다. 그 외에도 부상자가 나왔다. 우리들은 곤봉이나 돌로 방어했다. 이쪽이 다수였기 때문에 경관 18명도 무장해제 되어 버렸다. 빼앗은 칼은 돌로 망가뜨렸다. 제모와 칼 등이 가마니로 12개나 되었다. 한편 우리에게 식량을 제공하던 다카네 미쓰야스는 자택에 '노동당 본부'의 간판을 내걸고 파업 지지를 표명하고 있었지만 신시로新城 경찰서에 검속되어버렸다. 이때의 난투로 빼앗은 칼이나 제모를 돌려주도록 경찰로부터 요청이 왔지만, 칼을 빼든 것을 인정하고 이제까지 검속한 자들을 모두 해방하고…… 등 5개 항목을 요구해서 이를 인정하지 않으면 돌려주지 않겠다고 퇴짜를 놓았다. 그것은 '미와三輪 다리에서 이케바池場까지의 국도를 경찰은 지나가지 않는다. 경찰은 쟁의에 관여하지 않는다. 사오토메구미의 편을 드는 것을 그만둬라, 책임자를 처분하라, 체포자를 모두 석방하라'는 것이었다.

처음 경찰은 쟁의단의 요구를 인정하려고 하지 않았지만, 8월 3일 검속

---

13) [원주] 平林久枝,「三信鉄道争議について」,『在日朝鮮人史研究』창간호 수록.

자가 해방되었고 칼과 제모는 반환되었다. 하지만 경찰은 4일 저녁 무렵부터 지소인智倉院에 본부를 두고 저녁부터 밤까지 쟁의단 본부를 멀리서 포위하고 가와이 서쪽에서부터 뒷산을 따라 이케바 고개에 경관을 배치했기 때문에 쟁의단과의 대치가 첨예화되었다.

쟁의단은 다음과 같은 '현명한 촌민 여러분에게 호소한다'라고 하는 선전물을 민가에 뿌렸다.[14]

(전문 생략) 우리의 당연한 파업에 대해 이성을 잃고 눈이 뒤집힌 산중의 경찰은 4개 군의 경관을 동원하여 7월 30일, 31일 양일에 걸쳐 쟁의단에게 칼을 빼들고 흙발로 쳐들어와 수명의 쟁의단원에게 중상을 입혔다. 이 폭거에 격앙된 4, 5백 명의 쟁의단원은 경관과 충돌하여 서장 이하의 서양식 칼 5자루, 제모 4개를 점령했다. 이 용감한 쟁의단원의 행동에 목숨만 겨우 건진 십 수명의 경관은 순식간에 흩어져 도망갔다. 오늘까지 경찰의 헛소문에 속았지만, 이 경찰의 폭거와 무력함에 전 촌민 소방대도 한결같이 쟁의단을 응원한다며 분노하고 있다. 그러나 단결이 강하고 조직적인 쟁의단과 그 가족도 수십 개월 임금이 체납되었기 때문에 지금 결핍과 식량부족 때문에 기아에 시달리고 있음에도 오히려 필승을 기하여 싸우고 있다. 이 쟁의의 승리는 전국의 전투적 노동자와 농민 여러분의 어깨에 있다. 산신의 형제는 아무리 탄압을 받아도 최후의 피 한 방울까지 싸울 것을 맹세하며 더욱더 결속을 굳혀 싸우고 있다. 전국의 전투적 노동자와 농민 여러분의 절대적인 응원과 지지를 절실히 바라는 바이다. 기금과 식량을 공장, 농촌에서 바리바리 보내주어라! 응원투사를 파견하라! 일본·조선노동자 혁명적 단결 만세! 산신 공사 쟁의단 만세! 전국협의회의 깃발 아래!

쟁의단은 7월 31일, 8월 4일에 사오토메구미 현장감독에게 요구서를 우송하여 결속을 굳히고, 전협 주부中部 지협地協도 '천 명의 일본과 조선의 형제를 전투적 노동자 여러분의 힘으로 승리하게 하라'라는 문서를 발표하고 자위단을 조직하여 대중 데모를 계획했지만 2백여 명의 경관대에

---

14) [원주] 『日本社會運動通信』, 1930년 8월 8일.

막혀 중지되었다.

8월 11~13일에는 현縣 당국과 경찰의 중개로 노자 협상이 진행되었지만 결렬되었고, 14일 쟁의단을 격려하기 위해 온 고문변호사 시바타 스에지柴田末治도 검거 구속되었다. 17일에는 노동자 측에 불리한 조건으로 해결되려고 하고 있다는 신문보도가 있어서 쟁의단은 대중 데모를 조직해 직접 회사 측과 교섭하기 위해 산신 철도회사 가와이 대기소를 포위했다. 다음날 18일 아침, 나고야를 비롯한 각지에서 모여든 경관대 1,300여 명은 쟁의단 대표가 자리를 비운 것을 틈타 데모대 및 쟁의단 본부를 습격하여 때리고 치고 차는 등 마구 폭력과 학대를 자행하여 노동자 314명을 검거 구속해 트럭으로 아이치 현의 각 경찰서에 유치하고 그중 27명을 투옥 기소했다. 쟁의는 8월 25일 현縣 특별고등경찰 과장의 강제조정으로 미불임금 2만 엔을 지급하는 것으로 종결하여 쟁의는 패배했다.

경찰 당국이 탄압하는 모습을 당시의 일본인 활동가는 다음과 같이 회상하고 있다.[15]

가와이 역 좌측의 삼림지대에 숨어서 이제나저제나 하고 대기하고 있던, 버스로 옮겨져 온 경관대 대부대는 감시의 신호와 함께 홀연히 대규모로 쟁의단을 포위하여 여기에 쟁의단 대 경관대 1,200여 명의 일대 난투 아수라장이 전개되었다. 고함, 욕, 규환, 비명, 때리고 치고 차고, 모래 먼지 속을 도망치려고 이리저리 달려 다니는 사람, 쫓는 사람, 지휘자의 노성 등이 뒤범벅이 되어 때아닌 일대 활극, 아니 일대 탄압이 무자비하게 강행되었다……3백여 명이 가와이 소학교에 검속되었다. 그 검속된 모습은 난투로 옴짝달싹 못하게 잡아 누르고 2명의 경관이 사람의 다리를 한쪽씩 들고 일정一町이나 되는 길을 질질 끌고가 경관의 포위 속으로 밀어넣고 손을 뒤로하게 하여 포박했다. 의복은 너덜너덜하게 찢어지고 머리, 얼굴,

15) [원주] 尾原与吉, 『東三河豊橋地方社会運動史』, 1966.

팔과 어깨가 피범벅이 되어 겉보기에도 굉장한 모습이 되어서 모두가 크던 작던 상처를 입고 있는 분노한 얼굴, 얼굴, 얼굴들. 비분의 눈물을 흘리는 자, 고함을 쳐서 맞는 자, 식민지 조선인의 반역의 피가 끓어오른다. 어느 용감한 쟁의단원의, 속옷 한 장 차림의 나체가 되어 경관의 앞에 서서 "그 칼로 나를 벨 수 있으면 베어 봐라."라고 큰 소리로 질책하며 장승처럼 우뚝 서서 분노에 찬 얼굴로 팔을 뻗고 있는 엄청나게 결사적인 모습에 압도되어 주춤주춤 뒤로 물러선 경관도 있었다고 한다.

이 쟁의 지도자 중 한 명이었던 박광해는 쟁의에 대해 다음과 같이 평가하고 있다.[16]

> 재일조선인의 노동운동에서 산신 투쟁은 획기적인 것이었다. 파업위원회를 만든 것도 산신이 처음이었다. 아이치 현 지방 특히 오카자키岡崎의 일본인 노동자에게 끼친 영향도 크다. 그 고장의 농민의 협조도 잊을 수 없다. 또 농민도 여기에서 얻은 것이 컸다. 시바타 변호사는 나중에 이 지방을 지반으로 활약하고 있다. 산신 투쟁은 다양한 의미에서 스타트였다. 이 쟁의 후, 각지에 흩어진 동료들이 그 선두에서 믿음직스럽게 활동을 전개했다.

이 해에는 오사카 지방의 고무공장을 비롯한 중소기업공장에서 조선인 노동자가 임금 인하 반대, 휴업 저지, 해고수당 등을 요구하여 파업했다. 1월에는 이즈미泉 고무, 오카베岡部 고무 등 15개 고무공장의 580여 명의 노동자가 총파업을 단행했다.

또 이 해 1~2월, 도야마의 제1 모시풀 방적 임금 30% 감소에 반대하여 일어난 1,200명의 대쟁의에는 조선인 노동자가 돌격단으로 선두에 서서 관헌의 탄압에 항거하여 싸웠다.

---

16) [원주] 1977년 11월 박광해 씨로부터 청취.

이 외에 1930년의 주요 투쟁은 다음과 같다.

1월 – 요코하마 시 후카다 정深田町 간노지觀音寺 해안매립공사의 아스카구미 飛鳥組 조선인 토공, 미지급 임금의 지급을 요구하여 파업.

2월 – 아이치 현 기타시타라 군 미도노 촌御殿村 현도縣道 공사중인 조선인 토공 59명 임금문제로 쟁의 중 수명 검거되어 경찰에 몰려감.

　　 – 오카야마에서 곤도구미近藤組 미쓰이 조선造船 확장공사장의 조선인 노동자 336명 해고수당 요구로 태업.

3월 – 오카야마 현 구로다니이케黑谷池 부속 현도 공 사장에서 조선인 토공 70명 미지급 임금지불을 요구하며 파업.

　　 – 조선인 노동자 약 200명, 요코하마 시 관청에 몰려가 실업구제를 요구.

　　 – 니가타 현 오야시라즈親不知 신에쓰 질소공장 원석 채굴장에서 조선인 토공 해고에 반대하여 쟁의.

4월 – 니가타 현 이토이가와 정糸魚川町 미야지마구미宮島組의 조선인 토공 70명 해고 반대로 쟁의.

　　 – 교토 아나다穴田 합명合名 회사의 조선인 직공 85명 임금 인상 및 대우 개선을 위해 파업.

　　 – 교토 오쓰카大塚 면포 표백공장에서 조선인 직공 68명 감독자의 민족차별에 항의하여 파업.

　　 – 미에 현 산구 선參宮線 급행전철 공사장 아미모토구미網本組 조선인 토공 200명 임금 미지급에 항의해 쟁의.

　　 – 효고 현 헤이신兵神 고무 제조소의 조선인 직공 93명 차별대우에 항의하여 파업.

5월 – 아이치 현 오타케大竹 마사麻絲 제조공장 외 32개 공장의 조선인 직공 70명 임금 인하 반대로 파업.

- 오사카 셋쓰 제유회사 야오矢尾 공장의 조선인 직공 45명 임시 휴업 반대로 공장폐쇄.
8월 - 후쿠오카 현 오구라小倉 경마장 이전 공사장의 조선인 토공 350 명 임금 인상을 요구하며 파업.
- 사세보 시佐世市 우메宇兎 도로공사의 조선인 토공 30여 명 임 금지불 연기로 토공 우두머리를 덮치려다가 경찰에게 진압당함.
10월 - 효고 현 마루나카丸中 고무 공장소 외 2개 공장의 조선인 직공 28명 임금 인상을 요구하며 파업.
11월 - 도쿄 노나카野中 상점의 조선인 노동자 58명 출하금 문제로 파업.
- 사카이 시 조선인 노동자 6, 70명, 실업 등록 노동자의 사용증 가를 요구하며 시청에 몰려감.
- 미에 현 산기三岐 철도공사 하시모토구미橋本組의 조선인 토공 50여 명 임금지급을 요구하며 쟁의.
- 도쿄 미카와시마 거주 조선인 약 백 명 가미오구上尾久의 강판 회사 쟁의에 검거되어 옥사한 동지의 복수전을 위해 공사장에 항의 데모.
12월 - 효고 현 다루미 정垂水町 다루미 토지회사에 조선인 5, 60명 임 금체불로 몰려감.
- 효고 현 야치요八千代 고무 제조소 조선인 직공 24명 임금 인상 을 요구하여 파업.

직업소개소 실업 노동자의 싸움
1931년은 만주침략 개시, 군부 쿠데타 계획이 있어 농촌 위기가 심각해 지고 군사 공업화로 기울어지는 경향이 시작되었다.
일본공산당이 재건되어 그 대중화 방침과 전략의 전환이 있었고 반전

활동이 고양되었다. 관헌에 의한 탄압이 강화되고 합법 투쟁의 한계치가 축소되어 합법적 노동조합은 지도력을 잃고 비합법적인 전협 활동이 중심이 되었다.

1930년대 초는 재계의 불황으로 각 사업의 폐지, 휴지, 축소 등을 원인으로 하는 각종 쟁의가 속출했는데, 중소기업 노동자, 토목 일용 노동자의 쟁의, 직업소개소를 둘러싼 실업 노동자의 투쟁이 한층 심화되었다. 탄광부, 토목 노동자, 자유 노동자, 미숙련공 등이 대부분을 점유하는 재일조선인 노동자의 노동쟁의가 각지에서 발생해 노동운동의 주도적 역할을 담당했다.

당시 조선 노동자의 투쟁은 다음과 같이 평가되었다.[17]

> 최근 특히 현저한 것은 그저 도시에서뿐만 아니라 구제사업 공사 등을 통해 농촌지방에까지 전선이 확대되었다는 점이다. 예를 들어 야마나시山梨, 나가노長野, 미에三重, 아오모리青森, 후쿠시마福島 등의 여러 지방. 이것은 농촌 프롤레타리아트 및 빈농과의 제휴의 문제의 구체적 해결로서 극히 중요한 의의를 지닐 것이다. 실제로 야마나시에서 실업구제사업의 토목 노동자의 투쟁을 지지하여 빈농이 싸우고 있고, 또한 8·1 반전 캄파에는 이 토목 노동자, 실 공장의 여공 및 빈농이 제휴하여 데모를 하고 있으며 관헌과 충돌하여 희생자 탈환을 위해 경찰서를 습격하고 있다. 이 외에 미에에서 실업자 동맹과 전농全農, 수평사水平社, 차가인借家人 동맹과의 제휴와 공동투쟁(예를 들어 군대 출동 중 행해진 1931년의 노동절)이 그 예이다.
>
> 이 실업자 투쟁에서 조선인 노동자가 진출하고 있는 점(명확한 숫자를 제시할 수는 없지만 극히 큰 비율을 점유하고 있다), 또한 그들이 독자적으로 혹은 일본인 노동자와 제휴하여 가장 용감하게 싸우고 있는 점에 주목해야 한다. 이것은 어떻게 이민 노동자가 심한 기아와 궁핍의 바닥에 빠져있는지를 설명해주는 것이다. 그들의 xx적 에너지 및 일본인 노동자와의 제휴 문제

---

17) [원주] 「1931年に於ける失業者運動の發展」, 『産業勞働時報』 1932년 1월호.

는 바르게 다루어져야 할 것이다.

관헌자료에도 "교토 한신 지방에서의 고무공장, 섬유공장 등에서의 쟁의, 또한 사정을 달리하지만 실업 구제로서 각 청부현廳府縣에서 기공하는 토목사업의 분분한 의논은 그 주요한 것으로서 그 외 각종 소쟁의에서 조선인이 주가 된 쟁의의 발생이 최근 현저하게 증가하고 있다는 사실은 착목해야 할 현상이라고 할 수 있다."라고 기술되어 있다.[18]

이 해의 노동쟁의는 43건, 1만 5천여 명이 참가했는데 미불임금요구 103건(3,386명)이 가장 많았으며, 임금 인상 요구 65건(3,750명), 해고수당 요구 62건(1,510명), 해고복직 요구 56건(885명), 임금 인하 반대 55건(1,936명), 휴업 반대 23건(1,640명)이다. 이것을 지역적으로 보면 도쿄 134건(1,344명), 오사카 69건(1,994명), 야마나시 16건(3,045명), 와카야마 16건(1,124명), 가나가와 8건(1642명)의 순이다. 또 쟁의의 결과는 양보, 타협이 가장 많은 252건, 자연 종식이 119건으로 요구관철은 59건에 지나지 않았다.

1931년은 앞서 서술한 대로 자유 노동자, 실업 노동자 투쟁이 전년도에 비해 격화되었다. 이해 3월, 간토 자유노동조합을 비롯해 각지의 자유노동조합에서는 전협토건노조와 실업자 동맹(실동)으로의 재편성이 시행되었는데 이것은 조선인 노동자가 중심이었다.

---

18) [원주] 內務省警報局, 앞의 책, 1931.

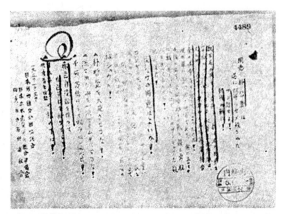

학살된 박철규의 복수전을 호소하는 전협 간토 자유노조의 격문

간토 자유노동조합은 토건 교토 지부로 해소되었다. 토건 도쿄 지부는 도쿄 시 토목국 분회, 사회국 분회, 수도국 분회, 부사회과 분회로 나뉘어 시내의 각 구청, 직업소개소에 각기 반班, 분회, 또는 출장소를 두고 기관지『토목노동자』,『반 뉴스班ニュース』, 선전물, 격문을 발행(일본어·조선어)하고, 직장 대회 등을 열어 활발하게 투쟁했다. 실업자 동맹은 고토江東, 조호쿠, 주부, 조사이, 조난의 5지구 25반으로 나누어 지구위원, 반 책임자를 두고 활동했다.

토건 도쿄 지부 조합원 700명 중 500명, 실업자 동맹 도쿄 1,100명 중 800명이 조선인 노동자였고 서로 긴밀하게 연결되어 '수첩압수 절대 반대', '실업기간 중 쌀, 장작 그 외 생활품을 내놓아라', '군사비, 경찰비로 실업보험을 실시하라', '조선과 대만의 독립만세' 등의 슬로건을 내걸고 일본인 노동자와 연대하여 실업구제 투쟁의 선두에 섰다. 오사카 조선노동조합이 전협으로 해소했을 때 일어났던 파벌적 대립도 1931년의 가을에는 수습되었다. 당시 도쿄 시의 직업소개소의 실업등록자 중에서 활동한 김상태金

相泰(차영수車永秀)의 회상기는 당시의 싸움을 다음과 같이 서술하고 있다.[19]

> 다마히메 직업안정소를 중심으로 다마히메 정, 하시바 정橋場町, 기요스미 정淸澄町에 산재한 조선인 노무자 합숙소의 청년들은 합숙소를 별개로 만들어 청년운동을 전개했다. 그 합숙소는 미나미센주南千住 앞의 고즈카하라小塚原 처형장 뒤, 묘지의 담을 따라 있는 연립주택 부락에 있는 이층집 한 건물을 통째로 빌렸다. 총인원 15, 6명으로 20대의 22, 23세가 되는 청년들 뿐이었고 청년들은 다마히메 직업안정소의 사진이 딸린 실업구제 등록수첩을 가지고는 있었지만, 그것도 며칠 전의 일 배급 중지 순번으로 당일의 일전표를 받는 구조여서 양 현장의 사정에 따라 일을 구하지 못하고 허탕을 쳤다. 한달 중에 하루 일당 12, 3엔의 일을 보름이나 할 수 있으면 그걸로 만족해야만 했다. (중략)
> 이 청년합숙소는 특별고등경찰 내선과内鮮課의 경계 단속의 초점이 되었던 것은 틀림없다. 그러나 민족적, 계급적 자기방어의 경계 사상을 높이는 데 도움이 되었으며, 직장, 현장에서의 공작행동대의 거점이 되었던 것은 사실이었다. 1931년, 1932년 당시 '일을 내놔라'라고 하는 전시市의 각 직업안정소 파괴 투쟁에서 다마히메 직업안정소 투쟁의 중핵이었으며 기타센주北千住, 미카와시마, 오지王子 직업안정소 등 조직화의 주축이기도 했다. 예를 들어 도쿄 시 북부 일대의 하수공사, 가나 정金町 정수장 근대화 확장공사 등은 실업구제사업 명목으로 다수의 조선인 청년의 손에 의해 시행되었고, 일상적으로 매일 아침 각종 선전물이 뿌려졌으며 각 직업안정소로부터 배급되어 오는 현장에서는 조선, 일본의 실업노동자가 불평등과 불만을 이야기하며 현장 당국과의 싸움을 통해 전투분자에 의한 조직화의 실마리를 목적의식으로 전개했다.

도쿄 부 내의 하치오지 시八王子市에서는 실업구제 토목사업에 종사하던 조선인 노동자 200~300여 명이 2월과 5월에 3회에 걸쳐 노동조건 개

---

19) [원주] 金相泰,『被抑圧者の手記』, 1971.

선, 노동일의 증가, 임금 인상을 요구하며 직업소개소, 도쿄 부 토목출장소에 들이닥쳤다. 8월, 후추府中에서도 조선인 노동자 90여 명이 국도개수공사에서 임금 인상을 요구하며 일본인 노동자와 함께 공동투쟁을 전개했다.

같은 해 6월에는 또 실업자동맹 고토 지구 후카가와 소개소반에서는 니혼 제강소 선전물 살포로 체포되어 무코지마向島 경찰서에서 고문 끝에 석방된 다음 날 일을 하다가 쇠약해진 나머지 일하다가 부상, 사망한(6월 24일) 조선인 노동자 조욱진趙旭震의 장의葬儀 데모를 행하여 실업노동자의 결기를 부르짖었다.

토건 가나가와 현 지부는 조합원 810명 중 조선인 노동자가 780명을 점유, 가와사키 시 등에서는 실업구제사업의 실시, 실업자등록의 즉시 실시를 요구하여 싸웠다. 7월 20일에는 다마가와多摩川 자갈채취 인부 약 600명이 시모마루코下丸子 부근에 모여서 자갈채취권 획득을 위한 직장대회를 열려고 했지만, 신청하지 않은 집회라는 이유로 해산 명령을 받았고 이에 항의해 2시간여의 데모를 감행하여 약 200여 명이 검거되었다.

적색구원회 도쿄지방위원회의 격문은 이때의 투쟁 모습을 다음과 같이 서술하고 있다.[20]

> **전구원회원 노동자 빈농 여러분!**
> 지난 7월 20일 마루코 다마가와에서 자갈을 채취하는 조선인 형제들 600여 명이 모여서 첫째, 자갈채취권을 노동자에게 줘라! 둘째, 기계선을 철폐하라! 셋째, 자갈 가격을 60%로 인상하라 등의 요구를 결정 짓기 위해 직장 대회를 하려는 순간, 갑자기 습격해온 관견管犬들은 신고하지 않은 집회라는 이유로 해산을 명하려고 했다. 격앙된 대중은 신고하지 않

---

20) [원주] 岩村登志夫, 『在日朝鮮人と日本勞動者階級』, 1972에서 인용.

은 집회가 아니라 종업원 대회라고 항의하며 즉시 데모를 이행했기 때문에 흥분해 이성을 잃은 관견들은 발검하여 데모를 와해시켰다. 형제들은 맨손으로도 굴하지 않고 2시간여에 걸쳐 싸움을 계속했지만, 어느 형제는 관견 때문에 깊이 세 마디의 상처를 입었다. 120명의 형제들이 오모리大森, 가마타蒲田, 세타가야世田ケ谷의 각 서로 검속되었다.

전구원회원 노동자 빈농 여러분!

다마가와 자갈채취 형제들이 내건 요구는 살기 위해 어쩔 수 없는 요구였다. 내무성은 악랄한 자본가 합동조합에 이때까지 자유롭게 채취하고 있던 약 10리에 달하는 지역을 양도하고, 형제들의 자유 채취를 경찰권으로 엄금한 것이다. 게다가 합동조합은 기계선으로 채취한 자갈을 반값으로 도매상에 팔아치워서 손으로 채취하는 형제들을 곤궁에 몰아넣었다. 살기 위한 형제들의 바른 요구를 놈들은 칼로 위압하고, 이것과 한패가 되어 사민, 대중의 타락한 간부들도 연설회니 뭐니 하며 공연히 떠들어대며 뒤에서는 몰래 매도하려고 했던 것이다. 그러나 용감한 형제들은 관견의 폭압에 굴하지 않고 타락한 관리가 와해시키려고 하는 것을 걷어차고 완강하게 투쟁을 계속하고 있다.

전구원회원 노동자 빈농 여러분!

이제까지 타락한 관리의 영향 아래 있었던 일본인 노동자는 엉터리 궤변 교섭에 오만정이 떨어져 대표자 8명을 직장 대회에 보내 민족적 편견을 걷어차고 조선과 일본 노동자 연대투쟁의 열매를 맺으려고 했던 것이다. 다마가와 자갈의 형제들을 이기게 하는 것은 우리들의 계급적 의무이다. 직장에서 가두에서 백색테러 반대의 투쟁을 일으켜서 관견의 발검에 항의하라!

야마나시山梨 국도개수공사장 노동자 파업

야마나시 현에서는 국도 8호선 개수공사에 종사하고 있던 조선인 노동자를 중심으로 1930년 12월 파업 투쟁이 일어났다. 이것을 기반으로 해서 1931년 1월 히가시야쓰시로 군東八代郡 구로코마 촌黒駒村에 고후甲府 직업소개소 실업등록자, 도쿄 시 직업소개소 등록자 합계 250명의 조선인 노동자가 모여 야마나시 토건노동조합을 결성했다(지도자 임영파林英波). 그 발회식 선언에서는 "우리들은 민족적 차별임금 철폐, 8시간 노동제도 획득, 국고 전액부담의 실업보험제도 제정을 목적으로 맹렬히 싸우고, 나아가 조선인 노동자의 행복을 도모함과 동시에 무산노동자의 해방운동에 꺾이지 않고 노력할 것을 기대한다."라고 천명하고 있다.

1931년 2월, 후에후키가와笛吹川 개수공사장에서는 야마나시 토건노동조합과 그 지부 히가시야쓰시로東八代 토건노동조합의 지도에 따라 '25일 오전 10시를 기하여 임금 인상과 대우 개선의 요구를 내걸고, 일제히 총파업에 들어가 각 직장에서 말에 올라타 붉은 깃발을 세우고 300리의 길을 말 31필, 조합원 151명의 데모로 이치카와市川 사무소에 들이닥쳐 대중적 교섭'을 했다.[21]

또 6월에는 국도 8호선 개수공사장에서 임금 인상, 대우 개선을 요구하며 파업에 돌입, 전농 야마나시 현 연합 지부의 농민의 응원을 받으며 투쟁을 전개했다. 야마나시 토건노동조합은 8월에 전협 토건 야마나시 현 지부로 개조했다.

이 6월 투쟁에 대해서 전협 토건 중앙기관지 『토목노동자』(1931년 7월 16일 호)는 '국도 8호선의 형제, 파업으로 싸우다'라는 제목으로 다음과 같이 리얼하게 쓰고 있다.

> 야마나시 현의 국도 8호선은 정부의 기만적 실업구제사업으로 많은 실업자를 혹사하는 군사 도로인데 아침 5시 반부터 밤 5시까지 일하게 하고 임금 80전이다. 그중에서 다양한 구실을 붙여 10전 20전을 깎고, 제대로 된 도구도 없이 광차鑛車 기름도 주질 않고, 사무를 보는 사람은 투덜투덜 잔소리를 해대며 으스대기 때문에 시모노하라下之原, 와카미야若宮 현장

---

21) [원주] 梅田俊英, 「日本労働組合全国協議会と在日朝鮮人労働者」, 『労働運動史研究』 55~56호 수록.

의 형제들은 불평불만으로 가슴을 태우고 있었다. 그래서 우리 야마나시 현 지부와 전농의 형제들이 지도, 응원하여 28일 파업에 돌입, 전원 백 리 길을 데모하며 사무소에 들이닥쳐 부주임에게 다음과 같은 요구를 했다.

1. 임금을 그만 깎아라.
2. 최저임금을 1엔 20전으로 하라.
3. 점심시간을 1시간으로 하라.
4. 마쓰모토松本, 하세가와長谷川 나쁜 감독을 해고하라.
5. 일을 많이 내놓고 모든 실업자를 써라.
6. 도구를 완비하라. 기름을 내놓아라.
7. 따뜻한 물을 데워서 마실 수 있게 하라.
8. 쟁의 중의 일급을 내놓아라.
9. 희생자를 내지 마라.

이 단결력에 놀란 부주임은 2번과 8번을 제외한 전부를 받아들였다. 이때 관견은 선두에 서서 싸우는 동지를 검속하려고 했지만 대중은 탈환했다. 그날 밤, 관견은 각지의 지도 분자를 덮쳐 쓰카다塚田, 효타標田 등 3명이 검속되었고, 29일 남은 요구와 검속자 탈환을 위해 오자와小沢(전농), 하야시林, 이문길李文吉(토건) 등이 선두가 되어 산 위에서 함성을 지르며 사무소로 들이닥쳤을 때, 완전히 핏기가 사라진 부주임이 임금을 90전으로 하자는 이야기가 정리되고 있었다. 그때 관견 40명이 방해를 하러 와서 난투극이 벌어져 앞서 서술한 선두에 섰던 3명이 꽁꽁 묶여서 질질 끌려갔기 때문에, 대중은 다시 하나부사花房의 숲에 모여 탈환하려고 했지만 잘되지 않았다. 31일도 대표를 뽑아 싸웠지만 대표의 교섭으로는 불가능하고 대중적 교섭만이 힘이라는 것을 알았던 대중은 일본토목건축의 분회를 만들어 이후에 대비하기로 하고, 모내기 때였기 때문에 시기가 나쁘다고 하여 일시 파업을 중단하기로 했다.

관견의 쟁의 간섭을 배격하라!
희생자의 석방 구원운동을 일으켜라!

같은 해 9월에는 아이치 현 가니에 정蟹江町의 국도개수공사장에서 조선인 노동자 400명이 현장감독의 토공 학대 반대 및 노동조건의 개선을 요구하였고, 또 10월에는 임금 인하 반대로 공사사무소, 직업소개소로 몰려갔다.

10월에는 나가노 현 젠파쿠善白 철도공사장의 조선인 노동자 200여 명이 일본 토건 나가노 지부의 지도하에 산요山陽 흥업 합자회사에 '임금 30% 인상, 8시간 노동, 정산을 월 2회로 하라, 중간관리자의 추방, 여러 가지 필요한 일용품을 시가로 하라' 등의 요구를 했지만 거부당해 8일 파업에 돌입했다. 그런데 회사 측 주임은 일본도를 지참하고 요구의 2번과 5번을 승인할 테니 일에 착수하라고 회답해 왔다. 하지만 노동자 측은 이를 거절했다. 회사 측은 관헌과 한패가 되어 신문에 쟁의단이 다량의 다이너마이트를 소지하여 폭동화 할 우려가 있다고 하는 거짓 소문 보도를 계획하고, 그것을 구실로 200여 명의 무장경관과 폭력단으로 하여금 9일 밤중에 쟁의단을 습격하게 했다. 쟁의단은 죽창으로 분전했지만 역부족이었다. 결국 강제 해산되어 패퇴했다. 11월에도 데모, 농성 파업을 감행했으나 또 실패했다.

야마나시 현의 고부치사와小淵澤에서 나가노 현의 고우미小海에 이르는 사쿠佐久 철도공사 현장에서는 조선인 노동자 300여 명이 일본공업 합자회사의 심한 착취에 고통받고 있었는데, 1931년 10월 전협 토건 분회를 만들어 파업을 감행하여 미지급된 임금의 지불, 임금 인상, 최저임금 1엔 30전, 8시간 노동제, 부상자에게 치료비와 일당 지급, 여러 품목의 가격을 시가로 할 것 등 14항목의 요구를 쟁취했다. 그러나 회사 측은 12월이 되어 토건 분회를 해산시키기 위해 동절기 기간 공사 불능을 구실로 공사 중단을 선언하고 회사 주임들은 철수했다. 이에 분개한 노동자 측은 토건 야마나시 지부, 나가노 지부의 응원을 받아 12월 14일 남아있던 회사 측의 서기, 철도원을 철도성 출장소에 연금하고 그 부당성을 추궁했지만 17일 무장

경관의 습격을 받아 탈환당했다. 다음날 18일 부인, 아이들과 함께 노동자 400여 명은 관헌을 추적해 고부치사와 역 부근, 히노하루日野春 경찰서 등에서 관헌 측과 충돌했다. 노동자들은 자위단을 선두로 결사적으로 반항했지만 경찰 측의 격렬한 테러로 많은 부상자를 냈고 노동자 측은 공사장까지 후퇴했다. 그러나 쟁의단은 죽어도 싸운다고 하는 결의로 산기슭 무산자 진료소에서 의사를 불러 부상자를 치료하게 하고, 식료를 창고에서 빼앗아 와 나누고 회사 창고에서 농성하며 28일 히노하루 경찰서에 데모를 감행했지만 5명이 검속되어 철수했다. 경찰은 현 내에서 수백 명의 경관을 동원하여 공사장을 습격해 판잣집을 부쉈기 때문에 일부 노동자는 직장 현장에서 떠났지만 다른 일부는 마지막까지 싸웠다. 결국 회사 측이 꺾여 쌀 열 가마니를 지참하여 공사를 계속하는 것으로 해결되었다.

1931년에는 전년도에 이어서 오사카 시 히가시나리 구 지방의 고무공장 노동자 투쟁이 다시 전개되었다. 여기에서는 전협 화학 오사카 지부의 지도로 고무 총파업 위원회가 조직되어 1월에는 오카노岡野 고무, 고토後藤 고무, 5월에는 이즈미, 가나야마金山, 고토, 미쓰다光田 각 고무로 투쟁이 계속되어 부인, 아이들까지도 동원해 6월에는 조선인 고무 노동자 약 900명의 총파업이 시작되었다.

고베 나가타 구長田區의 세이부西部 고무공장지대에서도 전협 화학 효고 지부의 지도하에 헤이신兵神 고무를 비롯해 각중 소공장에서의 조선인 노동자는 해고 반대, 임금 인하 반대 등의 요구를 내걸고 공장 습격, 데모 등의 격렬한 투쟁을 전개했다.

미해방 부락 노동자와의 공동투쟁

조선에 약 3천 정보町步를 소유한 다키多木 농장주(다키 쿠메지로多木粂次郎)가 경영하는 효고 현 가고 군加古郡 베후 정別府町의 다키 비료제조소에서는 1931년 3월 새로운 직공을 고용하는 대신 조선인 노동자 45명을 해고하려고 했지만 조선인 노동자가 단결하여 반대했기 때문에 일단 해고는 연기되었다. 그러나 7월에 조선인 직공 수십 명이 해고되고 그 외의 종업원도 8월 초순에 임금 10% 인하를 언도받은 사람이 200명에 달했고 그중 조선인이 50명이었다. 사장은 조선인에게 "조선으로 돌아가 농사나 지어라."라고 호통을 쳤다.

10월에 조선인 직공 한 명이 청소작업 중 감전되어 사망했는데 그 위로금을 둘러싸고 반슈播州 화학산업노동조합 다키 분회의 교섭이 성과를 올려 조합이 강화되었다.

회사는 12월, 5년간의 고용 기간이 끝나는 350명의 대량 해고를 예고하고 우선 조선인 16명, 일본인 17명을 회사의 사정이라고 하며 해고했다. 다키 분회 조합원 약 200명은 반슈 화학노조의 지도 및 전국노농대중당의 지원하에 해고 절대 반대, 임금 민족차별 반대, 5개년 계약제도 폐지, 승급제도 확립, 임시휴업일에도 일급 지급 등의 요구를 내걸고 조선인, 일본인이 공동으로 파업에 돌입했다.

경관대는 폭력단, 소방단과 함께 권총이나 곤봉으로 무장하여 가족과 함께 하는 투쟁단의 저항을 배제하고 총검속을 노렸다. 투쟁단의 3분의 1은 조선인이 점유하였고(전투원 240명 중 조선인이 100명), 경관대와 투쟁단의 격렬한 충돌로 많은 사상자를 냈는데 검속된 조선인 노동자 가족의 비통한 외침은 사회의 이목을 끌었다. 투쟁단은 사망자 2명, 검속자 158명, 기소 38명(일본인 33명, 조선인 5명)을 냈다. 이 쟁의는 패배했지만 일본인·조선인 노동자의 공동투쟁이라는 귀중한 체험으로 그 전통은 계승되고 있다. 그러나 그 투쟁은 일반의 지역주민에게까지 전파되지 않았다는 한계성을 가지고 있었다.

이 외 1931년의 중요한 투쟁은 다음과 같다.

1월 - 이와테 현 야마다 정山田町 이이오카飯岡 어업조합의 해면매립공사 중이던 조선인 토공 35명 임금 미지급으로 공사사무소로 몰려감.

 - 도쿄 부 나카메구로中目黒 직업소개소의 일 대체에 분개한 조선인 노동자 90명 동 소개소 분실에 들이닥침.

2월 - 오사카 시 사카모토阪本 양산대 제조공장에서 조선인 노동자 23명 해고 반대로 파업.

3월 - 아키타 현秋田縣 야지마矢嶋 철도공사 중이던 조선인 토공 30명 임금 미지급으로 중역의 집에 쳐들어감.

 - 오사카 시 겐바玄藩 단추 제조소의 조선인 직공 25명 감독과의 충돌에 의한 직공해고에 반대하며 파업.

4월 - 아이치 현 야다가와矢田川 개수공사중인 조선인 토공 250여 명 대우 개선을 요구하며 현청에 들이닥침.

 - 교토 시 아나다穴田 표백공장의 조선인 노동자 89명 조선인 노동조합원 배격으로 공장폐쇄 발표에 항의하며 파업.

 - 교토 부 육군 화약 제조소 제3기 확장공사장에서 조선인 노동자 340명 임금 미지급으로 파업.

5월 - 시즈오카 현静岡縣 시미즈 시清水市 상수도 사이토구미斎藤組 공사장에서 조선인 노동자 대우 개선을 요구하며 파업.

 - 시즈오카 현 마쓰자키松崎와 도이土肥를 잇는 현 도로 공사장에서 도비시마구미飛島組의 조선인 노동자 66명 임금 인상을 요구하며 파업.

6월 - 후쿠이 시福井市 마쓰오카松岡 직물회사 기업공장에서 조선인 노동자 42명 임금 인상 요구로 파업.

 - 와카야마 현 내무성 주관 국도개수공사 중이던 조선인 노동자 200명 차별대우에 항의하여 파업.

7월 – 효고 현 다카하라구미高原組 운송점의 조선인 노동자 70명 대우 개선을 위해 파업.

– 기후 현岐阜縣 엔비遠美 철도공사장에서 조선인 노동자 백 명 임금 인상을 요구하며 파업.

8월 – 기후 현 어류 인공부화물 신설공사장에서 조선인 노동자 52명 임금 미지급을 이유로 파업.

– 교토 시 야마사다山定 기업 공사장에서 조선인 노동자 사용금지 지령에 조선인 노동자 50여 명 가족을 동반하여 항의, 진정.

백색테러에 의한 학살

1932년은 만주침략 개시의 다음 해로, 준전시 경제체제로의 이행, 파시즘으로의 진행은 계급적, 사회적 모순에 의해 확대되었다.

일본공산당은 1932년 테제에 의해 전략방침을 전환했지만 전국대표자회의 직전, 약 1,500명에 달하는 활동가가 일제히 검거되었고 좌익문화운동을 향한 탄압이 계속되었다.

정당에는 국가주의적 경향이 발생하고, 노동조합은 좌우 중간파로 분열하였으며 우경화의 방향이 뚜렷해지게 되었다.

전협산하의 노동조합의 활동은 더욱 활발히 전개되었지만 정치적 편중 때문에 대중화가 결여되어 고립화 되어갔다.

일본공산당은 중앙에 민족부, 전협중앙은 조선어위원회를 설치했다.

재일조선인의 전협으로의 조직교체가 진행되어 가입자는 이 해가 가장 많았으며 4,700여 명에 달했다. 또 같은 해 조선인 노동자의 쟁의가 빈번히 발생했는데 주도적 입장의 노동쟁의가 많았지만, 그것은 전협의 지도방침하에서 고립된 폭동적 성격을 띠고 있었다.

재일조선인 노동자는 도쿄, 오사카, 도요하시, 나고야, 고베 등에서 노동절 투쟁에 적극적으로 참가했다. 8·1 국제 반전反戰의 날 투쟁에는 선두에 서서 '쌀을 내놔라 운동'으로 적극적인 역할을 완수했다.

같은 해 1월 8일 상하이에서 일본에 잠입한 한국애국단원 이봉창李奉昌이 사쿠라다몬桜田門 밖에서 천황의 행렬에 수류탄을 던져 체포되었고 10월 10일 사형에 처해졌다.

일본제국주의는 전쟁 수행을 위해 총검과 곤봉을 가지고 광포한 탄압을 계속했다. 1928년 8월 29일의 국치기념일 투쟁 때 검거된 재일조선노총, 공산청년동맹의 활동가 이상욱李相勖은 징역 2년 6개월의 형을 받았고, 1931년 9월 이치가야市ヶ谷 형무소에서 옥중 데모를 행하여 고문당했는데 일단 오쿠보大久保 병원으로 옮겨졌지만 다음 해 4월 11일 사망했다. 전협산하 노동조합에서는 4월 15일 장의 데모를 했으며 탄압받아 13명이 검거되었다. 이때의 탄압에 대해서는 다음의 기사에서 확인할 수 있다.

백색테러에 조선의 동지 이상욱 죽다
─장의 데모에도 탄압─

조선공산당 일본총국의 일원으로서 1929년 이래 투옥되어있던 동지 이상욱은 옥중에서도 항상 용감하게 계속 싸우고 있었다. 그런데 지난 국치기념일에 옥중 데모의 선두에 섰다고 하여 포학하기 그지없는 백색테러를 당해, 전신 타박과 두부에 받은 강한 충격 때문에 뇌일혈을 일으켰다. 이후 반신불수가 되어 병상에 있었지만 제대로 된 치료도 받지 못하여 죽게되자, 어쩔 수 없이 출옥을 허가하고 오쿠보 병원에 입원시켰으나 이미 시기를 놓쳤다! 지난 4월 11일에 그는 원한을 가진 채로 죽었다. 일본과 조선 노동자에 의해 이 적나라한 백색테러의 희생자를 위한 장의위원회가 열리고, 15일에는 그를 대중적인 중대한 장의 데모로 보내주려고 하는 계획이 준비되었다. 한편 동지 이상욱의 죽음에 대한 노농대중의 분개에 염려를 보인 관견은 몰래 이상욱의 사체를 오쿠보 병원에서 훔쳐내 서둘러 화장한 후, 뼈를 남겨두는 것도 걱정이 되어 재빨리 조선으로 보내버렸다.

15일이 되어 이것을 알게 된 일본·조선 노동자에 의한 장의위원 등은 격앙하여 대책을 협의하고 있는데, 이 또한 관견들이 큰일이 났다며 트럭을 가지고 습격, 그 자리에 있던 서영문徐永文 등 13명을 총 검거, 돼지우리에 쳐넣었다. (『아카하타赤旗』 1931년 4월 23일)

5월 4일에는 또 후에도 서술하겠지만 이와테 현 오후나토 선大船渡線 공사장에서의 쟁의로 전협 토건중앙에서 조직책으로 와 있던 강유홍康有鴻 외 2명이 아리타구미有田組에 고용된 폭력단에게 학살당한 사건이 일어났다. 교토에서는 전협출판 교토 지부 상임위원이었던 박진朴震이 반전의 날을 앞두고 마쓰바라松原 경찰서에 검거되어 9월 30일 고문으로 살해되었다.

또 이 해의 전협토건본부원인 윤기협尹基協(당원)이 당의 규율에 복종하지 않고 자기 본위의 운동을 계획해 분파 행동을 행했다고 하여 도발자(provocateur)의 혐의가 씌워져, 당중앙 조직부원 무라카미 다키오村上多喜雄에 의해 8월 15일 우에노上野 공원에서 총살되는 사건이 일어났다.

윤기협을 살해한 무라카미는 당시 일본공산당 도쿄시위원장을 하고 있었다고 한다. 윤기협을 제재하라는 지령은 당중앙 수뇌부의 마쓰무라松村라고 불리던 이이즈카 미쓰노부飯塚盈延로부터 나왔다고 하며, 직접 무라카미에게 지시한 것은 당중앙위원의 곤노 요지로紺野与次郎라고 한다. 전협 중앙은 그 후 '도발자 윤기협 제명에 대해 성명한다'(8월 25일)를 발표했다.

그러나 윤기협이 스파이가 아니었다는 것은 당시의 일본공산당중앙위원의 이시다 슈조石田茂三, 전협중앙위원장 다카에스 시게마사高江洲重正 등이 분명히 밝히고 있다.[22] 일본공산당중앙은 이 윤기협 사살사건에 대해 그 진상과 책임소재를 명백하게 해야 한다.

1932년의 조선인 노동쟁의는 414건, 참가인원 1만 5,524명으로 아이

---

22) [원주] 立花隆, 『日本共産党の研究』 (下), 1978.

치가 80건(2,299명), 도쿄 58건(2,931명), 교토 57건(610명), 오사카 45건 (1,331명), 가나가와 11건(1,218명)이었다. 또 쟁의 이유는 해고 반대 99건, 임금 인상 요구 95건, 임금 인하 반대 42건, 휴업 반대 24건, 그 외 154건 이며 쟁의 결과는 타협이 가장 많은 235건, 요구관철이 68건, 요구철회, 거절 52건, 자연 종식 33건의 순이었다.

이어서 이 해의 대표적인 투쟁 사례를 기술하겠다.

히라사쿠가와平作川 개수공사장 노동자 파업

가나가와 현 우라가 정浦賀町 히라사쿠가와 개수공사장에서는 1931년 8월쯤부터 실업구제사업으로서 고노이케구미鴻池組의 청부 아래 우라가, 요코스카橫須賀, 요코하마 재주의 조선인 노동자 약 600명이 일하고 있었다(일본인은 약 백 명). 공사가 완성에 가깝고 요코하마 방면에서의 취로자가 늘어났지만, 고노이케구미에서는 12월 31일 섣달그믐날 돌연, 취로 일수를 줄인다고 해서 요코하마 방면에서 오는 자는 매일, 근방인 히라사쿠가와 방면에서 오는 자는 3일에 한 번, 우라가로부터 오는 자는 4일에 한 번으로 하고, 종래 가장 많았던 요코스카 지역에서 오는 자는 5일에 한 번이라고 발표했다. 이 방침에 분개한 노동자는 이듬해인 1932년 1월 1일 토건노동조합 가나가와 지부의 지도하에 신년연회의 이름으로 집회를 열고 파업위원을 선출, 파업 준비체제에 들어갔다. 4일의 직장대회에서는 매일 취로시켜라, 일급 30% 인상, 휴일과 우천에도 일급 전액 지급하라, 광차를 미는 횟수를 절반으로 줄여라, 1일 8시간 노동으로 하라 등의 요구서를 공사 주임에게 제출하고, 곡괭이, 삽 등을 가지고 사무소로 몰려갔다. 현장 주임이 울며 매달렸기 때문에 일단 취로했지만 6일 밤 현 당국으로부터 모든 요구가 거부당했고 노동자는 파업을 결의하여 7일에는 데모를 감행했다.

쟁의단은 본부를 현장사무소 옆의 움막건물에 두고 80명의 자위단을 만들어 경관, 폭력단에 대비하는 동시에 노동자의 아내들도 출동하여 죽을 쑤어서 돌리기 시작했다. 대중의 힘에 놀란 우라가 경찰서는 요코스카 경찰서, 요코하마 경찰서에 지원을 요청해 8일 밤부터 9일 아침에 걸쳐 200명의 경관을 동원, 쟁의단 본부의 숙소를 급습하여 이우식李愚軾, 조치익趙致益 등 38명을 검거했다. 피체포자들은 단식투쟁을 하며 호응하며 싸웠다. 그러나 9일 아침부터 노동자의 단결이 흐트러져 약 300명이 취로하였고, 한편 피검거자가 속출하여 14일간의 과감한 투쟁도 허무하게 21일 결국 장래의 지구전을 기하며 쟁의단 해산을 성명하며 쟁의는 패배했다.

2월 미에 현 오와시 정尾鷲町에서는 기세이히가시 선紀勢東線 철도공사장의 조선인 토공 약 70명이 공사청부인인 오쿠라구미에게 최저임금제 및 그 외 3항목을 요구했다가 거절당하자 파업에 돌입, 다시 요구서를 제출했지만 또 거절당했다. 김용주金龍珠 등이 지도하는 쟁의단의 노동자들은 죽창 등을 들고 오쿠라구미 사무소로 달려가 사무소, 주임 주택, 차고 등을 파괴하는 등의 실력행사를 했지만 경찰대의 탄압으로 63명이 검거되어 14명이 기소되었다.

같은 달 니가타 현 기타칸바라 군北浦原郡 스이바라 향水原郷 남부 경지정리조합의 공사장에서 조선인 노동자와 일본인 노동자(빈농) 약 350명이 최저임금을 1엔 70전으로 인상, 임금차별 반대, 동일 노동에 대한 동일 임금 등 7가지 항목을 요구하며 파업에 돌입, 관헌과 폭력단의 탄압과 방해에 저항해 공동투쟁을 전개했다. 이에 관해『아카하타』(1932년 4월 8일)는 다음과 같이 보도하고 있다.

1월 21일 니가타 현 기타칸바라 군 스이바라 향 남부 경지정리조합(지주와 부자가 토지의 가격을 올리기 위해 밭이 비뚤어진 곳이나 토지의 고저를 고치려고 한 것)에서 일하는 일본과 조선의 노동자는 쌓일 대로 쌓인 불평을 폭발시켜 대회를 열어 파업을 선언하고 과감하게 싸웠다. 눈이 4, 5척 쌓인 들판에서 아침 6시부터 밤 6시까지 잠시간의 휴식도 없이 감독의 폭력에 떨면서 조선인 70전, 마을 남자 50전, 여자 2, 30전이라는 가혹한 임금으로, 게다가 6개 방에 있는 조선인 형제는 밥값, 그 외의 일용품은 2배 비싸게 착취당하고, 월말은 담배 피울 돈도 제대로 만족스럽게 남지 않는 혹독한 대우인데, 4월까지 완성하지 않으면 400엔의 벌금을 과하겠다고 하는 빌어먹을 노동강화를 강제당하고 있다. 이대로 그들이 말하는 대로 한다면 기아와 추위와 혹사 때문에 죽을 수밖에 없다고 하여, 2월 13일 각 직장의 대표자 회의를 열어 1.최저임금을 1엔 70전으로 인상하이라! 2.기숙사에 사는 인부, 날삯 인부의 차별철폐, 동일한 일에는 동일한 임금! 3.아침 7시부터 저녁 5시까지로 노동시간을 단축하라! 4.오전 오후의 휴식시간, 점심시간을 1시간으로 하라! 5.강제 감시 반대! 6.임금미지급 반대! 1일과 5일 이틀로 나누어 지불하라! 7.현장의 상하이는 공무 중 다친 것으로 인정하여 전부 진료비를 부담하라! 라고 결의하는 요구서를 여섯 청부인과 감독에게 들이밀고 15일까지 확답을 요구했지만, 귀신 같은 놈들은 답을 주지 않을 뿐 아니라 오히려 우리들의 대표자를 닥치는 대로 모조리 구타했다. 참을 수 없어진 형제들은 21일 전직장대회를 열고 350명이 일치단결하여 파업을 결행했다. 숙소 담당원, 감독의 앞잡이들이 단검, 권총, 곤봉으로 위협하여 파업을 분쇄하려고 시도했지만, 형제들은 관헌과 폭력단의 백색테러를 단호하게 떨쳐버리고 니가타의 전협, 전농(전국회의파)의 후원 아래 결사적으로 투쟁을 계속했다.

☆ 일본 조선 노동자의 제휴 만세!

☆ 노동자 농민의 동맹 만세!

또 5월에는 도요하시 시 하수도공사장의 조선인 노동자 약 130명이 도요하시 합동노동조합 간부 최종하崔鍾夏, 하명완河明完 등의 지도를 받아 대우 개선을 요구하며 파업에 돌입, 다른 조선인 실업자도 이에 합류하여 시 당국과 교섭을 거듭했지만 일본인 노동자 200명이 대신 고용되어 조선인의 요구는 통하지 않고 결국 취로했다.

이와테岩手 오후나토大船渡 철도공사장 노동자 파업

다음으로 학살사건으로서 유명한 것은 이와테 현 게센 군気仙郡 야사쿠 촌矢作村의 오후나토 철도공사장에서 일어난 조선인 노동자 투쟁이 있다.

이곳에서는 조선인 자유 노동자 약 700명과 일본인 노동자 약 100명이 아리타구미의 하청업자 아래에서 14시간 노동, 일급 1엔이라고 하는 심각한 노동조건에, 게다가 일용품 판매가격이 시가의 20~30% 비싼 이중, 삼중의 착취를 당하고 있었다. 1932년 4월 27일, 전협 토건중앙에서 파견된 강유홍, 김범이金凡伊 등의 지도에 따라 파업위원회를 조직하여 다음 날 자위단을 선두로 곡괭이, 삽, 끌, 망치를 든 조선인 노동자 약 200명은 10시간 노동, 임금 30% 인상, 물가를 시가 정도로 인하할 것 등의 요구를 내걸고 파업에 돌입했다. 아리타구미는 일단 이 요구를 인정할 수밖에 없었다. 그날 밤 총괄 집회에서 일본인 10명을 포함한 80명이 조합을 결성했다. 그러나 아리타구미는 몰래 일본인 노동자를 민족적 편견과 연일에 걸친 술 등을 이용하여 폭력단으로 조직해 5월 4일 다이너마이트, 도끼를 든 60명의 폭력단원으로 하여금 조선인 노동자 숙소, 식당을 습격하게 했고 건물을 파괴, 지도자 강유홍을 비롯해 정순옥鄭順玉, 구순암具順岩 3명을 학살하고 김범이 등 30여 명의 중경상자를 냈다. 경찰은 폭력단을 관리하지 않고 그저 손에 등을 들고 걸었고, 소방대는 곳곳에 배치되어 조선인 노동자의 도주를 막았다. 경찰은 아리타구미와 결탁하여 '조선인 150명 내습' 등의 거짓 뉴스를 퍼지게 하고, 폭력단보다 파업 참가자들을 많이 검거하여 결국 관헌의 강제조정에 의해 약간의 위자료, 문병비로 쟁의는 끝났다.

오후나토 철도공사장 학살사건 기사

　전협토건본부 상임위원회에서는 이 쟁의에 대한 '이와테 사건 진상보고
서'에서 자기비판의 서두에 "파업 승리 후 노동자의 자위 수단으로서 항상
적 자위단의 준비가 없었던 것, 설령 그것이 파업 때라고 해도 겨우 5명에
지나지 않았던 것"이라고 서술하고 있다.

　토건 노동활동가 윤기협은 "본부원이 당한 일에 본부가 있는 도쿄에
서 가만히 있을 수는 없다. 게다가 쟁의 중인 사람들에게도 면목이 없으
니 아리타구미에 대한 테러를 조직해야 한다."라고 했지만 조합의 방침으
로서 개인적 테러 조직은 유해하며, 대중적 항의 캄파를 조직해야 한다고
하는 의견이 나와 반대되었다. 그는 "개인적으로 조합원을 움직여 아리타
구미에 쳐들어갈 것을 결정하고 실제로 그렇게 했다."라고 한다.[23] 이 개
인적 행동이 이유가 되어 윤기협은 앞서 서술했던 대로 일본공산당 중앙
의 지령으로 사살당했다.

---

23) [원주] 渡部徹, 『日本勞働組合運動史』, 1954.

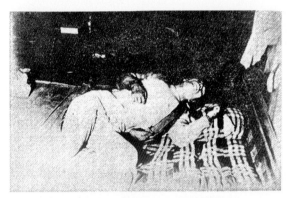
오후나토 철도공사장에서 학살된 강유홍의 유체

8월, 시즈오카 현 슨토 군駿東郡 가노가와狩野川 개수공사장에서는 조선인 노동자 239명이 광차 밀기 임금 1엔 10전을 1엔 20전, 일급 90전을 1엔으로 인상하여 달라는 등의 요구를 하며 파업에 돌입, 일본인 노동자 120여 명도 참가하여 공사장 사무소로 데모를 하며 들이닥쳤으나 경찰대에 의해 해산되어 현장에서 22명이, 또 전협토건 가나가와 지부 상임 김일성金一声 등 14명 합계 36명이 검거되었다. 쟁의는 관헌 측의 조정으로 노동자 측은 무조건으로 요구사항을 철회, 사무소 측은 앞으로 개선사항 중, 가능한 한 고려하겠다고 하는 것으로 쟁의는 패배로 끝났다.

방적 여공, 탄광부의 파업

오사카 시 니시요도가와 구西淀川區의 오쓰무린小津武林 기업주식회사(방적, 종업원 425명 중 80~90%가 조선인 노동자)에서는 1932년 4월 22일, 조선인 여자노동자 36명이 해고 반대, 감독 배척, 대우 개선 등의 요구를 내걸고 2만 2천여 방추의 실을 절단하며 파업에 돌입, 5월 14일에는 다른 노동자도 더하여 백 명이 데모를 일으키고 경관과 충돌, 27명이 검거되었다. 같은 달 18일에는 히가시나리 구, 미나토 구港區에서 조선인 노동자 약 백 명이 동원되어 공장에 들이닥쳤지만 탄압으로 7명의 검속자가 나왔다. 쟁의단은 전협 섬유노조 오사카 지부의 지도하에 투쟁을 계속하여 6월 29일 밤, 검속자 5명에 대한 징역 3개월의 판결에 반발해 70여 명의 조선인 노동자는 공장을 습격하여 창문의 유리 등 기물을 파손했고, 멈추지 않고 공장의 주택을 습격하려고 하다가 경관대와 충돌하여 3명이 체포되었다. 이리하여 양남사梁南士 이하 32명이 기소되어 징역 10~8개월의 판결을 받았다.

『아카하타』(6월 5일)는 이 투쟁을 다음과 같이 보도하고 있다.

적기赤旗를 앞세우고 공장을 야습

오사카 오쓰무린 공장 파업에 조선 부인노동자 100명 데모

오사카 오쓰무린 공장은 종업원 400여 명의 방적공장이지만 공황에 몰리게 되자 고참자의 해고, 노동 강화를 행하여 조선 여공의 관리자가 회사의 충실한 개가 되어 용서 없이 해고를 했기 때문에 일본섬유노동조합은 투쟁의 선두에 서서 파업으로서 요구를 들어주지 않는 회사와 대치하고 있었는데, 분회는 총회를 열고 단식투쟁을 결의하였고, 그 전술의 잘못을 비판했지만 한번 결의 공표했다는 이유로 단식투쟁을 속행. 기가 죽은 자매들은 두려워하여 40여 명 남짓의 동지만이 대중으로부터 떨어져 이것을 행하였고, 그 동지는 전부 검속되었지만 10일간의 구류에서 풀려나마자 바로 쟁의단을 편성, 14일에는 백여 명의 형제자매들로 데모를 결행하여 공장 내의 자매도 말려들게 하려고 18일 오후 10시, 약 100명의 남녀 종업원은 남자는 곤봉, 여자는 돌을 감은 수건을 들고 적기를 앞세워 함성을 지르며 공장을 습격하여 경계 중이던 관헌의 필사의 저지와 싸워 끝내 공장 내에 대중적으로 몰려들어가 종업원 대회를 여는 목적을 달성하지는 못했지만, 이 때문에 공장 안 자매들의 투쟁심도 솟아났다. 그때 가장 용감한 부인노동자 최화왕崔花旺 등 7명이 검거되었지만 일본섬유는 다른 공장 및 다른 산업의 공장으로 아지프로(선동적 선전)를 해서 공동투쟁을 일으키고 공대工代를 열어 투쟁을 진행하고 있다.

또 이 해의 유명한 투쟁으로 후쿠오카 현 이이즈카 시의 아소 탄광 투쟁이 있다. 아소 탄광은 폭력압제, 노동조건이 나쁘기로는 제일이라고 말해질 정도의 탄광으로 1일 14~15시간 노동, 임금 2, 30전이 대부분이며 70전은 희귀할 정도였다. 거기에 폭력적 린치가 가해지고 해고가 자유롭게 행해지며 사고가 일어나도 어떠한 보장도 없는 상태였다. 게다가 5월부터는 임금이 30% 인하되고 사업축소에 의한 해고, 전갱轉坑문제가 일어나 8월 14일, 아소 상점 오산五山(야마우치山內, 가미미오上三緒, 아카사카赤坂, 쓰나와키綱分, 요시쿠마吉隈)의 약 80명의 조선인 광부는 폭력행위에 의한 혹사 엄금, 임금 30% 인상, 해고 및 귀향 수당 지급 등 16가지 항목을 요구하여 파업에 돌입했다. 쟁의단은 선전물, 성명서, 뉴스 등을 이용하여 같은 소속의 광부들에게 파업 참가를 호소해 8월 25일에는 참가인원이 425명에 달했다(쟁의단장 장준걸張俊杰).

살포한 선전물의 내용은 다음과 같은 것이었다.

이이즈카 아소 탄광 쟁의 기사 『규슈 일보』 1932년 8월 25일

우리는 매일 14, 15시간의 노동을 하고 1일 임금은 2, 30전을 받는 사람이 대부분이며 1일 70전의 수입을 받는 자가 드물다. 이것으로는 생활을 할 수 없으므로 탄원하는 자는 아소 특유의 폭력적 린치를 당하고, 게다가 해고의 쓰라린 맛까지 보게 된다. 또 작업중 낙반(*벼랑이나 굴 안의 천장에서 반석이 떨어짐. 또는 그 떨어진 반석)이나 그 외에 의한 불행으로 상하이를 입어 치료 중이라고 할지라도 의사도 아닌 노무 담당이 치료를 중단시키고 갱내로 다시 밀어 넣는 것이다. 만약 고통을 호소하는 일이 있으면 바로 폭력적인 제재를 받게 된다. 우리 조선인들에게 아소의 산에서는 광산법도 건강보험법도 아무런 도움이 되지 않는다…(중략)…우리들은 오늘날 이미 기아의 늪에 빠져 아소 때문에 궁지에 몰려 어쩔 수 없이 쟁의를 일으킨 것이다. 우리들이 불행히 참패하는 일이 있다면 즉시 아소는 일본인의 임금을 인하할 것이 불 보듯 뻔하다. 그 결과는 광부 상대로 장사를 하고 있는 이 시市의 번영이 어떻게 될지 모른다고 하는 것을 생각해 주기를. 우리 쟁의단은 지쿠호筑豊 탄전에 일하는 광부의 이익과 이 시의 번영을 어깨에 짊어지고 승리를 얻기까지 투쟁을 계속해나가는 자들이다.(후략)
친애하는 일본의 형제들이여. 여러분이 우리의 파업을 묵살하고 우리가 참패하는 일이 일어난다면 다음에는 여러분의 임금이 또 우리와 같이 될 것이며, 우리는 그 이하의 대우를 받게 될 것은 자명하다. 현명한 일본의 형제들이여. 쟁의단에 가맹하라! 일본인, 조선인 협력으로 생명을 방어하라!

파업은 사회대중당, 사회민중당 간부, 일본석탄광부조합의 지도 및 응원이 있었고, 또 쟁의단의 일본인 광부들에게 공동투쟁을 호소했지만 결국 일본인 노동자는 한 명도 참가하지 않았다. 회사 측은 상애회相愛会와 폭력단 및 경찰과 짜고 쟁의를 방해하여 18일에는 쟁의단원 6명에게 부상을 입혔으며, 24일 경찰은 쟁의단의 선전물 살포를 이유로 닥치는 대로 검거하고 6명을 체포했다. 쟁의단은 28일 후쿠오카 시에 있는 아소 본가로 가서 기아 행진 농성 전술을 전개했지만, 경찰은 또 71명을 검속했다. 21일간에 걸친 쟁의는 260여 명의 해고자를 내고 9월 3일 타협 종결되었다.

이 외 같은 해의 주요한 투쟁은 다음과 같다.

2월 - 나가노 현 국도 10호선 다리 교가 교체공사장에서 조선인 토공

63명 임금 인상을 위해 파업.

– 히로시마의 다카라宝 주공소鑄工所 조선인 직공 11명 대우 개선을 요구하며 파업.

3월 – 후쿠이 현 오모리구미大森組 공사장에서 조선인 노동자 임금계약 위반에 항의하여 파업.

– 니가타 현 난코南耕 개전開田 공사장의 조선인 토공, 동료 20명의 해고에 반대하여 파업.

– 구마모토 시熊本市 가이코쿄 정外高橋町 쓰보이가와坪井川 개수공사장의 조선인 토공 80명 임금 일부 미지불로 파업.

– 효고 현 오카모토 아마가사키 제병 공사의 조선인 직공 16명 사직 권고에 반대하여 파업.

– 도쿄 노나카野中 고물도매상 조선인 매입인 30명 매상 가격인상 그 외 17항목을 요구하며 파업.

5월 – 오사카 시 덴만 구天満區 네야가와 시寝屋川市 하류매립지 일대 거주의 조선인 21세대 퇴거 요구에 대해 퇴거료 증액을 요구하며 쟁의.

– 교토 시 마루이치구미丸市組 조선인 노동자 29명 임금 인하에 반대하여 파업.

– 기후 현 엔미遠美 철도 건설공사장에서 조선인 토공 30명 일급 감액에 반대하여 파업.

6월 – 아이치 현 시바 탄광의 조선인 노동자 58명 채광 임금 인하에 반대하여 파업.

7월 – 오사카 시 이즈미야泉屋 고무공업소의 조선인 직공 29명 임금 인하에 반대하여 파업.

8월 – 고베 시 이쿠타가와生田川 매립지의 미키구미三木組 임시 가옥에 거주하는 조선인 노동자 백여 명, 공사 종료 후 퇴거를 요구받아 미지급 임금 지불을 요구하며 파업.

- 마에바시 시前橋市의 조선인 토공 약 60명이 일을 달라고 요구하며 파업.
- 히메지姬路 지방의 조선인 실업노동자 200여 명 실업자를 구제하라며 시의회에 데모.
- 아이치 현 고마츠小松 제사공장에서 조선인 노동자 20명 민족차별에 반대하여 파업.
- 교토 시 하시모토 견사공장에서 조선인 노동자 45명 민족적 모멸 문제로 파업.

9월 - 이바라키 현茨城縣 쓰치우라 정土浦町의 조선인 노동자 134명 실업 구제사업의 국도개수공사 등록 누락에 대해 일을 달라고 요구하며 상공회의소로 몰려감.
- 교토 시 이노우에井上 제면공장의 조선인 노동자 22명 일급인상 및 노동시간 단축을 요구하며 파업.

10월 - 교토 시 니시진西陣 벨벳 각 공장의 조선인 직공 140명 임금 인상을 요구하며 파업.

11월 - 도요하시 시의 조선인 실업자 150여 명 노동 수첩 교부 및 즉시 취업을 요구하며 데모, 시·구청에 몰려감.

12월 - 다테야마立山 산기슭 발전소 공사장의 조선인 노동자 40명 동료 2명의 질식사 사건을 계기로 위자료 및 설비 완비를 요구하여 경찰대와 충돌.
- 시즈오카 현 아타미熱海 해안도로 공사에 조선인을 사용하지 않으려고 한 것에 대해 조선인 실업자 60명 마을의 장長에게 진정 데모.

- 도야마 현富山縣에서 운영하는 이나가와稻名川 발전소 수로공사
  장의 조선인 노동자 32명이 동료 2명의 질식사를 계기로 대우
  개선을 요구하며 파업.

가혹한 탄압 지속

다음해인 1933년 일본공산당은 연속적으로 탄압을 받은 데다가 중앙간
부인 사노 마나부, 나베야마 사다치카 등의 전향 성명 등이 있었기 때문
에 당의 중앙조직은 약체화되었다. 또 전협 조직에서도 다수의 활동가가
검거되어 마비 상태에 빠졌다.

노동조합은 좌우중간파의 재편에 의해 내부 대립이 격화하고 노동운동
은 점차 저조해졌다. 정당도 노동조합도 전년에 비하면 더욱더 우경화되
어갔다.

이 해, 재일조선인 노동자는 국제반전위원회의 호소에 응해 일본인 노
동자와 함께 도쿄, 가나가와 등의 각 직장에서 반전위反戰委 지지위원회를
만들어 공동으로 반제국주의투쟁, 상하이 반전대회 지지투쟁을 전개했다.

또 도쿄, 교토, 오사카, 고베, 나고야 등의 각지에서 비합법 노동절을
계획했지만, 많은 활동가가 검거되어 실현할 수 없었다. 6·10 기념일 투
쟁, 반전 데이, 국치일 투쟁 등의 계획도 세워졌지만 이 또한 사전에 탄압
되어 실행할 수 없었다.

11월 21일 전협토건전국대회(대표위원)가 도쿄 부 시모아사카와下浅川에
서 열렸지만 대표 13명 전원(조선인 10명, 일본인 3명)이 검거되었다.

또 10월 중순 비오는 날 밤, 반제동맹 고토 구江東區 서기이자 공청동맹
원인 박용진朴龍鎭(조영우趙泳祐)이 특별고등경찰 스파이에게 쫓겨 자전거
로 도망가던 도중, 간다가와神田川 강에 떨어졌는데 스파이들은 자전거에
묶어두었던 산업별 노동조합신문만 거둬들이고 박용진이 익사하는 것을

내버려 둔 사건이 일어났다. 전협 고토 지구관계, 반제동맹 고토 지구위원들이 중심이 되어 각 지구 노동자 장례식, 반제장 대책위원회를 조직하여 11월 7일 지구별로 반제장을 올렸다.

이 해의 재일조선인 피검거자수는 공산당 관계 240명, 공청 관계 152명, 전협 1,104명, 반제 127명, 적구赤救 65명, 코프KOPF 75명, 합계 1,820명에 달하고 있다.

같은 해에 민족주의적 입장에 서서 천도교 학생회 도쿄부가 『학생시보学生時報』, 『개벽전선開闢戰線』을 발간했지만, 특히 후자 제2호의 식민지문제 특집호는 반일 민족 독립사상을 고취시키는 점이 있다고 하여 발간금지 처분이 내려졌다.

1933년의 조선인 노동쟁의는 344건, 참가인원 8,851명으로 오사카 67건(1,644명), 아이치 56건(756명), 효고 38건(726명), 교토 35건(381명), 도쿄 26건(284명), 시즈오카 13건(763명)이었다. 또 쟁의 이유는 휴업 반대 115건, 임금 인상 요구 102건, 해고반대 81건으로 결과는 타협 166건, 요구관철 76건, 요구 거절 및 철회 46건, 자연 종식 14건이다.

토공 노무자 합숙소·고무공장 노동자의 파업

1933년의 대표적인 투쟁은 다음과 같다.

도야마 현 네이 군婦負郡 니시쿠레하 촌西吳羽村 국도개수공사장의 조선인 토공 180명은 전협토건 소속인 서준재徐濬在의 지도하에 2월, 4월 2회에 걸쳐 현장감독에게 임금 인상을 요구하며 태업을 일으키고, 또 노동절에는 도야마 시의 가두시위에 참가했다. 당국은 태업한 토공을 해고하고 공사 중지를 발표했기 때문에 5월 3일 약 300명이 공사장 사무소로 몰려가 해고 반대를 외치며 데모를 거행, 경찰대의 탄압으로 지도자들 60명이 검거되었으며 반동단체 순화회淳和會가 쟁의 방해에 돌입해 쟁의는 패배로 끝났다.

기후 현 고사카 정小坂町 다카야마 선高山線 철도공사장에서는 5월 조선인 노동자 약 400명이 전협의 박선길朴善吉, 김명원金明元의 지도를 받아 오바야시구미大林組에게 임금 인상을 요구하며 파업에 돌입, 오바야시구미 사무소에 들이닥쳤지만 경찰의 조정으로 타협했다.

나가노 현 내 이나 군伊那郡의 야사쿠矢作 수력발전 공사장에서는 조선인 토공 4백 수십 명이 6월 김일산金一山 등의 지도로 임금 인상, 대우 개선을 요구하며 파업에 돌입, 경찰의 개입에 의해 김일산, 손진우孫振宇 등이 검거되어 종결되었다. 7월, 같은 곳의 노무자 숙소 내에서 노동자 간에 살인사건이 일어나, 이 책임을 추궁하여 전협계인 송홍도宋弘道 등의 노동자가 파업, 또 12월에는 해고에 반대하며 쟁의를 일으켜 일부 복직을 인정시켰다.

가나가와 현 마나즈루真鶴·하코네箱根 간 현도 신설공사장의 조선인 토공 약 80명은 11월 20일 급료의 2회 지급 그 외 몇 가지 항목의 요구서를 제출했으나 거부당해 운동을 계획했지만 지도자들 7명이 검거되어 쟁의는 종결됐다.

이 해 니시고베西神戸 지방의 고무공장 그 외의 공장에서 조선인 노동자의 쟁의가 활발하게 전개되었다.

2월 마루이와丸岩 운동화공장에서는 임금 40% 인상을 요구했지만 거절당해 파업을 결행, 데모 투쟁을 전개하여 10%의 임금 인상 등 일부 요구가 승인되어 종결되었다. 7월, 야마에이山栄 고무공업소에서는 조선인 노동자 21명이 임시휴업에 반대하여 1주간 파업했고, 1개월 5엔의 수당과 조업 재개를 쟁취했다. 11월, 후지와라藤原 고무공장에서는 조선인 노동자 14명, 일본인 1명이 조업단축에 반대하여 파업을 결행, 전협 일본화학노조 고베 니시 지구의 응원을 얻어 데모를 감행하여 공장주택을 급습, 지도자 6명이 검거되었고 또 쟁의참가자 전원이 해고되었다. 12월에는 후지모토藤本 고무공업소에서 조선인 노동자 16명이 임금 인상을 요구했지만 거절되자 파업을 결행, 공장주는 파업참가자 전원에게 해고를 통고했지만 해고 반대투쟁을 전개하여 타협이 성립되었다.

오사카 시 히가시나리 구 이카이노猪飼野 방면의 다니야마谷山 고무공장, 마쓰모토 고무공장에서는 5월, 일부 공임인하를 발표했지만, 이에 대해 조선인 노동자(합계 112명)는 함께 파업을 결행, 전협 일본화학에서는 투쟁을 33공장에 확대하여 총파업으로 발전시키려고 했지만, 오사카 부 당국의 단속 때문에 성공하지 못하고 양 공장은 무조건으로 취로했다.

이 외에도 이 해의 주된 투쟁은 다음과 같다.

1월 – 후쿠이 현 오바마小浜 기타가와北川 개수공사장의 조선인 토공 195명, 동료 30명의 해고 반대로 파업.

　　– 시즈오카 현 아쓰타熱田 도로공사의 조선인 노동자 도비시마구미에게 실업자의 전원 고용 및 일급 1엔 20전을 요구하며 투쟁.

　　– 폭력단 국수회國粹會의 방해로 충돌, 와카야마 금박글자 면포 가공공장의 조선인 노동자 임금 인상을 요구하며 31일간 파업.

2월 – 기후 현 세키야關谷 삼실공장 외 3개 공장의 조선인 직공 36명 임금 인상을 요구하며 파업.

　　– 시모노세키 시下關市 시도市道 개수공사장의 조선인 노동자 160명 임금 증액 및 대우 개선을 요구하며 파업.

　　– 후쿠이 시 재주 실업조선인 200여 명 시청에 몰려가 구제방안을 요청.

3월 – 시즈오카 현 이나사 군引佐郡 히가시하마나 촌東浜名村 공유 수면 매립공사장의 조선인 노동자 임금 인상을 요구하며 파업.

　　– 히로시마 현 산고 선 三呉線 철도 터널공사장의 조선인 토공 70명

임금 인상을 요구하며 파업.

- 기후 현 히에쓰飛越 철도공사 도비시마구미 작업소의 조선인 토
  공 120명 작업 중 부상자에 대한 회사 측의 태도에 분개해 임금
  인상을 요구하며 파업.

- 오사카 시 사카구치阪口 융통 직물공장 외 4개 공장의 조선인 직
  공 33명 감금 취소를 요구하며 파업.

4월 - 도야마 현 직영국도공사 도야마 공구工區의 조선인 노동자 160명
  파업.

- 나고야 시 청사 신축공사장의 조선인 노동자 23명 하청인의 임
  금을 가지고 도망가서 파업.

- 고베 쓰키시마月島 고무 노동자 200명(조선·일본 여자노동자)은 임
  금 40% 인상을 요구하며 5일간 태업, 임금상승을 획득.

5월 - 니시고베西神戶 조시調子 깔개공장 조선인 노동자 99명 임시휴업
  발표에 반대해 파업, 경찰이 개입하여 전원 해고.

6월 - 오쓰 시大津市 이시야마石山 동양 레이온 회사 공장 증설공사장
  의 조선인 노동자 약 300명, 공사가 종료되면서 시작된 해고와
  움막 퇴거에 항의하여 생활 옹호 투쟁위원회를 결성.

- 니시고베 와타나베渡辺 제철소의 조선인 및 일본인 직공 57명
  임시휴업에 반대하여 파업, 36명 검거.

- 이이즈카 시 미쓰비시 나마즈다鯰田 6갱에서 인원 정리 때문에
  해고된 송재원宋在元 등 8명은 일본석탄갱부조합 구라테鞍手 지
  부의 지지를 얻어 해고 반대 쟁의를 일으키고 연설회를 열어 과
  감한 투쟁을 계속했지만 경찰의 강제조정으로 타협.

8월 - 군마 현群馬縣 도네 군利根郡 미즈카미 촌水上村 도로공사장의 조
  선인 토공 71명 미지불 임금 지급을 요구하며 파업.

– 아이치 현 시노세篠瀬 제도소製陶所의 조선인 노동자 24명 임금 인상으로 파업.

10월 – 와카야마 현 와카가와 개수공사장의 조선인 노동자 106명 일급 인상을 요구하며 파업.

11월 – 가고시마 현鹿児島縣 가고시마 전기 제2발전소 공사장의 조선인 노동자 95명 임금 인상으로 파업.

12월 – 사이타마 현埼玉縣 지치부 군秩父郡 오타키 촌大滝村 구농救農 토목공사의 나카쓰가와中津川 임간 도로공사에 조선인 부락의 차유식車有植 등 20여 명은 취직을 신청했으나 민족차별로 거부당하자 위자료를 요구, 경영 측은 일본도 등으로 무장하여 부락을 습격했고 조선인 노동자 수 명에게 부상을 입힘.

전협토건노조 기관지 『토목건축노동자』(1931)

1934년은 일본공산당 중앙과 전협이 관헌의 탄압과 내부 대립으로 괴멸 상태가 되었으며, 합법 좌익인 일본 노동조합 전국평의회(전평)가 조직되었지만 정치투쟁은 물론 반전운동, 노동운동도 쇠퇴하고 있었다.

재일조선인 운동에 있어서도 전년에 계속해서 880여 명이라고 하는 많은 활동가가 검거되어 희생이 컸지만, 공산당, 전협의 조직 재건투쟁을 집요하게 전개했다.

한편 아나키즘계의 고토 직업소개소 등록노동자의 일부에 의한 조선일반노동조합의 결성이 있었고, 또 『흑색 신문』의 발간 등 조선 도쿄東興 노동동맹의 활동이 약간 있다.

1934년의 조선인 노동투쟁은 382건, 참가인원 9,517명으로, 오사카 111건(1,692명), 아이치 54건(1,422명), 효고 26건(345명), 도쿄 23건(489명), 교토 21건(185명), 후쿠오카 14건(425명)이었다. 그 원인은 해고 반대 112건, 임금 인상 요구 97건이었고, 쟁의 결과는 타협이 193건, 요구관철이 74건, 거절 및 철회가 65건이다. 전년에 비해 원인은 해고 반대가 31건, 결과에 있어서 타협성립이 27건 증가했다.

이 해의 대표적인 투쟁은 다음과 같다.

5월 – 기후 현 고사카 정 제실임야국帝室林野局(메이지 시대부터 쇼와昭和 전전기에 걸쳐 존재했던 궁내성宮內省의 외국) 삼림철도 제2기 공사장에서 조선인 토공 250명, 임금액의 결정 및 4월분의 임금을 요구했고 청부인 대리의 약속으로 일단 해결했지만 청부인에 의해 계약 전부가 파기되어 파업을 결행, 사업주는 강경하여 경찰에 의해 한 명이 검거되었고 쟁의는 패배로 끝남.

　　　 – 니가타 현 히메카와姬川 제6발전소 공사장의 조선인 토공 200명 임금 인상을 요구했지만 하청인의 답에 만족하지 못해 폭행 사건이 일어났고 이토이가와糸魚川 경찰에 의해 이용용李龍用 등 36명이 검거, 요구사항의 일부가 인정되어 타결.

7월 – 오사카 부 센보쿠 군泉北郡 이케다 촌池田村 고묘이케光明池 축제 공사장의 오바야시구미 아래에 있는 주로구미中路組, 기타젠구미北善組의 조선인 토공 235명은 임금 인상 및 대우 개선을 요구했으나 거부당하자 파업에 돌입, 오카사 부의 알선으로 타결.

9월 – 사가 현 핫타에八田江 호수 개수공사장의 조선인 노동자 130명
　　　은 청부제도변경에 반대하여 일급제의 부활 및 귀국 수당 등을
　　　요구했지만 거부당하자 파업에 돌입, 귀국 여비 지급으로 타결.

　　　– 단나丹郡 터널 동쪽 입구 기노미야 역来之宮駅 공사장에서는 조선
　　　인 토공 55명 전노통일계全労統一系 도즈東豆 노조의 지도하에 노
　　　동시간의 단축 및 임금 30% 인상을 요구하며 파업에 돌입, 취로
　　　중인 일본인 노동자와 대립하여 지도자가 검거되었고 타협으로
　　　종결.

이 외의 주요한 투쟁은 다음과 같다.

2월 – 후쿠오카 현 아사노浅野 시멘트 회사 간다苅田 하라다原田 채굴
　　　장에서 조선인 노동자 125명 해고에 반대하여 태업.

4월 – 나고야 시 마루오리丸織 회사 부지 공사장의 조선인 노동자 120명
　　　상비제도를 요구하며 파업.

　　　– 기후 현 시로키야白木屋 석탄원석 채굴장의 조선인 노동자 27명
　　　임금 인상으로 파업.

　　　– 시즈오카 현 아타미 히가시 선東線 제4구 철도공사장의 조선인
　　　노동자 110명 임금지불을 요구하며 파업

5월 – 오사카 시 유리제조소의 조선인 직공 51명 임금 지급을 요구하
　　　며 파업.

　　　– 아이치 현 에지리江尻 목절점토木節粘土 채굴장의 조선인 노동자
　　　50명 하청 제도를 직접 고용으로 변경할 것을 요구하며 파업.

6월 – 미에 현 도리고에鳥越 터널 공사장의 조선인 노동자 41명 미지급
　　　임금 지불을 요구하며 파업.

　　　– 니가타 현 나카쿠비키 군中頸城郡 야시로 촌矢代村 오카자키岡崎

제2발전소 수로공사의 조선인 노동자 30여 명, 임금 미불로 일
본 소다회사 사무소를 급습.

7월 – 한큐 전철 다카라즈카宝塚 연선 도요나카 정豊中町 주택공사장의
조선인 토공 150명 공사중지에 대해 회사사무소로 몰려감.

8월 – 이바라키 현 히타치日立 제작소 해안공장의 조선인 토공 36명
미지급 임금 지불 요구로 쟁의를 전개하던 중 토공 한 명이 찔렸
기 때문에 항의하여 20명이 검거.

10월 – 가나가와 현 아사히旭 유리회사 쓰루미鶴見 증설공사장에서 조
선인 노동자 39명 감독의 폭행에 항의하여 파업.

12월 – 나라 시 제병공장 조선인 노동자 32명 전원 해고에 의한 해고
수당을 요구하며 파업.

(5) 일본반제동맹에서의 조선인 운동

1929년 11월, 일본전쟁반대동맹이 반제국주의민족독립지지동맹(국제반
제동맹) 일본지부가 되었고 이는 일반에 '일본반제동맹'이라고 불렸다. 일
본반제동맹은 1933년 4월의 제2회 전국대회에서 식민지·반식민지의 완
전 독립과 해방의 임무를 명확히 밝혔다. 즉 그것은 '제국주의에 반대의
투쟁을 수행하고, 식민지, 반식민지 및 약소민족의 정치적, 경제적 완전
한 독립 지지'를 목적으로 하고, 행동강령으로는 조선, 대만, 중국, 인도,
필리핀 그 외 전 세계의 민족 독립운동 지지를 위한 투쟁, 조선, 대만, 만
주, 중국에서부터의 제국주의 군대의 즉시 철퇴, 민족혁명 그중에서도 특
히 혁명적 노동자, 농민의 활동의 완전한 자유를 위한 투쟁, 민족 고유의
학교제도 폐지와 모국어 절멸 획책에 대한 투쟁 등 19개 항목이 만들어졌
다. 또 객관 상세에 있어 "일본제국주의에 있어서 현재 조선, 대만의 완전

한 독립은 치명적인 사활문제이며, 그 때문에 싸우는 일본반제동맹의 임무는 제국주의 반대투쟁에 있어서 특별히 중요성을 가지고 있다."라며 당면한 정치적 임무에 대해서도 시사하고 있다. 또한 '일본에 살고 있는 식민지인 사이에서의 활동' 특히 재일조선인과 조선 대중에 대한 선전, 선동의 기본원칙을 제시하고 그 선전문에서 '조직의 전국화, 조선, 대만과의 조직적 연결의 회복 강화'를 강조하여 일본제국주의 타도를 목표로 하는 조선인, 일본인의 공동투쟁의 전개를 강조했다. 그러나 다음으로 서술하듯이 그것은 지극히 실천되기 어려운 일이었다.

일본반제동맹 기관지 『반제 신문反帝新聞』(1931)

재일본 식민지인을 동맹으로 획득하는 것은 그들과 직접 손을 맞잡고 일본인이 가지는 배외주의와 민족주의를 부수고, 국제적 연대성을 실천적으로 제시하여 그들을 통해 식민지의 형제와 악수하기 위해서이다……우리의 정력적인 활동은 재일식민지인들 사이에 광범위한 영향력을 미치고 강고한 조직적 기초를 확보하고 있다. 하지만 그렇기 때문에 우리는 더욱더 다음의 약점을 지적해야만 한다. 가나가와 xxx의 중단이 단서가 되어 일어난 자갈 쟁의 때, 일본·조선 노동자는 합동하여 일어나 요구를 전부 관철시켰다. 그런데 고용주는 요구를 실행하지 않았다. 그래서 요구를 즉시 실행할 것을 재차 독촉했을 때 100명의 조선 노동자는 궐기했지만 일

본인은 그렇게 하지 않았다. "제군은 일본인에게는 새로운 일을 소개해줄 것이므로 조선인과 함께 파업 등을 하지 말아라."라고 기만당했기 때문이다. 또 폭행에 의해 그 이름을 천하에 떨친 이와테 현의 파업 때에도 관견과 함께 경찰서장에게 매수된 일본인이 조선인 형제에게 야만적이기 그지없는 폭행을 가했다. 우리는 그 외에 일본과 조선의 근로 대중이 단결하지 않고 분열했기 때문에 참패했던 예를 얼마든지 들 수 있다. 민족주의와 배외주의를 선동하여 일본과 조선의 형제들을 분열시키고 이익을 취하는 것은 항상 일본제국주의였다. 이 일본제국주의의 분열 정책과 싸움, 일본의 근로 대중 중에서 제국주의로부터 영향을 받은 민족주의와 배외주의를 털어내는 것이야말로 우리 동맹의 중심적 임무이다. 그런데 이 방면에서 우리의 활동은 현저하게 부족했다……(「재일재주식민지인 사이의 활동에 대해在日在住植民地人の間の活動について」).[24]

일본반제동맹은 중앙기관지로 『반제 신문』이나 또 '반제 뉴스', '반제 자료', '반제 팜플렛' 등을 내고 1934년부터는 『반제 신문』의 조선어판을 발행해 조직의 확대와 강화를 도모했다.

재일조선인 중 좌익적 학생, 인텔리 층에 속하는 자, 혹은 민족주의운동의 무력함에 불만족스러운 독립운동가는 일본반제동맹에 가입하여 조직의 선두에 서서 활동했다. 반제동맹 구성원의 60~70%는 재일조선인이 점유했으며, 도쿄, 오사카가 가장 많았고, 고베, 나고야, 효고가 그 뒤를 이었다. 이 민족적 구성률의 과대함은 한편으로 광범위한 일본 인민을 겨냥한 조직이 소홀해져 반제동맹의 기본적 결함으로 여겨졌다. 또 그 조직 중에 지위도 중요한 직책, 중앙부, 지방위원회 등의 간부도 재일조선인이 다수를 점유해 지구 이하의 조직에서도 지도적 입장에 있었다. 대표적 활동가로는 지동완池東浣, 유영우劉永祐, 이윤우李潤雨, 강성태姜成泰, 어강주

---

24) [원주] 「日本反帝同盟第二回大会への活動報告に行動綱領規約改訂草案」, 司法省刑事局, 『日本反帝同盟資料』, 1934 수록.

魚康柱 등이 있다.

1932~34년에는 조직이 확대되면서 과감한 반제투쟁을 전개했지만 많은 간부가 검거되었다. 1932년에 12명, 1933년에는 127명, 1934년에는 68명, 1935년에는 3명이 검거되었다.

(6) 적색구원회, 소비조합의 활동

일본적색구원회(적구赤救)는 처음에는 해방운동희생자 구원회로서 1928년 마지마 유타카馬島僩 등에 의해 만들어졌는데 1929년 '적구'로 개칭하고 국제적색구원회에 가맹하여 활동했다. 적구 본부는 1930년 이후, 피검거자가 증가함과 동시에 활발해졌다. 1932년 4월 제3회 대회의 행동강령 중에 국제적 연대성을 강조했고 후에는 '식민지대책위원회'를 설립하여 식민지의 조직과 연계하여 재일조선인, 대만인의 획득에 힘썼다. '제1차, 제2차 조선공산당 일본총국 및 공산청년회 일본부의 검거사건 공소 공판에 관해 격문을 돌리다', '제주도 해녀의 사건' 등의 격문을 쓰기도 하고, 『구원 신문救援新聞』에는 '조선공산당원에게 폭력으로 판결 언도하다', '사쿠라다문 사건의 이봉창 살해되다' 등의 기사를 게재하여 구원 활동 강화에 힘썼다. 일본반제동맹과 비교하면 조선인 활동가는 적었지만 1932년에 7명, 1933년에는 65명, 1934년에는 27명, 1935년에 3명의 피검거자를 냈다. 대표적 활동가로서 박득룡朴得龍, 장문진張文鎭, 최무성崔武聖 등이 있다.

계급투쟁의 일환으로서의 소비조합운동은 노동운동이 발전함에 따라 각 지역에서 자주적인 소비조합을 만들어 활동해 왔지만, 재일조선인도 독자적으로 운동을 전개했다. 즉 1929년에는 오사카 시 니시요도가와 구에서 최초의 대동소비조합이 만들어진 이후 계속해서 만들어졌다. 1931년에는 오사카에서 신촌리新村里 소비조합, 스미요시住吉 소비조합, 교신共信 소비조합, 센슈 무산자공동조합, 아마가사키에서 한신 소비조합, 교토에서 교토 소비조합, 도쿄에서 일반소비조합, 가나가와 현 다카쓰 정高津町에서 다마가와 무산자소비조합 등이 생겼다. 계속해서 1932년에 오사카에서 긴아이權愛 소비조합, 니시나리 구 쓰모리 정津守町 소비조합, 에이신永信 소비조합, 가나가와 현에서 쇼난湘南 소비조합이, 1933년에 오사카에서 히가시오사카 소비조합, 고베에서 세이신西神 소비조합이 생겼다.

이들 조선인 소비조합은 그 지역의 일본인 소비조합과 연계하거나 혹은 간토 소비조합연맹(간소연), 일본무산자소비조합연맹(일소연), 일소련 간토 지방협의회(간사이 지협)이 생기고 나서부터는 그 산하단체로서 가입하여 구원 활동, 파업 응원, 무산자 부담의 소비세, 관세 반대운동, 물자의 공동구입 등 조합원의 이익을 지키는 운동을 전개했다.

1931년 무렵 일소연 가입의 조선인 조합원은 1,000세대 이상으로 헤아려지며, 또 일소연의 기관지부장에는 김대욱金台郁(기쿠타菊田), 중앙위원에는 윤혁제尹赫濟, 김경중金敬中 등이, 관동소비조합연맹에는 남호영南浩榮 등의 간부가 활약했다.

일소연은 그 조직활동 강화를 위해 『소비조합 신문 조선어판 뉴스』나 『간사이 지협뉴스 조선어판』 등을 발행해서 조선의 소비조합과 일본의 소비조합연맹의 벨트 역할, 일소연의 계급적 정당성 전파에 힘쓰며 노동절, 국제소비 데이, 연말 캄파 등 각종 캄파 운동을 전개했다.

또 1932년에는 경제공황에 의한 실업자가 300만 명에 달했는데도, 일본 정부가 소유한 쌀 백만석의 해외 덤핑(1승升 8전)을 발표하자 분개한 민중은 8월 1일의 반전 데이를 기하여 제2의 '쌀 소동'이라고 불리는 쌀 불하払下(매각) 운동-쌀 내놔 운동을 일으켰다. 이 운동에는 협회, 반제동맹, 실업자동맹 등 산하의 조선인 노동자 및 부인들, 앞서 서술한 조선인 소비조합의 멤버들이 각 지역에서 큰 활약을 했다.

'쌀 내놔 운동'은 탄압을 받아 많은 활동가, 예를 들어 앞서 서술한 일소연의 김대욱, 도쿄 쌀 내놔 모임 대표였던 남호영이 8월 16일 체포되었다.

이 해 가을부터 겨울까지도 쌀 내놔 운동은 계속되었다. 도쿄 부의 후타코 촌二子村에서 조선인, 일본인 실업자 약 50명은 9월 25일 촌 사무소로 가서 '바로 구제사업을 일으켜 달라', '이제까지 매각한 쌀을 무료로 전 실업자에게 지급하라'고 요구했고, 당국의 '대도쿄大東京가 되면 곧바로 일을 줄 테니 그때까지 기다려 달라'는 회답에 '그때까지 먹지 않고 기다릴 수 있겠는가'라고 단호하게 앉아 버티며 노력했기 때문에 결국 촌의 잉여금 1만 엔을 쌀 배급비로 획득했다.

1932년도의 간소연의 '일반보고서'에는 다음과 같이 소비조합운동을 총괄하고 있다.

즉 작년도 대회에서 소비조합운동 영역에서 국제적 원조 문제가 제기되었지만 그것에 대해 어떠한 활동도 할 수가 없었다고 하며, "특히 우리 간소연 내에 많은 조선노동자를 조직하고 있음에도 불구하고, 그 연대성에 대한 어떠한 교육활동도 행해지고 있지 않았으며 조선, 대만 그 외의 소비조합과의 거래를 실행할 수 없었다." "그저 일부 조합이 그 조직 내에 조선노동자를 포함했기 때문에 약소한 활동이 시도되었지만 그 또한 어떠한 준비된 계획성 있는 활동이 아니었다."라고 반성하고 있다.

동아통항조합東亞通航組合

조선에서의 생활 곤란 때문에 일본으로 돈을 벌러 오는 노동자가 많고, 또 재일조선인의 생활에 있어서 고향과의 왕래는 절실하게 원하는 일이었으므로 싼 뱃삯을 확보하는 것은 중요한 일이었다. 제주도 출신자가 많은 재오사카 조선인은 자주적인 운동으로서 1930년 4월 덴노지 공회당에서 제주도민 대회를 개최하고 제주도 항로의 조선우선朝鮮郵船, 아마가사 키 기선의 양 회사에 운임 인하를 요청했다. 그러나 회사 측은 이에 응하지 않았기 때문에 '우리는 우리의 배로'라는 슬로건 아래 문창래文昌來 등을 중심으로 4월 21일 선박이용 협동조합인 동아통항조합을 결성했다. 처음 홋카이도 나리타成田 상회의 고류마루 호蛟龍丸號를 세 내어 타사와 선임 인하 경쟁을 전개해 12엔이 3엔으로 내려갔다. 그 후 1931년 11월 일본우선에서 후시키마루伏木丸를 구입하여 제주도 항로의 자주적 운항을 재개했는데, 첫 취항 때에 뿌린 선전물의 말미에는 다음과 같이 서술되어 있었다.

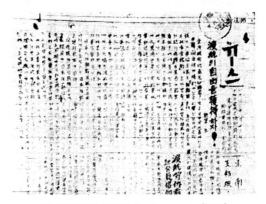

동아통항조합 기관지 『뉴스ニュース』(1932)

"동아통항조합은 전 동아를 망라하는 전 도항 노동자 농민의 조합이며, 후시키마루는 전 무산계급의 배여야만 한다."

12월 1일 초항의 배에는 붉은 깃발 열 개를 꽂고 '우리는 우리의 배로', '후시키마루의 도항 저지 반대', '부르주아의 배에 타지 마라', '잠시 싼 배에 속지 마라'라는 조선어 슬로건을 쓴 백기를 내걸고 취항했다.[25]

---

25) [원주] 三木今二, 「内地に於ける朝鮮人とその犯罪に就て」, 『司法研究』第17號, 1933.

일본 관헌은 이 조합을 공산주의 단체로 간주하고 후시키마루를 이용한 귀국자의 재입국을 금지하거나 했지만, 항상 정원 이상의 손님을 태울 정도로 오히려 운항은 활발해졌다. 이렇게 민족적 단결을 목표로 하여 만들어진 동아통항조합은 또 제주청년동맹과 손을 잡고 제주도 농민의 투쟁 혹은 해녀의 반일 운동과 직접적으로 연계를 가지게 되어 이것이 해낸 역할은 컸다.

1932년 5월의 제3회 대회는 덴노지 공회당에서 재정 재정비를 중심으로 열렸다. 대회 슬로건으로는 '노동자, 농민 및 소시민은 국제협동조합인데 이에 참가하라', '일체의 관제 조합 박멸', '도항저지 간섭 절대 반대' 등을 내세웠다. 그러나 전협 관계, 좌익단체의 축문, 축사, 관헌 폭압과 도항저지 반대, 차가인借家人 동맹과의 제휴, KOPF 지지 등의 안건은 중지되고 또 제주도로부터의 대표도항금지, 김서옥金瑞玉, 김달준金達俊 등 50명 간부 검거 등의 탄압이 있었다.

이러한 일본 관헌의 탄압에도 불구하고 동아통항조합은 당시 오사카에 재주하던 조선인 중 거의 대부분의 제주도 출신자 1만여 명을 조합원으로 두었다. 1933년 2월의 임시대회에서 관헌의 탄압 강화, 재정적 곤란에 동반된 조합 성격에 대한 문제가 토의되어, 이제까지 계급적 조합으로서의 정치적 경향을 시정하고 합법적 경제활동을 중심으로 한 조합으로 방향을 전환했다.

(7) 프롤레타리아 문화운동

1930년 10월, 프로핀테른 제5회 대회 선전선동부 협의회에 의한 '프롤레타리아 문화, 교육조직의 역할과 임무'에 관한 테제 발표는 전일본 무산자 예술단체협의회(NAPF)에 강한 자극을 주어, 다음 해 1931년 6월, 구라하라 고레히토藏原惟人는 기관지 『나프NAPF』에 「프롤레타리아 예술운동의 조직문제」라는 논문을 발표하여 문화, 예술운동의 방향 전환, 재조직 문제를 제기했다. 즉 '반동 문화(국가기업가의 교화제도에 의한)와의 투쟁, 노동자의 정치적 경제적 임무의 계통적 계몽, 근로자 일상의 문화, 생활적 욕구의 충족 등을 전체적으로 통일, 지도하여 그 활동을 좌익노동조합의 운동과 연결시키는 것'을 중요한 임무로 하여, 예술(문화)운동의 노동자를 중심으로 한 대중적 기초를 닦기 위해 같은 해 11월 일본 프롤레타리아 문화연맹(KOPF)을 결성했다. 그리고 강령 안에 '식민지 속령에서의 제국주의 문화지배 반대, 민족문화의 자유'를 내걸었다.

마침 이때 김두용, 이북만 등의 구舊 무산자사, 구 조선프롤레타리아 예술동맹 도쿄 지부, 구 조선프롤레타리아 연극연구회의 일부, 재도쿄조선인 학생들은 '정당한 마르크스주의 예술이론을 파악하고 기술을 수련하는 연구단체로서 코프 및 조선프롤레타리아 예술가동맹(KAPF)을 적극적으로 원조 지지하고 이것을 확대 강화하기 위해 투쟁한다'라는 목적 아래, 연구단체로서 '동지사同志社'를 결성했다. 당시의 간부는 박노갑朴魯甲, 김파우金波宇, 신호송申弧松, 박석정朴石丁 등으로 20여 명의 회원을 가지고, 기관지『동지同志』를 발행하여 조직의 확대를 꾀했고, 그 후 작가, 연극, 영화, 음악, 미술 다섯 부문을 마련하여 활발하게 운동을 전개해 나갔다.

이 무렵 코민테른의 '일국 일당의 원칙'을 문화예술활동에도 적용해야 한다는 공산주의자들의 의견이 대두하여 논쟁이 있었다. 즉 코프 내에서, 동지사는 카프 도쿄 지부로 전환하여 식민지의 민족문화 발달을 코프의 입장에서 원조해야 한다는 의견과, 동지사는 코프로 해소되어 코프 내에 식민지문제에 대한 특수한 기관을 설치해야 한다는 의견이 대립했지만 결국 잠시 동안 민족단체인 동지사를 그대로 존속시키기로 했다.

그러나 1932년 1월, 카프에서 중앙위원들이 협의한 결과, 동지사는 해체하여 코프에 가입하는 것이 이론상 정당하다는 결론이 났다. 또 코프 내에서도 '현존 민족문화에서 국제적 프롤레타리아 문화의 발전은 두 개의 투쟁 중에 실현된다. 즉 모든 지배적, 반동적 부르주아적 민족문화에 대항한 프롤레타리아트 및 피압박 민중문화의 발전과 선진 제국주의국의 문화적 지배에 대한 약소 민족문화의 옹호를 위한 투쟁을 통해서만 실로 국제적, 진실로 인간적인 문화의 기초가 쌓인다.'라는 견해가 나와, 이것을 근본 이론으로 하여 1932년 2월 코프 중앙협의회 서기국은 '재일조선 노동자의 문화적 욕구와 문화운동에서의 식민지문제를 해결하는 방법의 하나'로서 동지사를 해체하고 코프 내에 조선협의회 설치를 결정했다.

이리하여 같은 달, 박석정, 안필승安弼承(본명 안막安漠) 등이 기안을 낸 '해체 선언'을 발표하고 이들 멤버는 각 전문 분야별로 일본프롤레타리아 연극동맹(PROT), 동 미술가동맹(AR), 동 작가동맹(NALP), 동 영화동맹 (Prokino), 프롤레타리아 과학연구소 및 그 외에 가입했고 코프 내에는 조선협의회가 설치되었다.

당초의 협의원에는 이홍종李洪鍾, 박석정, 김용제金龍濟, 류정식劉正植, 윤기청尹基靑, 은무암殷武巖 등이 선출되었다. 동지사의 해체선언 요지는 다음과 같다.[26]

> 동지사는 처음, 자기의 조직을 민족적으로 구별한 재일조선인만의 종합 예술 서클로 간주하고, 자기 목적을 단순한 프롤레타리아 예술연구에만 있다고 하는 잘못된 규정 때문에 그 조직을 재일본조선인만의 문화적 대중조직으로 하고, 자기의 임무를 제1에 재일본 조선노동자의 문화 욕구의 충족을 위한 투쟁, 제2로 카프를 주체로 하는 조선프롤레타리아 예술 (문화)운동에 대한 적극적인 원조를 위한 투쟁이라고 규정하기에 이르렀다. 그러나 동지사는 그 조직적 규정에 있어 완전히 잘못된 방향을 취해

---

26) [원주] 司法省刑事局, 『朝鮮人の共産主義運動』, 『思想硏究資料』 特集 第71號, 1940.

왔었다고 하는 사실을 실천을 통해 인정해야만 했다. 민족별로 재일본조선인에 의해서만 독자적인 문화적 대중적 조직을 마련하는 것이 마치 민족문화의 구속 없는 자유로운 발달의 촉진을 위한 바른 방책이라고 생각해 왔던 견해는, 조직적인 방면에서 완전히 잘못된 것으로서 비판해야만 한다……동지사의 제2 성명서 및 동지 무라야마 모리村山森의—일본 내에서 조선인의 민족제 문화적 대중조직이 필요하며 따라서 동지사는 카프 도쿄 지부로 전환해야만 한다—라고 하는 의견은 민족문화에 관한 완전히 잘못된 혼란스러운 견해일 뿐이다. 조선에서의 프롤레타리아 문화운동의 정치적, 경제적 정세와 일본에서의 그것과는 서로 다른 것이며, 또 일본에서의 재일본조선노동자의 문화적 투쟁은 일본프롤레타리아 문화운동으로, 마찬가지로 재조선일본 노동자의 문화적 투쟁은 조선프롤레타리아 문화운동으로 각각 포괄되어야 한다. 따라서 재일본조선노동자의 문화적 요구 충족을 위한 투쟁 및 조선프롤레타리아 문화운동에 대한 적극적 원조, 즉 일본·조선프롤레타리아 문화운동의 혁명적, 국제적 연대를 위한 투쟁은 어디까지나 코프 및 그 각 동맹이 전개해야 하는 것이다. 결국 동지사가 내걸고 있는 2개의 임무는 코프의 임무 그 자체이며 일본 내지에 민족별로 조선인만의 문화적 대중조직을 만들어 그 임무를 대행하려고 하는 일은 반프롤레타리아적 견해일 뿐이다…….

이 해체 선언의 해체 이유의 설명은 앞서 서술한 재일조선노총의 전협으로의 해소문제와 마찬가지로 정당한 것으로 받아들일 수는 없다. 여기에서도 민족문제를 계급 문제로 해소해버린 극좌주의적 편향의 오류를 범하고 있다고 생각한다.

코프KOPF 조선협의회

코프 조선협의회(조협)는 당면한 활동 방침을 '반파시즘의 문화투쟁을 통해 재일본 조선노동자, 농민을 서클로 조직하고, 일본인 노동자, 농민에게 조선문제를 소개하고 관심을 높여 일본·조선프롤레타리아의 혁명적 제휴를 강화하는 것'으로 삼았다.

조협은 코프 중앙협의회 아래의 특수기관으로서 청년, 소년, 부인, 농민의 4개 협의회와 동등한 지위를 가지고 코프에 가맹한 각 동맹은 조선위원회(혹은 조선문제연구회)를 두고 대표 1명을 조선협의회에 출석시켰다. 조협은 『조협 뉴스朝協ニュース』와 함께 코프 기관지 『대중의 친구大衆の友』의 부록으로 조선어로 된 『우리 동무』를 발행하여 계몽 및 조직의 확대와 강화에 힘썼다. 또 각종 문화 서클 등의 집회나 데모를 조직했다.

조협은 1933년 7월쯤까지의 약 일 년간 코프 산하의 8개 동맹의 조선위원회를 확립하고, 그 아래에 약 30개의 각종 서클을 만들어 서클원 약 1,000명을 조직했다. 또 『우리 동무』는 4회 발행되어 약 2,000명 이상의 독자를 얻었고, 코프 창립기념 '조선의 밤', 프로트 주최의 '극좌민족 연극의 밤' 등을 개최했으며, 또 3·1 극장 등의 이동예술활동을 했다. 『우리 동무』의 편집장은 김두용으로 1932년 6월 창간 준비 제1호, 같은 해 8월에 동 제2호, 동 9월에 창간호, 11월에 제2호가 나왔으며 또 1933년에도 계속해서 신년호, 2월호, 8월호가 나왔다.

『우리 동무』 1933년 1월 1일 호의 내용을 보면 다음과 같다.

코프 조선협의회 기관지 『우리 동무』

○1933년을 맞이하는 우리의 새로운 결의

○소련 중국 국교 회복, 소비에트 동맹 평화정책의 성공

○3L데이

○레닌의 첫인상(레닌)

○백색테러에 쓰러진 동지 X다x田의 노농 장례식

○원산 노동쟁의 제4주년 기념일을 맞이하여(김봉원金鳳元)

○신흥? '만주국'에 조선 농민의 활로-민족 개량주의 책동을 분쇄하
  라-(이청원李靑垣)

○우리들의 변호사 후세 다쓰지布施辰治의 변호사 자격을 빼앗으려 하고
  있다.

○시詩, 동지 김군에게 - 감옥에 보내는 편지-(박석정)

○노동자 농민의 조국 소비에트 동맹에 우리의 대표자를 보내자-조선 동
  지 2명을 보내다

○사랑하는 대륙이여(김용제金龍濟)

○대중의 압도적 지지 하에 '조선의 밤'의 성황

○천도교를 박멸하자(통신원 반종생反宗生)

○일본·조선·대만의 벗이 모인 '카마라트Camarade' 서클(도쿄 경란瓊蘭)

잡지 『우리 동무』에 대해 조선협의회는 편집내용이 재일조선인 노동자의 일상생활의 특수한 이해관계를 다루어 계몽, 아지프로(선동적 선전)를 해야만 하지만 불충분했다는 것, 통신문이 조선 내에서 온 것이 대부분이었던 것, 일본 노동자에 관한 기사를 게재하지 않았기 때문에 일본, 조선의 프롤레타리아 제휴의 상호작용이 행해지지 않았던 것, 기사와 용어가 어려웠던 것 등을 자기비판하고 있다.

코프에 가맹한 각 동맹본부에서의 활동을 보면, 프로트 조선대만위원회는 3·1 극장, 기상대, 신쓰키지新築地 극장에 가입한 조선인으로 조직되어, 최병한崔丙漢, 한홍규韓弘奎, 이홍종 등이 위원으로 뉴스, 팜플렛의 간행, 강연회, 지방순회공연 등을 시행했다. 또 야프 식민지위원회에서는

박석정, 윤상열尹相烈 등이 중심이 되어 기관지 『붉은 주먹赤い拳』의 발행에 힘썼고, 프롤레타리아 과학연구소에서는 이북만, 김두용 등이 식민지반을 조직하여 '극동 전쟁의 의의', '조선의 농업문제' 등을 테마로 연구회를 개최했다.

코프에 가맹한 각 동맹지부에서 조선인의 활동이 가장 활발했던 것은 프로트 도쿄 지부였다. 여기에 소속된 조선인 극단은 도쿄의 3·1 극단, 스코프 극단 등이 있었다. 또 지방에서는 나고야 혁신극장, 교토 조선어 극단준비회가 있었다.

3·1 극단은 1930년에 만들어진 도쿄 프롤레타리아 예술연구회, 도쿄 조선어극단의 후신으로서 1931년 2월 프로트에 가입하면서 개칭된 조선인의 좌익극단으로, 이홍종 등 20여 명으로 조직되어 재일본 민족연극의 수립을 위해 각종 공연, 이동 선전 선동공연, 기업, 경영 내에서의 혁명적 조직운동 등 활발한 활동을 이어 나갔다.

1934년 2월 15일에는 시바우라 회관에서 '재교토조선인 위안의 밤'을 열어 「사육 돼지飼豚」, 「만경촌万頃村」 등을 공연, 5월 25, 26일에는 쓰키지 소극장에서 제7회 공연 「빈민가」, 「아편전쟁」을 상연했다.

3·1 극장은 1934년 7월 프로트가 해산할 때, '프로트 해산 후 우리 3·1 극장의 새로운 출발에 즈음하여'를 발표하고 순수한 연극예술가집단으로서 또 재일조선 민족연극의 선두 부대가 되고자 '고려극단'으로서 재출발했지만, 다음 해인 1935년 1월 좌익편중주의가 청산되지 않고 경제적 기반이 없어서 장래의 전망이 없으며, 지도적 문학자가 없는 등의 이유로 해산되었다. 하지만 최병한, 김선홍 등은 1부 멤버를 규합하여 같은 해 2월 '과거의 조선 민족문화(연극)의 재검토와 신연극예술의 창조수립을 기한다'를 목적으로 하여 '도쿄 신연극 연구회'를 결성했다. 그리고 "우리는 그저 민족 고전연극예술의 국제적 소개와 신연극운동의 바른 이론적

연구를 그 임무로 한다. 지금까지 일본에서 우리가 한 연극운동은 대부분 정치주의적으로 편중되어 있었고, 희곡에 대한 이데올로기의 과중평가, 그에 따라 발생하는 희곡의 고정화가 그 예술적 가치를 멸살하고 신연극의 매력을 손실시킨 경향이 있었다. 우리들은 그러한 태도를 피해 바른 예술의 분야를 더듬어 가면서 조선 민족의 고유문화를 재연구하고 신연극의 확고한 수립"[27]을 기하여 활동을 계속했지만, 연극기술자가 부족하여 그다지 그 기세를 떨치지 못했다.

한편으로 이에 참가하지 않았던 김보현(金宝鉉, 김파우)들의 그룹은 김두용, 허원許源 등과 함께 프로트의 영향을 받았던 프레임에서 탈출해 민족의 오랜 연극 전통을 계승하고 새로운 연극의 창조수립을 목표로 예술적인 기술자를 중심으로 한 순수한 흥행극단의 창립을 준비하여 5회에 걸친 준비공연으로서 「울릉도」, 「보통학교 선생님」, 「선술집居酒屋」, 「빈민가」 등을 상연하고 같은 해 5월 '조선예술좌'라는 조선어 극단을 결성했다. 그리고 기관지 『우리 무대』를 발간하고 「쥐불鼠火」, 「토성곽土城郭」 등의 가을 공연을 흥행하여 활발한 활동을 전개했다.

또 주영보朱永步, 한덕선韓德宣 등 재도쿄조선인학생 그룹은 3·1 극장의 해산 후, 1934년 6월 '우리는 조선의 진정한 극예술의 수립을 기원하며 이를 위해 회원 상호 간의 종합적 예술연구와 조선 방문 공연 및 일본 내지에 조선향토예술을 소개한다'를 목표로 '학생예술좌'를 결성하고 창립 공연으로 「나루터渡し場」, 「소牛」 등을 상연했다.

이상, 도쿄 신연극 연구회, 조선예술좌, 학생예술좌는 각각 '신연극의 창조수립', '기술 중심의 순수한 흥행극단', '진정한 극예술의 수립' 등을 목표로 과거의 좌익적, 정치주의적 편향의 청산을 강조했다. 그리고 이들

---

27) [원주] 司法省刑事局, 앞의 책, 1940.

모두 3·1 극장의 근본적인 지도 정신을 계승하고 민족적, 계급적 극단으로서 합법적인 연극을 통해 재일조선인 대중에게 사회주의 리얼리즘을 보급하기에 힘썼다.

조선예술좌

1934~35년, 일본의 공산주의운동, 민족해방운동에 대한 탄압이 강화되는 상황에서 이러한 재일조선인의 프롤레타리아 문화운동이 3분화하고 있었던 것은 연기면 뿐만 아니라 재정면에서도 큰 마이너스였다. 그래서 도쿄 신연극 연구회의 합동 제안에 의해 1936년 1월 '재일본조선 민족의 연극운동을 수행하고 재일조선인의 문화적(연극) 요구를 충족하는 동시에 조선의 진보적 연극의 수립을 기한다'라는 목표 아래 세 극단의 합동을 실연하고, 또한 '조선예술좌'로서 새롭게 출발했다. 위원장에는 김두용, 위원으로는 한홍규, 오정민吳禎民, 김우현金禹鉉, 안정호安禎浩, 윤북양尹北洋, 최병한 등이 선임되었다.

'조선예술좌'는 '연극활동을 통해 조선의 미조직 대중의 계몽과 전선통일의 역할을 담당할 것', '현재의 객관적 여러 정세는 비합법적 활동에 의한 피탄압계급의 해방은 불가능하기 때문에 합법적 범위 내에서 민족연극을 통해 민족적 계급적 의식의 고양에 힘씀과 동시에 전선 통일을 꾀하여 조선인해방운동의 목적을 달성하게 하는 역할을 다할 것', '공산주의사상을 기조로 하는 진보적 민족연극을 통해 재일본 조선민중으로 하여금 비판적 정신을 지도, 고양시켜 자본주의에 의한 착취와 억압을 여실히 이해시키고 그들을 해방전선으로 유도할 것'[28] 등의 목표를 가지고 각종 활동을 전개했다.

---

28) [원주] 司法省刑事局, 앞의 책, 1940.

같은 해 가마타蒲田, 쓰루미, 다마가와, 시바우라 등 동포 부락을 중심으로 「토성곽」, 「쥐불」, 「소」 등을 상연하고 또 비판회, 연구회 등을 종종 개최하여 연극의 이론적 연구, 연기 기술 연구를 촉진했다. 그러나 같은 해 중순 이후 김두용, 김삼규 등이, 10월 이후에는 한홍규, 안정호, 이홍종, 김용제 등 간부의 대부분이 '치안유지법 위반'으로 검거되어 조선예술좌는 무너졌다.

5. 광범위한 민족전선을 지향하며(1930년대 후반)

(1) 민족운동

1933~34년 사노, 나베야마 등의 공산당 간부가 옥중에서 전향 성명한 것을 시작으로 전향 성명이 속출하여 일본의 천황제 파시즘에 의한 일본 공산당, 전협 등을 향한 혹독한 탄압은 일본의 반전, 반파시즘을 내용으로 하는 민주주의운동, 노동자, 농민들의 운동을 크게 후퇴시켰다.

이러한 상황 속에서 재일조선인에 대한 탄압은 격렬했다. '치안유지법 위반'에 의한 피검거자가 1933년 1,820명, 1934년 884명에 이르고 있으며, 1939년까지 대략 3,800여 명이 검거되었다(〈표 7〉 참조).

1935년 초까지 남아있던 일본공산당의 중앙위원 하카마다 사토미袴田里見가 검거되고, 그 중앙조직 또한 없어져 노동조합운동에서도 급속하게 우익화 경향을 걷기 시작했다.

1935년 7월에 열린 코민테른 제7회 대회는 자본주의 여러 나라의 반파쇼 인민전선 및 식민지 종속국의 반제민족 통일전선의 방침을 채택하고, 압박해 오는 파시즘과 침략전쟁의 위협으로부터 평화와 민주주의를 지키기 위해 반파쇼의 광범위한 인민에 의한 통일전선의 결성과 공동투쟁을 세계의 근로 인민에게 호소했다.

이 방침은 조선에서는 간도 지방 빨치산의 인민혁명군에게 전달되어 조국광복회를 결성하게 된다.

일본에서도 1936년 2월, 노사카 산조野坂参三, 야마모토 겐조山本懸蔵 등이 모스크바로부터 「일본의 공산주의자에게 보내는 편지」에서 '우리 국민을 파시즘과 전쟁의 두려움에서 구할 길은 노동계급의 통일 행동과 반파시스트 인민전선을 기초로 하는 위대한 국민운동뿐이다. 그러므로 일본 공산당이 당면한 임무는 군부, 반동, 전쟁에 반대하여 전 근로 민중을 통일하는 것이다.'라고 하는 내용을 담아 인민전선을 결성할 것을 호소했다.

1935~36년, 언론, 사상 탄압, 군부 쿠데타의 2·26 사건 등 천황제 파시즘의 날뛰는 탄압 속에서 일본 국민은 총선거에서 이에 대한 불만을 반영시켜 무산정당대표를 대량으로 배출하고, 또 노동운동에서도 반파시즘 통일전선방침의 과제에 응해 노동전선통일로 향하는 방향으로 움직이며 노동자, 농민들의 투쟁은 일시적 고양을 보였다.

재일조선노총의 활동가 이운수李雲洙(1899~1938)

하지만 당시 일본은 이미 운동의 중핵이 되어야 할 공산당의 조직적 활동이 없었고 또 노동조합 조직율도 저하되고 있었다. 게다가 조합도 몇 개인가로 분열되어 우익 사민계가 지도권을 쥐고 통일 행동을 방해했으며, 합법 좌익인 일본 노동조합전국평의회는 역량이 부족했다.

문화운동 분야에서는 도쿄의 '유물론연구회', 교토의 '세계문화' 등, 프롤레타리아 문화의 흐름을 잇는 그룹이 각지에 생겨나 반파쇼투쟁의 기세가 어느 정도 높아지고 있었다. 그러나 일본파시즘 반동세력은 이들 일체의 진보세력의 조직적 활동을 봉쇄하고 1937년 7월, 중국으로의 대대적 침략 전쟁에 돌입했다. 노동운동에서는 합법좌익인 일본 노동조합 전국평의회 (전평)가 금지되고 총동맹은 방향을 전환하여 전쟁협력체제로 바뀌었다.

재일조선인 운동에서도 반파쇼 인민전선, 반제민족 해방통일전선의 방침에 따라 새로운 운동으로의 움직임, 특히 민족해방운동의 일익으로서의 투쟁이 보다 활발하게 전개되기 시작했다.

〈표 7〉 1930~39년 '치안유지법 위반' 상황(재일조선인)

	검거인원	기소인원	기소유예	기소보류
1930		13		
1931		11		
1932	338	37	19(5)	20
1933	1,820	131	84(4)	43
1934	884	57	81(2)	30
1935	232	12	39(1)	24
1936	193	11	17(6)	1
1937	144	24	59(14)	
1938	117	18	39	
1939	50	9	54	

※ ( )는 검사국 그 외의 불기소처분
※출처: 내무성 경보국 「사회운동의 상황」

반동세력의 탄압을 피한 조선인 공산주의자는 일본공산당이나 전협조직의 재건운동에 힘썼다. 1937년 초반까지의 주요한 움직임은 다음과 같다.

1934~35년의 오사카의 금속, 토건, 화학을 중심으로 한 전협 간사이 지방협의회 재건준비위원회의 활동, 기후 지방의 토건 히다飛驒 지구 확립의 활동, 도쿄 지방에서의 전협재건위원회, 일본출판 재건운동이 시도 되었고, 또 합법출판으로서의 『조선 신문』(도쿄), 『민중시보』(오사카)의 발행, 도쿄 고토 지방을 중심으로 합법적 단독노동조합의 준비활동과 '협동회'의 결성, 나고야 합동노동조합의 결성과 활동, 합동노동조합 기후 지구의 정화회正和會의 조직활동, 도야마 내선노동친애회內鮮勞動親愛會를 중심으로 하는 광범위한 합법적 활동, 오사카 센슈 일반노동조합, 기시와다 실업구제동맹 등의 활동이 있다. 이러한 상황 속에서 두세 개의 활동 상황을 서술하겠다.

나고야 지방에서는 1934년 2월의 탄압으로 일본공산당, 전협은 파괴되었지만 문화보급회, 노동자협의회, 반도청년단, 신흥공제회, 하운단夏雲團, 메이유 클럽名友クラブ, 실업자 공조회, 나고야 세입자 조합 등의 잔존단체에 의해 조선인 운동이 계속되었다. 1934년 11월, 신산축申山祝, 최점보崔占保, 박광해朴廣海 등은 이시카와 토모사에몬石川友左ㅗ門 등 일본의 동지와 함께 좌익진영의 재건, 노동전선의 통일을 꾀하고 그 준비로서 '나고야 일반산업 합동노동조직준비회', '무산단체대표자회의'를 결성하고 이를 기초로 1935년 2월, 나고야 합동노동조합을 결성했다(위원장 박기태朴基泰).

이 조합에서는 조합 뉴스, 각종 팜플렛의 발행, 각종 기념일 투쟁, 선거투쟁, 민족차별 반대투쟁, 노동투쟁의 지도, 조직의 강화 등에 힘쓰고, 나아가 조합을 반파쇼 인민전선의 추진력으로 하기 위해 전평全評 주부평의회, 사회대중당지부, 전농全農 아이치 현 연합과 연계하여 주부 지방 노농무산 단체 유지 간담회의 지도적 역할을 담당하고 이를 통해 인민전선을 결성하자는 취지의 성명서 발표의 결의를 했다. 또한 조합의 지구대

표회의, 지구 오르그 회의를 개최하여 조직의 확대, 강화와 계급 의식의
고양에 힘썼다.

나고야 합동노조의 박광해(1902~)

이리하여 아이치 현의 쇼나이庄内 지부, 노리타케則武 지부, 오조네大曾
根 지부, 지쿠사千種 지부, 미에 현 구와나桑名 지부, 기후 현 정화회 가모
加茂 지부 등 6개 지부와 그 아래에 약 85개의 분회, 그리고 더 하부 조직
인 반을 조직하여 광범위한 활동을 전개하게 되었다. 예를 들어 기후 현
다카야마高山 연선의 수력발전기 도로공사에 약 3천 명의 조선인 노동자
가 취로하고 있었는데, 신산축, 박광해, 김이홍 등의 지도로 친목회 '정화
회'를 조직함과 동시에 이 모임의 다카야마 선 지부에 비밀지도부로서 비
합법적 공산주의 그룹을 조직하고 30여 개의 야학회를 개설해 공산주의,
민족주의사상의 계몽운동을 전개했다. 또 『조선 신문』의 독자망을 넓히고
『동아일보』, 『조선일보』 등의 신문 스크랩을 만들어 조국 정세를 알려 민
족의식을 고취시켰다. 또한 해고 반대투쟁, 일용품 가격의 인하 투쟁 등
도 전개되었다.

나고야 합동노동조합은 1936년 12월, 80여 명의 간부가 '치안유지법
위반'으로 검거되어 조직이 와해되었다.

도쿄에서는 고토 지방의 이창정李昌鼎 등 공산주의자가 고토 독서클럽, 제1합동 소비조합, 오쿠보 철공소, 요쓰기四ツ木 셀룰로이드 공장의 노동자들을 기반으로 하여 1935년 9월, 인민전선방침에 따라 합법적 단독노동조합의 결성을 기획하고 당 및 전협 재건투쟁을 전개했다. 그 후 전평 고토 지구의 합동 측의 제의에 따라 단독조합 결성방침을 중지하고 협의의 결과, 전평계의 산업별 조합의 금속, 화학분회에 전원 가맹하고 1936년 2월 친목기관인 '협동회'를 결성했다. 이리하여 전평의 조직 산하에 전평의 노농협의회 지지에 반대하고 극좌적 편향인 '전협' 활동의 비판을 발판으로 전선통일 간담회를 열고 광범위한 통일전선을 만들었으며 공산주의 이론, 전술연구회를 개최했다.

또한 도쿄에서는 이운수, 박대을朴台乙, 김학의金鶴儀(김천해金天海) 등에 의해 재류조선인, 특히 노동자의 문화향상과 이들의 사회적, 계급적, 민족적 자각을 환기 시키는 것을 목표로 합법 출판물을 기획하고 1935년 12월 『조선 신문』(조선문) 창간준비호(발행인 이운수), 1936년 2월 창간호(월1회, 약 4천부 발행)를 발행하고 도쿄를 중심으로 나가노, 아이치, 니가타, 도야마, 이시카와, 오사카, 가나가와, 시즈오카, 기후, 나라 등 12여 개의 지국을 설치하고, 매호마다 조선어 폐지 문제, '한국병합' 문제, 민족차별대우, 자녀교육문제, 일본도항, 취직문제, 실업문제, 주택문제 등의 내용 등을 다루며 제7호까지 간행했다.

오사카에서도 이신형李信珩 등에 의해 1935년 6월부터 『민중시보』(발행인 김문준)가 발행되었다(월 2회 간행, 약 2천 5백부).

도야마 재주 동포의 친목단체인 '도야마 내선노동친애회'의 김태식金泰植, 박학득朴学得 등은 1935년 9월 무렵 나고야 합동노동조합의 간부로부터 코민테른 제7회의 방침을 소개받아, 1936년에는 비합법 그룹을 결성하고 친애회의 합법 활동을 이용하여 도야마 합동노동조합의 결성을 목표로 야학회, 강습회 등을 열어 민족의식을 고양시키고 공산주의사상의 계몽운동을 했다. 동시에 우나즈키宇奈月 지부 및 그 하부조직인 분회와 반을 확립하여 구로베가와黑部川 수력발전소 공사장에서의 쟁의 지도, 비합법적 노동절의 개최, 8월 29일 기념일 투쟁 등을 전개했다.

전협토건의 활동가 이동보李東甫, 옥사(1905~?)

오사카에서는 정암우丁嵓又, 홍문표洪文杓 등이 중심이 되어 전협 간사이 지방협의회 재건준비위원회를 만들어 조직재건을 목표로 그때까지의 극좌적 편향을 극복하기 위해 금속, 토건, 화학의 각 조직, 센슈 일반노동조합의 내부에 들어가 그 지도권을 쥐고 조합적 의의를 민족의식, 공산주의사상과 결부하여 사상성을 높이는 일에 힘썼다. 또 이감득李感得 등은 오사카 조직노동조합 센난, 센보쿠 각 지부를 조직하고 기시와다 실업구제동맹, 센슈 일반노동조합의 노동쟁의를 지도했다. 또 센슈 일반노동조합에서는 이용선李容先 등의 지도로 노동학원 출신자를 중심으로 애국청년회를 결성하여(1936년 2월) 운동을 민족운동의 일환으로서 추진했다.

조선유학생연구회

학생운동에서는 재도쿄조선유학생 학우회가 1931년 초 해산을 성명하고 좌익운동에 합류하여 독자적인 활동은 전개되지 않았지만, 1934년 5월 무렵부터 민족주의운동의 기운이 고양되고, 메이지 대학, 주오 대학, 와세다 대학, 니혼 대학 등 각 학생들의 학우회 재조직 문제에 관한 좌담회가 열렸고, 다음 해 1935년 10월에는 메이지 대학 동창회를 중심으로 도쿄 7개 대학 학생들이 참가한 도내 각 대학동창회 축구대항시합이, 또 같은 해 12월에는 도내 7개 대학동창회의 연합 망년회가 열렸다.

당시 학생운동에는 민족주의와 공산주의의 두 흐름이 있었고 이것과는 별개로 민족개량주의적 경향의 것도 있었다. 1935년의 코민테른의 반파쇼 인민전선, 반제민족해방 통일전선의 방침이 나옴으로써 학생운동에서도 조직재건이 진행되고, 공산주의, 민족주의의 두 가지 흐름을 전선 통일시키려는 노력이 행해졌다. 그 결과 1936년 6월에는 박용칠朴容七, 우삼흥禹三興, 강대성姜大成 등 각 대학 유지 17명에 의해 조선유학생연구회가 조직되었다. 그 규약은 학생들의 인격 향상을 꾀하는 학술연구회인 것으로 하고 있지만, 실제로는 광범위한 재도쿄 유학생을 규합하여 좌담회, 강연회를 열어 민족의식을 고양시키는 일에 힘쓰는 것이 주목적이었다. 1937년 5월 이후, 중심 멤버 11명이 검거되었다. 창립 취지서, 우삼흥의 공술서의 일부는 다음과 같다.[29]

> ### 조선유학생연구회 창립취지서(일부)
> 모든 양심 있는 진보적 유학생의 공동소유물인 연구회는 보통의 양심 있는 진보적 학생 여러분들에게 문호를 개방하고 여러분들의 열렬한 지지와 원조와 참가를 바라 마지않는다. 우수하고 유능한 유학생 여러분이 참가한다면 가까운 장래에 그 성과와 조선 문화 사업에 한 임무를 담당하는 것이 불가능하다고 누가 단언할 수 있겠는가?……경애하는 도쿄 유학생 여러분! 우리의 양심을 기울여 우리의 진실성 있는 연구와 그 성과를 조

---

29) [원주] 內務省警報局, 앞의 책, 1938.

선학계에 바치기 위해 최선의 노력을 아끼지 않는다.

우삼흥의 공술서 일부

연구회는 학생들 사이에 은밀히 품고 있는 막연한 독립열망의 기운을 파악하여 학술적, 정치적으로 통일 지도하여 광범위하고 뜨거운 반일본적 세력 결성을 목적으로 하는 민족적 단체인 동시에 좌익적 이데올로기로 출발한 조선 민족 해방운동의 지도 모체로서 결성되었습니다……(가) 연학회는 조선 민족의 불행을 구하기 위해 조선을 일본제국으로부터 이탈, 독립시키는 것을 목적으로 하고, (나) 그 목적 달성을 위해서는 분산된 조선 학생의 여러 세력을 반일본제국주의사상 아래 조직 전선을 통일하고, (다) 그리하여 새로운 운동방침의 자격을 갖춘 전술한 인민전선 형태로 자본주의의 붕괴, 국제적 위기라고 하는 과학적 사회정세에 따라 목적 달성의 준비활동을 하고 있었던 바, (라) 이 연학회는 활동과정에 있어서 공산주의운동의 목적으로 하는 프롤레타리아 독재에 의한 정부를 수립하고 공산주의 사회의 실현도 공동목표로 한 결사라고 생각합니다.

또 교토 조선유학생 학우회에서도 1936년의 가을총회에서 관헌 당국이 내린 조선어 금지 명령에 대해 항의 투쟁을 전개했다. 교토에서는 같은 해 7월 정성동鄭聖東 등의 민족주의자에 의해 교토 조선인문제협의회가 만들어지고, 일본 도항저지문제, 차지借地 세입자문제, 강제송환문제, 보험계약 거부문제, 조선어 금지문제 등에 대한 항의 투쟁을 전개했고, 1937년 1월 이후에는 조선총독부의 『동아일보』, 『조선일보』의 간행 정지문제, 숭실전문학교의 신사참배 거부에 대한 학교 폐쇄 등에 대해서도 비판했다.

고베에서는 『조선일보』 고베 지국장 설동진薛東鎭, 고베 시 우리협친회장 치수張致洙 등에 의해 재고베 조선인단체 40여 개를 연계시켜 민족적 대동단결을 목적으로 1937년 1월, 효고 현 조선인 단체연합회를 결성했다.

나고야名古屋 합동노동조합

1937년 7월, 일본제국주의의 중국 본토를 향한 전면적 침략전쟁이 개시되자 재일조선인 중의 민족주의자, 공산주의자, 혹은 학생, 기독교 신자들은 일본 정부가 주창하는 '성전聖戰'은 근거가 없는 것이며, 그것은 중국에 대한 제국주의적 침략전쟁이고, 신문, 라디오의 전승 보도는 틀린 것이며 사실은 일본군이 고전 중이다, 일본은 경제적으로 파탄되었고, 국제적으로 고립되어 결국 패배하여 조선 독립의 호기가 도래한다, 조선 지식계급의 대부분은 일본에 반대한다, '지원병 제도'는 조선인을 전쟁의 최전선으로 내몰아 총알받이를 시켜 모두 죽이려고 하는 것이다. 조선어의 멸망은 조선의 멸망이 될 것이다 등의 반일적, 반전적 발언 및 선전이 일본 각지에서 시행되었다. 일본 관헌 당국은 이에 대해 허황된 말을 해서 법을 위반했고, 불온 언동 기타 시국범죄를 저질렀다 하여 검거 투옥했다. 1937~38년의 이 '시국범죄' 명목으로 검거된 재일조선인은 56명에 이른다.

1938~39년에는 전시 국가총동원체제 하에서 민족운동, 공산주의, 자유주의사상에 대한 탄압은 더욱더 심각해져만 갔다. 그중에서 반파쇼 인민전선방침에 따라 나고야 합동노동조합의 재건운동을 비롯, 와세다 대학 우리동창회 공산주의 그룹, 주오 대학, 도쿄 농업대학, 니혼 대학 등 각 대학에서의 민족주의, 공산주의 그룹에 의한 반일독립운동, 사상운동 등이 전개되었다.

나고야 합동노동조합은 1936년 12월, 탄압으로 일단 무너졌지만 잔류 간부인 박기태, 채병호蔡炳鎬, 김영교金永教 등에 의해 준비 협의회가 설치되었고, 1937년 3월 재건되었다. 그리고 일본의 중국침략 비판을 전개하고, 또 같은 해 11월에는 도기 위에 그림을 넣어 굽는 일을 하는 마루산丸三 상점, 다키노우에滝上 철도공업회사의 노동쟁의를 지도했으며, 1938년에는 구와나 지부, 도야마 합동노조의 재건에 힘썼지만 같은 해 9월, 간부가 '치안유지법 위반'으로 검거되어 좌절되었다. 나고야 합동노조의 재건 준비위원회 선언서의 일부 및 강령은 다음과 같다.[30)

선언서의 일부

이처럼 일반 근로 대중의 생활이 악화하고 있는 이때 우리가 언제까지고 한 지역으로 조직을 한정하여 작게 뭉쳐있는 일은 계급적으로 바르지 않다. 따라서 노동자 일반 무산대중의 생활방위를 위해서 노동조직을 전방으로 뻗어 싸우고자 결의한 것이다. 일반 근로 대중은 한 명도 남기지 않고 동 조직에 참가하여 자본가와 싸워 단결의 힘으로써 자본주의국가를 절대적으로 타도해야만 할 것이다.

강령규약

1. 우리는 단결된 힘으로 자본가 계급과 과감하게 싸워 노동계급의 정치적 유지개선, 경제적 권리 이익 신장 및 그 외 무산대중 해방을 위해 철저하게 싸우고, 레닌주의 사회를 건설할 것을 기약한다.
2. 우리는 계급적 농민운동을 지지 응원하고 공동투쟁을 하여 노동자와 농민의 계급적 제휴 강화의 통일전선을 기약한다.

와세다 우리동창회는 1937년 11월의 총회에서 그때까지의 민족주의자들의 헤게모니가 공산주의자로 옮겨가 고준석高峻石, 송군찬宋君讚 등 공산주의사상을 가진 비밀 그룹의 학생에 의해 지도되고, 마르크스주의연구회, 독서회를 조직하여 동창회를 좌익화했으며 도내의 각 대학들과 연계하여 반파쇼, 반전활동, 일본공산당의 재건운동을 전개했다.

고준석, 송군찬 등은『조선 독본朝鮮讀本』,『조선사회사 독본朝鮮社會史讀本』등의 저자 이청원李淸源을 만나「조선혁명론」,「조선의 프롤레타리아 운동의 과거와 현재」등 그의 원고를 보기도 했다고 한다.[31)

30) [원주] 內務省警報局, 앞의 책, 1938.
31) [원주] 高峻石,『越境』, 1977.

와세다 우리동창회위원대표가 된 고준석은 당시를 다음과 같이 회상하고 있다.[32]

우리들은 와세다 대학 우리동창회운동을 반전, 반파시즘 운동으로 연결지어야만 한다고 통감하며, 와세다 대학 우리동창회의 헤게모니를 쥐기 위해 바삐 돌아다니게 되었다.(중략)

나는 와세다 대학 우리동창회의 위원대표가 되고 나서부터 각 대학의 조선인 유학생 동창회의 간부들과 연락을 취하고 재도쿄조선인유학생 동창회 연합회를 결성, 그 의장이 되었다. 이 연합회의 결성은 1930년에 해체된 재도쿄조선인유학생 학우회의 재건을 의도하는 것이기는 했지만, 현실적으로는 같은 해의 졸업생 합동 송별회를 개최하는 협의를 하기 위한 협의기관에 지나지 않았다(중략)

재도쿄조선인유학생 동창회 연합회에서는 1938년 1월 30일 오후 6시부터 1937년도 졸업생 합동송별회를 간다神田 스루가다이駿河台의 YMCA 강당에서 개최하게 되었다. 그러나 개최시간 직전에 도쿄 경시청에서 '조선어를 일절 사용해서는 안 된다'라고 하는 조선어 금지명령이 통고되었다. 그때까지의 조선인유학생 동창회 집회에서는 조선어 사용이 금지된 적이 없었기 때문에 그 급작스러운 금지명령에 우리들은 놀라움과 분노를 느끼지 않을 수 없었다.

그날 저녁 무렵부터 눈이 내리기 시작했지만 YMCA 강당 근처에는 조선인 남학생–여학생의 대부분은 한복을 입고–과 사회인이 된 선배들이 속속들이 모여들기 시작했다. 그리고 회장은 이미 초만원으로 바늘 하나 들어갈 틈이 없었는데 정복, 사복을 입은 경관들이 회장의 통로에까지 들어와 줄을 만들고 건물의 근처도 경관대에 의해 포위되었다. 그래서 주최자 측 내부에서는 "조선어를 사용하지 못하게 한다면 해산 시켜버려!"라고 하는 의견과 "노래나 춤 등의 여흥만이라도 하자!"라는 의견이 대립하여 좀처럼 결론을 내지 못하고 있는 듯 했다. 이미 개회 예정 시각이 한 시간이나 늦어지고 있었기 때문에 회장의 참가자들로부터 개회를 독촉하는

---

32) [원주] 高峻石, 앞의 책, 1977.

박수나 고함소리가 들끓어 소란스러워졌다. 그것은 조선어 사용금지에 대한 민족적 분노의 폭발이기도 했다.

주오 대학의 공산주의 비합법 그룹의 이승열李承烈 등은 동 대학 우리 동창회를 공산주의사상으로 계몽하면서 호세이 대학, 와세다 대학의 공산주의 그룹과 연계하여 중일전쟁의 본질을 폭로하고 일본제국주의의 궁극의 붕괴를 선전했다.

도쿄 농대의 박제섭朴齊燮, 이영화李泳樺 등은 1935년 이후 일본인 학생들과 농업사연구회를 중심으로 유물변증법을 연구하고 그 계몽선전을 위한 공산주의 그룹을 만들어 학내에 각종 연구회, 독서회를 조직했다.

니혼 대학 조선유학생 동창회의 최광선崔光善 등은 민족주의에서 공산주의사상으로 기울어졌지만, 일본제국주의의 붕괴의 불가피성과 조선의 독립을 확신하고 동창회를 독립운동 단체답게 만들기 위해 신입생 환영회, 졸업생 송별회, 피크닉 등 기회가 있을 때마다 민족의식 고양, 반전사상 선전에 힘쓰고 반일세력 결집에 힘썼다.

또 1938~39년에 걸쳐 리쓰메이칸立命館 대학 및 도시샤同志社 대학 유학생 학우회에서 조선어 사용금지에 대한 반대운동, 와세다 대학 조선유학생동창회를 비롯한 재도쿄 각 대학 전문학교 졸업생 송별회에서의 조선어금지 반대운동 및 메이지대 학생 윤영근尹永根, 호세이대 학생 한탁하韓鐸夏, 주오대 학생 한탁봉韓鐸鳳 등 재도쿄조선유학생 공산주의자의 조선민족문화의 옹호운동, 마르크스주의 이론의 연구, 시국 비판 등이 전개되었다.

또 1937년 12월에는 일본공산당 전前 간사이 지방위원장 가스가 쇼지로春日庄次郎를 중심으로 일본공산주의단이 조직되어 당 재건, 반전, 반군투쟁이 전개되었는데 여기에는 도쿄의 공산주의 그룹의 중심적 활동가인

박은철朴恩哲, 조방제趙邦済 등이 참가했고, 또 오사카의 홍기환洪基煥, 정 암우 및 스이타吹田 그룹의 송태옥宋太玉, 도시샤 그룹의 박원준朴元俊이 활동했다.

또 재도쿄 공산주의 그룹의 최태섭崔泰燮, 권영상権寧祥 등은 이청원 등 과 함께 사회과학연구회를 개최하여 공산주의 이론연구를 비롯해 일본제 국주의의 중국침략전쟁 패배의 필연성을 확신하고 대중을 향한 계몽운동 도 시행했다(1939년 1월 이후 3명 검거).

니혼대 예술과 학생 홍순환洪淳煥, 와세다대 학생 권태응權泰応, 메이지 대 학생 김정두金正斗 등은 경성 제1보통고등학교 재학 때부터 민족해방을 위한 비밀 그룹을 만들었는데, 1937년 일본으로 건너온 이후, 신영新映 그 룹, 아오무기좌青麦座 연극연구회 등을 조직하여 영화, 연극을 통해 공산 주의사상을 보급시키고 또 학생들의 공산주의연구회를 조직해 중일전쟁을 분석하고 조선독립의 필연성을 확신하게 되었다(1940년 6월 이후 6명 검거).

도쿄에 있던 이천우李天雨, 김수진金寿鎮 등은 1939년 4월 이후 공산주 의 이론연구, 동지 획득, 민족의식계몽에 힘썼고, 세계대전을 분석하여 일본제국주의 붕괴의 필연성과 공산주의 사회 실현, 조선 민족의 해방을 확신하고 동향 출신자들을 모아 조직하여 그룹활동을 했다.

(2) 완강한 노동자의 투쟁

이 시기 조선인 노동자는 합법 좌익인 일본 노동조합전국평의회(전평) 산하의 조합에 가입되어있거나 혹은 일부가 일본 노동총동맹, 전국노동조 합동맹, 일본 노동조합의 총연합 등의 지부, 분회에 소속되어 있었다. 혹 은 독자적인 노동조합을 만들어 미지급 임금지불 요구 및 인상 요구, 임 금 인하 반대, 해고 반대, 노동시간 단축 등의 처우개선, 민족적 차별대우 철폐 등을 요구하며 싸웠다. 이 시기에도 기본적으로는 조선인 노동자는 일본 인민과의 연대를 지향하며 싸웠지만, 한편에서는 일본의 지배자, 자본가에 의한 민족 이간질, 차별정책 때문에 일본인 노동자와의 대립이나 분쟁도 상당히 많이 보였다.

1937년 9월, 국민정신총동원운동이 시작되어 일본무산당 및 전평이 해산할 수 밖에 없게 되었고, 또 10월에는 일본 노동총동맹이 '동맹파업 절멸을 기한다'라고 선언하고, 1938년 7월에는 '산업보국회産業報國會'가 만들어져 노동조합은 그 본래의 임무와 역할을 상실했다.

이러한 정세에서 재일조선인 노동자는 각자의 노동직장에서 독자적인 쟁의단 그룹을 만들어 싸우거나, 혹은 자연발생적인 쟁의로 싸웠다. 특히 1939년부터는 '국민징용령'에 근거해 집단적으로 강제연행된 조선인 노동자의 노동쟁의가 빈번히 발생했다.

1935년의 조선인 노동자의 노동쟁의는 356건, 참가인원 6,378명이고, 오사카 124건 1,693명, 아이치 현 84건 912명, 효고 26건 426명, 도쿄 15건 143명이다. 그 쟁의 원인은 해고반대 102건, 임금 인상 요구 94건, 임금 인하 반대 26건이며, 쟁의 형태는 동맹파업 125건, 태업 69건, 그 외 162건, 결과는 타협이 가장 많아 202건이고, 요구관철 70건, 요구 거절 및 철회 47건이다.

이 중에서 대규모적인 것은 아이치 현 도요하시의 하수도 공사장에서 일하고 있던 조선인 노동자 1,400명이 작업자 한 명당 할당된 작업량의 문제 때문에 현장감독과 충돌을 일으켜, 도요하시 합동노동조합의 지도하에 5일간 파업한 일이다. 또 오사카 오카다岡田 해사부海事部에서는 281명이 해고수당의 증액을 요구해 오사카 금속노동조합의 지도로 19일간 파업했으며, 오사카 히가시나리 구의 와케和氣 철선공장에서는 조선인 노동자 약 400명 중 약 250명이 공장휴업 때에 조업操業 촉진, 휴업수당의 획득 등을 목적으로 하여 '와케 철선 조업촉진회'를 만들고 공장문 앞에서 '주저앉아 버티기'를 행하여 약 2개월째에 경영자 측으로부터 경영권에 관한 모든 것을 위임 받아 신공장으로서 조업을 개시했다.

또 오사카 비카쓰美活 비누공장에서는 조선인 노동자 22명(일본인 노동조합 6명도 가입)이 오사카 금속노동조합 히가시나리 지부를 결성했는데, 이 해 5월, 조선인 노동자가 중심이 되어 일급 50% 인상, 노동시간 단축 등을 요구했지만 거절당하자 태업을 행하였고 나아가 해고 통고를 받아 파업에 돌입했다. 쟁의단은 취로하던 직공을 파업에 끌어들일 전술을 세웠지만, 최후적 수단으로서 공장 내에 인분을 뿌렸기 때문에 관할경찰서에 검거되어 결국 경찰의 강제조정에 의해 해고수당 외에 금일봉으로 쟁의참가자 전원이 해고되었고 30여 일에 걸친 쟁의는 패배했다.

또 오사카 내에서의 유아사湯浅 연탄공장의 조선인 노동자 11명은 정초의 시무식에 임금 인상 등을 요구하여 대표 5명이 해고되었고, 대일본 생산당生産黨 간사이 본부 도쿠안德庵 분회의 응원 하에 파업에 돌입했지만, 교섭이 진행되지 않자 공장 안으로 돌입하여 작업을 방해하고 취로 노동자와 충돌해 아미지마網島 경찰서의 강제조정으로 22일간의 쟁의는 쟁의단의 패배로 돌아갔다.

이 외에 장기적 투쟁으로는 임금 인상을 요구하여 싸웠던 오사카의 다나카田中 털실바늘 제조공장 노동자 9명의 27일간의 파업, 마찬가지로 오사카의 완구 피스톨제작소의 노동자 6명의 31일간의 파업, 아이치 현 데라다寺田 도자기공장 외 15개 공장의 노동자 56명이 23일간 벌인 파업 등이 있다.

또 10월, 나고야 시 오조네大曾根 노동소개소에서는 약 200명의 조선인 노동자가 동향인의 실업문제 때문에 일찍이 차별적 언사를 썼던 적이 있는 소장을 배격하여 시 당국 규탄운동을 전개하고, '시 당국배격 연설회',

'재나고야 조선인 대회'를 열어 조선인 측에 유리하게 해결되었다.

이상으로 그 외에 이 해의 주된 노동쟁의로는 다음과 같은 것이 있다.

1월 – 오사카 사이토斎藤 제작소의 조선인 노동자 11명 임금 인상 요구
　　　로 12일간 파업.

　　 – 아이치 현 야마다 펌프제작소의 조선인 노동자 26명 임금 10%
　　　인하 발표로 문화보급회의 응원과 지도를 받아 6일간 파업.

　　 – 아이치 현 미쓰이 물산주식회사 나고야 지점 니시쓰키지 석탄취
　　　급소의 조선인 노동자 56명 불량감독자를 배격하고 10일간 파업.

2월 – 오사카 아사노 금물 공장의 조선인 노동자 28명 임금 인상을 요
　　　구하고 일본노농구원회 오사카 지부의 응원을 받아 4일간 파업.

　　 – 오카자키 시 제면업 조합 제1지부의 조선인 노동자 45명 사업부
　　　진을 이유로 한 임금 인하 발표에 반대하여 3일간 파업.

　　 – 아이치 현 사쿠라桜 토지구획정리조합 구획정리공장의 조선인
　　　노동자 71명 임금지불을 요구하며 2일간 파업.

　　 – 후쿠이 시 긴카錦華 방적 신축공사장에서 인부 감독이 토공에게
　　　가한 폭행으로 조선인 토공들 50명이 난투.

3월 – 아이치 현 오보라大洞 이토텐糸店 지카라 정主税町 공장의 조선인
　　　노동자 35명 임금 인상을 요구하며 2일간 파업.

　　 – 아이치 현 후지이藤井 점토채굴소의 조선인 노동자 31명 2개월
　　　분의 임금 미지급으로 7일간 파업.

　　 – 아이치 현 쇼나이가와庄内川 레이온 주식회사 증축공사장의 조
　　　선인 노동자 35명 노동조건 불복으로 파업.

4월 – 오사카 다나카 완구제작소의 조선인 노동자 40명 해고반대로
　　　금속노동조합의 응원 지도를 받아 4일간 파업.

　　 – 아이치 현 이시구로구미石黒組 소속의 조선인 노동자 31명 상비

직속 짐꾼을 탄원하여 거절되자 전평 주부 지방 평의회의 응원을 받아 13일간 파업.

5월 – 아이치 현 이와모토岩元 제사공장의 조선인 노동자 50명 임금 인상을 요구하며 도요하시 합동노동조합의 응원을 받아 2일간 파업.

　　– 아이치 현 야다가와 자갈채취장의 조선인 노동자 68명 단가 30% 내지 50% 인상을 요구하며 전평 주부 지방 평의회의 응원 지도를 받아 6일간 파업.

　　– 시즈오카 현 후지富士 섬유공업주식회사 후지 공장의 조선인 노동자 60명 임금산정 지급방법 변경을 요구하며 파업.

6월 – 오사카 나카오中尾 도메키치留吉 공장의 조선인 노동자 27명 임금 인상을 요구하며 3일간 파업.

　　– 아이치 현 쇼나이가와 요고余吾 자갈채취소의 조선인 노동자 41명 임금 인상을 요구하며 전평 주부 지방 평의회, 주부 지방 자유노동조합의 응원을 얻어 3일간 파업.

　　– 시마네 현島根縣 도야마 촌富山村 저수지 축제공사장의 조선인 노동자 13명 해고반대를 요구하며 파업.

7월 – 아이치 현 우사미宇佐見 자전거 제작소의 조선인 노동자 23명 임금산정 지급방법의 변경 반대를 요구하며 4일간 파업.

9월 – 가나가와 현 아사노 조선제철부 용광로 광석운반 작업장의 조선인 노동자 70명 임금 인상을 요구하며 전평 가와사키 지부, 요코하마 노동자동맹의 응원을 얻어 5일간 파업.

　　– 효고 현 노마野間 자수공장의 조선인 노동자 50명 임금 인상을 요구하며 2일간 파업.

　　– 오카야마 현 구메 군久米郡 니시카와 촌西川村에서 조선인 토공 13명 토목청부업자에게 해고수당 400엔을 요구했으나 거부당하

자 청부업자 자택에 쳐들어감.

12월 - 아이치 현 후지이 점토채굴소의 조선인 노동자 78명 임금 인상
을 요구하며 2일간 파업.

    - 시즈오카 현 마고메가와馬达川 현 직영 개수공사장의 조선인 노
동자 78명 임금 인하 반대를 요구하며 2일간 파업.

1936년 조선인 노동쟁의는 386건, 참가인원은 822명으로 전년도에 비
해 30건, 1,850명 증가를 보이고 있다. 이것을 지역별로 나누어 보면 오
사카 145건 1,723명, 아이치 현 92건 943명으로 다른 곳은 현저하게 적
다. 그 쟁의 원인은 해고반대 105건, 임금 인상 요구 103건, 임금 인하 반
대 39건이 주된 것이며, 쟁의 형태도 전년도의 경향과 거의 같고, 쟁의 결
과는 노자의 타협이 230건으로 약 60%인 것이 특히 눈에 띈다.

이 해의 큰 노동쟁의로는 3월 후쿠오카 현의 도요 시멘트 공업주식회
사 오구라 공장의 조선인 노동자 219명이 복리증진 시설을 요구하며 2일
간 파업, 이 공장은 6월에도 감독자 배척을 요구하며 73명이 8일간 파업
했다. 2월의 아이치 현 유리원료 제분공장의 조선인 노동자 88명이 임금
인상을 요구하며 46일간 파업, 8월 야마구치 현 시모노세키 합동운송주
식회사의 조선인 노동자 150명이 임금 인상을 요구하며 2일간 파업, 9월
도쿄 부 도부東武 자갈운송조합의 조선인 노동자 100명이 마찬가지로 임
금 인상을 요구하며 상우회相友會의 응원을 받아 2일간 파업, 12월 아이치
현의 쇼와 소다 주식회사의 조선인 노동자 150명이 마찬가지로 임금 인상
을 요구하여 2일간 파업했다.

이 외의 주된 노동쟁의는 다음과 같다.

1월 - 아이치 현 주식회사 다시로田代 상점 아라이新居 도자기 제조소
의 조선인 노동자 30명 임금 인상을 요구하여 4일간 파업.

    - 아이치 현 이토伊藤 동족주식회사의 조선인 노동자 33명 임금

인상을 요구하며 전평 주부 지방 평의회, 주부 금속노동조합의
응원 지도를 받아 15일간 파업.

- 효고 현 오야부大籔 크롬 도금공업소의 조선인 노동자 53명 해고
철회를 요구하며 전평계 한신 협의회의 응원을 받아 파업.

3월 - 아이치 현 가구타角田 상자제조 합명회사의 조선인 노동자 40명
임금 인상을 요구하며 전일본 노동총동맹 아이치 현 연합회의
응원을 받아 9일간 파업.

4월 - 아이치 현 합자회사 나고야 상회의 조선인 노동자 81명 나고야
도자기 공업 조합의 응원을 받아 3일간 파업.

5월 - 효고 현 이나가와猪名川 정리주식회사의 조선인 노동자 42명 임
금 인상으로 3일간 파업.

- 기후 현 도호東邦 전력주식회사 가와사키 발전소의 조선인 노동
자 34명 임금 인상을 요구하며 2일간 파업.

- 오카야마 현 소토지마外島 보양원 복구공사장의 조선인 노동자
37명 임금정산 지급방법 변경 반대를 요구하며 5일간 파업.

- 도쿠시마 현德島縣 아즈치阿地 남안南岸 철1도 제6공사구역의 조
선인 노동자 32명 노동시간 단축을 요구하며 4일간 파업.

- 오이타 현大分縣 나가타니長谷 모로이로諸井路 경지정리조합의 조
선인 노동자 38명 임금지급을 요구하며 태업.

- 도야마 현 구로베가와 현영 수력발전사업 청부인 사토구미佐藤組에
게 조선인 노동자들이 대우 개선 및 상해부조금을 요구하며 쟁의.

6월 - 오사카 와키타脇田 코크스cokes 연탄 제조소의 조선인 노동자
28명 해고 반대를 요구하며 전일본 노동총동맹 오사카 합동노
조 도호쿠 부연합회의 응원을 받아 11일간 파업.

- 사이타마 현 야마부시山伏 고개 개착공사장의 조선인 노동자 25명

임금 지급을 요구하며 6일간 파업.

- 야마구치 현 도쿠야마 소다공업주식회사 양육장의 조선인 노동자 38명 임금 인상을 요구하며 파업.

7월 - 교토 시미즈 표백염색공장의 조선인 노동자 42명 임금 인하 반대를 요구하며 파업.

- 오사카 나카이中井 제작소의 조선인 노동자 37명 임금 인상을 요구하며 5일간 파업.

- 기후 현 가미오카神岡 수력발전소 궤도시설공사장의 조선인 노동자 24명 임금 인상을 요구하며 3일간 파업.

- 나고야 시 쇼나이 개수공사에서 조선인 및 일본인 노동자 900명이 임금 인상을 요구하며 집회.

8월 - 오사카 다카다 금속 공장의 조선인 노동자 46명 노동시간 단축을 요구하며 전평 오사카 금속노동조합의 응원을 받아 7일간 파업.

- 오사카 가다加田 고무공장의 조선인 노동자 22명 임금 인하 반대를 요구하며 전평계 오사카 일반노동 조합의 응원을 받아 8일간 파업.

- 미에 현 구키九鬼 임간도로 개착공장의 조선인 노동자 32명 임금 인상을 요구하며 파업.

- 아이치 현 우라浦 시계 제작소의 조선인 노동자 12명 일본 노동조합총연합 아이치 현 연합회의 응원을 받아 노동조합 확인을 요구하며 9일간 파업.

9월 - 오사카 난카이 인견주식회사의 조선인 노동자 29명 감독역 박탈에 반대하여 파업.

- 아이치 현 아이치 토관 제작소의 조선인 노동자 72명 임금지불을 요구하며 주부 노동연맹의 응원을 받아 파업.

10월 - 기후 현 도키가와土岐川(현 쇼나이가와) 개수공사 도키쓰土岐津

공사장의 조선인 노동자 25명 작업방법 규정의 변경을 요구하며 2일간 파업.

11월 – 미에 현 호리타堀田 새끼줄 제조공장의 조선인 노동자 16명 임금 인상을 요구하며 6일간 파업, 와카야마 현 신구新宮 정차장 개수 공사장의 조선인 노동자 24명 임금지급을 요구하며 2일간 파업.

1937년의 조선인 노동쟁의는 297건, 참가인원 6,332명으로 전년도에 비해 89건, 1,896명이 감소했다. 그 쟁의 원인은 임금 인상이 가장 많아서 118건, 해고반대 54건, 임금 인하 반대 17건 등이며 쟁의 형태는 파업 85건, 태업 33건, 그 외 179건으로 그 결과는 타협 181건, 요구관철 68건, 철회 및 자연 소멸 20건이다.

이 해의 큰 노동쟁의로는 후쿠오카 현 곤도구미近藤組 소속의 기선적 석탄 짐꾼 조선인 노동자 90명, 와카마쓰 항若松港 기선적 석탄 짐꾼 청부업 연합회 소속의 조선인 노동자 172명이 임금 인상을 요구하고 일본 세이부 산업노동조합의 응원을 받아 파업(1월), 오사카 무라사와村澤 브러시 공장 외 21개 공장의 조선인 노동자 105명, 임금 인상을 요구하며 5일간 파업(3월), 효고 현 주식회사 다키 비료제조소의 조선인 노동자 130명이 임금 인상을 요구하며 태업(동), 7월에는 21명, 출근정지 취소를 요구하며 4일간 태업, 효고 현 오모토구미大本組의 조선인 노동자 307명, 임금 인상을 요구하며 2일간의 파업(6월), 야마구치 현 합동운송주식회사 시모노세키 지점의 조선인 노동자 150명이 임금 인상을 요구하며 2일간 파업(7월), 히로시마 현 니혼 제강 소공장 확장공사장의 조선인 노동자 109명의 파업 등이 있다.

이 외에도 이 해의 주된 쟁의는 다음과 같다.

2월 – 아이치 현 합자회사 도요 합판 제작소의 조선인 노동자 61명 임금 인상을 요구하며 파업.

- 아이치 현 쇼와 도원陶園 조선인 노동자 82명 임금 인상으로 3일 간 파업.
- 아이치 현 아라카와荒川 합판주식회사의 조선인 노동자 53명 임 금 인상을 요구하며 주부 노동연맹의 응원을 얻어 파업.
3월 - 아이치 현 가타야마片山 유리가루 제조공장 외 8개의 공장의 조 선인 노동자 40명 임금 인상을 요구하며 파업.
- 아이치 현 히라마쓰平松 염색공장의 조선인 노동자 50명 임금 인상을 요구하며 5일간 파업.
- 나라 현 요시노吉野 오미네大峰 케이블 자동차도로 공사장의 조 선인 노동자 80명 임금 인상을 요구하며 태업.
5월 - 아이치 현 이토伊藤 주조소의 조선인 노동자 45명 임금 인하에 반대하여 파업.
- 기후 현 현도 히와다日和田 고개 터널개수공사장의 조선인 노동 자 73명 임금 지급을 요구하며 12일간 파업.
7월 - 도야마 현 직영 아리미네有峰 발전공사장의 조선인 노동자 86명 임금 인상을 요구하며 6일간 파업.

1938년의 조선인 노동쟁의는 166건, 참가인원 3,650명으로 전년도 에 비해 131건 2,682명 크게 감소했다. 파업은 26건 298명, 태업은 20건 278명, 그 외 120건 2,390명이다. 자료 부족으로 노동쟁의의 구체적 사 례는 자세히 알 수 없으므로 다음의 사례만을 기술하겠다.

7월 오사카 시 나니와浪速 금속제작소의 조선인 직공 62명, 물가 폭등 에 의한 대우 개선을 요구하며 10일간 파업, 8월 23일 고베 시 후쿠아이 葺合 노동소개소에서 조선인 노동자의 취로취급 차별을 이유로 수십 명, 소개소 직원과 난투를 일으키고 4명이 검거되었으며, 같은 날 저녁 동포 노동자가 직원에게 맞아 죽었다고 하는 풍문이 돌아 약 300명이 이 소개소를 둘러싸고 시위, 다음 날 아침 약 3,000명이 다시 집합하여 시위.

1939년의 노동쟁의는 142건, 참가인원 9,630명으로 전년도에 비해 건수는 13건 감소한 것에 비해 참가인원이 5,980명이나 증가했다. 이 해의 파업은 44건 3,549명, 태업은 33건 2,715명, 그 외 76건 3,366명이었다. 관헌 자료에 따르면 이 해부터 집단적으로 연행된 '이주조선인 노동자'의 노동쟁의가 32건 4,140명으로 '그 외 일본인 간의 투쟁사건이 빈번하게 발생하고 있는 것은 특히 주목할 만한 중요한 부분이다'라고 하고 있으며, 홋카이도에서의 노동쟁의만으로도 16건, 참가인원 6,528명에 이르고 있다.

이들 노동쟁의의 원인으로는 노동조건 특히 임금계약 위반, 일본인 노무담당의 가혹한 취급과 폭행, 사상 사고의 발생 등이 많다.

다음으로 그 사례를 기술해보겠다.

10월 – 홋카이도 미쓰비시 광업 데이네手稲 광산에서 조선인 노동자 293명 식사 불량에 항의하며 파업.

   – 홋카이도 고노마이鴻之舞 광산의 조선인 노동자 150명 일본인 지도원이 한 조선인에게 가한 구타에 항의하여 사무소로 몰려감.

   – 야마구치 현 나가쿠라長倉 탄광에서 조선인 노동자 150명 갱내 작업은 위험하다고 하며 입항을 거부.

   – 야마구치 현 조세이長生 탄갱의 조선인 노동자 222명 도망을 계획했다가 발견되어 구타당하자 항의하며 사무소를 습격.

   – 홋카이도 미쓰비시 광업 비바이美唄 광산에서 임금이 계약과 상이하여 조선인 노동자 150명 입갱 거부.

11월 – 홋카이도 미쓰비시 광업 데이네 광산에서 낙반사고사한 동료의 장례의식을 둘러싸고 조선인 노동자 292명 갱의 투쟁(2명 검거됨).

   – 홋카이도 이와미자와 시岩見澤市 신호로新幌 탄광에서 조선인 노동자 140명 동료에 대한 일본인 지도원의 폭언에 항의하며 사무

소를 습격.

- 홋카이도 유바리 군夕張郡 유바리 광산의 조선인 노동자 238명 동포에 대한 숙소장들의 구타에 항의하여 입갱 거부.
- 마찬가지로 유바리 광산의 조선인 노동자 136명 갱내 작업위험 때문에 입갱을 거부하며 파업.
- 홋카이도 소라치 군空知郡 미쓰이 비바이 광산에서 조선인 노동 자 98명 낙반 사고로 입갱을 거부하며 파업.
- 홋카이도 유베쓰雄別 탄광회사 우라호로浦幌 탄광의 조선인 노동 자 130명 동료가 일본인 노동자에게 구타당하자 대기소에 항의 하고 대우 개선을 요구하며 파업.

12월 - 홋카이도 유바리 군 유바리 광업소 조선인 노동자 136명 갱내 작업의 위험성을 이유로 입갱을 거부하며 파업.

- 홋카이도 스미토모住友 북일본광업소 고노마이 광산에서 조선인 노동자 280명 동료가 일본인 노동자에게 구타당한 것에 항의하 며 시설 및 대우 개선을 요구.
- 후쿠오카 현 일본광업회사 신야마노新山野 탄갱의 조선인 노동자 170명 입갱 장려금을 조선인에게 지급하지 않는 민족차별에 항의 하여 태업.

제5장

태평양 전쟁 하의 저항
: 1940년대 전반

1. 1940년대 전반기의 일본과 조선

이 시기는 일본의 중국침략으로 시작된 15년 전쟁의 최종단계에 즈음하여 태평양 전쟁의 개시는 이미 패전의 필연성을 배태했다고 할 수 있다.

1939년 9월에 시작된 나치 독일의 폴란드 침략은 다음해 1940년에는 덴마크, 노르웨이, 벨기에, 네덜란드로 확대됐다. 또 6월에는 이탈리아가 참전하고 프랑스가 독일군에게 강복했다. 1941년 6월, 독일군은 소비에트 연방에 침입해 제2차세계대전은 제2단계에 들어갔다.

일본은 1939년 5월, 소련의 노몬한 침입에 실패했던 와중에 다음해 1940년 3월, 항일의 충칭重慶 정권으로부터 도망쳐온 왕자오밍汪兆銘에게 난징南京 괴뢰정권을 만들게 하는 한편, 7월에는 '신체제' 확립을 표명한 제2차 고노에近衛 내각이 성립했으며 9월, 일본군은 인도차이나를 침입함과 동시에 독일, 이탈리아와 삼국 군사동맹을 체결했다. 고노에 내각은 침략 전쟁 수행을 위해 군부, 관료, 독점자본이 일체가 되어 각 업종마다 '통제회', '공단'을 중심으로 한 전쟁경제체제를 강화함과 동시에 1940년 10월에는 정치결사 및 노동조합을 인정하지 않는 대정익찬회大政翼贊會, 대정익찬협력회의, 도나리구미隣組, 산업보국회, 언론보국연맹, 청년단, 애국부인회 등의 기구를 중심으로 한 '신정치 체제'를 만들어 천황제 권력의 파쇼화를 보다 한층 진행했다. 다음 해 5월에는 사상범 예방 구금제도를 도입한 이른바 '개정 치안유지법' 및 '국방보안법', '언론집회결사 임시 단속법' 등을 시행하고 일본 국내에서는 일본 공산주의자의 그룹 활동은 물론 모든 정치결사, 노동조합, 농민조합 등이 모습을 감추고 문화사상 단체의 정치적 발언도 전면적으로 금지되었다.

일본의 인도차이나 침입은 미국과의 대립을 격화시켜 1941년 10월에는 도조東条 내각이 성립하고 12월에는 미국, 영국 등과의 이른바 태평양 전쟁이 개시됐다.

이렇게 해서 세계대전은 제3단계에 들어가 일본은 1942년 초까지 동남아시아의 광대한 지역을 점령했지만, 12월 과달카날섬에서 패전하고 같은 해 후반부터 점차 후퇴를 시작해 1943년부터는 독일, 일본 양국의 전국은 악화됐다. 9월에는 이탈리아가 무조건 항복하고 11월에는 카이로 선언이 발표되어 1944년 후반에는 일본의 패전이 결정시 되었다.

일본 국내에서는 전력·노동력의 부족 때문에 '학도 전시동원체제 확립 요강'이 결정되어 학도병 및 군수공장이나 농촌의 노동 동원이 실시됐다.

또 치안체제 강화를 위한 전시 형사특별법과 군수산업 강화를 위한 '군수회사법'이 공포되었다. 그리고 일본문학보국회, 대일본언론보국회, 일본출판회 등을 만들어 문화 언론 통제를 강화해 다수의 잡지 편집기자를 체포한 이른바 '요코하마 사건'과 '만주철도 사건', '오사카 상업대학교 검거 사건' 등이 발생했다.

1944년 후반, 일본 본토가 공습으로 위협당해 전국은 결정적 불리로 떨어져 7월 도조 내각은 총사직하고 후계 내각은 전시 계속을 더욱더 강화해 국민의용대의 조직 등 최후의 몸부림을 보였으나, 1945년 5월에는 독일의 무조건 항복, 7월에는 일본의 무조건 항복을 호소하는 포츠담 선언이 있었으며 8월 원자폭탄 투하, 소비에트의 대일 선전포고가 있어 일본은 항복했다.

이 시기의 식민지 조선은 일본의 침략전쟁에 모두 동원되어 완전히 전시체제하에 놓여있었다. 1939년 11월에 공포된 '창씨 개명'이 법령이 다음해인 1940년 2월부터 실시되었다. 또 8월에는 조선어 신문 『동아일보』, 『조선일보』가 강제적으로 폐간되고 10월에는 대정익찬회의 결성에 호응해 그때까지의 '국민정신 총동원 조선연맹'을 '국민총력 조선연맹'으로 개편하고 '황민화皇民化'를 중심으로 하는 전시 총동원체제를 강화했다. 1941년 1월에는 소위 '사상범'의 전향을 강화하기 위해 '시국대응 사상보국 연맹'을 '대화숙大和塾'으로 개편함과 동시에 2월 '개정 치안유지법'의 주요 내용인 예방구금제를 '조선 사상법 예방구금령'에 따라 일본보다 빨리 시행해 다수의 민족주의자, 공산주의자를 검거, 예방구금했다. 또 이 해에는 1937~38년에 공산주의자, 민족주의자를 검거했던 이른바 '혜산惠山 사건'의 판결로 사형 6명을 포함한 166명에게 중형이 내려졌다.

같은 해 4월에는 '국민학교령'이 시행되어 일본의 학교와 동일한 내용의 '황국민 교육'이 조선인 아이들에게 실시됐다. 또 다음해 1942년 5월에는 1944년부터의 조선 징병령 시행의 내각회의 결정이 이루어져 그 준비로서 '조선 청년 특별 연성령鍊成令' 및 '해군 특별 지원병령'이 발포되어 조선 청소년의 군대 동원이 전면적으로 개시됐다. 또한 '국민근로 보국협력령'과 1939년의 모집 형식에 의한 노무동원을 한층 강화했던 내각회의 결정 '조선 노무자 활용에 관한 건'(『관보시官報施』)도 이루어져 대대적인 노동 동원을 실시하게 됐다.

같은 해 10월부터 조선어 학회에 대한 탄압으로 많은 조선어 학자가 검거되어 심한 고문에 의해 옥사하는 사람도 발생했다. 1943년에는 '조선교육령'이 더욱 '개정'되었다. 또 '교육에 관한 전시 비상 장치 방책'에 의해 미션계 학교의 폐지, 대학, 전문학교의 전시체제로의 전환 내지는 폐쇄가 강행됐다. 1944년에는 '조선 전시 형사특별령', '조선 전시 민사특별령', '학도 동원 비상 자치 요강', '징병령'을 공포 시행하고, 주요 광산·공장 노동자의 현원 징용, 일반 징용령이 적용되었고 1945년에는 '국민총력 조선연맹'을 '조선국민 의용대'로 개편해 임전臨戰체제를 정비했다.

그러나 이 시기, 조선 인민은 주요 군수공장, 탄광, 광산 기타 각 지역에서 노동쟁의-파업, 태업 투쟁, 집단도주-를 실시해 전시 생산에 타격을 입혔으며 나라 안팎에서 비합법적으로 반일 독립운동을 이어나갔다. 1939~44년 사이에 조선 내에서의 '치안유지법 위반'에 따른 피검거자수는 민족주의자 268건-1,085명, 공산주의자 129건-1,776명, 학생 189건-999명, 기타 합계 106건-5,577명으로 증가했다.

2. 전시하에 혹사당한 재일조선인

이 시기는 재일조선인에게 있어 '전쟁수행 동원, 황민화 강요' 등 최대의 고통을 맛본 시기이며, 이 때문에 다수의 조선인이 전시 노동력 또는 병력으로서 일본 각지와 전선으로 연행되었다. 또 학생·인텔리 및 일반 민중은 '황민화' 정책에 의해 억지로 천황의 '백성'이라는 사상을 주입당했고 이를 거부하는 자는 물론 민족적인 입장에 서려고 하는 자도 즉시 관헌에게 체포돼 치안유지법 위반, 보안법 위반 또는 불경죄로 중형을 받았다. 하지만 민족독립을 생각하는 자는 말할 것도 없고, 다소라도 민족적인 것을 지키려고 하는 재일조선인은 이러한 억압과 탄압 아래 투쟁을 계속했다.

한편, 일부 민족반역자, 친일분자들은 일본의 지배자, 내무성, 경찰, 군부 등에게 굴종 또는 결탁해 전쟁에 협력하고 '황민화' 정책을 추진하여 조선 인민을 착취·억압했다. 예를 들면 군용기 헌납, 국방 헌금품, 근로봉사, 신사 참배, 내선內鮮 융화, 납세 운동, 생활개선 운동 등 협화회(후에 흥생회興生會) 사업에 적극적 협력 및 1945년 1월, 상애회想愛會·협화회의 흐름을 이어받는 정인학鄭寅學, 장세량張世良, 김광순金光淳, 강경옥康慶玉, 권혁주權赫周 등이 '조선 동포 처우개선 감사 간담회'를 열고 '지하 공장 건설 일심회一心會'를 조직해 '처우 개선'에 감사하는 뜻으로 사이타마 현埼玉 懸 이루마 군入間郡 고마 촌高麗村에 지하 항공기 공장을 재일조선인의 자금과 노력으로 건설을 시작한 일은 그 전형적 사례였다.[1]

(1) 강제연행

1937년 이래 중국 침략의 장기화에 의해 석탄, 토건 관계에서는 노동력 부족이 초래됨에 따라 조선인 노동자의 대량 일본 유입을 요구했다. 1938년 4월 '국가총동원법'이 공포되고 다음 해인 1939년 7월에는 '국민징용령'이 발표되어 대대적인 노동 동원이 시작됐다.

조선인 노동력의 동원은 1939년 7월 28일부 내무성·후생성 양 차관의 이름에 의한 통첩 '조선인 노무자 내지 이주에 관한 건'이 발표됨과 동시에 같은 해 8만 5천 명의 이입 계획수가 결정, 9월부터 실시되어 탄광, 금속 광산, 토건업 사업주에 의한 집단적 강제연행이 이루어졌다. 조선총독부의 '조선인 노동자 모집 요강'의 '내지 도항 후의 준수 사항'에는 다음과 같은 내용의 규정이 있다.[2]

> ① 시국 산업에 종사함으로써 일본에 공헌하는 자가 되는 것을 인식하고 그 책임의 중대함을 자각하고 솔선해서 내선일체의 촉진에 협력할 것.
> ② 내지 도항 후에는 소정의 훈련소에 입소해 훈련을 받을 것.
> ③ 직장의 변경은 함부로 하지 않을 것.
> ④ 협화회에 가입하고 그 회원증을 소지할 것.
> ⑤ 주소를 변경할 때는 5일 이내에 협화회에 신고할 것.
> ⑥ 기혼자라 할지라도 훈련중에는 처자식을 불러들이지 말 것.

---

1) [원주] 金斗鎔, 『日本に於ける反朝鮮民族運動史』, 1947.
2) [원주] 在日朝鮮人運動史研究會, 『在日朝鮮人史研究』.

⑦ 내지의 생활 풍습에 순응해 내지인이 혐오하는 소행을 하지 않을 것.

⑧ 언어는 가능한 한 빨리 일본어를 연습해 이를 사용할 것.

⑨ 임금은 생활비에 필요한 금액 이외는 저축할 것.

⑩ 공조公租, 공과公課, 집세 등의 체납은 절대 하지 않을 것.

⑪ 학령에 달한 자녀는 반드시 취학시킬 것.

⑫ 기타 협화회 간부, 경찰관 및 직업소개소 직원의 지시에 복종할 것.

위의 사항에서 알 수 있듯이 조선인 노동자는 경찰 당국의 엄격한 통제와 감시하에 놓였으며 자유로운 도항은 결코 없었다.

'노무자 이입' 사무는 1940년에는 종래의 경무국 중심에서 조선총독부 직업소개소 중심으로 변경했는데 강제적 동원, 연행임에는 변함없었다.

후쿠오카 현福岡懸 가이지마貝島 탄광에 연행된 조선인 노동자

1941년에는 태평양 전쟁이 개시되어 노동력의 수요가 더욱 증대해 조선인 노동자를 상용 노동력으로서 더 대량으로 동원할 계획이 세워졌다. 같은 해 12월 '노무 동원 실시 계획'에 따른 '조선인 노무자 내지 이입에 관한 건'이, 이어서 1942년 2월 13일에는 내각회의 결정 '조선인 노무자 활용에 관한 방책'이 내려와 조선총독부는 이를 승인하고 '조선인 내지 이

입 알선 요강'을 발표했다. 1934년의 '이입' 억제의 내각회의 결정을 전면적으로 개변한 이 방침의 요점은 다음과 같다.[3]

① 본 방책은 군요원의 확대에 따른 내지 노무 동원의 실정에 비추어 조선에서의 적재適材를 내지 총동원 업무에 활용함으로써 인적 국력의 종합 발휘에 유감이 없어야만 하는 기본 관념 아래 이를 실시하는 것으로 한다.

② 본 방책에 기초한 조선인 노무자는 유위한 청소년을 선발하고 필요한 훈련을 더해 이를 송출하는 것으로 한다.

③ 위 조선인 노무자는 십분 국가의 지도 보호 아래 이를 사용하여 우수한 황국 노무자로 육성해 일정 기간(대체로 2년)에 이를 보충 교대시킴으로써 조선에서의 인적 국방 자원의 강화에 이바지하는 것으로 한다.

④ 본 방책에 기초한 노무자의 송출은 조선총독부의 강력한 지도에 따라 실시하며 소요에 응해 국민징용령을 발동해 요원의 확보를 기하는 것으로 한다.

⑤ 본 방책에 의한 것 외에 조선인 노무자의 내지에서의 취로就勞는 내지 및 조선에서의 노무 통제 강화 건에 따른 통제 아래 이루어지며 종래의 방침을 통일하는 것으로 한다.

⑥ 본 방책의 실시에 따라 현재 내지에 주재하는 조선인에 대한 징용 또는 국민근로보국대 참가 등의 노무 동원 강화를 도모하는 것으로 한다.

이상의 소위 '관官 알선'에 의해 연행된 '이입 노무자'는 '조선총독부의 강력한 지도' 아래 '황국 노무자'로서 훈련 육성되었다. 또한 '요강'에는 "본 방책 실시를 위해 조선에서의 인원 동원 기구를 충실히 하여 경찰 기능을 강화하는 등 필요한 대책을 실시하는 것으로 한다."라고 되어 있다.

1944년에 들어가 노동력 부족은 더욱 증대했다. 조선에서는 같은 해 2월의 내각회의 결정 '조선인 노무 활용에 관한 방책'으로 1942년 2월의 내각

---

3) [원주] 박경식 편, 『재일조선인 관계 자료집성在日朝鮮人關係資料集成』 제4권 수록.

회의 결정을 정정하고, 노동자의 노동 기간 연장을 도모하기 위해 가족을 불러들이는 것을 인정했다. 또 9월부터는 '일반 징용'으로 전환함에 따라 대량의 직접적 동원이 가능하게 됐다.

이렇게 해서 1939~45년간 약 150만 명이 일본에 연행되어 석탄산에 약 60만 명, 군수 공장에 약 40만 명, 토건에 약 30만 명, 금속 광산에 약 15만 명, 항만에 약 5만 명이 배치됐다. 이 외에 군인, 군속으로 약 37만 명, 종군위안부로 수 만 명이 동원되고 있다.

전쟁 말기의 강제연행의 구체적인 정황은 잘 알수 없지만 여기에서 군수 공장의 비율이 낮았던 교토 부京都府로의 연행 상황을 살펴보면 〈표 8〉과 같다.[4]

〈표 8〉 국민동원 계획에 의한 집단이입 조선인 노무자 -교토 부(1945년 6월 1일 현재)

	총 인수	현재 수
오에야마大江山 광산	383	81
구리 촌栗村 광업소 와치和知 광산	49	48
이노飯野 산업 마이즈루舞鶴 지점	164	152
닛쓰日通 히가시마이즈루東舞鶴 지점	53	39
사토佐藤 공업소 마이즈루 출장소	100	87
미쓰비시三菱 중공업 교토 발동기 공장	227	220
구리 촌 광업소 오타니大谷 광산	47	47
니치난日南 광업 가네우치鐘打 광산	50	18
마이즈루 해운 시설부(공창 포함)	3,800	3,500
계	4,873명	4,192명
(근일중 이입 예측되는 것)		
미쓰비시 전기		100
오타니 광산		100
제3화약창		100

4) [원주] 교토 부, 『지사인계 문서引継文書』 수록.

	총 인수	현재 수
교토 가스		50
다카야마 코잔高山耕山 화학 도기 주식회사		80
니치난 가네우치 광산		50
마이즈루 해군 공창		600
교토 임산林産 연료 주식회사		50
계		1,130명

(2) 강제 노동

조선인 노동자 훈련의 근본 방침은 ① '유능한 산업 노무의 육성'과 '황
국신민다운 자질의 연성'을 일원적인 것으로 하며, ② '사상의 선도, 환경
의 정화 정비 임무를 다해 모든 직장 협화의 결실을 맺어 치안문제가 발생
하는 여지가 없게 할 것'이었다. 구체적으로는 '협화훈련대'라는 대隊조직
을 만들어 '황민 훈련'을 중심으로 '일본어 훈련', '작업 훈련', '생활 훈련',
'체련體鍊', '조선 현지 훈련', '취로지 도착 훈련', '취로 후의 재훈련', '불량
자 특별 훈련' 등을 실시했다.

'황민 훈련'의 내용은 취로 전기간을 통해 '수신공민과修身公民科 지도',
'일본어 지도', '황민 행사 지도'로 나누어져 있었고 '고타이 신궁皇大神宮',[5]
'천황 폐하', '충군 애국', '대일본 제국' 등의 테마 아래 천황 숭배, '국체의
본의' 등을 통해 '황국 신민' 사상을 주입시켰다. '불량자 특별 훈련'에서
는 규칙위반자, 도망을 꾀하다 붙잡힌 자를 기숙사에서 격리해 '특별훈련
소'(혹은 청심료淸心寮)에 집어넣고 2개월 정도 엄중한 감시 아래 외출하는
것도 일절 허락하지 않고 가혹한 훈련을 실시했다.

---

5) [역주] 미에 현三重縣 이세 시伊勢市에 있는 이세 신궁伊勢神宮의 2개의 정궁正宮 중
하나이다. 고타이 신궁에는 황실의 조상신인 아마테라스 오미카미天照大神를 모시고
있다.

조선인 노동자는 가장 노동이 격렬하고 위험한 분야의 일을 담당해 조선인 노동자의 불만은 울적鬱積했다. 그 때문에 자연발생적인 조선인 노동자의 폭동이 일어났으며 도주자가 속출했다. 도주율은 평균 35%라고 되어 있지만 대부분의 경우는 80~90%에 달했다. 따라서 '도주 방지 대책'으로 조선인의 훈련을 촉진하고 노무관리를 쇄신해 노무자의 단속을 엄격하게 하고 나아가 경찰의 감시를 강화했다.

이상과 같이 가혹한 노동에 의한 혹사 혹은 폭력에 의해 다수의 사상자가 발생했다. 정확한 통계는 발표하고 있지 않지만 필자의 추계로는 1940~45년 사이에 일본 내에서만 사상자가 약 30만 명(이중 사망자는 6만 명으로 추정)으로 생각하고 있다.

(3) 인구 동태

일반 재일조선인의 인구 동태 및 직업을 간략하게 살펴보도록 하겠다.

인구 동태를 보면 1939년의 96만 1천 명이 1942년에는 162만 5천 명, 1944년에는 193만 6천 명, 1945년에는 236만 5천 명으로 증대했으며 1939~45년 사이에 140만 4천 명이나 증가하고 있다. 여기에 징용령에 의한 강제연행 수인 150만 명이 전부 포함되어 있는지는 명확하지 않지만 포함되어 있지 않은 자가 상당히 있다고 추측되므로 실제는 이것 보다 많다고 생각한다. 주요 부현별로 살펴보면 다음의 〈표 9〉와 같은데 상당히 변동이 있음을 알 수 있다.

<표 9> 재일조선인, 연도별·지역별 인구수

1939년	1942년	1944년
① 오사카 274,769	① 오사카 412,748	① 오사카 321,484
② 효고 100,770	② 후쿠오카 156,038	② 후쿠오카 198,136
③ 후쿠오카 83,520	③ 효고 129,087	③ 효고 139,179
④ 도쿄 74,162	④ 아이치 122,910	④ 야마구치 139,164
⑤ 아이치 67,041	⑤ 도쿄 122,135	⑤ 아이치 137,411
⑥ 교토 58,230	⑥ 야마구치 107,788	⑥ 도쿄 97,632
⑦ 야마구치 53,472	⑦ 교토 77,796	⑦ 홋카이도 92,780
⑧ 히로시마 30,864	⑧ 홋카이도 66,987	⑧ 히로시마 81,863
⑨ 홋카이도 21,716	⑨ 히로시마 53,951	⑨ 교토 67,411
⑩ 가나가와 20,935	⑩ 가나가와 43,392	⑩ 가나가와 62,197
총인구 961,591	총인구 1,624,954	총인구 1,936,843

즉 1939~44년 사이에 후쿠오카는 약 11만 명 증가했고 야마구치는 약 9만 명, 아이치愛知, 홋카이도는 약 7만 명, 히로시마, 오사카는 약 5만 명 증가했다. 이 외에 나가사키도 1만 1천 명에서 5만 9천 명으로 증가했으며 사가佐賀, 오이타大分, 나가노長野, 미에三重 주변도 약 2만 명, 기후岐阜는 약 1만 6천 명 증가했다. 이는 모두 탄광, 군수시설 공장 건설 등을 위한 집단 연행과 관련되어 있다고 생각한다.

다음으로 직업 상황을 1942년도의 사례를 통해 보면 총 재주 인구 162만 5천 명 중 노동자가 75만 7천 명(46.6%)을 차지하며 학생·생도 20만 8천 명(12.7%), 상업·판매업이 5만 3천 명(12.3%), 농업 1만 3천 명(0.8%)이라고 되어 있다. 노동자의 내역을 보면 토건 노동자 25만 8천 명(34%), 각종 직공·잡역부 21만 4천 명(28.1%)이다. 또 광산 노동자 13만 8천 명(18.3%), 일반 사용인 3만 2천 명(4.3%), 짐꾼 3만 7천 명(3.7%)이다.

3. 민족해방을 지향하며

(1) 다수의 독립운동 그룹

태평양 전쟁이 시작된 다음해인 1940년 12월 9일 이른 아침에는 재일 조선인 민족주의자, 공산주의자 124명(센다이仙台 제2고등학교·도호쿠 대학 학생 그룹, 재在 나고야 기독교 목사 그룹, 도야마 고등학교, 구마모토熊本 제5고등학교, 가나자와 제4고등학교 재학생의 각 민족주의 그룹, 가나가와 재주 조선인 학생 그룹, 기타)이 '비상 조치'에 의해 검거됐다. 그러나 조선인 민족주의자, 공산주의자는 그 이후에도 중일전쟁 개시 당시 이상으로 일본제국주의의 패배, 조선의 해방을 확신하고 비합법적인 방법으로 다양한 활동을 이어 나갔다.

재일조선인은 태평양 전쟁에 대해 대체로 다음과 같이 생각하고 있었다.

① 일본은 모든 전쟁에서 큰 전과를 올리고 있지만 결국은 영미의 승리로 돌아간다.
② 일본은 영미에 항복하지 않아 패전은 불가피하며 지금이야말로 우리가 봉기해야만 하는 절호의 기회이다.
③ 조선은 독립할 것이므로 천황도 우리들과 똑같은 인간이다. 일본은 반드시 경제전에 진다.
④ 일본은 이겼다 이겼다 하지만 그렇게 간단하게 이길 수 있을리 없다. 하와이의 전과도 양측 신문을 보지 않으면 모른다.
⑤ 전쟁은 인생의 최대 비참한 사건이며 인류의 멸망을 의미한다.
⑥ 조선에 징병제를 시행하면 조선의 군대는 제일선에 서고 일본 병사는 후방에 서게 될 것이 당연하다.
⑦ 징병제는 조선 청년은 원하지 않고 기뻐하지 않는다. 의무 교육도 하지 않고 조선에 군대를 희망하는 것은 백만분의 일이라고 생각한다.

또한 이 시기 재일조선인 운동의 일반적 특징은 다음과 같다고 할 수 있다.

① 반전 운동을 비롯해 민족 문화, 민족어를 지키는 투쟁이 계속되고 이 것이 반일 민족독립운동의 일환으로서 통일적으로 전개됐다.

② 학생, 노동자들의 민족주의·공산주의 그룹, 기독교도의 비합법 조직을 각지에서 만들어 지원병, 징병제, 일본어 강제 등의 '황민화' 정책에 반대하는 비합법적 활동을 전개했다. 그리고 사상적으로는 민족주의가 강했지만 공산주의 사상도 뿌리깊었으며 상호 관련이 있었다.

③ 민족운동에 있어서 인텔리, 학생의 역할이 컸지만 동시에 토공 인부, 광부 등 노동자의 투쟁도 두드러지는 점이 있었다.

④ 노동운동은 조직적 지도가 없는 곤란한 조건 하에서 자연발생적이지만 다수의 노동쟁의를 전개했고 이는 전시 생산력을 저하시켰으며 동시에 민족적 성격을 강하게 띠고 있었다.

⑤ 일본인과의 공동투쟁은 극히 일부에 국한되어 전반적으로는 그다지 전개되지 않았다.

재일조선인 민족주의자, 공산주의자들의 비합법 그룹은 『레닌주의의 기초レーニン主義の基礎』, 『두 번째 가난뱅이 이야기第二貧乏物語』, 『자본론資本論』『조선 문제朝鮮問題』(전기사戰旗社 편), 『인민전선 방침人民戰線方針』, 『조선 근대사朝鮮近代史』, 『사적유물론·유물변증법史的唯物論·唯物辨證法』 등을 텍스트로 사용해 학습하고 일본의 천황제를 비판했으며, 또 중국 및 소련과의 연계를 토대로 한 자주독립을 주장하고 독립 가능한 정세의 성숙 시기 도래에 대비함과 동시에 조선 본국으로 돌아가 무장봉기할 것을 강조하고 있다.

저항의 사례를 들어보면 1942년 10월 국민징병령에 의한 재일조선인의 해군성 직할 공사장으로의 징용에 있어서 출두 명령을 받은 1만 7,188명에 대해 출두자는 9,816명, 그중 징용에 응한 자는 5,203명으로 나머지는 출두 또는 징용을 거부했다.

이 시기의 치안유지법 위반에 의한 피검거자수는 〈표 10〉과 같다.

〈표 10〉 1939~45년 '치안유지법 위반' 상황(재일조선인)

년도	건수	검거총수	학생	기소	기소유예
1939	25	50	39	9	54
1940	52	165	78	12	44
1941	68	293	154	26	58
1942	61	168	86	73	163
1943	33	218		42	
1944		153		22	
1945	33	83			

※비고: 1945년도는 7월까지의 자료.
※출처: 내무성 경보국, 『사회운동의 상황社會運動の狀況』, 『특고 월보特高月報』.

1940년의 '사상범 검거 상황'을 보면 1만 9,396건 1만 9,476명이 검거됐고 그 내역은 치안유지법 위반 52건 165명, 출판법 위반 98건 3명, 폭력 단속 887건 249명, 경찰범 1만 398건 1만 475명이다.

비밀결사 '평안平安 그룹'

이어서 1940~41년의 주요한 민족운동에 대해 살펴보도록 하겠다.

도쿄 농업대 학생 김두혁金斗爀, 김태훈金泰薰 등은 비참한 조선 농촌의 현상을 타개하기 위해 농촌 개혁의 필요를 통감하고 이에 관심을 갖는 도쿄 재류학생 동지를 포섭해 농촌 계몽운동을 실시했다. 또한 민족해방운동에 기여하고자 1937년 9월 무렵 평안도 출신자를 중심으로 비밀결사 '평안 그룹'을 결성했다.

그 강령에는 민족주의적인 입장에서 조선의 독립을 꾀하고 민주공화국의 수립을 주장하며 농대 계우회鷄友會를 중심으로 재도쿄 각 대학(와세다, 릿쿄立教, 주오, 니혼, 호세이)의 학우회, 재도쿄 외곽의 동지회 및 조선의 동지와 연계했다. 특히 1939~40년 활발하게 민족의식의 고양을 도모했으며, 1940년 5월 이후 12명이 검거됐다.

비밀결사 '평안 그룹'에 대해 기술한 내무성 「특고 월보」(1940·12)

평안 그룹의 기본 강령 개요는 다음과 같다.[6]

(1) 조선을 일본 제국의 속박에서 이탈시켜 그 독립을 꾀하고 조선 국토에 민주공화국을 건설하여 조선 고유의 문화를 발양發揚하고 세계 문화와 교류함으로써 조선 민족의 행복을 증진할 것.

(2) 공산주의를 배격하고 조선 민족의 의식 앙양을 꾀하며 민족의 일치단결에 의한 조선 해방운동을 전개할 것.

(3) 농민 계몽운동에 중점을 두고 실천을 제일로 하며 방법으로는 기설 교육기관에 들어가거나 또는 계몽기관을 창설해 교육훈련에 힘쓸 것.

(4) 각종 차별문제를 거론하여 조선 대중의 불평불만을 격발시키고 민족의식의 앙양에 힘쓸 것.

(5) 동화정책을 배격하고 관청에 취직하지 않도록 선전할 것.

6) [원주] 박경식 편, 앞의 책 제5권 수록, 이하 1945년도 관계자료는 본서에 의함.

(6) 송산松山 고등농사학원을 독립운동 본부로 삼을 것.

(7) 동지 및 운동 자금 획득에 관해서는 적극적으로 우정을 진행시켜 희생 적이고 실천력 있는 자에게 운동의 목적 및 방법책을 전달해 그 동의 를 얻어 획득할 것.

(8) 재도쿄 각 대학 조선인 유학생에게 다가가 조직의 확대 강화를 도모할 것.

(9) 조선 내의 유직자에 대해서는 김두혁부터 접근하여 물심양면의 동지 를 획득할 것.

(10) 농대 계우회에 대해서는 김운하金雲夏 및 본명本名에 있어서 계몽에 힘쓸 것.

(11) 지도자로서 인격을 완성할 것.

(12) 독립의 수단 방법으로는 전쟁 사변 등에 즈음해 일본 제국의 실력 저 하에 편승해 민족의 일치단결에 의한 폭력 혁명을 수행할 것.

평양의 사립 숭인崇仁 상업학교(기독교 장로파 계열) 졸업생 박윤옥朴潤玉, 김덕윤金德潤 등은 재학 당시 '조선 민족의 영원한 복지를 위해 조선독립을 기한다'는 목표 아래 1937년 '열혈회熱血會' 그룹을 결성하여 농민 대중에게 농업 기술, 농업 경영 등을 지도했으며 나아가 독립 의식을 배양해 조선독립의 밑바탕을 만드는 것을 당면 임무로서 활동했다. 또한 각자 전문 활동 부문을 결정하고 조선독립 기원의 기념일 투쟁을 계획하여 1938년 상급학교 진학 후에도 계속했다. 도쿄에서는 아오야마 학원 신학부의 박윤옥을 중심으로 회원 김현주金顯周 등 5명은 비밀협의를 계속하며 활발하게 활동을 전개했다(1940년 1월 이후 6명 검거).

'민족부흥회民族復興會' '계림동지회鷄林同志會'

나고야 시에서는 직공 이수영李秀濚, 김두희金斗熙 등이 중심이 되어 1939년 5월부터 1940년에 걸쳐 조선의 독립을 목적으로 삼고 조선 민중의 독립운동의 지도체로서 비밀결사 '민족부흥회'(합법적으로는 '평화회')를 조직해 계몽 조직 확대에 노력했다(1940년 6월 22명 검거).

민족부흥회의 결성 취지서 및 강령은 다음과 같다.

(A) 결성 취지

우리의 조국 조선은 이민족 일본에 독립을 빼앗긴지 이미 30년을 경과했다. 현재 2천 5백만 동포는 자유도 명예도 문화도 완전히 잃고 가축과 같은 비참한 상태에 신음하며 민족의 적 일본에 압박 착취당하고 있다. 이는 조선이 일본의 지배를 받고 있기 때문으로 이러한 조국의 현상을 타개하고 2천 5백만 동포를 구할 길은 적 일본 민족에 대해 모든 조국 동포를 투쟁으로 결기시켜 일본으로부터 조국의 독립을 쟁취하는 것 밖에 없다. 우리 조선 청년은 조선독립을 쟁취할 중대 사명을 띠고 태어났다는 사실을 이전부터 자각하고 이 중대 사명을 완수하기 위해 동포를 규합시키려는 때, 제군의 적극적 협력을 얻어 오늘 밤 여기에 운동 실행을 목적으로 하는 모임을 결성하는 단계에 이르렀다는 사실은 조국의 명예로운 역사 회복과 2천 5백만 동포의 자유 획득을 위한 서광을 얻은 것이다.

물론 본 조직은 조국 독립의 선구자의 모임이며 전 조국 민중을 독립을 향해 결집하게 만드는 지도적 임무를 지닌 자이므로 본 모임의 목적이 정열을 불태우는 청년임을 알면 반드시 동지가 모여들 것이다. 그러나 우리가 나아갈 길은 문자 그대로 가시밭길이라는 점을 자각하고 제국의 조국애에서 출발한 불굴의 정신에 의해 점점 이 조직의 발전과 목적 달성을 위해 한층 더 노력할 것을 희망한다.

(B) 강령 규약

본 모임의 결성 이래 수 회에 걸친 회합에서 검토 결정된 점을 종합하면 대략 다음과 같다.

⑴ 본 모임을 민족부흥회라고 이름한다. 단 외부에 대해서는 평화회라고 칭하고 본 회 명은 회원 간에만 사용한다.

⑵ 본 모임은 조국 조선의 독립을 목적으로 전 조선민중의 독립운동의 지도체라는 임무에 복무한다.

⑶ 본 회 임원은 장래 발전과 함께 적의適宜 변경하되 당분간 회장 및 회

계 담당으로 한다.

(4) 회비는 월 20전으로 하되 임기 증액하기로 한다.

(5) 매월 첫 번째 일요일에 본 회의 정례회의를 개최한다(8월 27일의 제6회 정례회 이후는 객관적 환경을 검토해 전 회원의 회합은 당국에 발견될 염려가 있으므로 중지한다).

(6) 본 회는 원칙으로서 19세 이상의 조선인이며 앞장서서 조국에 목숨을 바칠 신념과 일반 민중의 지도 능력을 갖춘 자로서 조직한다.
단 18세 이하라도 특별히 전술 조건을 구비하고 우수하다고 인정되는 자는 이에 한해서는 예외로 한다.

(7) 회원은 항상 완전한 내부적 통일과 회의 발전에 노력함과 동시에 각자 인격 향상에 노력하여 일반 조선 민중의 신뢰를 얻는 일에 유의한다.

(8) 당국의 발견을 경계하고 외부에 대해서는 일절 회의 본질을 감춘다.
오로지 회원으로 입회해도 지장이 없다는 확신이 드는 자에게만 민족 부흥회의 본질을 밝히고 입회를 권유한다.

(9) 회의 발전과 함께 전 조선 및 일본 각지에 지부를 설치한다.

또한 고베 시神戶市 호쿠신北神 상업고교 야간부 학생 배상권裵祥權을 중심으로 1938년 10월 '호쿠신 상업학교 유학생회'를 결성하고 1939~40년 표면적으로는 친목회라고 하면서 민족적 계몽운동을 실시했다(1940년 4월 7명 검거).

또 메이지 대학 학생 김병길金秉吉 등은 1939년 6월 이후 마르크스주의 연구회를 조직하고 전쟁의 장기화에 의한 일본 국내의 혼란 도래를 예상하이 공산주의사회의 실현, 조선독립의 호기로서 민족의식의 고양을 도모했다(1940년 3월 이후 5명 검거).

그리고 방우범方禹範 등은 1938년 1월 이래 니혼 대학, 메이지 대학, 호세이 대학, 겐스갓칸研数学館 등의 재학생들로 구성된 마르크스주의 연구회를 조직해 공산주의에 의한 식민지 민족의 해방이론 연구 및 조선 사회의 문화와 민중의 계몽을 위한 프롤레타리아 문학 연구, 일본인 공산주의자와 제휴하여 혁명의 호기에 대처하는 일 등에 대해 토의했다(1940년 6월 3명 검거).

또 도쿄의 조선학생예술좌에 관계하고 있던 니혼대 예술과 학생 허집許執, 서만일徐萬一, 이화삼李化三 등은 니혼대 조선인 학생에 의한 프롤레타리아 연극연구회 결성을 기획해 1939년 9월, 극단 예술과藝術科 제2부第二部를 조직하고 다음 해 형상좌刑象座로 개칭하여 합법성을 지닌 프롤레타리아 연극을 통해 조선 민중에게 민족주의, 공산주의 사상의 계몽 활동을 실시했다(1940년 5월 이후 7명 검거).

한편 1938년 10월 무렵부터 재도쿄 고학생 기요하라 에이린淸原永琳, 김현수金弦洙 등은 마르크스주의 연구회를 결성하고 연구 그룹 활동을 실시했다(1940년 7월 2명 검거).

1940년 6월 무렵 무정부주의 계열의 자유노동자 문성훈文成勳, 이종식李宗植 등은 비밀결사 건달회建達會를 조직했지만 폭동 계획을 세우고 무기, 자금의 입수를 기획했다는 이유로 같은 해 11월 이후 12명이 검거됐다. 이 사건은 날조된 것으로 알려져 있다.

1939년 9월 무렵부터 도쿄에서 신문배달 등을 하고 있던 고학생 김세학金世學, 김순창金順昌 등과 마찬가지로 고학생이었던 강주영姜周永 등 민족주의 그룹의 민중을 중심으로 했던 독립운동의 실천계획(1941년 9월 이후 3명 검거), 1940년 4월 무렵부터 사이타마 중학교 생도 윤만영尹晩榮, 김요한金堯翰 등 민족주의 그룹의 학우회 '자숙회自肅會'에 의한 안중근安重根, 손기정孫基禎·남승룡南昇龍 올림픽 선수의 우승, 간토 대지진의 학살 사건, 지원병 문제 등을 중심으로 했던 민족의식 계몽운동(1941년 7월 6명 검거), 그리고 1940년 12월 무렵부터 가고시마鹿児島 실과종합중학교 생도 김기팔金起八 등이 학우회 '빈중회貧仲會'를 조직해 민족적 의식 고양과 단결을 검토하고 민족독립을 지향했던 운동 등이 있다(1941년 4월 6명 검거).

오사카 부의 보험회사 외교원 김봉각金奉珏은 1940년 4월 이래 가네시로金城 제작소의 고학생 김병복金丙穆 등과 함께 '조선 청년이 나아갈 길은 단 하나 민족 해방을 위해 헌신하는 것 뿐'이라며 독서회 홍아연구회興亞研究會를 결성해 학습하고 있었는데 긴박한 국제정세를 기회로 이를 '계림 동지회'에 발전적으로 해소하여 마르크시즘, 삼민주의三民主義 이론 연구를 진행함과 동시에 니혼 대학, 오사카 전문학교 재학생을 중심으로 독립을 위한 민족의식 고양, 단결을 강고히 하고 조직의 확대 강화에 힘썼다 (1941년 이후 14명 검거).

오카야마의 제6고등학교 학생 여운창呂運昌, 고창섭高昌燮 등은 1940년 4월 무렵부터 재학생 학우회를 민족주의적으로 단결시켜 일반 대중을 지도 계몽하는 중심세력으로 삼고 일본의 혼란기에 일제히 봉기할 것을 기획하는 등 민족의식의 고양에 진력했다(1943년 2월 5명 검거).

야마구치 현山口懸의 야마구치 고등학교를 중심으로 야마구치 고등상업학교, 사립 고조鴻城 중학교에서는 재학생 친목회로서 '여우회麗友會'가 일찍부터 결성되어 있었는데 1939년 무렵부터 류재우柳在佑, 성창병成昌炳 등의 지도에 의해 '여우회'는 민족주의적 성격을 띠게 되었다. 즉 조선어 신문·잡지를 회람하고 독서회 등을 하면서 민족의식 고양에 힘쓰는 동시에 '내선일체', 조선어 폐지, 창씨創氏 제도, 지원병 제도에 절대 반대하고 장래 조선독립을 위해 단결해 투쟁하는 일 등을 논의했다(1940년 7월 19명 검거, 1941년 3월 7명이 치안유지법 위반으로 기소).

주오 대학 학생 권태윤權泰潤, 백연욱白延旭 등 민족주의 그룹은 민족계몽의 중핵체가 될 수 있는 조선 역사, 조선 문화의 연구와 계몽, 조선어·조선 문화의 발전에 기여하기 위한 활동을 실행했다(1940년 10월 3명 검거).

교토 조선 기독교 남부교회의 목사 황선이黃善伊 등은 성경독서회, 일요 학교 등에서의 기독교 선도를 통한 민족주의의 고양을 꾀하며 비밀결사 '거생사巨生社'를 결성하고 동지의 단결을 꾀하기도 했다(1941년 7월 7명 검거).

주오 대학의 이교삼李敎三, 메이지 대학의 장두환張斗煥 등은 1940년 10월 무렵 재도쿄 학생들과 마르크스주의 연구회를 조직하고『두 번째 가난뱅이 이야기第二貧乏物語』,『레닌주의의 기초レーニン主義の基礎』,『유물사연구唯物史硏究』,『유물변증법 강화唯物辨證法講話』 등을 텍스트로 연구회를 개최했다. 또 교토 대학 졸업생 임두성林斗成, 박화운朴華雲 등은 교토대, 제3고등학교 등의 재학생들과 마르크스주의 연구회를 조직하고 공산주의 이론 파악과 함께 그 대중적 계몽, 조선 문화의 보지保持 등 조선 민족해방을 위해 헌신하는 조선인 인텔리로서의 사명 등을 협의했다(1940년 10월 이후 10명 검거, 박화운은 취조 중 학살당함).

오사카에서는 직공 김권일金權一이 1938년 이래 이토伊藤 법랑공장, 요시와라吉原 법랑공장, 다카키高木 법랑공장 등에서 일하면서 조선인 직공을 중심으로『조선 문제朝鮮問題』를 텍스트로 삼아 공산주의운동 연구회를 조직하고 동지를 획득해 공산주의적 독립운동 그룹, 조선독립청년단 등을 조직했다(1940~41년 13명 검거).

도쿄 시립중학교 식당 잡역부 안명수安明洙 등은 민족주의 그룹으로서 안중근 정신을 계승하고 민족의식의 고양에 힘썼으며, 도쿄 고등공과학교 학생 문장희文章熙 등의 '명광회明光會' 그룹도 각자의 기술을 연성해 독립봉기의 실력양성과 민족의식의 고양에 진력했다(1941년 6월 3명 검거).

'죽마계竹馬契' '동맹회同盟會'

니혼 대학 졸업생 안병익安秉翊은 김사복金思宓, 이창덕李昌德, 김해룡李海龍 등과 비밀결사 '죽마계'를 결성하고 본부를 경성에, 지부를 도쿄에 두고 동지를 획득하고 단결을 강화해 조선독립을 계획했다(1941년 6월 이후 14명 검거).

강석주姜錫柱, 이형李炯 등은 한관영韓寬泳, 김희국金熙國과 함께 조선공산당 재건 그룹을 결성해 코민테른Comintern의 12월 테제에 의거하여 노동자, 농민을 주체로 하는 항일보국 통일전선 운동의 전개를 방침으로 삼고 공산주의 이론·조선공산당 재건 운동에서의 인텔리의 임무에 대한 계몽운동을 실시했다(1941년 8월 이후 9명 검거).

재도쿄 고학생 직공 고마시로 마사쓰루駒城正鉉, 이상만李相萬 등은 민족독립의 목표로서 동지를 획득해 '동맹회'를 조직하고 도쿄 재주의 민족·공산주의자 야스다 에이쇼安田永燮, 이금속李金束 등 많은 동지를 규합해 마르크스주의를 연구함과 동시에 민족차별, '황민화' 정책을 비판하고 김일성金日成의 항일운동을 상찬하며 조선청년의 결기를 촉구하면서 독립운동을 기획했다(1941년 10월 3명 검거).

이들의 주장은 대략 다음과 같다.

1. 일본 내지인의 노예는 우리 조선 민족이며 모든 방면에서 차별 압박이 극심함에 이 고경苦境에서 벗어나야만 한다.
2. 지원병 제도는 강제적으로 응모를 장려하고 있는데 이를 굳이 거부할 필요 없이 이를 이용해 우리가 조선독립에 결기할 때 군사교육을 받은 이들 지원병을 역용해 이를 선두에 세워 일본 측과 싸울 수 있다.
3. 일본, 독일 등은 무모하기 그지없는 행동을 거행한 결과, 이미 자멸 외에는 없다. 현재 5개년도 계속되면 국내에 동란이 발발하고 후방의 원동력 궤멸은 필지이다. 그때 우리 열혈 조선 청년은 신명을 다해 조선독립을 위해 일어나야만 한다.
4. 북만주에서의 김일성은 우리 동포로서 그 세력은 위대하며 일본 군대도 상당히 고심하고 있다. 종종 조선 국내를 습격해도 조선인 동포의 집은 결코 덮치지 않고 일본인 가옥 및 일본인을 노리는 것은 실로 우러러 볼 행위이다. 우리는 더욱더 조선에 진입하여 산촌, 농촌, 어촌의 민족 대중을 지도 계몽하고 그 단결력을 강화해 조선독립의 준비를 해

야만 한다.

5. 조선 언문은 세계 무비無比의 언어임에도 불구하고 일본 정부는 조선 문자를 말소해 우리 민족을 박멸하려고 한다. 그렇지만 조선 문자는 쉽게 없어질 리 없다. 조선 민족은 우리가 조선독립운동을 개시해 일어설 때 그 깃발 아래 모이는 모습이 불길을 보는 것보다 밝을 것이다.

6. 우리는 항상 일본의 식민지적 압제 아래 비참한 형편에 있으며 이 고난에서 우리 삼천만 민족동포의 자유와 행복을 획득하기 위해서는 어떠한 방침 아래 완수해야 하는가. 그것은 공산주의운동을 통해 조선독립을 기획해야만 한다.

조주순曺柱淳 등 규슈 의과전문대학 조선인 학생의 민족·공산주의 그룹은 공산주의와 민족자결을 강조하고 중국공산당, 중국인 학생과의 연대를 주장했다(1941년 10월 이후 6명 검거).

요코하마 재주의 고학생 김용규金容珪 등 조선인 민족·공산주의 그룹에서는 마르크스주의를 연구하고 일본자본주의의 붕괴와 조선독립의 필연성을 확신하며 귀국해 독립운동을 기획했다(1941년 12월 7명 검거).

박응포朴應苞 등 제4고등학교 재학생들의 '조선 청년 마르크스주의 연구회'에서는 도야마 고등학교, 도야마 약학전문학교 재학생 등과 연대해 사회혁명의 실천을 목표로 매주 독서회를 열었다(1941년 12월 이후 17명 검거).

'마르크스주의 연구회マルクス主義研究會' '독립혈맹獨立血盟'

민태곤閔泰昆 등 도호쿠 대학 재학생의 민족·공산주의 그룹은 마르크스주의 연구회를 조직하고 학생의 동지적 단결과 마르크스주의 이론 연구를 실시하며 일제의 민족말살 정책을 반대하고 민족적 자각의 고양에 힘썼다(1941년 12월 7명 검거).

민태곤 그룹의 주장은 다음과 같다.

(가) 조선독립을 희구하는 조선인 학생의 동지적 단결을 강화하고 그 지도
자로서 조선민중을 지도 계몽하기 위해 자신의 문화수준 향상에 노력
함과 동시에 그 목적 달성의 지도 실력을 양성하는 방법으로서 마르
크스주의 사상을 채용하고 마르크스주의 사상의 연구를 실시할 것.

(나) 조선은 일본의 철저한 탄압에 의해 민족 멸망의 위기에 직면해 있다.
우리 학생들은 이 비참한 민족을 해방하기 위해 헌신적 노력을 해야
하는 책무를 지닌 자이다. 그렇지만 당국의 탄압 아래에서는 적극적
운동은 불가능함으로 당면한 임무로서 조선 민족에 대해 민족적 의식
의 양양, 문화적 지도 계몽에 힘쓰는 등 점진적 운동 방법을 채택하는
것 외에는 방법이 없다. 따라서 우리들은 학적 실력 양성에 힘을 기울
이며 특히 마르크스주의 경제학은 식민지 해방 정책을 강조하고 있으
므로 그 연구에 노력할 것.

(다) 조선인의 전문 학교 교수들은 세계적 수준에 달해 대학 교수의 자격
이 있으며 내지 대학 교수에 견주어도 우열을 가리기 힘든 실력을 갖
춘 우수 민족이라는 사실을 인식하고 이를 과장해서 민족의식의 양양
에 노력할 것.

(라) 우리는 민족해방운동의 일환으로 조선 내에서 아직 양반제(무반·문반·
마마)가 현존하고 봉건적 색채 특히 농촌 지방에 잔존하고 있으므로
이를 청산하는 일이야말로 해방운동의 지름길 중 하나로 개혁적 중대
역할이다. 우리는 이상만을 쫓지 않고 우선 자신의 가까운 곳부터 실
천해야만 할 것.

(마) 병역의무제의 실시에 의한 조선 민족의 대결점인 단체적·희생적·감
투敢鬪 정신력을 함양하는 자가 되면 이것이 실시의 촉진을 꾀해 봉
기 때에 역용하여 이를 제일선에 세울 수 있을 것.

(바) 장제스蔣介石는 일본과의 평화교섭에 조선독립의 일개조를 제출하고
있으며 왕자오밍汪兆銘과 연락하고 있어 일본의 피폐를 틈타 일거에
반격하려 하는 정세에 있어 일본의 승리는 위태로운 현상이다. 따라
서 우리들의 대망의 날도 가까워졌으므로 결속을 견고히 할 것.

(사) 언문의 폐지, 조선어의 사용 폐지에 의해 조선 문화는 점점 쇠퇴의 일
로를 걷고 있어 실로 한탄스러운 상태이다. 문화도 가지지 못한 민족

은 민족이라고 부르지 못한다. 이러한 일본 당국의 탄압 식민지 정책에 대해서는 우리는 끝까지 투쟁해 조선 민족 문화의 지도에 임할 것.

(아) 의무교육 제도가 실시되면 일본화 교육을 받기 때문에 민족의식을 상실할 염려가 있지만 문화 수준을 향상하고 독립의 초지礎地의 배양이 가능해지므로 신속히 실시될 수 있도록 적극적 운동을 전개할 것.

(자) 일본은 조선 쌀의 내지 이입을 강제하고 조선인을 개돼지와 똑같이 취급하는 듯한 식민 정책을 실시하고 있으므로 조선 민족은 이 비인간적 정책에 아프게 통감하고 있다. 따라서 이를 이용해 민족적 의식을 부식扶植해 독립을 준비할 것.

(차) 일본 정부는 우리 학생들의 민족운동에 극도의 탄압을 가하고 있지만 우리의 운동은 뿌리 깊은 전통과 긍지를 가지고 있으므로 이야말로 우리의 민족 정신이다. 우리는 이 그룹을 더욱 강화해 의기와 정열로 목적 관철에 매진할 것.

(카) 창씨 설정은 철저적으로 조선 문화의 파괴와 민족의식의 절멸을 꾀하고자 하는 일본 정부의 극악질적 압정이다. 우리는 이러한 탄압에 굴복하지 않고 조선민중의 지도 계몽에 힘쓸 것.

(타) 현재 일본은 사상적으로도 경제적으로도 막다른 곳에 있어 머지않아 붕괴하려고 하는 상태에 있다. 지금이야말로 우리가 일치단결해 동지적 결합의 강화를 도모함과 동시에 실력을 양성해 봉기할 것.

(파) 조선인 노동자의 비참한 상태는 자본주의 사회의 모순에서 비롯된 것으로 우리는 단순히 민족운동 만을 목표로 두지 않고 이와 병행해 공산주의 사회의 실현 또한 계획해야만 한다. 공산주의 사회주의 이론의 연구를 실시하고 현 사회 기구의 모순 제거에 노력함과 동시에 조선 내에서의 경제 사정에 관해서도 깊이 연구할 것.

(하) 졸업 후에는 각자의 전공 과목 연구를 계속해 훗날 조선독립의 때에 도움이 될 것.

고베에 본부를 둔 '조선 기독교'는 조선어 사용, 목사 자격 문제 등으로 '일본 기독교'와의 합동에 반대했지만 종교단체법의 시행으로 부득이하게 합동할 수 밖에 없게 됐다(1940년 1월 임시총회로 결정). 나고야의 구舊 조선 기독교 목사 박상동朴尙東, 추인봉秋因奉 등은 같은 해 10월 조선 기독교의 교리를 유지하고자 종교 그룹을 결성하고 조선독립을 기획했다. 그 운동의 기본적 태도로서 ① 기독교 포교라는 합법적 측면을 이용할 것, ② 전 조선의 민족의식을 고양할 것, ③ 전 조선 민중의 자주자립의 정신·관습을 함양할 것, ④ 전 조선 민중의 봉기 시기는 일본의 국력이 가장 피폐한 시기를 포착할 것 등을 결정했다. 그리고 종래의 조선 기독교 교리를 그대로 포교하고 합법적 측면에서 신궁神宮의 부적을 배격하고 신궁·신사는 우상으로 제사 배례할 가치가 없는 것이라고 했다. 이 때문에 1941년 12월 박상동 등 10명이 검거됐다.

이 외에 도쿄에서 다수의 민족주의 학생 그룹의 비합법 활동이 있었다. 예를 들면 니혼 대학 제2상업학교의 오노 케이엔大野圭演 그룹, 김병준金秉浚 그룹, 사이타마 중학교의 마쓰모토 코요松元甲溶 그룹, 릿쿄 대학·주오 대학 학생 그룹, 가나오카 에이케이金岡英桂 등 학생 그룹, 임병철林炳喆 학생 그룹 등이 있다.

또 이 무렵 교토에서는 직공 류귀복柳貴福·김두만金斗萬 등의 '독립혈맹' 그룹, 박영규朴榮奎 등의 고학생 그룹, 오사카에서는 신문 배달·잡역부 오하라 도쿠슈大原德秀 등 고학생 그룹의 비밀결사 '조선청년당', 도야마에서는 도야마 고등학교의 최정율崔定律 등 민족주의 학생 그룹, 고베에서는 주오 신학교의 김영창金永昌 등 민족주의 그룹, 조영계曹寧桂 등의 '동아연맹' 이론에 의한 민족주의 그룹, 후쿠오카의 하치만八幡 제철소 인부 김봉조金奉祚 등 민족주의 그룹 등이 활동했다.

'조선독립청년당' '조선독립연맹'

태평양 전쟁 개시 이후인 1942년 이후는 민족주의 그룹의 활동이 주를 이루었다. 여기에는 학생 등 인텔리 이외에 고학생을 포함해 상당히 많은 노동자(직공, 토공들)가 있다는 것은 주목할 만한 점이다.

리쓰메이칸立命館 대학의 도미타 에이슈富田榮洙 등 조선인 학생의 민족·공산주의 그룹은 종교로는 독립이 불가능하다고 생각해 기독교도에 대한 민족의식 계몽을 주장하고 노동자 대중을 계몽해 동지를 획득하며 중국, 소련과의 연대, 일본공산당 동지와도 호응하여 조선독립 달성을 기도했다(1942년 3월 5명 검거).

야마가타 현山形懸 오이즈미大泉 광업소 광부 출신 야마모토 소테츠山本想哲는 1940년 봄 무렵부터 도쿄 재주의 학생들과 공산주의 그룹을 만들고 재도쿄 동향회를 결성했다. 그리고 조선 민족의 해방은 일본 프롤레타리아 혁명과 불가분으로 일본제국주의의 붕괴는 국내의 혁명운동과 항일 인민전선 운동으로 인해 필연적이며 조선공산당, 일본공산당 재건에 기여하기 위한 연구회를 열고 변증법적 유물론, 제국주의론, 마르크스주의 경제학, 마르크스주의 예술론 등을 학습하며 혁명인식을 높여나갔다(1942년 8~9월 6명 검거).

센슈 대학 학생 현창석玄昌碩 등은 우리 조선독립 그룹을 조직하고 1941년 5월 무렵부터 일본 패전의 필지, 조선민중의 봉기, 독립 달성을 목표로 민중봉기의 지도자가 될 수 있는 그룹 각 구성원의 의식 고양, 자질 연성, 단결 강화 등에 힘썼다(1942년 3월 이후 9명 검거).

오사카 재주 고학생 민춘기閔春基 등의 민족주의 그룹에서는 조선청년의 의식분자를 결집시켜 독립혁명의 중핵체가 될 수 있는 비밀결사를 조직하려고 했다(1942년 10월 3명 검거).

도쿄 재주의 고학생 백신도白信道 등 민족주의 그룹은 1939~41년에 하숙처 등에서 종종 회합하고 조선독립을 위해 조선 청년의 정신挺身, 각자의 전문분야의 연구를 거듭해 대중의 지도자가 될만한 자기 단련, 민중의 민족의식·독립사상 고양을 꾀했다(1942년 10월 5명 검거).

오사카 재주의 직공 이봉춘李奉春, 고갑평高甲平 등의 민족주의자는 1934년 7월 성심誠心 야학교를 개설하고 이후 조선어, 조선역사, 조선독립 창가唱歌 등의 교육을 통해 민족독립 의식 고양에 힘썼다(1942년 10월 이후 4명 검거).

오사카 재주의 다나카 에이슈田中永秀 등 니혼 대학 중학교 학생 등 조선인 고학생 민족주의 그룹 '충성회忠誠會'에서는 징병제도 시행에 반대하고 일본의 패전의 필지를 확신하며 김일성의 항일운동에 호응해 독립운동에 결기하고자 했다(1942년 12월 9명 검거).

이 외에 1940~41년에 재도쿄 고학생 허동희許東熙, 이학철李學鐵, 교토시 교토 중학교 학생 김영규金永奎 등의 독립운동 계획이 있었다.

오사카 재주의 신문사 교정계 오영식吳榮植, 철공 정헌기鄭憲基 등 민족주의 그룹(1942년 7월 3명 검거), 오사카 재주의 직공 김병은金炳殷 등 고학생 민족주의 그룹 '전진회前進會'(1943년 2월 3명 검거) 등의 민족의식 계몽활동이 있었다. 또 오사카에서는 윤병충尹炳充 등 니혼 대학 오사카 야간 중학교의 조선인 고학생 민족주의 그룹이 '조선독립청년당'을 결성했다.

조선독립청년당은 징병제 실시의 발표에 대해 "조국없는 우리가 무엇을 위해 싸워 귀중한 생명을 버리는 것이 가능할까. 지금이야말로 우리는 결연히 일어나 민족해방운동에 앞장서지 않으면 영구히 시기를 잃게 될 것이다."라며 동지 수 명을 획득해 "우리 동지는 즉시 학업을 중단하고 조선으로 돌아가 경성에 운동 본부를 설치하고 각 도에 동지를 잠입시켜 각 지방에서의 유력자 및 청년층 종교단체에 책동하여 동지를 획득함으로써 조직의 확대 강화를 도모해 일본 패전의 기회를 보아 일거에 조선독립을 완성해야 할 것이다."라고 했다(1943년 3월 7명 검거).

지바 현千葉懸 후나바시 시船橋市 재주의 신문배달부이자 신학교 생도 간다 온하神田恩波 등 조선인 고학생은 독립운동을 협의하고(1943년 6월 이후 11명 검거), 송몽규宋夢奎, 윤동주尹東柱 등 교토 조선인 학생 민족주의 그룹에서는 1941년 무렵부터 조선문화 유지 향상, 민족문화 사수를 위해 조선어 금지 및 조선어 신문 폐지에 반대하며 연극, 영화를 통한 민족의식 계몽, 민족정신의 고양을 주장했다(1943년 7월 3명 검거, 송몽규, 윤동주는 1945년 초 후쿠오카 형무소에서 고문으로 인해 옥사).

후쿠오카 형무소에서 옥사한
도시샤同志社대학 학생 윤동주(1945.2.)

송몽규, 윤동주 등의 주장은 다음과 같다.

(가) 조선의 현상은 자신의 언어도 문자도 사용할 수 없게 되어 조선 민족
은 장차 멸망하려고 하고 있다. 우리는 조선인이라는 의식을 잊지 말
고 조선 고유의 문화를 연구해 조선문화의 유지 향상을 도모하는 것
이 민족적 문화인의 사명이다. 조선 민족은 결코 열등민족이 아니며
문화적으로 계몽하면 고도의 문화민족이 될 수 있다. 문화적으로 계
몽해 민족의식을 자각하게 되면 조선독립은 가능하다.
(나) 민족의식의 계몽은 문화력에 의해 가능하며 연극·영화 등은 효과적
이지만 장소적 제한을 받기 때문에 문학 작품 특히 대중문학에 의한
감화가 가장 크며 아무런 제한 없이 그 영향적 측면도 크기 때문에
이에 노력해야만 한다.
(다) 조선도 대동아공영권 안의 약소민족으로서 해방되야만 한다. 그러나

이를 위해서는 조선 민족의 민족적 결점이 시정되어 있어야만 한다.

(라) 대동아공영권의 일원으로서 조선이 독립하는 것은 일본의 역사적 필연성이다. 그러나 여기에는 조선 민족이 문화적 자각을 지니고 적극적으로 독립을 요망해야만 한다. 조선독립의 선결 문제는 민족의 문화 수준 향상에 있으며 그 책임은 우리들에게 있다.

(마) 조선독립 목적 달성을 위해 어디까지나 조선 민족 문화를 사수해야만 한다.

(바) 대동아전쟁의 강화 조약 때 조선독립을 조건으로 제기해야만 하며 또한 제기하지 않더라도 일본의 국력이 약화 혹은 일본 패전을 기회로 독립운동을 일으키면 모든 조선인이 결집할 수 있다. 그때 조선 출신 군인도 역할을 할 것이며 우리도 한 몸 희생하여 일어나야만 한다.

(사) 독립 봉기 때는 조선인인 이상 민족적으로 결합할 것이므로 특히 동지 획득에 열중할 필요는 없다. 동지 획득에 있어서는 충분히 주의해야 한다.

(아) 독립 이후의 정치 주권자는 어떠한 자여야만 하는가. 당분간 군인 출신의 독재정치에 의존할 것이다.

(자) 재교토 조선인 학생 무코야마 마사토시向山仁俊·마쓰야마 류칸松山龍漢 등에 대해 자주 민족적 선동 계몽을 실시한다.

(차) 학교에서의 조선어 교수 폐지와 언문 신문 잡지 등의 폐간은 조선문화 즉 고유의 민족성을 말살하고 조선 민족을 멸망시키려고 하는 것이므로 끝까지 조선문학의 유지에 힘써야만 한다.

(카) 내선일체 정책은 일본 정부의 조선 민족 회유 정책으로 조선 민족을 기만하고 민족문화와 민족의식의 소멸을 꾀해 조선 민족을 멸망시키려고 하는 것이다.

(타) 조선문화를 유지하고 민족의식을 고양하기 위해서는 고유문화를 역사적으로 연구하고 체계화할 필요가 있다. 독일에서는 피히테라고 하는 대학 교수가 '국민에게 고한다'라는 강연으로 국민정신을 진작振作했으며 이탈리아에서는 마치니라는 사람이 '청년 이탈리아'라는 저서로 국민의 자각을 촉발했다고 한다. 조선독립을 위해서도 이와 같은 민족정신을 작흥作興 할 수 있는 학문적 연구에 의한 논문이 필요하

다. 우리는 이처럼 민족이 나아가야 할 길을 연구해 조선 민족의 결점을 시정해야만 한다.

(파) 대동아공영권 이론은 동아시아 각 민족으로 하여금 각자 그 장소를 얻게 할 수 있는 것이므로 조선도 독립할 가능성이 충분히 있다. 단 조선 민족 자신이 조선독립의 의지를 보이고 독립 후의 정치도 스스로 실행할 것임을 표명해야만 한다.

한노飯能 실업학교 촉탁 오가타 코이치緖方光一, 요코하마 제1상업학교 가네모토 히로키요金本碩珍 등 4명은 1941년 무렵부터 조선 민족의 해방·독립을 위한 운동방침을 협의했다(1943년 4월 이후 4명 검거).

나고야 시 아이치愛知 시계 에이토쿠永德 공장 건설장의 일용 토공 가네하라 하쓰오金原初雄, 오타 마사유키大田政行 등 민족주의 그룹은 비밀결사 '거룡회巨龍會'를 결성하고 회칙, 운동방침을 정하여 항구의 각 노무자합숙소의 동포 노동자의 민족의식 선전계몽에 노력했다(1943년 7월 9명 검거).

오사카에서는 김상래金尙來 등 직공 민족주의 그룹 6명이 1943년 2월 무렵부터 독립운동을 협의했으며(같은 해 7월 4명 검거), 또 학생 그룹이 다수 만들어졌다. 오사카 시 가와키타川北 초등학교 고등과의 요시하라 타이준義原泰順 등은 오사카 시립 중학교 학생 아라이 토시히로新井寿碩 등 20~30명과 함께 '조선독립연맹'을 결성하고 민족적 차별과 압박에 반대하며 일본의 패전 필지와 미국·영구·중국의 원조에 의한 조선독립을 확신했다. 그리고 위원장 아래에 각자의 활동분야를 결정했고 야학숙을 개설하여 권투, 모르스 신호 연습, 암호 결정 등 심신 단련을 실행했다. 또한 '신흥소년단'을 결성하기도 했다(1943년 8월 7명 검거).

또 오사카의 간사이 공학교 학생 황희열黃熙烈 등 민족주의 그룹에서는 조선독립을 위한 중견적 지도자가 되고자 힘썼으며, 1942년 1월 동포의 민족의식 고양을 위해 '조선동포에게 고한다' 등의 수기를 발표하고 독립운동을 협의했다(1943년 10월 4명 검거). 그리고 오사카의 나카노 키치오中野吉雄 등 사립 도아東亞 전기통신공업학교 생도는 1942년 7월 무렵부터 일본의 패전이 필연적임을 믿고 민족적 단결과 함께 '만주'의 독립국민군에 참가해 무장투쟁을 계획하고 있었다(1943년 11월 이후 3명 검거). 1942년 3월 무렵 고베의 조선인 민족주의 그룹 직공 신동하辛東夏 등 4명은 일본의 패전을 믿고 조선독립을 위한 봉기를 목표로 계몽운동을 전개했다(1943년 5월 4명 검거).

노동자 각지에서 독립을 협의

1943년에는 또 사가 현佐賀懸 가라쓰唐津 탄광, 오기小城 탄광에서 '이입노무자' 도요타 사네히코豊田実彦 등을 중심으로 식사 문제에 관한 집단적 항의운동이 계기가 되어 폭동이 일어났고, 이를 전국적으로 선전하여 독립운동을 기도했다(1943년 10월 4명이 검거, 도요타는 사가 형무소에서 고문으로 옥사).

도요타 사네히코를 포함한 민족주의 그룹(1942~43)의 협의 내용은 다음과 같다.

(1) 이러한 조선의 차별 대우는 결국 조선독립을 통해 근본적으로 해결될 수밖에 없으며 우리는 독립을 위해 단결하여 내지인과 항쟁해야 한다.
(2) 탄광 측의 차별대우와 학대에 대해서는 그저 불평불만을 늘어놓는 것만으로는 안 된다. 우리 노무자의 결속된 힘으로 해결해야 한다.
(3) 우리는 구호를 외치는 것만으로는 부족하고 서로 결속하여 탄광 측에 대항해야 한다. 이후의 책임은 내가 질 테니 협력하여 기숙사의 사무소의 관리인을 해치우자. 그리고 나아가 노무사무소로 쳐들어가라.
(4) 우리는 반도인의 해방을 위해 탄광을 습격하여 순조롭게 대우개선과

지위 향상을 꾀하고 있지만 진정한 반도인의 해방은 독립을 통해서만 완성될 수 있는 것이므로 내지에 살고 있는 모든 반도인은 공장, 광산의 우리에게 배우고 서로 단결하여 실력으로 봉기해야 할 것이다.

사립 간토 중학교 학생 온다 미노루恩田実 등 지바 조선인 학생 민족주의 그룹(1942~43)은 다음과 같은 생각으로 독립운동을 협의하여 1943년 11월 이후 9명이 검거되었다.

(1) 조선에 징병제가 실시되었는데 이는 일본의 인적 부족과 국력의 저하를 의미한다. 이 전쟁은 일본이 미국, 영국과 싸우고 있는 것이지 조선이 전쟁을 하고 있는 것이 아니므로 징병제에 반대한다.
(2) 언문(한글)의 폐지라든지 창씨개명은 조선 민족의 특질을 없애기 위한 것으로 일본 정부는 민족의 말살을 꾀하고 있다.
(3) 조선 내에서는 관헌이 강제적으로 가혹하게 농산물을 공출시켜 동포는 몹시 절박한 식생활을 하고 있다. 일본의 전쟁 때문에 괴로운 생활을 할 필요가 어디에 있는 것인가.
(4) 대동아전쟁에서 일본은 반드시 진다. 그때가 조선이 독립할 절호의 기회이다.

도쿄 외국어 대학 출신의 강갑덕姜甲德, 김광지金廣志 등의 공산주의 그룹은 1943년 10월 무렵부터 일본의 패전을 믿고 혁명 의식 고양에 힘썼다(1943년 12월 이후 4명 검거).

가나자와 시金澤市 사립 가나자와 중학교의 학생 야마모토 에이노스케山本榮之助를 포함한 10명은 1941년 무렵부터 민족의식을 높이고 독립운동을 결의하여 동지의 결집 및 단결을 꾀했다(1944년 2월 이후 10명 검거).

1944년에는 도쿄에 거주하는 오야마 기요시大山穆 등 민족주의 그룹(1943~44년)이 베트남 독립운동을 연구하여 다음과 같은 조선독립의 방침을 세워 같은 해 4월 5명이 검거되었다.

(一) 협의 논담 내용

(1) 인도차이나 동란 40년사에 관한 출판물의 내용은 베트남인의 독립운동이다. 우리 조선인은 이를 이용해 민족운동이 어떠한 것인지를 알고 나아가 이것을 참고로 조선독립운동을 전개해야 한다.

(2) 이번 대동아전쟁은 결국 가까운 장래에 일본이 패전할 것이며 우리 조선 민족은 일치단결하여 이 기회를 틈타 일제히 궐기하여 일거에 그 독립을 완수해야 하며 이때 조선인 청년들은 솔선하여 여러 운동에 앞장서고 몸 바쳐 일해야 한다.

(3) 조선인의 징병제도는 조선독립을 위해 이용해야 한다.

(4) 조선독립은 타국의 원조를 받지 않고 어디까지나 조선 민족의 자력으로 결행해야 하며 타국의 꼭두각시 정권이 되지 않도록 해야 한다.

(二) 운동방침

(1) 동지 획득에 중점을 두고 올해 7월 중에 5백 명을 목표로 하여 도쿄를 중심으로 지방 및 조선에 활동을 전개할 것.

(2) 동지는 질적으로 우수한 자를 고르고 또한 넓은 범위(학생, 징용공, 인부, 관리, 노동자, 국민학생 등)로부터 이를 획득하여 그 각자의 지위를 이용할 것. 또한 중국인이라 해도 이용할 수 있는 자는 동지로 삼을 것.

(3) 동지의 조직은 당분간 소그룹주의로 하고 앞서 기술한 4명의 동지를 중심으로 하여 그 밑에 수직적 연결조직을 만들 것.

(4) 일본을 패전으로 이끌기 위해 징용공을 동지로 획득, 이를 조직화하여 감산운동을 전개할 것. 또한 일반 조선인에게 밀거래를 장려하여 경제교란으로 이끌 것.

(5) 일반 조선인의 계몽 및 민족의식 고양을 꾀하기 위해 조선어 보급과 조선사의 연구 등에 힘쓸 것.

(6) 조선독립운동은 시국을 정확하게 간파하여 그것을 기초로 방침을 정해야 하므로 사회정세 등에 관해 연구 검토할 것.

(7) 조선독립의 수단과 방법은 우리의 동지가 일본 패전의 위기에 일제히 궐기하여 일본 정부에 대해 독립을 요구하고, 만약 일본 정부가 이를 승인하지 않으면 전 조선으로 하여금 일본에 대한 협력을 정지하게 하고 나아가 폭력을 통해서 조선에서 일본 세력을 구축驅逐하고 조선의

독립을 결행할 것.

(8) 조선의 국체는 장래 군주제나 대통령제로 할 것.

(9) 조선의 독립은 적어도 대동아전쟁 종료까지는 완성하여 세계평화회가 개최될 경우, 조선이 독립 국가로서 참가하는 것을 목표로 독립운동을 진행할 것.

1944년에는 또 도쿄에 사는 직공 김굉가金宏佳 등 민족주의 그룹(같은 해 5월 5명 검거), 고교쿠샤攻玉社 공업학교 학생 가네모토 쇼켄金本鍾權이 포함된 민족주의 그룹(같은 해 6월 이후 4명 검거)에 의해 독립운동에 대한 협의가 있었다. 또 이 해 나고야에서도 다케나카竹中 공무점 하야시林 합숙소의 토공인 임원갑林元甲 등이 비밀그룹 '조국위안회'를 결성, 각 합숙소를 순회하여 조국의 재건을 협의했다(같은 해 5월 이후 5명 검거).

교토에서는 시마무라島村 합숙소의 토공인 다마키 노부마사玉城信正 등에 의한 민족주의 그룹(같은 해 6월 5명 검거)이, 삿포로에서는 철도공업회사에서 일하던 이와타구미岩田組 가네코金子 합숙소의 문종달文鍾達 등에 의해 민족주의 그룹이 결성되었고 독립운동을 협의했다(같은 해 9월 4명이 검거). 또 아마가사키尼ヶ崎의 오타니大谷 중공업회사에서는 '이입노무자'인 히로타 헤이케이廣田炳奎 등이 중심이 되어 '협화훈련대 특별청년회'가 결성되었고 김일성의 조선 진격에 호응하여 봉기하고자 협의했다(같은 해 6월 7명 검거).

닛폰핫소덴日本發送電 주식회사 건설 공사장의 노동자 마쓰무라 타카하루松村隆春, 히라타 토시하루平田載春 등은 1944년 5~8월 홋카이도 가미카와 군上川郡 히가시카와 촌東川村 오사카구미逢坂組 요네다米田 합숙소, 아사히카와 시旭川市 산조 정三条町 아키타야秋田屋 여관 등에서 "조선도 드디어 독립할 시기가 왔다. 일본은 반드시 패한다. 우리의 선배 김일성은 지금 미국의 원조로 만주에서 조선의 독립운동을 하고 있으므로 우리도 대단히 열심히 해야 한다……"라고 하며 운동의 구체적 실행방법으로서 중요공장에서 노동자를 도주시켜 생산을 저해하고 전력을 저하시키기, 노동 재계약 반대, 저축 반대, 군대소집에 응하지 않는 방법 등을 협의하여 검거되었다.[7]

1945년에 들어서서 7월까지 치안유지법 위반으로 33건 83명이 검거되었다.

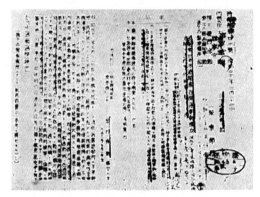

일본 조선소(하코다테函館) 내의 독립,
불경 행동에 의한 검거를 기술한 『특고 월보特高月報』 초고(1945)

1월에는 구레 시 고분興文 중학교의 학생 시마즈 게이키치島津惠吉 일행, 고베 시 고베 제강소 아카시明石 공장 육영상업 학도보국대원인 사카히라 도코坂平道洪 등 4명, 히로시마의 미쓰비시 공업회사 히로시마 조선소 노동자 마쓰모토 가타노부松本容鎮 일행 등이, 2월에는 도쿄 시바우라芝浦의 시마무라구미島村組의 인부 원종철元鍾澈 일행, 고마쓰 시小松市 고마쓰 제작소 아와즈栗津 공장 노동자 요네자와 칸자와米沢漢澤 등을 포함한 5명, 홋카이도의 동일본 조선회사 하코다테 공장 노동자 김제정金祭貞 일행 등이 민족주의적인 입장에서 독립사상의 선전보급, 독립운동을 협의

---

7) [원주] 박경식 편, 앞의 책 제5권 수록, 이하 1945년도 관계자료는 본서에 의함.

했다고 하여 검거되었다(아와즈 공장에서는 50명 중 29명이, 하코다테函館 공장에서는 258명 중 65명이 도망갔다).

3월에는 교토의 리쓰메이칸 야간중학교 학생인 김욱정金旭精 일행, 도쿄 직공(배관공) 이대호李大鎬, 토공 인부 이창호李昌鎬 등이 동지와 함께 민족의식을 고양하고 독립문제에 대해 협의하여 검거되었다. 같은 달 니가타新潟 철공소에 연행된 노동자 마쓰모토 이치다이松本一奉 일행은 독립운동을 기획하고 김일성대에 가입하고자 24명을 집단 도망시켰다. 같은 달 요코하마 시 일본 강관鋼管 제철회사 쓰루미鶴見 조선소의 지도원 조수 장기량張起亮 일행은 도쿄 이시카와지마石川島 조선소의 조선인 노동자와 연계하여 일본은 반드시 패전한다고 하며 집단도주 계획을 세워 검거되었다.

5월에는 가라후토樺太 도요하라 시豊原市 가라후토 철도국 고용원 하나다 마사히로花田大浩 등 7명은 청년 그룹을 결성하고 조선독립을 기대하며 상호 민족의식의 고양을 꾀했다고 하여 검거되었다.

고베 형무소 출옥 동지(1945)

6월 가라후토 오도마리 정大泊町의 점쟁이 김용남金龍男은 토공 10명과 함께 북성조北星組 그룹을 결성하여 민족의식을 고양하고 독립의 수단 방법을 협의한 혐의로 검거되었다. 또 같은 달 후쿠시마 현福島懸 고오리야마 시郡山市 모자 제작소를 경영하던 정일산鄭日産 등은 민족·공산주의 그룹을 결성하고 공산주의 이론의 연구, 동지의 획득 등을 하여 검거되었다.

7월, 나고야, 기후 현岐阜懸 이마와타리 정今渡町의 이근도李根道 등 청년 직공 8명은 붕우강좌회를 조직해 민족독립을 기도하고 상호 계몽운동을 전개하여 검거되었다.

이 외 같은 달 교토의 숫돌 제조직공 오인상吳仁象, 자동차 운전수 마쓰무라 키칸松村基漢 일행, 히로시마 시의 철도공 김경수金慶守 일행, 아마가사키 시 오바야시구미大林組의 토공 김태원金泰元 일행도 민족의식의 고양, 독립운동을 기도했다고 해서 검거되었다.

홋카이도에서는 같은 해 1~3월에 강제노동반대 폭동의 위험이 있다고 하여 5건 27명이 검거되었다.

(글에 등장하는 일본식 이름은 본명이 판명되지 않아 자료 그대로 두었다.)

(2) 치열한 노동자의 투쟁

전시 하에서 '산업보국'의 미명 아래 강제연행되어 가혹한 노동조건에서 식민지 노동자로 일하던 재일조선인 노동자는 자연발생적이기는 하지만 많은 노동쟁의 혹은 집단도주 등을 통해 싸웠다. 노동쟁의의 건수, 참가인원은 아래의 〈표 11〉(내무성 통계)과 같은데 '재주조선인'과 '모집, 관 알선'(강제연행)으로 분류되어 있다. 이 통계표로 알 수 있듯이 '재주조선인' '모집, 관 알선'을 합계해 보면 1939년의 185건 1만 3,770명이, 1940년에는 687건 4만 1,732명, 1941년에는 588건 3만 8,503명, 1942년에는 467건 2만 4,505명으로 증가해 엄청난 수에 이르고 있다. '모집, 관 알선'이라고 불리는 강제연행된 노동자의 투쟁이 많은 것도 당연한 결과라고 할 수 있다.

쟁의 형태는 파업, 태업, 직접행동, 기타로 나뉜다. 관헌 자료에는 "노동조건을 진중히 검토하지 않고 대략 경솔한 불평불만으로 일동이 부화뇌동하여 개선을 요구하고", "또는 내지인이 광부, 직원의 가혹한 취급, 또는 사고 발생 등을 꼬투리 삼아 노동조건의 개선, 복리시설의 완비 등을 요구하고 인정받지 못했을 때는 바로 태업이나 파업을 행한다."라고 하여 "이들 중에는 노동운동이 성행했을 무렵의 노동단체의 징수 방법을 그대로 답습하고 있는 경향이 있다."라고 되어 있다. 또 "어떤 분쟁의에서도 항상 집단적 행동으로 나오는 경향이 있고 대거 사무소 혹은 내지인 노무 담당 혹은 노동자 등에게 몰려가 습격한다. 심할 때는 진압하러 온 경찰관에게까지 폭행을 가하여 유혈사태에 이르는 폭행, 상하이, 소동사건을 야기하기에 이름"이라고 기술하고 있다.

여기에서 말하는 '노동조건을 진중히 검토하지 않고, 대략 경솔한 불평불만으로 일동이 부화뇌동하여'라든지 '진압하러 온 경찰관에게까지 폭행을 가하여'는 말할 것도 없이 관헌적인 관점의 서술이지만 이러한 기술들에서 노동쟁의의 대략적인 형태를 엿볼 수 있다. 특히 말할 수 있는 것은 집단적 '직접 행동'이 많았다는 것이다.

쟁의 원인으로는 노무 담당, 지도원, 사감 등의 사적 제재, 오만한 태도, 노동조건의 열악, 계약위반, 민족적 편견·차별, 식사에 대한 불평·불만, 일용물자의 부정 배급, 언어·관습의 차이, 특히 일본어를 이해하지 못하는 데서 가해지는 구타, 사고의 빈발, 고용계약 연장 강제 등이 있다.

〈표 11〉 재일조선인 노동쟁의(1939~44)

(1944년은 11월까지)

구분 년도	재주조선인		모집, 관 알선	
	건수	참가인원	건수	참가인원
1939	153	9,630	32	4,140
1940	349	18,349	338	23,383
1941	96	4,977	492	33,526
1942	172	8,499	295	16,006
1943			324	16,693
1944			303	15,230

※출처: 내무성 경보국, 『사회운동의 상황』; 내무성 경보국, 『특고 월보』.

쟁의의 결과를 보면 경찰의 강제조정에 의한 타협이 많지만 동시에 지도적 인물의 검거, 송검도 많다. 즉 경찰과 군대의 출동에 의한 탄압을 말한다.

관헌과 자본가 측은 "이주 조선인 노동자의 분쟁의, 폭력행위 및 도망 등과 같은 행동은 내지의 치안과 산업확충 수행을 혼란스럽게 한다."라고 하여 "이유 불문, 현시국 하에서 파업, 태업 등과 같은 악질적인 행위에 대해서는 노자 간의 분분한 의론으로서 간과하지 않고 주모자, 선동자 등을 규명한 후 본적지로 송환하고 불순분자를 철저하게 소탕하는 등 단호한 조치를 강구해야 하며, 이를 강구하지 않고 그릇된 내선일체론에 사로잡혀 저런 무리들에게 온정주의로 임해서는 계속해서 분쟁의를 반복하게 될 수 있다고 할 것이다."라고 탄압방침을 명백히 하고 있다.

1940년의 재주조선인 노동쟁의는 349건, 참가 총인원 1만 8,349명이며 전년도 보다 196건, 8,919명이나 증가했다. 쟁의의 원인은 임금 인상이 가장 많은 119건, 해고 반대가 14건이다. 쟁의 형태는 파업 112건, 태업 84건, 기타 153건이다. 결과적으로는 타협이 가장 많은 142건, 요구관철이 31건, 철회·거절 65건, 자연 소멸 16건 등이다.

노무동원계획의 '모집'으로 연행된 조선인 노동자의 노동쟁의는 338건, 2만 3,383명이며 그 원인은 ① 응모 때와 노동조건이 실제와 다르다 ② 광내 작업의 위험 ③ 언어 습속의 차이에 의한 오해 ④ 위험방지·복리시설의 완비 요구 등이며 임금 증액, 감독자 배척, 설비 및 복리시설 개선을 요구하고 있다. 쟁의 형태는 태업, 파업이 많으며 다음으로 직접행동 즉 집단으로 사무소에 몰려가는 폭동적 성격을 띠고 있다.

1940년도의 조선인 노동자의 노동쟁의에 대해서 후생성厚生省 노동국의 자료(『노동시보労働時報』 1941년 3월 28일호)에 따르면 그 건수가 71건(총건수의 9.7%) 참가인원 5,146명(참가인원 총수의 9.4%), 그중 동맹 파업·태업을 동반하는 것은 50건(18.5%) 참가인원 4,368명(13%)이다.

앞서 언급한 후생성 자료는 "이렇듯 동맹 파업·태업이 압도적 다수를 차지하고, 걸핏하면 폭행상하이를 수반하기 쉬운 점은 반도 출신 노무자의 특징이라고도 할 수 있을 것이다."라면서 그들의 파렴치한 폭력행위와 민족차별정책을 위장하고 폭행상하이를 일으키는 것이 조선인 노동자의 특징이라고 매우 기만적인 언사로 교묘하게 말하고 있다.

또 후생성의 자료에 따라 쟁의를 업태별로 살펴보면 광업이 가장 많은 41건(파업·태업 32건), 토건업 21건(파업·태업 13건), 기계기구 제조공업 3건(파업·태업 2건), 운송업 2건(파업·태업 2건), 그 외 1건(파업·태업 1건)이다.

요구사항별로 살펴보면 임금 증액 35건(동맹 파업·태업 27건) 그 외 22건(동맹 파업·태업 17건), 임금 지불 9건(동맹 파업·태업 2건), 감독자 배척 4건(동맹 파업·태업 3건), 해고 반대 1건(동맹 파업·태업 1건)이며 그 외 22건은 식사 등 기타 생활환경에 대한 불만으로 인한 것이다.

1940년의 주된 노동쟁의는 다음과 같다.

1월 – 홋카이도 탄광기선회사 호로나이幌內 광업소 호로나이광에서 조선인 노동자 69명이 식사 개선 및 기숙사장 해고 등을 요구하며 태업.

- 후쿠오카 현 닛산日産 화학공업소 다카마쓰高松 탄광에서 노무담 당자가 조선인 노동자를 구타하여 200명이 근무대기실로 몰려감.
- 나가사키 현長崎懸 닛치쓰日窒 광업 에무카에江迎 탄업소에서 조선인 노동자 146명이 임금 인상 등 대우 개선을 요구하며 파업.
- 홋카이도 일본광업회사 다이세이大盛 광산에서 조선인 노동자가 일본인에게 폭행을 당하자 120여 명이 갱내 노동을 거부하고 폭행한 일본인의 해고를 요구하며 태업.
- 홋카이도 시즈카리静狩 금광산회사 시즈카리 광업소에서 조선인 186명이 식사에 대한 불만 문제로 가불과 식사 개선을 요구하며 태업.
- 홋카이도 미쓰비시 광업 비바이美唄 광업소의 조선인 노동자 194명이 대우 개선을 요구하며 취로 거부 및 낙반 사고에 항의 하며 태업.
- 후쿠시마 현 이리야마入山 탄광회사에서 조선인 노동자가 린치를 당하고 폐렴 환자가 여럿 발생해 사망한 일에 항의하며 430명이 파업.
- 나가노 현長野懸 닛폰핫소덴日本發送電 미우라三浦 저수지 공사장에서 도망을 계획한 조선인 노동자에게 린치를 가한 것에 항의하여 150명이 가해자의 집을 습격.
- 아오모리 현青森懸 도호쿠 진흥전력회사 발전소 공사장에서 식사 문제로 인해 검속된 조선인 4명의 해방과 대우 개선을 요구하며 단식투쟁.

2월 - 홋카이도 모시리茂尻 광업소에서 조선인 노동자 195명이 임금 인상 등 대우 개선을 요구하며 파업.
- 나가노 현 닛폰핫소덴 도키와常磐 발전공사장에서 감독이 조선

인 노동자를 구타했기 때문에 250명이 감독들에게 보복.

3월 - 고치 현高知懸 와타리가와渡川 개수공사장에서 조선인 노동자 72
명이 고용조건과 계약임금에 차이가 있다는 이유로 임금 인상을
요구하며 파업.

- 오카야마 현岡山懸 오카야마 광산광업소에서 조선인 노동자 80
명이 계약위반을 이유로 임금 인상 및 지불을 요구하며 태업.

- 홋카이도 유베쓰雄別 광업 모시리 광업소에서 조선인 노동자 한
명을 소행불량으로 송환한 것에 항의하여 115명이 태업.

- 홋카이도 일본광업 도요와豊羽 광산에서 사고사한 조선인 노동
자의 유체를 본적지로 보내라며 99명 파업.

- 홋카이도 유베쓰 탄광 유베쓰 광업소에서 조선인 노동자 457명
고용기간 및 노동시간 단축을 요구하며 파업.

- 홋카이도 미쓰비시 비바이 탄광의 조선인 노동자 115명이 징형
처분을 받은 동료를 동정해 처분취소를 요구하며 파업.

- 홋카이도 쇼와昭和 전공電工회사 도요사토豊里 광업소에서 조선
인 노동자 195명이 임금 인상 및 부식물 개선을 요구하며 파업.

- 미야자키 현宮崎懸 마키미네槇峯 광산에서 조선인 노동자 190명
이 공휴일의 인원 점호에 반대하여 감독 및 감시실로 몰려감.

- 후쿠오카 현 후루카와古河 시모야마다下山田 탄광에서 조선인 노
동자 60명 임금 인상을 요구하며 파업.

4월 - 홋카이도 쇼와 광업소 신호로나이新幌内 광업소에서 조선인 노
동자 328명이 기숙사 창문에 격자를 단 일에 인권 무시와 차별
취급이라고 항의 및 철회를 요구하며 파업.

- 홋카이도 야요이弥生 광업소에서 조선인 노동자 197명 회사 측
의 식비 인상에 대해 임금 인상을 요구하여 파업.

- 후쿠시마 현 이와키 탄광 나가쿠라長倉 본갱에서 조선인 노동자가 일본인에게 구타당해 동료 200명이 항의 파업.
- 고치 현 현영懸營 수력발전소 공사장에서 조선인 노동자 300명이 임금 인상 및 본인이 직접 가족에게 송금할 수 있게 해달라고 요구하며 태업.
- 니가타 현 사도佐渡 금광산에서 조선인 노동자 97명이 임금이 응모 시의 조건과 다르다고 하여 임금 인상을 요구하며 파업.
- 효고 현 아케노베明延 광산에서 조선인 노동자 115명, 아오모리 현 가미기타上北 광산에서 조선인 노동자 50명, 도치기 현栃木懸 일본광업 닛코日光 광산에서 조선인 노동자 69명이 임금이 응모 시의 조건과 다르다는 것을 이유로 파업.

7월 - 오사카 부 류게 정龍華町 후타미二見 상점의 조선인 여공 119명이 임금 정산 방법의 개정을 요구하며 파업.

9월 - 에히메 현愛媛懸 니이하마 시新居浜市 해륙운송업 모리자네샤盛実社에서 조선인 노동자 39명이 임금 인상을 요구하며 태업.

10월 - 오이타 현大分懸 미쓰비시 광업 오비라尾平 광업소의 조선인 노동자 50명이 임금 계약위반에 항의하여 파업.

1941년 재주조선인의 노동쟁의는 96건, 참가인원 4,977명으로 전년도에 비해 253건, 1만 3,372명이나 격감했다. 쟁의의 원인은 임금 인상 27건, 기타 68건이며 쟁의 형태는 파업 28건, 태업 23건, 기타 45건으로 결과는 타협이 26건, 요구관철 14건, 철회 및 거절 12건, 자연 소멸 4건이다.

'모집'으로 연행된 노동자의 쟁의는 492건으로 참가인원은 3만 3,526명이다. 또 이 해부터 '도주'가 증가하고 있어 1941년 '이입'노무자 12만 6,000명 중 4만 3천 명(34.1%)이 도주했다.

1941년의 주된 노동쟁의는 다음과 같다.

2월 – 후쿠오카 현 닛산 화학공업 온가遠賀 광업소에서 조선인 노동자 225명이 임금 인상을 요구하며 파업.

– 나가사키 현 닛테쓰日鉄 광업 기타우라北浦 광업소에서 조선인 노동자 백 명이 동료가 사복 경관에게 구타당하자 그 보복으로 경관과 충돌.

4월 – 홋카이도 가야누마茅沼 탄광에서 조선인 노동자 125명이 '쌀밥을 먹여주기 전까지는 일하지 않겠다'라고 하며 파업.

– 효고 현 가와니시 정川西町 호쿠세쓰北摂 피혁공업 조합의 조선인 직공 31명이 식량을 줄이는 것에 항의하여 태업.

6월 – 이바라키 현茨城懸 히타치日立 광산의 조선인 노동자 50여 명이 대우 개선을 요구하여 경관과 충돌.

– 홋카이도 유바리 탄광에서 조선인 노동자 2백여 명이 식사 문제로 숙소장을 배척하고 사태에 개입한 경관과 충돌.

– 미에 현三重懸 기슈紀州 광산에서 조선인 노동자 113명이 미곡 배급을 늘려줄 것을 요구하며 파업.

– 후쿠시마 현 고몬好間 광업소에서 조선인 노동자 165명·이와키 탄광회사에서 280명이 식량을 반으로 줄인 것에 증대 배식을 요구하며 파업.

10월 – 야마구치 현 고토가와厚東川 댐축조 공사장에서 조선인 노동자 330명이 노동시간 단축 등 대우 개선을 요구하며 태업.

– 시즈오카 현静岡懸 도이土肥 광업소에서 조선인 노동자 백여 명이 동료가 노무담당자에게 구타당하자 그 보복으로 사무소에 몰려감.

11월 – 홋카이도 아사노우류浅野雨龍 광업소에서 조선인 노동자 47명이 동료의 사고사에 대해 갱내 노동을 거부하며 전에 일하던 곳으로 귀환을 요구.

12월 – 오카아먀 현 와케 군和気郡 후쿠카와 촌福河村 니시마쓰구미西松組
　　　철도공사장에서 조선인 노동자 20명이 감독과 충돌하여 태업.

　1942년의 재주조선인 노동쟁의는 172건, 참가인원 8,499명으로 전년
도에 비해 76건, 3,522명 증가했다. 쟁의의 원인은 임금 인상 25건, 해고
반대 4건, 휴업 반대 4건, 그 외 135건이다. 쟁의형태는 파업 28건, 태업
23건, 그 외 45건이며 그 결과는 타협 53건, 요구관철 6건, 철회 및 거절
41건, 자연 소멸 14건이다.

　'모집, 관 알선'에 의한 노동자의 분쟁의는 295건, 참가인원 1만 6,006명
이며 그 형태로는 파업 48건 3,031명, 태업 68건 3,515명, 직접행동 35건
2,091명이다. 또 일본인 노동자와의 충돌로서 '직접행동'이 86건 3,147명에
이르고 있으며 경찰 당국에 의한 검거 및 송검이 35건 951명이다.

　1942년의 주된 노동쟁의는 다음과 같다.

1월 – 홋카이도 홋카이도 탄광 기선회사 유바리 광업소에서 조선인 노
　　　동자 65명이 식사 개선을 요구하여 취로를 거부.

　　– 후쿠오카 현 미쓰비시 호조方城 탄광에서 조선인 노동자 77명이
　　　대용식 배급에 대해 차별대우를 이유로 태업.

2월 – 야마가타 현 다가와田川 광업소에서 조선인 노동자 190명이 동
　　　료가 수위에게 폭행을 당한 것에 항의하여 태업.

　　– 홋카이도 스나가와 정砂川町 스미토모住友 광업 나이에奈井江 광
　　　업소에서 조선인 노동자 154명이 식량부족으로 취로를 거부.

　　– 홋카이도 미쓰이 광산 스나가와 광업소에서 조선인 노동자 326명
　　　이 식량을 감량한 것에 대해 입갱을 거부하며 파업.

　　– 이와테 현 마쓰오 광산의 조선인 노동자 184명이 동료가 화투
　　　소지를 이유로 폭행당한 일 때문에 사무소로 몰려감.

3월 - 이와테 현 다나카 광업회사 쓰치하타土畑 광산에서 조선인 노동자 43명이 식량 감량에 반대하여 휴업.

- 가나가와 현 구마가이구미熊谷組 요세与瀬 작업소에서 조선인 노동자 130명이 동료가 현장 감독에게 폭행당한 일에 항의.

4월 - 야마구치 현 우베 시宇部市 히가시미조메東見初 탄광회사의 조선인 노동자 59명이 동료가 무단결근 때문에 일본인 대장에게 구타당한 일에 항의하여 사무소로 몰려감.

- 니가타 현 미쓰비시 사도 광업소에서 조선인 노동자 160명이 화투 때문에 경찰에 연행당한 동료 3명을 탈환하려고 사무소를 습격.

5월 - 후쿠시마 현 이와키 탄광회사 광업소에서 조선인 노동자 86명이 미곡 배식을 늘려달라고 요구하여 단식투쟁.

6월 - 홋카이도 스미토모 고노마이鴻之舞 광업소에서 조선인 노동자 244명이 임금 지불 지연으로 태업.

- 홋카이도의 홋카이도 탄광 기선회사 헤이와平和 광업소에서 조선인 노동자 46명이 사고 4건 발생에 항의하여 파업.

7월 - 야마구치 현 히가시미조메 탄광에서 조선인 노동자 299명이 응모할 때의 노동 조건과 다르다는 이유로 파업.

8월 - 가나가와 현 일본 강관회사 오우기 정扇町 제철소에서 조선인 노동자 99명이 동료가 일본인 지도원에게 구타당한 것에 항의.

9월 - 이와테 현 미쓰비시 광업 와시아이모리鷲合森 광산에서 조선인 노동자 39명이 술의 차별배급에 항의하며 파업.

10월 - 홋카이도 닛테쓰 굿챤具知安 광산에서 조선인 노동자 98명이 임금 인상을 요구하며 파업.

- 홋카이도 유베쓰 탄광 모시리 광업소에서 조선인 노동자 백 명이 모집 조건과 상이함을 이유로 기숙사 개선을 요구하며 태업.

12월 - 구마모토 현 미이케 광업소 만다万田 탄광에서 조선인 노동자 48명이 동료가 일본인 보도원에게 구타당한 것에 보복.

　　　- 사가 현 기시마杵島 탄광에서 조선인 노동자 270명이 식량 30% 감량에 항의.

　　　- 후쿠시마 현 후루카와 광업 고몬 광업소에서 조선인 노동자 81명이 동료가 일본인 노무담당자에게 구타당한 것에 보복.

1943년의 '모집, 알선'에 의한 노동자의 노동쟁의는 324건, 참가인원은 1만 6,693명이다(재주조선인의 노동쟁의의 통계를 찾을 수 없었기 때문에 강제연행된 것을 예로 들었다). 쟁의 형태는 파업 36건 2,651명, 태업 41건 2,755명, 직접행동 80건 4,534명 등이며, 결과는 타협이 34건, 송검이 40건이다. 또 이 이외에 일본인과의 충돌(내선쟁투)가 있고 그 '직접행동'이 111건 2,406명으로 그 중 송검된 것이 48건 574명에 이른다. 말할 것도 없이 피검속자는 이것의 몇 배에 이른다. 이것으로 보았을 때 강제연행된 노동자의 쟁의는 다분히 폭동적 성격을 띠고 있었다고 할 수 있을 것이다. 그리고 또 1943년 이후의 노동자의 투쟁은 계약만기에 따른 귀국을 요구하고 있으며 또한 다분히 민족독립운동의 일환으로서의 성격을 띠고 있었던 것을 지적할 수 있다.

1943년의 주된 노동쟁의는 다음과 같다.

1월 - 후쿠오카 현 닛탄日炭 신야마노新山野 탄광에서 조선인 노동자 97명이 노무담당자의 폭행에 항의해 사무소를 습격하고 도주.

2월 - 후쿠오카 현 하치만八幡 제철소에서 조선인 노동자 300명이 식사를 담당하는 사람의 소행이 무례하다고 하여 항의.

　　　- 미야기 현 마쓰시마 비행장 건설 공사장에서 조선인 노동자가 수위에게 구타당하자 동료 약 400명이 항의 보복하여 무장 수병 출동.

3월 - 효고 현 오사카 기계제작소 아마가사키 공장에서 조선인 노동자 148명이 임금 강제 저금에 반대하며 공장을 습격.

- 사가 현 가라쓰 탄광에서 조선인 노동자 150명이 식사문제로 사무소로 몰려가 창문 등을 파괴.

4월 - 후쿠오카 현 미쓰이 야마노 광업소에서 조선인 노동자 180명이 동료가 무단외출로 사감에게 구타당한 일에 항의하여 사무소를 습격.

- 가와사키 시川崎市 일본 강관 가와사키 제강소에서 조선인 노동자 300명이 팜플렛 '반도 기능공의 육성半島技能工の育成'의 모욕적 기술에 항의하여 파업.

- 오사카 시 다이도大同 제 강 오사카 공장에서 조선인 노동자 99명이 대우 개선을 요구하며 파업.

5월 - 기후 현 미쓰이 가미오카神岡 광업소에서 조선인 노동자 200명이 동료가 노무담당자에게 구타당한 일에 항의하여 사무소를 습격.

- 아키타 현 후루카와 광업 아니阿仁 광업소에서 조선인 노동자 81명이 동료가 노무담당자에게 구타당한 것에 항의하며 파업.

- 사가 현 오기小城 탄광에서 조선인 노동자 50명이 식사 문제로 사무소에 몰려가 창문 등을 파괴하여 13명 검거.

6월 - 후쿠이 현 일본 아연공업회사에서 갱내 사고사 한 조선인 노동자의 장례식에 회사 측이 출석하지 않자 동료 백 명이 노무담당자의 집으로 몰려감.

- 후쿠오카 현 가호嘉穂 광업소에서 도주한 조선인 노동자를 노무담당자가 폭행하자 동료 110명이 사무소를 습격.

- 후쿠오카 현 가이지마 오노우라大之浦 광업소의 조선인 노동자 260명이 동료가 경관에게 연행된 것을 저지.

- 홋카이도 노무라 광 업회사 이토무카イトムカ 광업소에서 조선인 노동자 160명이 국민저축 증액에 반대하여 파업.

7월 - 가고시마 현 철도공업회사 이즈미出水 출장소에서 조선인 노동자 135명이 임금지불과 지연에 항의하고 임금 인상을 요구하며 파업.

- 아키타 현 후지타구미藤田組 하나오카花岡 광산에서 조선인 노동자 2백여 명이 동료가 지도원에게 구타당한 일에 항의하여 보복.

- 야마구치 현 우베코산宇部興産 오키노이와沖ノ岩 광업소에서 조선인 노동자 190명이 일본인 지도원의 백미 부정 반출에 항의하여 태업.

8월 - 야마구치 현 오미네 정大嶺町 일본광업 산요山陽 무연탄광업소에서 일본인 광부의 모욕적 언사가 발단이 되어 조선과 일본 노동자 간의 대난투가 일어나 다수의 사상자가 발생하고 41명이 검거.

- 후쿠오카 현 아소 광업 아카사카赤坂 탄광에서 조선인 노동자 184명이 일본인 노무담당자가 동료를 살해한 것에 항의하여 사무소를 습격.

9월 - 아마가사키 시 구보타久保田 철공소 아마가사키 공장의 조선인 노동자 80명이 검거된 동료의 석방을 요구하며 파업.

10월 - 가라후토 금광 합숙소에서 도주를 계획한 동료를 린치하여 살해한 노동담당자에게 조선인 노동자 백여 명이 항의하며 사체 인도를 요구했지만 거절당하자 사무소를 습격.

- 후쿠오카 현 오무타 시大牟田市 미쓰이 미이케 광업 및 다가와 군田川郡 아카이케赤池 탄광에서 사감과 보도원의 폭행에 조선인 노동자가 반항하여 소동.

11월 - 홋카이도 스미토모 광업 폰베쓰奔別 광업소에서 조선인 노동자

50명이 동료가 노무담당자에게 구타당한 것에 항의하여 사무소를 습격.

12월 – 가라후토 도요하타豊畑 탄광에서 조선인 노동자 85명이 동료에 대한 사감의 린치에 항의하여 사무소를 습격.

　– 후쿠오카 현 야쓰오 정八尾町 일본광업 충청忠淸 기숙사에서 조선인 노동자 99명 대우 조건이 약속과 다르다는 것에 항의해 집단적으로 사무실에 몰려감.

1944년의 '모집, 알선' 노동자의 노동쟁의는 303건 1만 5,230명(단 11월까지)으로 그 분쟁 형태는 파업 32건 1,745명, 태업 35건 1,926명, 직접행동 37건 3,181명, 그 외 53건 3,986명이며 또 일본인 노동자와의 '쟁투사건'을 통한 '직접행동'이 95건 3,632명이다.

1944년의 주된 노동쟁의는 다음과 같다.

비밀결사 '북성조北星組 그룹'(가라후토)
검거를 기술한 「특고 월보」 초고(1945)

1월 – 가라후토 닛테쓰 도마리기시泊岸 광업소에서 조선인 노동자 168명이 일본인 지도원의 일상적인 린치에 분개하여 위안회를 개최하던 중 정전을 기회로 사무소를 습격해 기구 등을 파괴.

- 가라후토 시스카 정敷香町 게톤気屯~고톤古屯 구역 철도선로공
사장 소보구미惣坊組의 조선인 노동자 30명이 저임금 불만으로
파업.

2월 - 아오모리 현 오미나토大湊 해군청부 사사키 구미佐々木組의 조선
인 노동자 319명이 식량 배급을 늘려달라는 요구를 거절한 일과
지도원의 동료 구타에 항의하여 사무소를 습격.

- 돗토리 현鳥取縣 미호美保 해군시설부에서 조선인 노동자 430명
이 동료의 쌀밥 양이 적었던 것을 이유로 사무소에 항의.

3월 - 나가사키 현 닛테쓰 기타마쓰北松 광업소 이케노池野 광산의 조
선인 노동자 55명이 계약만기로 귀환을 요구하며 파업.

- 후쿠오카 현 가와사키 정 후루카와 광업 오미네 탄광에서 일본인
지도원이 조선인 노동자 한 명을 도망 용의로 때려죽이자 동료
45명이 대기소를 습격하여 기물을 파괴, 여기에 동료 310명이 가
세해 경관 대 40명 및 특별경비대 대장 이하 무장병 13명과 충돌
했고 조선인 노동자 45명을 검거.

4월 - 후쿠오카 현 미쓰비시 이이즈카飯塚 광업소의 조선인 노동자 68명
이 계약만기로 귀환을 요구하며 파업.

5월 - 야마구치 현 히가시미조메 탄광의 조선인 노동자 95명이 계약만
기로 귀환을 요구하며 태업.

6월 - 홋카이도 아카비라赤平 광업소의 조선인 노동자 400명이 귀환
을 요구하다 검거된 동료 3명의 석방을 요구하며 파업.

7월 - 홋카이도 유베쓰 탄광 모시리 광업소의 조선인 노동자 187명이
계약만기로 귀환을 요구하며 파업.

- 미야기 현 요코스카橫須賀 해군시설부 다가조多賀城 공사장 신카

와구미新川組 다가조 출장소의 조선인 노동자 360명이 계약만기
로 귀환을 요구하며 사무소를 습격.

– 홋카이도 가미카와 군上川郡 닛파쓰日発 공사장 아라카와구미荒川
組의 조선인 노동자 107명이 계약만기로 귀환을 요구하며 파업.

– 홋카이도 앗케시 군厚岸郡 호마카이ホマカイ 군관리 채석사업장
스가와라구미菅原組의 조선인 노동자 317명과 아와즈 군 해군공
사장 스가와라구미의 78명이 계약만기로 귀환을 요구하며 휴업
하자 경찰 및 헌병이 출동해 6개월 연기를 강요함.

8월 – 이와테 현 도아東亞 광업 미야코宮古 정련소에서 조선인 노동자
87명이 휴업 중인 동료가 노무담당자에게 구타당하자 사무소를
습격.

9월 – 후쿠시마 현 도키와 탄광 유모토湯本 광산의 조선인 노동자 53명이
계약만기로 귀환하기 위해 출발했지만 헌병과 경관에게 전원 검속.

– 홋카이도 아시베쓰 정芦別町 미쓰이 아시베쓰 탄광의 조선인 노동
자 200명이 동료 3명의 북방군 연행에 반대하고 동정하여 파업.

10월 – 사가 현 가라쓰 탄광의 조선인 노동자 69명이 계약만기로 입갱
을 거부하며 파업.

– 후쿠오카 현 오노우라 탄광 제5광 제6협화훈련소에서 조선인 노
동자 84명이 동료를 경관이 구타한 것에 항의해 경관파출소를
습격.

– 고베 시 가와사키 중공업 함선공장 제1히가시타루미東垂水 기숙
사 조선인 노동자 501명이 식량 배급 문제로 쟁의, 오카야마 현
다마노玉野 조선소 조선인 노동자 277명이 일본인 교관의 구타
에 반항해 단식투쟁.

– 홋카이도 비바이 정美唄町 미쓰비시 비바이 탄광 조선인 노동자

160명이 현장 담당자의 구타행위에 분개하여 일제히 휴식.

    - 후쿠오카 현 가와라 정香春町 아사노浅野 시멘트 공장 조선인 노
    동자 50명이 일본인 검량 담당의 구타에 항의하여 쟁의.
11월 - 아키타 현 미쓰비시 오사리자와尾去沢 광업소 제2협화기숙사의
    조선인 노동자 184명이 식량 배급 감소에 항의하며 단식투쟁.

1945년의 노동쟁의는 5월 말까지 111건, 참가인원 5,102명으로 보고되
어 있다. 급식, 식량 물자를 둘러싼 쟁의가 많았던 한편 이와테 현 마쓰오
광산처럼 노무 계약기간 연장에 반대해서 일제히 휴업하는 사례도 여기저
기에서 일어났다.

이상과 같이 강제연행된 조선인 노동자의 각종 투쟁은 8월 15일의 해방
의 날까지 계속되어 그때마다 헌병과 경찰 권력에 의해 탄압받고 수천 명
에 달하는 노동자가 검거되었다. 또 앞에서도 언급했듯이 조선인 노동자
의 집단도주가 빈번하게 일어났다(도주율 34~35%). 예를 들어 1943년 36만
6천 명의 '이입' 중 11만 8천 명이 도주했다. 또 닛테쓰 와니시輪西 제철소
에서는 1942년 6월~1945년 2월 사이에 2,230명이 '이입'되었지만 그중
646명이 도주했다. 또 1944년 1월에는 아시야 시芦屋市 가와사키 중공업
회사 제판공장에서는 3일간 25명이 도주했으며, 1945년 3월 니가타 철공
소에 연행된 조선인 노동자 88명 중 24명, 7월 다마노 시 미쓰이 조선회
사협화대에서는 9일간 68명이 집단 도주했다.

이들 조선인 노동자의 투쟁은 일본의 전력을 저하시켰다는 점에서 의
의가 있다. 그뿐만 아니라 동시에 조선의 해방을 앞당기는 일에도 크게
기여했으며, 또 패전 후의 일본 인민의 투쟁의 예를 들면 노동조합의 결
성 등에 직접적인 역할과 영향을 미쳤다는 점을 간과할 수 없다.

제6장

맺음말

이상으로 우선 1945년 8월까지의 재일조선인 운동사를 기술해보았는데 마지막으로 그것은 대체 무엇이었는지를 약간 생각해 보고자 한다.

재일조선인 운동사는 다양한 국면이 있다고 생각하는데 그것은 일본제국주의의 조선지배에 반대하고 민족해방, 민족독립을 위한 전 조선 인민의 투쟁의 일환이며 또한 재일조선인의 기본적 인권, 생활권을 지키는 투쟁이기도 했다.

그것은 또한 일본에서의 혁명운동, 노동자, 농민 및 시민들의 민주적 권리 옹호를 위한 투쟁에도 크게 기여했다.

그러나 후자보다도 전자가 재일조선인 운동에서의 기본적인 투쟁이며 그 역할과 의의를 정당하게 평가해야 한다고 생각한다.

재일조선인의 민족해방 투쟁은 1929년의 운동방침 전환을 위해 한때 그 기본적인 투쟁을 소홀히 했던 면도 있지만, 그것은 지도방침의 실수로 운동의 초점은 일본제국주의를 향해 있으며 민족해방 투쟁이 완전히 잊혀진 것은 아니다.

1945년 8월 일본제국주의로부터의 조선 해방은 재일조선인을 포함해 국내외의 민족해방 투쟁이 있었기에 실현되었다고 할 수 있다. 하지만 일제하의 투쟁을 구체적으로 살펴본 경우, 당시의 힘의 관계로 승리보다도 패배가 많았고 때문에 많은 희생이 치러졌다. 수많은 애국적 활동가가 체포되어 심한 고문을 당하고 학살당했다. 이러한 애국적 활동가의 희생 위에 그 시체 위에 민족의 해방이 달성되었다고 말하지 않으면 안 된다. 말할 것도 없이 일제의 패배, 조선의 해방은 조선 민족의 투쟁만으로 실현된 것은 아니다. 일본제국주의에 반대하는 연합국 국민을 비롯해 아시아 제민족의 투쟁이 있었기 때문이기도 하다.

필자가 여기에서 확인하고 싶은 것은 재일조선인의 투쟁이 일본의 침략전쟁을 패퇴시키고 일본제국주의를 붕괴로 이끈 하나의 팩트라는 점이다.

한편 조선의 해방이 조선 민족만의 힘으로 달성할 수 없었던 것은 그만큼 민족의 힘의 결집이 부족했다고 말하지 않을 수 없다. 해방 후의 조선은 미국, 소련에 의해 남북으로 분단되었고 남북이라는 두 개의 정권은 오늘날까지 30여 년간, 다양한 통일방책을 구축해왔지만 아직도 실현되지 못하고 있다. 그 원인은 어디에 있는 것일까? 말할 것도 없이 민족의 모든 역량이 결집하지 못하고 있기 때문이다. 어째서 남북통일을 위해 전 민족의 역량이 결집되지 못하는지를 역사에 비추어 생각해 볼 필요가 있다. 단적으로 말해서 그것은 민족의 내부에 단결과 통일을 방해하는 세력이 존재하고 민족의 힘이 몇 개로 분산해 민족통일전선이 형성되지 못하기 때문이라고 할 수 있다.

조선 민족의 역사에서도 또 재일조선인 운동사에서도 일시적으로는 통일전선을 결성한 일도 있었지만, 그것은 너무나 약체였으며 광범한 각계각층을 포함한 전선으로서 전개되지 못했다.

광범한 민족통일전선이 결성되지 못하고 또 그것을 계속 이끄는 강력한 힘을 발휘할 수 없었던 중요한 원인은 운동에 있어서 극좌적 방침에 의한 것이라고 생각한다. 이러한 역사적 교훈을 우리는 재일조선인 운동사로부터도 배워야만 한다.

다음으로 언급하고 싶은 것은 일본인 노동자와 조선인 노동자의 연대 문제이다. 본서의 서술에서도 밝혔듯이 일본인 활동가의 대부분은 일본의 혁명 운동, 계급 투쟁을 국제연대의 시야에서 몰두하지 못했다. 그것은 식민지·민족 문제, 직접적으로는 재일조선인의 민족운동에 대해 올바르게 몰두하지 못했던 점에서 나타나고 있다. 그 때문에 노동자, 농민을 시작으로 하는 일본 인민의 투쟁에도 다양한 문제점을 남기고 있다.

민족 문제, 민족운동에 대한 올바른 이해가 없으면 조선인과 일본인의 연대는 성립하기 어렵다. 이 시기의 일본에서는 민족운동을 계급 투쟁에 종속시켜 마치 계급 투쟁이 민족 문제 전체를 해결할 것이라는 사고 방식과 이에 따른 운동 방침이 지배적이었다. 이것은 올바른 국제연대를 방해했고 또 일본 민족의 우월감, 민족 차별의식을 극복할 수 없게 만들었다. 일본공산당과 일본의 노동조합 등에서 올바른 국제연대를 저해하는 사상과의 투쟁은 거의 조직되지 않았다고 해도 좋다. 지배 민족으로서의 우월의식, 제국주의적 민족배외주의와의 투쟁을 전개해야만 국제적 연대의식이 고양되는 것이다.

재일조선인은 일본 안에서 가장 용감하게 선진적인 부대로서 계급 투쟁, 민족해방운동의 선두에 섰다.

이 투쟁이 일본에서의 인권 확립, 민주화를 위한 투쟁에 기여하고 있는 점에 대해 재일조선인도 일본 인민도 그 사실을 인식하고 정당하게 평가해야만 한다. 일부에서 '대부분의 조선인은 오히려 친목융화 단체를 선택하는 경향이 있었다'라고 하며 대다수의 재일조선인이 일본 정부의 동화정책에 간단히 휘말린 것처럼 보는 견해도 있지만 필자는 그렇게 생각하지 않는다. 일반 동포에게 있어서 그러한 부분은 표면적인 것이며 대부분은 반일적反日的이었다고 해도 좋다. 생활을 위해 혹은 반강제적으로 친목융화 단체에 소속되는 경우가 많았기 때문에 관청자료에는 그렇게 보이는 것이다.

필자는 본서에서 민족주의, 공산주의운동을 중심으로 서술해 왔다. 이것과 대결하는 일본정부의 동화정책에 따른 '융화 운동' 또는 상애회相愛會와 같은 반동 단체의 반민족적 운동에 대해서는 구체적으로 구명하지 않았다.

또 재일조선인 운동의 독자적인 전개에 중점을 두었기 때문에 조선 내의 운동과의 유기적인 관련 또는 일본의 제운동과의 관련에 대해서는 그다지 깊게 들어갈 수 없었다.

또 활동가 개인에 대한 체험의 청취 등 실태 조사가 그만큼 진행되지 않고 어쩔 수 없이 관청자료에 의거할 수 밖에 없는 부분이 많았기 때문에 사실의 과장이나 사실의 축소, 이에 수반된 과대평가, 과소평가의 측면도 있다고 생각되지만 이 부분은 향후의 조사연구의 심화와 함께 극복해가고 싶다고 생각한다.

　재일조선인 운동사 연구는 이제 막 시작됐을 뿐이며 무엇보다도 현재, 구체적 사실의 발굴에 힘을 쏟고 감춰져 있는 역사를 밝혀야만 한다. 사실의 구체적 해명 없이는 정당한 평가도 불가능한 것이다.

　마지막으로 확실하게 이야기하고 싶은 것은 일본제국주의의 지배라는 대단히 곤란한 상황 아래에 있었지만 재일조선인 노동자를 비롯해 학생, 인텔리, 종교가, 민족주의 및 공산주의 활동가는 여러 가지 우여곡절은 있었지만 민족의 주체성을 지키고 민족과 민족문화의 멸망을 허락하지 않는 맹렬한 투쟁을 전개했다는 사실이다. 우리는 여기에서부터 많은 역사적 교훈을 이끌어 내야한다고 생각한다.

재일조선인 단체 조직표 (1930년대 전반)

〈제1표〉 재류조선인 좌익·민족·무정부 단체 연별 증감표(내무성 경보국 안보과 조사)

			1929년 9월말 현재	1930년 10월말	1931년 10월말	1932년 12월말	1933년 12월말	1934년 12월말	1935년 12월말	1936년 12월말	1937년 12월말
공산계	극좌	단체수				86	86	39	33	20	7
		인원				10,766	8,158	2,604	2,094	1,104	463
	좌익	단체수				33	27	35	31	26	34
		인원				3,078	2,758	2,657	2,470	2,248	2,269
	계	단체수	40	38	50	119	113	74	61	46	41
		인원	25,370	8,393	12,400	13,844	10,943	5,261	4,488	3,352	2,732
무정부계		단체수	15	13	12	13	12	11	10	5	5
		인원	335	565	644	1,026	662	616	547	430	210
민족·공산 양계		단체수	12								
		인원	2,455								
민족계		단체수	98	143	147	179	182	230	251	301	304
		인원	7,162	13,182	11,887	22,133	22,564	18,036	16,135	19,508	19,540

〈제2표〉 1929~1930년 중 조선인공산주의계 단체 비교(내무성 경보국 조사)

*쇼와 4년(1929) 9월말

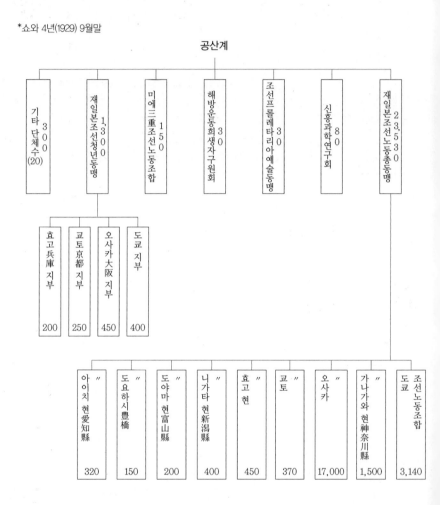

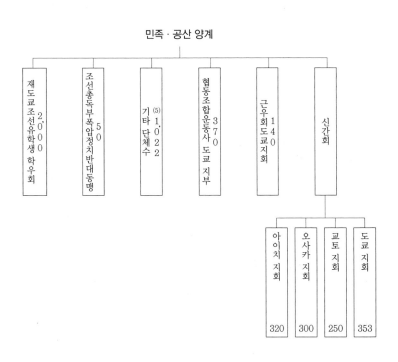

민족 · 공산 양계

재도쿄조선유학생학우회 2,000

조선총독부폭압정치반대동맹 50

기타 단체수 (5) 1,022

협동조합운동사 도쿄 지부 370

근우회 도쿄지회 140

신간회
- 아이치지회 320
- 오사카지회 300
- 교토지회 250
- 도쿄지회 353

극좌계 (7,612)

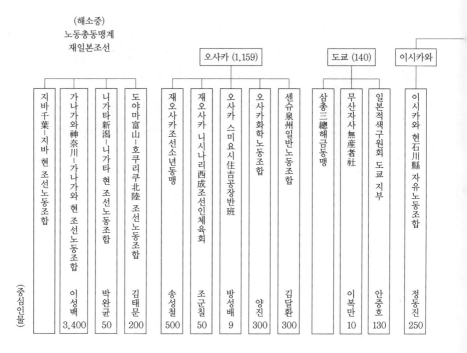

(해소중)
노동총동맹계
재일본조선

오사카 (1,159)

도쿄 (140)

이시카와

(중심인물)

지바千葉-지바 현 조선노동조합

가나가와神奈川-가나가와 현 조선노동조합
이성백
3,400

니가타新潟-니가타 현 조선노동조합
박완균
50

도야마富山-호쿠리쿠北陸 조선노동조합
김태문
200

재오사카조선소년동맹
송성철
500

재오사카니시나리西成조선인체육회
조군칠
50

오사카 스미요시住吉공장반班
방성배
9

오사카화학노동조합
양진
300

센슈泉州일반노동조합
김달환
300

삼총三總해금동맹

무산자사無産者社
이복만
10

일본적색구원회 도쿄 지부
안중호
130

이시카와 현石川縣 자유노동조합
정동진
250

전협계 (2,663)

지역	단체	대표	인원
아이치	오카자키岡崎 합동노동조합	이영권	30
아이치	일본화학노동조합 나고야 지부	박경래	33
아이치	주부中部자유노동조합	민경열	60
아이치	일본목재노동조합 나고야 지부	이창우	20
아이치	일본금속노동조합 나고야名古屋 지부	김상열	40
아이치	도요하시豊橋합동노동조합	최종하	80
효고	일본화학노동조합 효고현 지부	왕순찬	50
효고	방적노동조합 나루오鳴尾 분회	김해건	17
효고	자유노동조합 아마가사키尼崎 지부	김해건	20
오사카	오사카 아시부쿠로足袋	협창규	100
오사카	일본화학노동조합 오사카 지부	조몽구	1,000
교토	교토섬유산업노동조합		100
도쿄	일본출판노동조합 도쿄 지부	박돌쇠	150
도쿄	간토목재노동조합	윤기협	20
도쿄	간토關東자유노동자조합	김재찬	693

*쇼와 5년(1930) 10월말

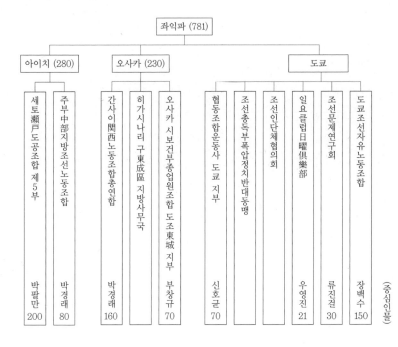

좌익파 (781)

| 아이치 (280) | 오사카 (230) | 도쿄 |

아이치 (280)
- 세토瀬戸도공조합 제5부 — 박팔만 200
- 주부中部지방조선노동조합 — 박경래 80

오사카 (230)
- 간사이関西노동조합총연합 — 박경래 160
- 히가시나리 구東成區 지방사무국
- 오사카 시보건부종업원조합 도조東城지부 부창규 70

도쿄
- 협동조합운동사 도쿄지부 — 신호균 70
- 조선총독부폭압정치반대동맹
- 조선인단체협의회
- 일요클럽日曜俱樂部 — 우영진 21
- 조선문제연구회 — 류진걸 30
- 도쿄조선자유노동조합 — 장백수 150

(중심인물)

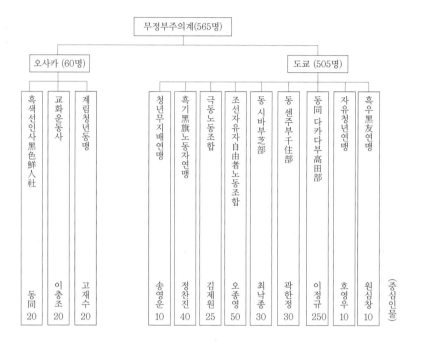

〈제3표〉 무정부주의계·민족주의계 단체(1930년 10월말 조사)

무정부주의계(565명)

오사카 (60명)

흑색선인사 黑色鮮人社	교화운동사	계림청년동맹
동 同 20	이충조 20	고재수 20

도쿄 (505명)

청년무지배연맹	흑기 黑旗 노동자연맹	극동노동조합	조선자유자 自由者 노동조합	동 시바부 芝部	동 센주부 千住部	동同 다카다부 高田部	자유청년연맹	흑우 黑友 연맹
송영운 10	정찬진 40	김제원 25	오종영 50	최낙종 30	곽한정 30	이정규 250	호영우 10	원심창 10

(중심인물)

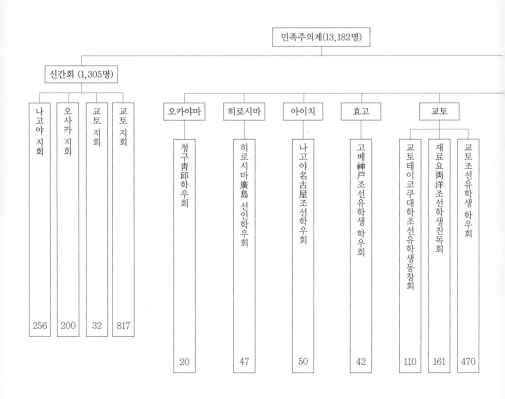

민족주의계(13,182명)

신간회 (1,305명)

나고야 지회	오사카 지회	교토 지회	교토 지회
256	200	32	817

오카야마	히로시마	아이치	효고	교토		
청구青邱학우회	히로시마廣島 선인학우회	나고야名古屋조선학우회	고베神戸조선유학생 학우회	교토테이코쿠대학조선유학생동창회	재료요兩洋조선학생친목회	교토조선유학생 학우회
20	47	50	42	110	161	470

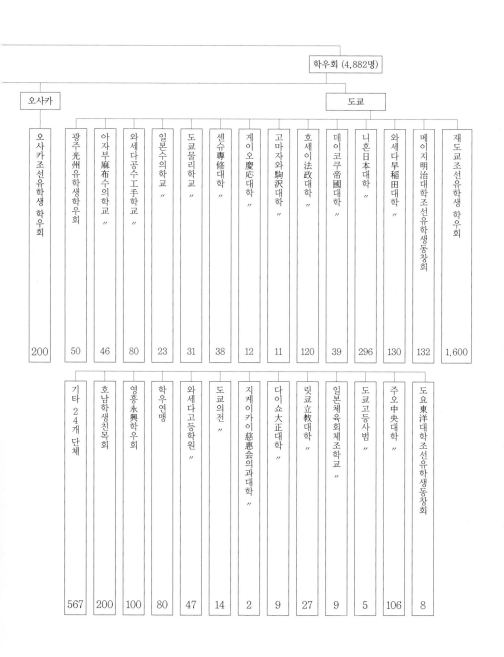

학우회 (4,882명)

오사카

도쿄

오사카조선유학생학우회	광주光州유학생학우회	아자부麻布수의학교 "	와세다공수工手학교 "	일본수의학교 "	도쿄물리학교 "	센슈專修대학 "	게이오慶応대학 "	고마자와駒沢대학 "	호세이法政대학 "	데이코쿠帝國대학 "	니혼日本대학 "	와세다早稲田대학 "	메이지明治대학조선유학생동창회	재도쿄조선유학생학우회
200	50	46	80	23	31	38	12	11	120	39	296	130	132	1,600

기타24개단체	호남학생친목회	영흥永興학우회	학우연맹	와세다고등학원 "	도쿄의전 "	지케이카이慈惠会의과대학 "	다이쇼大正대학 "	릿쿄立教대학 "	일본체육회체조학교 "	도쿄고등사범 "	주오中央대학 "	도요東洋대학조선유학생동창회
567	200	100	80	47	14	2	9	27	9	5	106	8

〈부록 1〉 / 재일조선인 단체 조직표(1930년대 전반) **421**

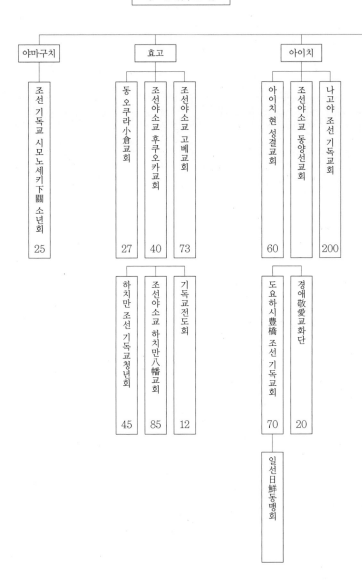

종교단체(3,167명)

야마구치	효고	아이치
조선 기독교 시모노세키下關 소년회 25	동오쿠라小倉교회 27 / 조선야소교 후쿠오카교회 40 / 조선야소교 고베교회 73	아이치현 성결교회 60 / 조선야소교 동양선교회 / 나고야 조선 기독교회 200
	하치만 조선 기독교 청년회 45 / 조선야소교 하치만八幡교회 85 / 기독교 전도회 12	도요하시豊橋 조선 기독교회 70 / 경애敬愛교화단 20
		일선日鮮동맹회

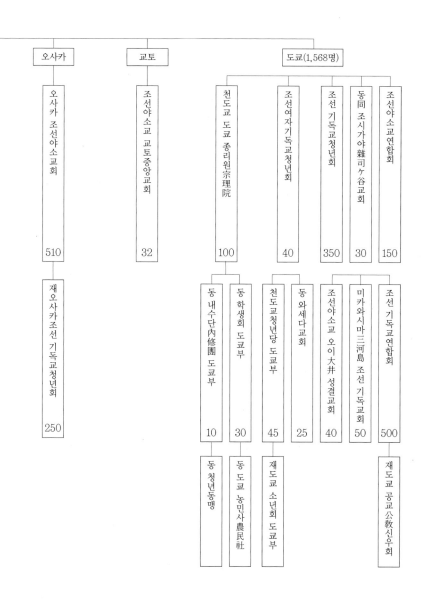

오사카	교토	도쿄(1,568명)				
오사카 조선야소교회	조선야소교 교토중앙교회	천도교 도쿄 종리원宗理院	조선여자기독교청년회	조선 기독교청년회	동同 조시가야雜司ヶ谷교회	조선야소교연합회
510	32	100	40	350	30	150

재오사카조선 기독교청년회 250 │ 동 내수단內修團 도쿄부 10 │ 동 학생회 도쿄부 30 │ 천도교청년당 도쿄부 45 │ 동 와세다교회 25 │ 조선야소교 오이大井 성결교회 40 │ 미카와시마三河島 조선 기독교회 50 │ 조선 기독교연합회 500

동 청년동맹 │ 동 도쿄 농민사農民社 │ 재도쿄 소년회 도쿄부 │ 재도쿄 공교公敎신우회

〈부록 1〉 / 재일조선인 단체 조직표(1930년대 전반) **423**

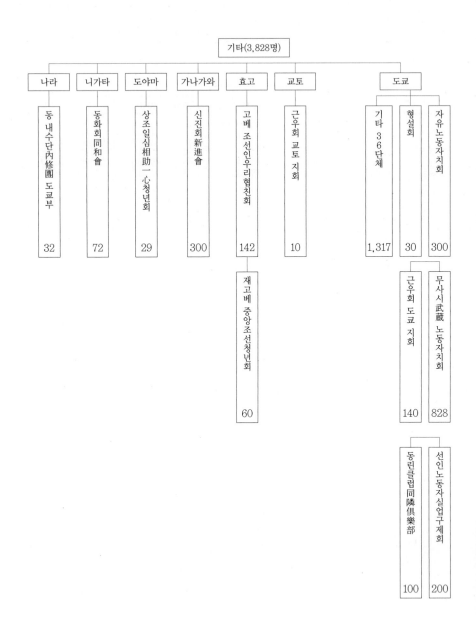

```
                        기타(3,828명)
  ┌──────┬──────┬──────┬──────┬──────┬──────┬──────────────┐
 나라   니가타  도야마  가나가와  효고   교토           도쿄
  │      │      │      │      │      │      ┌───────┬───────┐
 동내    동화    상조    신진    고베    근우   기타      형설회   자유
 수단    회同    일심    회新    조선    회교   36               노동
 內修    和會    相助    進會    인우    토지   단체              자치
 團                一心           리협    회                      회
 도쿄            청년           친회
 부              회

 32      72      29     300     142    10    1,317    30      300

                                재고                근우     무사
                                베                  회도     시武
                                중앙                쿄지     蔵
                                조선                회       노동
                                청년                        자치
                                회                          회

                                60                 140      828

                                                   동린     선인
                                                   클럽     노동
                                                   同隣     자실
                                                   俱樂     업구
                                                   部       제회

                                                   100      200
```

〈제4표〉 전협내全協內 조선인 세력 소장消長(내무성 경보국 조사)

도쿄 東京

연도	실업노동자동맹 도쿄지방동맹	전협 토건 도쿄지부 4·12·14	전협 금속 도쿄지부	전협 화학 도쿄지부	전협 출판 도쿄지부	전협 목재 도쿄지부	전협 일반 도쿄지부
1931년 10월 말	801	500	50	50	150	20	
1932년 말		930 허경인	70 박승환	70 김염득	200 박경섭	50 정병득	70 나석권
1933년 말		1100 1450	30 55	150 175	150 155	10 30	220 210
1934년 말		110	49	86	44		59
1935년 말		전협 별동대 성남지구 준금속 13 (내영향 2)		" 화학 31 (내영향 28)	" 전기 6 (내영향 5)	" 교룡 20 (내영향 18)	45 (영향하 41읍 포함)

연도	전협 섬유 도쿄지부	전협 식량 도쿄지부	전협 교운交通 도쿄지부	전협 항만 도쿄지부	시바우라芝浦 실업자위원회 (5·12 창립)	고이시카와小石川 소개소공조회 (7·3·26)	신주쿠新宿 소개소상애회 (6·11)
1931년 10월 말					350 문두제	50 황석수	150 신덕군
1932년 말							
1933년 말	30 30	15 10		5	120 문두제·조금동	50 황석수	
1934년 말						40	
1935년 말			30 (영향하)				

도쿄 東京

표 1

	후카가와深川 소개소향상회 (6·11·10)	미가와시마三河島 실업동무자회 (7·1·2)	고토바시江東橋 소개소공조회 (6·12·)	스나정砂町 소개소상조회 (6·9·29)	오이정大井町 노동자조합 (6·8·22)	다마히메玉姫 소개소친목회 (7·3·)	우마야바시厩橋 소개소공생회 (7·1·)
1931년 10월 말	250 이득담	100 하충준	600 염중호	50 김수상	30 하테원	250 오태신	80 박중운
1932년 말	200 김기묵·이안호	100 하충준		50	70		
1933년 말	100				5		
1934년 말							
1935년 말							

표 2

	가나가金町 난가즈南葛우회회 (7·4·)	오지王子 임로任勞진목회 (6·4)	다카다高田 소개소공원회 (7·1·)	세타가야世田谷 신흥노동회 (6·3·)	닛포리日暮里 소개소친목회 (6·11·29)	오구尾久 일반노동자공조회 (7·1·2)	센다가야千駄ヶ谷 소개소공생회 (7·3·22)
1931년 10월 말	150 바노욱	50 손인복	40 이장일	40 이장일	170 김재복	120 이범희	70 이신세
1932년 말					100 김재복	70 이범희	70 이도세
1933년 말					20		
1934년 말							
1935년 말							

표 3

	센주千住 실업동무자공조회 (7·1·)	시부야渋谷 소개소공생회 (6·8·15)	도요타마豊多摩 자유노동자조합 (7·7·)	아즈마정吾嬬町 신교회 (6·9·30)	미나미센주南千住 자유노동자조합 (7·4·16)	요도바시淀橋 등록노동자상조합 (7·2·)	다카다정高田町 근로우애회 (7·5·)
1931년 10월 말	100 김삼월	80 김품용					
1932년 말		80 김상용·송두열					
1933년 말							
1934년 말							
1935년 말							

〈부록 1〉 재일조선인 단체 조직표(1930년대 전반) (계속)

[상단]

연도	도쿄 東京					(야마나시 山梨)	도야마 富山	이시카와 石川
	고토바시江東橋나유 노동자협의회 (8·9·4)	스가모巢鴨 소개소공조회自龍會 (7·7·12)	고탄다五反田 소개소공조회 (7·7·7)	효우회曉友會 (7·7·11)	조스이이城西연구회 (7·1·27)		도야마 토목건축 노동조합 200	이시카와현 자유노동자조합 (5·4·13)
1931년 10월 말								
1932년 말							전협토건 후쿠리쿠北陸지부 도야마지구 서준제 (6·11·12) 41	이상순 150
1932년 말								이상삼 200
1934년 말								
1935년 말								

[하단]

연도	가나가와 神奈川				야마나시 山梨	도야마 富山	이시카와 石川
	일본금속노동조합 가나가와지부 5	일본토목건축노동조합 가나가와지부 1			야마나시현 토목건축노동조합 200	도야마 토목건축노동조합 200	이시카와현 자유노동자조합 (5·4·13)
1931년 10월 말							
1932년 말			전협토건 가나가와지부 290		전협토건 야마나시지부 철도공사 사쿠佐久철도공사 일본공영합자회사 공사장분회 (6·10·13) 45	전협토건 후쿠리쿠北陸지부 도야마지구 서준제 (6·11·12) 41	이상순 150
1932년 말			전협토건 가나가와지부 180 (영향하 320)	전협토건 소년湘南지구 100 (영향하 250)			이상삼 200
1934년 말							
1935년 말							

아이치 愛知

연도						
1931년 10월 말	도요하시豊橋 함등노동조합 (4·12·7) 250	주부中部 자유노동조합 65	일본화하노동조합 나고야名古屋지부 30			
1932년 말	최종하 345	전협화하주부 지방지부 나고야지구 54	전협화하주부 지방지부 세토瀬戸지구 준비회 7	전협토건주부 지방지부 나고야지구 33	전협토건주부 지방지부 다하라田原지구 준비회 140	전협토건주부 지방지부 도요하시지구준비회 40
1932년 말	이용운 145	전협화하 나고야지구 6 (영향하 14)		전협토건나고야지구 10 (영향 60)		전협토건 미가와三河지구 도로하시소지구 19 (영향하 200)
1934년 말						
1935년 말						

연도							
1931년 10월 말				전협실동失同 오사카지방위원회 500	화하 오사카지부 100	토건 오사카지부	출판 오사카지부
1932년 말				이아무개 588		이상길 525	오영주 382
1933년 말	전협토건 미가와기[岡崎]소지구 9 (영향하 50)	전협금속 나고야지구 5 (영향하 6)	전협섬유 미가와지구 도요하시소지구 6 (영향하 20)	전협화하 간사이지부 오사카지구 김석기 79	전협화하직색 스포츠연맹 김중영 18	전협출판 간사이지부 오사카지구 유아무개 48	전협출판 간사이지부 오사카지구 김립주·황하원 18
1934년 말				김아무개 43	간사이 스포츠연맹 김중영 12	김증호 37	12
1935년 말					32	18	5

아이치 愛知

	금속 오사카지부	섬유 오사카지부	교통 오사카지부	일반 오사카지부	향만 오사카지부	
1931년 10월 말	금속 오사카지부 100	섬유 오사카지부 100				
1932년 말	김경득 536	김아무개 363				
1933년 말	전협금속 간사이지부 오사카지구 김인종 27	전협섬유 간사이지부 오사카지구 김종현 42	전협교통 간사이지부 오사카지구 김소수 6	전협일반 간사이지부 오사카지구 임임봉 15	전협향만 간사이지부 오사카지구 임이무게 2	
1934년 말	박아무게 29	김경호 23		7	7	
1935년 말	27	8		7		

교토 京都

1931년 10월 말	일본섬유 노동조합 교토지부 80	일본출판 노동조합 교토지부 47	일본금속 노동조합 교토지부 10	교토금속 노동조합 준비회 20		
1932년 말	전협섬유 간사이지방지부 교토지구준비회 2	전협출판 간사이지방지부 교토지구준비회 3		1		4
1933년 말			전협금속 간사이지부 교토지구준 4	전협일반 간사이지부 교토지구위 1	전협교통 간사이지부 교토지구준 4	전협식당간 사이지부 교토지구준 1
1934년 말						
1935년 말						

연도	효고 兵庫			히로시마 廣島	
1931년 10월 말	자유노동조합오자키 尾崎지부 30	일본섬유 노동조합 효고현지부 17	일본화학 노동조합 효고현지부 50		전협화학 히로시마지부 쇼와昭和 고무공장분회 3 (영향하 3)
1932년 말			전협화학 효고지부 92		
1933년 말			전협화학 간사이지부 효고지구 40(60)	전협금속 히로시마지부 케이로쿠慶應 주물공장분회 3 (영향 2)	전협목계 히로시마지부 준비회 쓰카기津崎 및 아이하라相原 각 공장분회준비회 3 (영향하 4)
1934년 말			전협화학 고베神戸 지구군 20		
1935년 말			20 (영향하)		

※출처: 내무성경보국, 『사회운동의 상황』, 1930년; 사법성형사국, 『조선인의 공산주의운동』, 1940년 1월.

〈부록 2〉

재일조선인 활동가
희생자 약전

강갑덕姜甲德(1914~1944)

평양부 경창리 출신. 1939년 도쿄東京외국어 대학 재학 중, 사토 노보루佐藤昇 등과 공산주의연구 그룹을 조직했다가 검거되어 징역 2년(집행유예 3년)의 판결을 받았다. 1943년 10월 무렵부터 다시 학내외의 도쿄외국어 대학 관련자를 모아 공산주의 그룹을 조직하여 혁명 의식의 고양을 꾀했으며, 같은 해 12월 검거되어 도쿄 구치소에 미결구류 중 옴에 걸려 옥사했다. 향년 31세(다른 이름 나리모토 고토쿠成本甲德).

강유홍康有鴻(?~1932)

평안도 출신. 일본에 건너가 자유노동자가 되어 재일조선노동조합, 간토關東자유노조, 전협토건(상임위원) 등의 간부로서 활약했다.

1932년 4월 이와테 현岩手縣 오후나토 선大船渡線 철도공사장(야하기 촌矢作村)의 조선인 노동자 파업지도를 위해 전협토건중앙으로부터 파견되었지만 아리타구미在田組가 파업을 방해하기 위해 고용한 폭력단에 의해 5월 4일 다른 두 사람과 함께 학살되었다. 1946년 6월 재일본조선인연맹에서 추도회를 열었다.

권일선權一宣(권일성權一成)(1902~1930)

경상남도 출신. 1919년 3·1 운동에 참가했다. 그 후 일본으로 건너가 1926년쯤부터 니혼日本 대학, 메이지 대학의 학생맹휴 등 학생운동에 참가했다. 또한 재일조선노동운동에서 활약했고 가나가와神奈川 조선노동조합위원장이 된다. 재일조선노총이 전협으로 해소되었을 때 중앙위원장으로서 활동했다.

그 후 요코하마橫浜에서 검거되었고 고문을 받아 늑막염에 걸려 1930년 3월 구보산久保山 요양원에서 사망했다. 향년 29세.

김문준金文準(1894~1936)

제주도 신좌면 조천리 출신. 농림학교를 졸업하고 교원을 하면서 독립운동에 참가하다 추방당해 1927년 일본으로 건너가, 재일조선노총에 가입하여 노동운동에 참가한다. 1927년 12월 송병구宋秉九 등과 신간회新幹會 오사카大阪 지회를 결성, 다음 해 7월 오사카 조선인 거주권 획득 동맹을 조직하여 연설회 등을 개최, 1929년 4월 제주도 출신의 소년을 중심으로 오사카 조선소년동맹을 조직, 또 오사카 고무직공 조합을 만든다. 1929년 12월 재일조선노총이 전협으로 해소되었을 때 중앙의 지시와는 별개로 전협으로의 해소를 지도하여 중앙과의 대립이 일어난다.

1930년 전협일본화학노조 오사카 지부를 결성하고 그 상임위원이 되었다.

1930년 8월 18일 고무공장 노동자의 총파업을 준비중 검거되어 같은 해 12월 24일 오사카 지방재판소에서 징역 3년 6개월의 판결을 받아 복역, 1936년 출옥하고 이쿠노 구生野區에서 병사했다. 향년 43세.

김석암金石巌(?~1939)

1930년대 초 히로시마廣島 지방에서 일본공산당에 가입, 재일조선인의 조직활동에 참가했지만 검거되어 1939년 9월 무렵 히로시마 형무소에서 옥사했다. 향년 27세 정도.

김일성金日声(1898~1938)

경상북도 경주군 출신. 1928년 무렵부터 재일조선노동조합 활동이 참가했고 1931년 전협토건 가나가와 지부를 결성하여 그 책임자가 된다. 또 가나가와 현의 쇼난湘南 무산자 소비조합의 활동을 지도하고 같은 해 8월 검거된다.

그 후 1938년 무렵까지 가나가와 현에서 활동했지만 다시 검거되었고 고문이 원인이 되어 출옥하고 난 후, 1938년 2월 무렵 하라마치다原町田

에서 사망했다. 향년 41세(다른 이름 가네다 지로金田二郎).

김종원金宗遠(?~1944)

경상북도 의성군 대흑동 출신. 1943년 오사카 야마토大和 제강회사에서 기중기 운전사로 일했다. 같은 해 노동운동을 하여 검거되었고, 다음 해인 1944년 오사카 사카이堺 형무소에서 고문을 받아 옥사했다. 향년 19세.

김치정金致廷(1907~1936)

평안북도 출신. 보통학교 2학년 중퇴, 조선공산당원으로서 경성에서 활동하다가 1932년 상하이上海에서 일본으로 건너가 도쿄에서 노동계급사勞働階級社를 조직하고 재일조선인의 조직활동에 참가, 조선공산당 재건 준비위원회 위원장이 되었다. 1932년 12월 8일에 검거되어 3월 6일에 기소되었고, 고문 때문에 발병하여 가보석仮保釈되었으나 나카노中野의 자택에서 사망. 향년 31세(다른 이름 이재환李在煥, 김철수金鉄秀, 김철金鉄, 한명수韓明洙, 이명제李明済).

도요타 사네히코豊田実彦(본명 분명치 않음)(1907~1944)

본적 경상북도 영천군 영천읍 교촌동, 조선에 있을 때 영천청년연맹(독립동맹)에 가맹하여 활동하다가 검거되어 요주의 인물 취급을 받았다.

1942년 11월 사가 현佐賀縣 오기 군小城郡 히가시타쿠 촌東多久村의 오기 탄광에 조선인 노동자 대장으로서 강제 연행되었고, 후에 가라쓰 탄광으로 옮겨갔는데 노동자의 차별 대우에 대한 불만을 조직하여 탄광사무소 습격을 지도하거나 독립사상의 계몽, 동지의 획득을 도모하다가 1943년 10월 13일 검거되었으며 다음 해 1944년 1월 26일 치안유지법위반으로 송국된다. 같은 해 3월 16일 사가 형무소에서 옥사.

문순곤文順坤(1914~1933)

경상남도 출신. 보통학교 졸업, 1931년 8월에 일본으로 건너가 도쿄에서 자유 노동자가 된다. 1932년 전협토건 조호쿠城北 지구 미카와시마三河島 분회에 소속, 일본공산청년동맹에 가입하여 호쿠리쿠北陸 지구위원, 일본공산당 가입, 호쿠리쿠 지구 미카와시마 가두세포에 소속하여 활동, 1933년 5월 20일 검거되어 7월 7일 송국되었고 9월 12일 기소되어 옥중에서 사망한 것으로 추정됨.

박세용朴世用(1905~1937)

경상남도 동래군 기장면 출생. 보통학교 졸업 후, 일본으로 건너가 1928~29년 도야마 시富山市에서 염색 외교를 하면서 전협토건 도야마 노조에 가입, 집행위원으로서 노동운동에서 활약했다.

1931년 11월 30일 도야마 지방의 공산당 조직을 향한 탄압으로 검거되어, 다음 해 1932년 2월 10일 치안유지법위반으로 기소, 징역 6년의 판결을 받아 가나자와金澤 형무소에서 2년 복역 후, 와카야마和歌山 형무소로 이송되어 1937년 병 때문에 가출옥했지만 얼마 지나지 않아 사망했다. 향년 32세(다른 이름 박휘일朴輝一, 남조南条, 히로세廣瀬, 이소야마磯山).

박진朴震(?~1932)

경상남도 출신. 교토京都에서 히노데日の出 신문 가모加茂 판매점, 오사카 마이니치每日 신문 판매점 등에서 신문 배달을 하면서 공산청년동맹원, 전협출판노조 교토 지부 상임위원으로서 활약했다.

1932년 8월 26일, 반전反戰 데이 투쟁을 앞두고 탄압을 받아 마쓰바라松原 경찰서에 유치되었고 고문을 받아 학살되었다. 관헌 당국은 각기병에 의한 심장질환으로 사망했다고 발표했다. 향년 24~5세.

박철규朴哲奎(1907~1930)

전라남도 완도 출생이다. 1926년 일본에 건너가 도쿄 조선노동조합 혼조本所 지구에서 활동, 1929년에는 혼조 지구 조호쿠城北 지구의 선전부장으로서, 노조가 산업별로 정리되고 난 후부터는 간토 자유노동자조합의 조호쿠 지구위원, 조호쿠 지구 모브(mob) 책임자로서 활약했다.

1930년 7월 이후로 도쿄 강판공업회사 쟁의에서 미카와시마 경찰서에 체포되어 아타고愛宕 경찰서, 쓰키지築地 경찰서를 전전하다가 고문을 받아 빈사 상태가 되었다. 10월이 되자 집행정지로 입원했지만, 같은 달 21일 사망했다(경찰 당국은 적리赤痢로 사망했다고 발표) 향년 24세. 간토 자유노조, 일본적색구원회를 중심으로 11월 7일 대규모 추모 복수전과 노동장을 계획했지만 탄압을 받아 중심인물이 검거되었고, 같은 달 13일에 고별식을 거행했다. 이날 또한 미카와시마 경찰서 습격계획이 있다고 하는 이유로 탄압을 받아 17명이 검거되었으며 9명이 치안유지법 위반으로 기소되었다.

박화운朴華雲(?~1941)

1934년 4월 사가佐賀 고교입학, 1936년 이유호李有浩, 야마구치 마사유키山口正之 등의 지도하에 학내에서 마르크스주의 연구회를 조직, 1940년 10월 검거되어 다음 해 1941년 3월 3일 심문을 받던 중 고문 때문에 사망했다.

서진문徐鎭文(1903~1928)

경상남도 울산군 동면 일산리 출생. 3·1 독립운동에 참가, 사립 일산 보성학교 교원이 되었다. 그 후 일본으로 건너가 가나가와 현을 중심으로 노동운동, 독립운동에 관여했다.

1926년 가나가와 조선노동조합 집행위원, 다음 해에는 고려공산청년회 일본지부원으로서 활약, 1928년 10월 25일 천황 '즉위대전御大典'의 예비 검속으로 가나가와 조선노동조합 요코하마 지부가 경찰의 습격을 받았을 때, 김천해金天海, 이성백李成百 등의 인물들과 함께 검거되어, 요코하마 고토부키寿 경찰서에 유치되었다. 그는 석방을 요구하는 단식투쟁과 고문 으로 빈사의 상태가 되었기 때문에 11월 16일 석방되어, 무산계급 해방 만 세를 계속해서 외치다가 다음 날 17일 사망했다. 향년 26세의 일이었다. 조선노조에서는 이러한 백색 테러의 탄압에 저항하여 11월 21일 장례를 노동조합장으로 치르고 구보산 묘지까지 10리(*우리나라 기준 100리) 반의 데모를 감행했다.

송몽규宋夢奎(1916~1945)

본적 함경북도 경흥군 웅기읍 웅상동. 중국 간도성間島省 연길현延吉縣 명동구明東溝에서 태어났다.

1935년 4월 간도 은진恩真 중학교 3학년 때 중퇴하고 남경南京, 제남齊 南 등에서 독립운동단체에 관계하여 체포되었다. 그 후 용정가龍井街 국민고 등학교를 졸업하고 연희전문학교를 거쳐 1942년 4월 교토 대학 문학부 사 학과에 선과생으로 입학했고, 일본의 조선어, 조선 문화의 억압 등 조선 지 배정책을 비판하고 조선의 독립을 꾀했다고 하여 1943년 7월 10일 체포되 었다. 12월 6일 치안유지법 위반으로 송국, 기소되어 다음 해 1944년 6월 징역 2년의 판결을 받았다. 후쿠오카福岡 형무소에서 복역했으며 다음 해인

1945년 3월 10일 옥사했다. 향년 30세.

신산축申山祝(1907~1939)

경상남도 출신. 1929년 3월 일본으로 건너가 다음 해인 1930년 신간회 나고야名古屋 지회에 입회했다. 1931년 봄, 히오키日置 노동소개소의 인부로 취로하던 중 오장록吳長祿 등과 친분이 생겨 사회주의사상을 배웠고, 같은 해 11월 무렵 전협에 가입한다. 1932년 전협토건 주부中部 지구위원으로서 활약했으며 1935년 2월 나고야 합동노조결성에 참가하여 그 서기장이 된다. 같은 해 12월 인민전선 조직을 향한 탄압과 관련되어 다른 간부와 함께 검거되어 나고야 구치소에서 미결구류 중, 1939년 옥사했다. 향년 대략 33세(다른 이름 신윤식申潤植).

오서록吳徐録(?~1933)

전라남도 출신. 공립상업 중퇴. 도화공으로서 아이치 현愛知縣에서 일했고 전협화학노조에 가입하여 나고야 지부 상임위원으로 활동했다.

1931년 12월 11일 검거, 6월 6일 기소되어 옥중에서 생활하다가 이후 1932년 출옥 후에도 활동했다. 1933년 다시 검거되어 경찰관에게 학살당했다(오상록吳上録).

우홍석禹洪錫(?~1941?)

재일 도쿄 조선노동조합 호쿠리쿠 지부, 전협토건지부에서 활동, 1938년 무렵 인민전선관계의 연구회 탄압으로 검거되어 징역 3년을 받아 복역 중 오타太田 형무소에서 옥사했다.

윤기협尹基協(1909~1932)

함경북도 회령군 봉의면 남산동에서 태어났다. 일본으로 건너가 노동운동에 참가했고 도쿄조선노동조합 북부지부위원으로 활약했다.

1930년 4월 4일 동지 약 10명과 함께 검거되었고 도쿄 지방재판소로 송치되어 불기소처분 되었다. 전협토건본부위원으로서 활약하던 중 1932년 8월 15일 이와테 학살사건에 관련하여 개인적 행동을 취했다고 하는 이유로 일본공산당 중앙에서 공작원(provocateur) 스파이 취급을 당해 무라카미 타키오村上多喜雄에게 우에노上野 공원에서 사살당했고 전협 중앙에서도 제명되었다.

윤동주尹東柱(1917~1945)

본적 함경북도 청진부淸津府 보수정浦須町 중국 간도성 연길현 명동구에서 탄생. 1931년 명동소학교에 입학, 1938년 용이광명중학교 졸업, 연희전문학교 문과에 입학, 같은 해 가을 도시샤同志社 대학 문학부에 선과생으로서 편입학했다.

1943년 7월 14일 하기 휴가 귀성 전에 교토 대학 재학 중이었던 송몽규에 이어 체포되었고 가모가와鴨川 경찰서에 구류된다. 같은 해 12월 치안유지법위반으로 송국, 기소되었으며 다음 해인 1944년 6월 징역 2년의 판결을 받아 후쿠오카 형무소에서 복역했다. 1945년 2월 16일 옥사했다. 향년 29세, 시인.

이동보李東甫(1905~?)

함경남도 출신. 보통학교 졸업, 1929년 7월 일본으로 건너가 노동운동에 참가, 1932년 2월 전협토건 조사이城西 지구 닛포리日暮里 분회를 조직하고 그 책임자가 되어 조사이 지구 재정부를 담당한다. 같은 해 4월 일본

공산당에 가입하여 가두반에 소속, 전협 호쿠리쿠 지구 닛포리 노동소개소 세포 책임자가 된다. 같은 해 5월 노동계급사에 가입하여 조선공산당 재건을 도모한다.

1933년 2월 16일 검거되어 3월 25일 송국, 4월 4일 기소되어 징역 3년(추정)을 복역했다. 출옥 후 1936년 아라카와 구荒川區 미카와시마 거주의 재일조선인을 중심으로 적색 스포츠단을 조직, 그 외 친목 단체, 연구회 등에 관계하여 활동하던 중, 인민전선 관계의 연구회 탄압으로 1938년 6월 29일 검거되어 징역 7년(추정)의 판결을 받아 청진 형무소에서 복역 중 옥사(다른 이름 산토 쿠니히라山東國平).

이상욱李相勖(1905~1932)

충청북도 진천군 이월면 사곡리 출생. 1922년 무렵 일본으로 건너가 1926년 무렵부터 도쿄, 가나가와 현에서 재일본조선노동총동맹, 고려공산청년회 일본지부의 활동에 종사한다.

1928년 8월 29일의 국치일 기념투쟁으로 신주쿠新宿 무사시야武蔵屋 백화점 옆 빈터에서 집회, 대중데모를 조직하여 김천해, 박득현朴得鉉 등의 활동가들과 함께 검거되었다. 이것은 일본에서의 제1차 조선공산당조직을 향한 탄압이었다. 치안유지법 위반으로 기소되어 1930년 11월 25일 도쿄지방재판소에서 징역 3년을 구형받았다. 다음 해인 1931년 3월 31일 징역 2년 6개월의 판결을 받아 이치가야市ヶ谷 형무소에 수감되었다. 1931년 8월 29일 옥중 데모를 조직했다가 폭행을 당해 전신, 특히 머리 부분에 타박상을 입고 뇌출혈을 일으켜 오쿠보大久保 병원에 입원, 다음 해인 1932년 4월 11일 사망했다. 향년 27세의 일이었다. 4월 15일 동지들이 장의 데모를 계획했지만 탄압을 받아 13명이 검거되었다.

이운수李雲洙(1899~1938)

함경남도 북청군 평산면 서원리 출생. 후에 일본으로 건너가 니혼 대학 전문부 중퇴 후 노동운동, 독립운동에서 활약했다.

1928년 8월 29일 국치일 기념투쟁에서 다른 동지와 함께 검거되어, 치안유지법 위반으로 기소되었고 1930년 11월 도쿄지방재판소의 공판에서 징역 3년 6개월을 구형받고 1931년 3월 31일 구형대로 판결을 받았다. 다음 해 4월 2일 항소, 8월에 징역 3년 6개월이 내려져 9월 상고하였지만 기각되어 복역했다. 1935년 2월 출옥하여 1935년 12월 도쿄에서 민족적 계몽지로서의 조선 신문사를 설립하였고 사장이 되어 활약했다. 1936년 7월 31일 다시 치안유지법 위반으로 검거되었으며 다음 해 7월 기소 처분되었다. 1938년 3월 일단 석방되었지만 옥중에서의 고문 때문에 10월 사망했다. 향년 40세(다른 이름 이일李鎰, 이일李一, 이판수李判水).

임영파林英波(1908~1932?)

함경북도 출신. 1927년 일본으로 건너가 니혼 대학 전문부 정경과 중퇴 후 재일조선노총에 가입하여 노동운동에서 활약했다. 후에 전협 간토 자유노조 니시타마西多摩 지부 위원장이 되었고, 1929년 무렵부터 야마나시 현하山梨縣下의 전협 오르그로 파견되어 1930년 12월 국도 8호선 공사장에서의 조선인 노동자 파업을 지도했다. 1931년 1월 야마나시 토건노조를 결성하고, 같은 해 2월 후에후키가와笛吹川 강 개수공사, 6월 국도 8호선 공사의 노동쟁의를 지도했으나 탄압당해 10월 무렵 나가노 현長野縣으로 도망갔다. 1932년 3월 13일 검거되어 6월 24일 기소됐며 옥중생활을 하다가 학살되었다고 전해진다. 향년 25세(다른 이름 박상준朴祥俊으로 추정).

정순옥鄭順玉(1918~1932)

경기도 출신, 1932년 4월 이와테 현 오후나토 선 철도공사장(야하기 촌)에서 아리타구미에 대한 파업 투쟁에 참가했지만 5월 4일 아리타구미의 폭력단에게 습격당해 학살되었다. 향년 25세.

정태술鄭泰述(1896~1934?)

1926년경 호쿠리쿠 지방 특히 이시카와 현石川縣 내에서 조선노동조합, 전협토건에 가입하여 활동했으며 전협토건 도야마富山 지구 책임자, 전협토건 후쿠이福井 지구 재건에 힘쓰며 전협토건 호쿠리쿠 지부 오르그가 된다. 1933년 8월에 검거, 1934년 2월 24일 기소되어 나고야 형무소로 옮겨져 옥사, 향년 50세 정도.

정휘세鄭輝世(1906~1931)

교토 조선노동조합에 가입하여 활약했다. 1929년 초, 제2차 고려공산청년회 일본부 조직에 참가하여 간사이 구關西區 지국의 교토 책임자가 된다.

1929년 5월 무렵 제2차 탄압에서 동지 16명과 함께 검거되어, 같은 해 말 치안유지법 위반으로 기소되었다. 1931년 4월 27일 교토 지방재판소에서 공판, 5월 15일 징역 3년의 판결을 받았다. 교토 형무소, 나라奈良 형무소에서 복역하다가 같은 해 11월 24일 고문 때문에 옥사했다. 같은 달 26일 장의를 치뤘다. 향년 26세. 조선노동조합에서는 장의를 기하여 데모를 계획했지만, 엄중 경계 때문에 실행되지 못하고 조사연설에서 고려공산청년회 만세를 외쳤기 때문에 해산당했다.

조금동曺今同(1912~1945)

전라남도 출신. 광주학생운동으로 고등보통학교 2학년 때 퇴학 처분을 받는다. 그 후 일본으로 건너가 도쿄에서 자유 노동자가 된다. 1931년 1월 전협토건노조에 가입, 처음에는 간토 자유노조 시바우라芝浦 가두반 위원으로서 활동, 후에 전협토건 도쿄 지부 상임의원, 일본 전기주식회사 세이난西南 지구의 오르그가 된다. 일본공산당원. 1934년 10월 무렵부터 전협 재건운동에 참가했으며, 다음 해인 1935년 3월 30일 검거되어 12월 10일 치안유지법위반으로 기소된다. 1941년 2월 다시 체포되어 실형을 받아 복역했다. 1945년 3월 10일 후쿠오카 형무소에서 옥사. 향년 34세(다른 이름 히라야마 이사무平山勇).

조영우趙泳祐(박용진朴龍鎭)(?~1933)

황해도 해주 출신. 일본반제동맹 고토江東 지구 위원회 서기, 공산주의 청년동맹으로서 고토 지구에서 활약. 1933년 10월 중순 비가 내리는 밤, 자전거로『산별신문産別新聞』을 싣고 가다가 관헌(스파이)에게 쫓겨 도주하던 중, 도쿄 간다가와神田川 강에 빠져 익사했다. 11월 7일 고토를 비롯하여 지역별로 15개소에서 반제동맹을 중심으로 노농장이 치러졌다.

조욱진趙旭震(趙郁振)(?~1931)

일본으로 건너가 자유노동자가 되어 전협실업자동맹 고토 지구 후카가와深川 소개소의 반원班圓으로 활동했다.

1931년 6월 초순, 일본 강관鋼管에서의 일본공산당, 전협의 선전물 살포 활동에 참가해 무코지마向島 경찰서에 체포되어 심한 고문을 받고 출옥했다. 다음 6월 17일 쇠약해진 몸으로 취로하여 과로하던 중 부상을 입는 바람에 파상풍에 걸려 24일 사망했다. 다음 날인 25일 실업자동맹을 중심으로 해서 장의가 치러졌고 화장터로 가는 도중 혼조本庄, 우마야바시厩橋, 후카가와 소개소 노동자의 행동대가 선두에 서서 약 5백 명의 데모가 시행되었다.

재일조선인 노동자 및 활동가가 일제의 권력 및 그 앞잡이에 의해 학살된 수는 상당히 많다고 생각된다. 여기에 언급하고 있는 인물 외에 황주승黃周承(1933년 9월 교토 마쓰바라松原 경찰서에서 옥사), 박희열朴喜烈(교토 형무소에서 사망) 등도 있지만 자세한 것은 알 수 없다. 앞으로 더욱더 조사를 진행해 갈 생각이다. 이상 해방운동희생자 합장추도회 운영회解放運動犧牲者合葬追悼會世話人會『해방의 주춧돌解放のいしずえ』(1956), 「특고경찰흑서特高警察黑書」, 편집위원회 편『특고경찰흑서』(1977), 내무성內務省 경보국警保局『사회운동의 상황社会運動の狀況』(각 연도 판) 등을 참조했다.

| 저자 후기 |

필자가 본서의 테마에 대해 관심을 가지고 조사한 것은 필자 자신이 8·15 해방 이전에 투쟁의 체험을 할 수 없었기 때문이며 또한 재일조선인의 역사를 거의 몰랐기 때문이다. 재일조선인 중 한 사람으로서 자신의 역사를 안다는 것은 너무나 당연한 일이며 또 재일조선인의 손으로 만들어진 개설서 한 개 정도는 있어도 좋다고 생각했다. 해방 이후 30년이 넘었는데 이제와서는 너무 늦었다는 태만의 비난을 면치 못할 것이다. 필자도 20년 전부터 관심을 가지고 조금은 자료수집 및 조사에 유의해 오긴 했지만 여러 가지 다른 분야의 일로 번거로워서 생각한 것처럼 몰두하지 못했다. 그렇지만 현재 이러한 형태로라도 정리할 수 있었으므로 불충분하다는 사실을 알고 있지만 감히 발표해 여러분의 비판을 얻고자 한다.

재일조선인이 일본제국주의 정책의 부산물로서 괴로운 경우를 당하고 비참한 생활을 해왔다는 사실을 생각하는 것만으로는 자신의 주체성을 확립할 수 없으며 또한 민족통일을 위한 투쟁의 방향성을 올바르게 발견하기 어렵다. 그리고 국제연대를 고양시키기 위한 민족차별과의 투쟁이 동정론에 빠질 위험성을 극복할 수 없다고 생각한다.

재일조선인 특히 젊은 세대가 향후 어떻게 살아가야 할 것인가를 생각할 때, 당연한 일이지만 자신의 역사를 돌아보지 않으면 안 된다. 그러나 본서의 서두에서도 언급했듯이 재일조선인의 투쟁에 대한 연구는 대단히 적다. 재일조선인에게 있어서 자민족, 조국에 대한 깊은 인식이 중요하다

는 사실은 논할 필요도 없으며 재일조선인의 역사 특히 그 투쟁의 역사는
빠질 수 없는 중요한 부분이다.

재일조선인 운동을 어떻게 전개해 나갈 것인가 하는 문제와 그 방침이
어디에선가 뚝 떨어지는 것은 아니다. 객관적, 주체적 조건의 구체적 파
악 위에 서서 지금까지의 운동을 과학적으로 분석하고 검토하고 종합해야
비로소 앞으로의 새로운 방침이 수립될 것이며 과학적, 이론적 분석 없이
는 경험주의의 극복과 주체적인 입장에서의 운동 및 투쟁을 효과적으로
수행할 수 없다고 생각한다. 하지만 현재 재일조선인 운동을 살펴보면 대
부분의 경우 지금까지의 운동에서 역사적 교훈을 계승해나가자는 자세가
결여되어 있는 것은 아닐까 하는 생각이 든다.

자민족의 역사에 대해서 또 자신의 운동의 양상에 있어서 뛰어난 점을
비롯해 결점이나 뒤쳐진 점 등을 구체적, 과학적으로 파악하는 일은 자
기, 민족, 국가의 발전을 생각함에 있어 불가결한 과제이다. 만약 이를 무
시하거나 경시한다면 그 주체성의 확립은 곤란해지며 민족적 니힐리즘에
빠지게 된다고 생각한다.

한편, 일본의 근대사·현대사에서 재일조선인의 투쟁에 대해서 구체적
사실의 언급이 없고 일본 사회에서의 역할과 그 평가가 이루어지지 않고
있다. 일본에서의 사회 운동, 노동 운동, 혁명 운동에서 재일조선인 운동
을 제외하고서는 논할 수 없는 문제가 많음에도 불구하고 그 대부분이 무
시당하고 있는 현상이다. 이렇게 해서는 재일조선인의 존재와 그 역할을
부인하는 것이 되며 객관적으로는 일본에 동화되는 방향을 강요하는 국가
정책에 동조하는 것이 된다.

일본의 노동 운동과 민주화 투쟁, 반제·반전 운동에서 재일조선인의
투쟁을 언급하지 않으면 일본의 근대사·현대사를 전면적으로 파악할 수
없다. 뿐만 아니라 조선인에 대한 편견, 차별을 조장하는 부정적인 근거

의 뒷받침을 만들어내고 있다고 생각한다. 또 강하게 말하면 재일조선인의 투쟁 성과를 일본인의 투쟁 성과에 포함시키고 객관적으로는 성과를 가로채는 결과가 된다고 생각한다.

재일조선인 투쟁의 구체적 사실 해명과 평가가 어려우며 이에 대해 언급하면 현상에 여러 가지 지장이 있다고 변명하는 측도 있을지 모르지만 그렇다고 해서 이상에서 서술한 객관적으로 초래된 폐해의 책임에서 벗어날 수는 없다.

이러한 사실은 투쟁의 측면에 한정된 것이 아니다. 예를 들면 일제의 치안유지법에 의한 탄압을 논하는 경우에도 일본인에 한정해서 서술하고 조선인에 대한 탄압은 언급하지 않는 것이다.

이와 같은 일본의 사회과학의 양상으로는 그 과학성에 의문을 품지 않을 수 없으며 국제연대사상 등도 어디에서 그 모습을 찾으면 좋을지 알 수 없다. 필자에게는 학문 연구의 분야에서 내셔널리즘, 민족배외주의적 경향의 위험조차 느껴지는 것이다.

본서의 내용은 1975년 초에 발간했던『계간 삼천리季刊三千里』에「재일조선인 운동사」라는 제목으로 7회 정도 연재했던 글에 약간의 수정을 더하고 구체적 자료 등도 보충해서 약 2배의 분량이 된 것이다.

앞에서도 언급했듯이 본서의 내용은 미숙하지만 단지 본서가 향후 재일조선인 운동사 연구에의 계기가 되고 시안試案이 되기를 염원하고 있다. 지금까지 재일조선인에 대한 일제의 억압에 관해서는 다소 조사발굴이 이루어져 왔지만 투쟁의 역사의 구체적 사실 해명은 거의 미개척으로 향후 많은 노력을 쌓아가야 할 것이다.

본서를 서술함에 있어서 민중 측, 재일조선인 측에서 작성한 투쟁의 기억이 적었기 때문에 자연히 관청자료를 많이 이용하지 않을 수 없었다. 여기에 더해 적다고는 하지만 현존하고 있는 이 시기의 운동단체의 기관지·잡지나 일반신문 등을 충분히 이용했다고는 할 수 없다. 또 활동가의 체험 청취도 충분히 하지 못했다. 이러한 문제들을 극복하기 위해서 현재 필자는 친구들과 '재일조선인 운동사 연구회'를 조직해 자료 모집, 잡지 『재일조선인 연구사』(현재 3호까지 간행)를 발행하고 있다.

향후 본서의 속편으로 8·15 해방 이후의 운동사와 본서에 부록으로 첨부한 희생자 약전을 중심으로 하는 『재일조선인 활동가 인명사전』(가제) 등도 만들고 싶다. 이러한 작업은 활동가를 비롯한 선배 제현의 협력에 기대하는 수밖에 없으므로 본서에 대한 기탄없는 비판과 함께 연락을 청하는 바이다.

본서의 집필에 있어서 이와무라 토시오의 『재일조선인과 일본 노동자 계급』을 여러 가지로 참고했다. 또한 본서에 실은 1920년대의 단체기관지·잡지 등의 사진은 호세이 대학 '오하라大原 사회 문제 연구소'에서 소장 자료를 제공해 주었다. 그리고 활동가나 우인 여러분에게도 많은 신세를 졌다. 이 자리를 빌려 깊은 감사의 말씀을 올린다. 마지막으로 본서의 간행을 흔쾌히 떠맡아 주신 다케무라 이치竹村一 사장 및 편집부의 하야시 준지林順治 씨에게도 감사의 뜻을 표하고 싶다.

1978년 12월 저자

| 저자소개 |

▶ **박경식朴慶植(1922~1998)**

조선근현대사·재일조선인사 연구가로 재일 한국인 1세이다. 경상북도 출생으로 1929년 일본으로 이주했다. 도요東洋대학 문학부 사학과를 졸업 후 조선 중·고급학교 및 조선대학교 교원을 역임했다. 1965년에 일본 전역에서 수집한 자료와 생존자의 증언을 모은 『조선인 강제연행의 기록朝鮮人強制連行の記録』을 출간하여 전후 묻혀 있던 재일조선인 문제를 일본학계에 본격적으로 알렸다. 1970년에 대학을 떠나 재야 역사가로서 연구에 몰두했으며 1976년 '재일조선인운동사연구회'를 조직했다. 박경식이 일생 동안 수집한 방대한 재일조선인 관련 자료는 사후 시가滋賀현립대학에 기증되어 〈박경식 문고〉로 보관되어 있다.

주요 저서로는 『일본제국주의의 조선 지배日本帝國主義の朝鮮支配』 상·하(1973), 『조선 3·1독립운동朝鮮三·一獨立運動』(1976), 『해방 후 재일조선인 운동사解放後在日朝鮮人運動史』(1989) 등이 있다. 또 주요 편저로는 『재일조선인 관계 자료집성在日朝鮮人關係資料集成』 전5권(1975~1976), 『조선문제 자료 총서朝鮮問題資料叢書』 전16권(1982~1991), 『재일조선인 관계 자료집성 전후편在日朝鮮人關係資料集成 戰後編』 전10권(2000~2001)이 있다.

| 역자소개 |

▶ **최가진崔嘉珍**

청암대학교 재일코리안연구소 전임연구원·전남대학교 일어일문학과 강사로 재직중이다. 전남대학교 일어일문학과에서 일본문화학으로 박사학위를 받았다.

주요 논저로는 『쇼코쿠 햐쿠모노가타리諸國百物語』에 나타난 근세 일본인의 이계 인식」, 「메이지明治 시대 신문에 게재된 전쟁 괴담 연구」 등이 있으며, 저역서로는 『일본문화의 전통과 변용』(공저), 『일본문화의 현장과 현재』(공저), 『종교민속학』(공역), 『동중국해 문화권』(공역), 『일본 민담의 연구와 교육』(공역), 『괴이와 신체의 일본문화』(공역), 『저주하는 일본인 저주받는 일본인』(공역), 『아시아의 표해록』(공역) 등이 있다.